제1회 실전모의고사
군무원 공개경쟁채용 필기시험

	군수직		 해커스공무원 (gosi.Hackers.com) 모바일 자동 채점 + 성적 분석 서비스

제1과목	국어	제2과목	행정법
제3과목	경영학	제4과목	

응시번호		성 명	

〈응시자 준수사항〉

1. 답안지의 모든 기재 및 표기사항은 반드시 『컴퓨터용 흑색사인펜』으로만 작성하여야 합니다. (사인펜에 "컴퓨터용"으로 표시되어 있음) (사인펜 본인 지참)
   * 매년 지정된 펜을 사용하지 않아 답안지가 무효처리 되는 상황이 빈발하고 있으므로, 답안지는 반드시 『컴퓨터용 흑색사인펜』으로만 표기하시기 바랍니다.

2. 답안은 매 문항마다 반드시 하나의 답만 골라 그 숫자에 "●"로 표기해야 하며, 표기한 내용은 수정테이프를 이용하여 정정할 수 있습니다. 단, 시험시행본부에서 수정테이프를 제공하지 않습니다.
   (표기한 부분을 긁는 경우 오답처리 될 수 있으며, 수정스티커 또는 수정액은 사용 불가)
   * 답안지는 훼손·오염되거나 구겨지지 않도록 주의해야 하며, 특히 답안지 상단의 타이밍마크(▌▌▌▌)를 절대로 훼손해서는 안 됩니다.

3. 상단의 QR코드를 이용하여 해커스공무원의 '모바일 자동 채점 + 성적 분석 서비스'에 접속하시기 바랍니다. (해커스공무원 사이트의 가입자에 한해 이용 가능함)
   * 정답 및 해설은 해설집의 4쪽에서 확인 가능합니다.

해커스군무원

국 어
제1과목

응시번호 :   성명 :

01. 제시된 단어들의 발음이 적절하게 연결된 것은?

    ㉠ 밝지요   ㉡ 넓죽하니   ㉢ 읊는

	㉠	㉡	㉢
①	[발찌요]	[널쭈카니]	[을른]
②	[발찌요]	[넙쭈카니]	[을른]
③	[박찌요]	[넙쭈카니]	[음는]
④	[박찌요]	[널쭈카니]	[음는]

02. 띄어쓰기가 가장 옳은 것은?
    ① 나 보다 네가 더 크다.
    ② 할 수 있는 데 까지 하자.
    ③ 한밤중에 바둑 두 판을 두었다.
    ④ 너야 말로 이 시대의 진정한 학자다.

03. 형태소의 개수가 가장 많은 것은?
    ① 잡수셨다   ② 고쳐먹다
    ③ 다가섰다   ④ 파고들다

04. 밑줄 친 말이 한글 맞춤법에 맞는 것은?
    ① 오늘부터는 짭잘한 음식도 피하려고 해.
    ② 나는 네가 오뚜기처럼 다시 일어날 거라고 믿어.
    ③ 그녀는 마지막 작품인 이 소설에 심혈을 쏟뜨렸다.
    ④ 너에게 받은 선물은 기대한 바를 함박 채울 만큼 좋았다.

05. <보기>의 규정에 맞지 않는 것은?

    보기
    제23항 '-하다'나 '-거리다'가 붙는 어근에 '-이'가 붙어서 명사가 된 것은 그 원형을 밝히어 적는다.
    [붙임] '-하다'나 '-거리다'가 붙을 수 없는 어근에 '-이'나 또는 다른 모음으로 시작되는 접미사가 붙어서 명사가 된 것은 그 원형을 밝히어 적지 아니한다.

    ① 더펄이   ② 홀쭉이
    ③ 뻐꾹이   ④ 살살이

06. 어문 규정에 맞지 않는 문장은?
    ① 어딜 그렇게 급하게 가시오?
    ② 우리는 적이 아니요, 아군이다.
    ③ 한 걸음 뒤로 물러나 주십시오.
    ④ 이것은 내 것이오, 저것은 네 것이다.

07. 다음에 해당하는 사례로 적절하지 않은 것은?

> 상대적 관계를 보이며 의미상으로 대칭을 이루는 단어의 쌍이다.

① 인상(引上) : 인하(引下)
② 출발(出發) : 도착(到着)
③ 기혼(旣婚) : 미혼(未婚)
④ 사부(師傅) : 제자(弟子)

08. <보기>에 관련된 상황을 가장 잘 표현한 한자 성어는?

> **보기**
> 정다운 씨는 키가 작고 왜소한 체격을 지닌 사람이다. 그는 애초에 작게 태어났으며, 입이 짧아 먹는 것을 즐기지도 않았다. 그러던 어느 날, 우연히 씨름 경기를 본 그는 조만간 씨름 선수가 되겠다는 결심을 하여 주위를 모두 놀라게 했다.

① 興亡盛衰
② 得失相半
③ 守株待兔
④ 緣木求魚

09. 다음 글에 대한 설명으로 옳지 않은 것은?

> 뎨 가는 뎌 각시 본 듯도 ᄒᆞ뎌이고. 텬샹(天上) 빅옥경(白玉京)을 엇디ᄒᆞ야 니별(離別)ᄒᆞ고, 히 다 뎌 져믄 날의 눌을 보라 가시는고.
> 어와 네여이고 이내 ᄉᆞ셜 드러 보오. 내 얼굴 이 거동이 님 괴얌즉 ᄒᆞ가마는 엇딘디 날 보시고 네로다 녀기실ᄉᆡ 나도 님을 미더 군ᄠᅳ디 전혀 업서 이릭야 교틱야 어즈러이 ᄒᆞ돗떤디 반기시는 낯비치 녜와 엇디 다ᄅᆞ신고. 누어 싱각ᄒᆞ고 니러 안자 혜여ᄒᆞ니 내 몸의 지은 죄 뫼ᄀᆞ티 ᄡᅡ혀시니 하늘히라 원망ᄒᆞ며 사ᄅᆞᆷ이라 허믈ᄒᆞ랴. 셜워 플텨 혜니 조믈(造物)의 타시로다.
> 글란 싱각 마오.
> 미친 일이 이셔이다. <중략> ᄆᆞᄋᆞᆷ의 머근 말씀 슬ᄏᆞ장 ᄉᆞᆲ쟈 ᄒᆞ니 눈믈이 바라 나니 말씀인들 어이ᄒᆞ며 졍(情)을 못다ᄒᆞ야 목이조차 몌여 ᄒᆞ니 오면된 계셩(鷄聲)의 ᄌᆞᆷ은 엇디 ᄭᆡ돗던고.
> 어와, 허ᄉᆞ(虛事)로다. 이 님이 어듸 간고. 결의 니러 안자 창(窓)을 열고 ᄇᆞ라보니 어엿븐 그림재 날 조ᄎᆞᆯ ᄲᅮᆫ이로다. 출하리 싀여디여 낙월(落月)이나 되야이셔 님 겨신 창(窓) 안히 번드시 비최리라.
> 각시님 ᄃᆞᆯ이야코니와 구ᄌᆞᆫ비나 되쇼셔.

① 대화체의 형식을 통해 내용이 전개된다.
② 계절에 따른 화자의 정서 변화가 드러난다.
③ 임금에 대한 충정을 여성 화자를 통해 표현하였다.
④ 순우리말의 묘미를 잘 살린 가사 작품으로 평가된다.

10. 다음 글을 고쳐 쓰기 위한 방안으로 적절하지 않은 것은?

> 물은 우리의 몸과 긴밀한 관계를 맺고 있는 자원이다. 우리 몸의 대부분은 물로 구성되어 있으며, 물을 통해 혈액 순환이나 체온 조절이 이루어진다. ㉠특히 혈액 내 백혈구는 면역 기능에 있어 필수적이다. 또한 우리의 몸에서 나타날 수 있는 질병의 80%가 물로 인한 질병이다. ㉡그리고 산업화로 인해 깨끗한 물이 부족한 실정이다. 산업화 이전에 비해 수질 오염이 매우 심각해졌고, 이에 따라 우리가 쓸 수 있는 물도 ㉢부족해진 것이다. 물이 인간의 건강과 삶에 있어 중요한 역할을 한다는 점을 ㉣고려에 넣는다면, 우리 모두 깨끗한 물을 지키기 위해 노력해야 한다.

① ㉠은 글의 전체적인 흐름을 고려하여 삭제한다.
② ㉡은 앞뒤 문장의 관계를 고려하여 '그러나'로 고친다.
③ ㉢은 주어와의 호응을 고려하여 '부족한 점이다'로 고친다.
④ ㉣은 우리말답지 않은 표현이므로 '고려한다면'으로 고친다.

11. 아래 글의 (㉠)과 (㉡)에 들어갈 가장 적절한 접속어로 옳은 것은?

> 애국심은 특별한 면이 있다. 국가는 합법적이고 정당하다고 간주되는 물리적 폭력을 독점적으로 보유하고 행사한다. 다른 어떤 사랑의 대상도 국가와 같지 않다. (㉠) 애국심도 다른 사랑의 감정과는 다르다. 폭력 조직을 사랑하는 사람도 있을 수 있겠지만, 그 폭력에는 정당성과 합법성이 없다. 국가는 어떤 개인이나 집단의 사적 폭력도 용납하지 않는다. 동창회, 향우회, 종친회, 가수나 프로 축구팀 팬클럽, 정당들 사이에도 은근한 또는 치열한 경쟁이 있다. (㉡) 어떤 경쟁도 정당하다고 간주되는 폭력을 동반하지는 않는다. 오로지 국가만이 국민에 대해서, 다른 국가에 대해서, 정당하다고 간주되는 폭력을 행사한다.

	㉠	㉡
①	또한	왜냐하면
②	그리고	따라서
③	그러나	게다가
④	그래서	하지만

12. 다음 글에서 ㉠, ㉡에 알맞은 단어를 순서대로 나열한 것은?

> 실패는 잘못에서 오고 잘못은 무지에서 온다. 채찍의 (㉠)를 모르는 사람이 말을 잘 몰 수 없고, 쟁기 사용법을 모르는 사람이 밭을 잘 갈 수 없다. 모르는 것은 죄가 아니라고 했다. 모르는 것을 묻는 것은 창피한 일이 아니다. 길을 모르면 물어서 알고 가야지, 무식이 드러날까 두려워 묻지도 않고 가는 것은 봉사가 낭떠러지를 걷는 것과 같이 위험하다. 이런 사람에게 실패는 당연한 일이다. 부지런히 보고 듣고 배워서 견문을 넓혀라. 그리고 차근차근 자신의 것으로 만들어 (㉡)을 높여라. 수압 센 분수가 물줄기를 높이 뿜어 올린다.

① ㉠: 用途, ㉡: 內功
② ㉠: 用度, ㉡: 內攻
③ ㉠: 用途, ㉡: 內攻
④ ㉠: 用度, ㉡: 內功

13. 밑줄 친 한자 성어의 쓰임이 옳지 않은 것은?

① 그런 가담항설(街談巷說)은 믿을 것이 못 되네.
② 계획을 조변석개(朝變夕改)하니 마음 놓고 따를 수가 없어.
③ 깊고 어두운 산속의 길은 그야말로 구절양장(九折羊腸)이었다.
④ 스승을 경이원지(敬而遠之)하였던 그는 언제나 스승의 곁을 지켰다.

14. 다음 글에서 ㉠, ㉡에 들어갈 알맞은 말은?

> 산다는 것은 죽는 것이다. 옳게 산다는 것은 옳게 죽는다는 것이다. 그러므로 옳게 죽기 위해서 노력하지 않으면 안 된다.
> 사람이 신과 다른 게 있다면 (㉠)을 지닌 존재라는 것이다. 아무리 잘나고 똑똑하고 유능한 사람도 때가 되면 이 땅을 떠나야만 한다. 그런데 어떤 사람은 자신의 존재를 확실히 남기고, 어떤 사람은 있는 듯 없는 듯 떠나고, 또 다른 사람은 떠나길 잘했다는 소리를 듣는다. 이 모두는 그 사람이 생전에 살았던 삶의 방식과 그에 대한 평가에 따른 것이다.
> 그렇다면 어떻게 사는 것이 잘 사는 것일지는 더욱 분명해진다. 그것은 자신에게는 물론 타인과 사회에 필요한 사람이 되는 것이다. 톨스토이의 말은 이를 (㉡)으로 표현한 것이다. 즉, 옳게 죽는다는 것은 옳게 살아야 함에 대한 강조이다.

① ㉠: 무한한 가능성   ㉡: 역설적
② ㉠: 유한한 시간성   ㉡: 역설적
③ ㉠: 무한한 시간성   ㉡: 반어적
④ ㉠: 유한한 가능성   ㉡: 반어적

15. 다음 글의 필자의 견해로 적절한 것은?

> 나는 당신이 대학의 강의실에서 이 편지를 읽든 아니면 어느 공장의 작업대 옆에서 읽든 상관하지 않습니다. 어느 곳에 있건 탁이 아닌 발을 상대하고 있다면 상관없다고 생각합니다.
> 만일 당신이 사회의 현장에 있다면 당신은 당신의 살아 있는 발로 서 있는 것입니다. 그리고 만일 당신이 대학의 교정에 있다면 당신은 더 많은 발을 깨달을 수 있는 곳에 서 있는 것입니다. 대학은 기존의 이데올로기를 재생산하는 '종속의 땅'이기도 하지만 그 연쇄의 고리를 끊을 수 있는 '가능성의 땅'이기도 하기 때문입니다.
> 당신은 그동안 못 했던 일을 하고, 만나고 싶은 사람을 만나고, 가고 싶은 곳을 찾아가겠다고 했습니다. 대학이 안겨 줄 자유와 낭만에 대한 당신의 꿈을 모르지 않습니다. 지금까지 얽매여 있던 당신의 질곡을 모르지 않습니다. 당신은 지금 그러한 꿈이 사라졌다고 실망하고 있지나 않은지 걱정됩니다.
> 그러나 '자유와 낭만'은 그러한 것이 아닙니다. 자유와 낭만은 '관계의 건설 공간'이란 말을 나는 좋아합니다. 우리들이 맺는 인간관계의 넓이가 곧 우리들이 누릴 수 있는 자유와 낭만의 크기입니다. 그러기에 그것은 우리들의 일상(日常)에 내장되어 있는 '안이한 연루(連累)'를 결별하고 사회와 역사와 미래를 보듬는 너른 품을 키우는 공간이어야 합니다.

① 삶의 원동력을 위해 꿈을 가지고 살아가야 한다.
② 세상에 존재하는 직업들은 그 경중을 따질 수 없다.
③ 대학은 사회 현실에 대해 고민하는 공간이 되어야 한다.
④ 인간관계를 재정립하는 일은 자유로 향하는 지름길이다.

16. 다음 중 밑줄 친 부분의 품사가 다른 것은?
① <u>옛</u> 친구와 추억을 떠올려 보다.
② 그는 아버지와 얼굴이 <u>다른</u> 아들이었다.
③ 아버지는 <u>헌</u> 구두를 신고 일을 나가셨다.
④ <u>온갖</u> 노력을 한 사람이 결국 꿈을 이룬다.

17. 다음 글을 논리적 순서에 맞게 나열한 것은?

> (가) 핵 문제, 전쟁의 공포, 생태계 파괴를 비롯한 환경 문제, 기아와 난민 문제 등 현대 사회에 내재되어 있는 위험한 경향을 가장 부정적인 시각으로 예측하여 가상의 미래 사회에 투영하는 것이다.
> (나) '디스토피아'는 암울하고 부정적인 시각으로 미래를 그려내는 문학 작품 또는 그렇게 묘사된 미래 사회 자체를 지칭하는 용어이다.
> (다) 이를 통해 사람들은 무감각하게 받아들이고 있던 현대 사회의 문제점과 위험을 명확히 인식할 수 있게 된다.
> (라) 디스토피아를 주제로 한 작품들은 어쩌면 인류가 실제로 겪을 수도 있는 부정적 상황을 더욱 극단적인 모습으로 제시한다.

① (나) - (가) - (다) - (라)
② (나) - (라) - (가) - (다)
③ (라) - (가) - (다) - (나)
④ (라) - (나) - (가) - (다)

18. 다음 글에서 사용된 표현 방식에 대한 설명과 거리가 먼 것은?

> "경의 충성을 아나니, 세자 대군과 한가지로 보호하여 잘 다녀오라."
> 하시니 세자 대군은 천안을 하직하시고 나오시며 망극하심이 비할 데 없는지라. 한 걸음에 세 번이나 엎더지며 눈물이 진하여 피 되니, 그 모습은 차마 못 볼러라.
> 내전에 들어가매, 대비와 중전이 대성통곡 왈,
> "너희들을 하루만 못 보아도 삼추(三秋) 같더니, 이제 만리타국에 보내고 그리워 어찌하며, 하일(何日) 하시(何時)에 생환 고국하여 모자(母子) 조손(祖孫)이 즐기리오."
> 하시고 통곡하시니, / 좌우 시녀 또한 일시에 슬피 울더라.
> 대군이 아뢰어 왈,
> "하늘이 무심치 아니하시니, 수이 돌아와 부모를 뵈오리니, 바라옵건대 낭랑은 만수 무강하시고 불효 등을 생각지 말으소서."
> 하더라. 인하여 하직하고 궐문을 나서매, 장안 백성 등이 또한 울며 따르니, 길이 막히고 곡성이 처량하매 일월이 빛을 잃어 슬픔을 돕더라. - 작자 미상, '임경업전'

① 자연물을 활용하여 정서를 고조시키고 있다.
② 서술자가 작품에 개입하여 인물의 처지에 동조하고 있다.
③ 이별을 마주한 인물의 심리를 과장법을 통해 드러내고 있다.
④ 계절적 배경을 활용하여 상대방에 대한 애정을 드러내고 있다.

19. 다음 글의 전개 방식에 대한 설명으로 적절하지 않은 것은?

> 원래 우리나라에는 지방마다 특색 있는 가옥 구조가 있었다. 지역이 다르면 자연환경과 지세가 다른 법이다. 주변에 대응하는 방식도 따라서 다르며 이것은 곧 집의 차이로 이어진다. 산이 깊은 경상도와 개방적인 전라도의 집은 서로 다를 수밖에 없다. 도시 속에 지어지는 집과 논밭 사이에 지어지는 집은 다르다. 농사짓는 사람의 집과 글 읽는 사람의 집 또한 다르다. 살림살이와 관련된 지역마다의 관심과 전통이란 것도 있다. 이 모든 것들은 다양한 주거 방식을 낳았다. 이것이 어느 날 슬레이트 지붕인가 뭔가 하는 한 종류로 획일화되더니 듣기야 아파트로 통일되고 말았다. 산과 개천, 강과 논밭이 아름다운 우리의 농촌. 그 농촌 한가운데 성냥갑 같은 아파트가 심심한 모습으로 솟아 있다. 전국 어디를 가나 마찬가지이다.

① 예시를 들어 내용에 대한 독자의 이해를 돕는다.
② 비유적인 표현을 활용하여 대상을 비판하고 있다.
③ 문제 발생의 원인을 사회 구조의 변화에서 찾는다.
④ 통시적인 관점에서 대상이 변화하는 과정을 파악한다.

20. 다음 글을 알맞은 순서로 배열한 것은?

> (가) 이에 따라 디카페인 커피에 대한 수요가 늘고 있다. 디카페인 커피란 카페인 성분을 97% 이상 제거한 커피로, 커피의 맛과 향은 그대로 유지되면서 카페인이 주는 부작용은 피할 수 있는 장점이 있다. 커피의 카페인을 제거하는 방법에는 여러 가지가 있는데, 그중 물을 이용하는 방법이 가장 보편적이다.
> (나) 음료에 들어 있는 카페인은 교감신경계를 자극해 피로와 스트레스를 해소하는 데에 도움이 된다. 하지만 과도한 카페인 섭취는 두통, 불면증, 혈압 상승, 역류성 식도염 등 각종 부작용을 초래한다.
> (다) 먼저 볶지 않은 커피콩을 따뜻한 물에 담가둔다. 그러면 카페인을 포함한 수용성 화학물질이 물에 우러나게 되는데, 이를 활성탄소가 채워진 관에 통과시키면 카페인은 분리되고 커피의 맛과 향을 결정짓는 요소들만 남은 디카페인 용액이 생성된다. 다시 이 용액에 새로운 커피콩을 넣으면 카페인을 제외한 다른 물질들은 이미 포화 상태이므로 카페인만 녹아 나오게 된다. 이러한 과정을 거친 콩을 말리고 볶으면 디카페인 커피콩이 탄생한다.
> (라) 게다가 카페인은 중독성이 있어 평소보다 적은 양을 섭취하거나 섭취를 중단하면 피로감, 두통, 신경과민, 우울증 등과 같은 금단 현상이 나타날 수 있다.

① (나) - (가) - (다) - (라)
② (나) - (라) - (가) - (다)
③ (다) - (가) - (나) - (라)
④ (다) - (나) - (라) - (가)

21. 밑줄 친 단어 중 외래어 표기법에 어긋나는 것은?
① 이번 프로젝트의 <u>컨텐츠</u>(contents)가 좋다.
② 지도자는 강한 <u>리더십</u>(leadership)이 필요하다.
③ 한때는 푸른색 <u>아이섀도</u>(eye shadow)를 바르고 다녔다.
④ 이번 <u>리셉션</u>(reception)에 그녀가 초청되어 만족스러웠다.

22. 다음 작품의 화자에 대한 설명으로 옳지 않은 것은?

> 대동강(大同江) 아즐가 대동강(大同江) 너븐디 몰라셔
>   위 두어렁셩 두어렁셩 다링디리
> 비 내여 아즐가 비 내여 노혼다 샤공아
>   위 두어렁셩 두어렁셩 다링디리
> 네 가시 아즐가 네 가시 럼난디 몰라셔
>   위 두어렁셩 두어렁셩 다링디리
> 녈 비예 아즐가 녈 비예 연즌다 샤공아
>   위 두어렁셩 두어렁셩 다링디리
> 대동강(大同江) 아즐가 대동강(大同江) 건넌편 고즐여
>   위 두어렁셩 두어렁셩 다링디리
> 비 타 들면 아즐가 비 타 들면 것고리이다 나는
>   위 두어렁셩 두어렁셩 다링디리
> - 작자 미상, '서경별곡(西京別曲)'

① 임의 사랑에 대한 화자의 믿음이 나타난다.
② 자신의 부정적 정서를 솔직하게 드러내고 있다.
③ 임에 대한 원망을 다른 사람에게 대신 표출하고 있다.
④ 화자의 말 이면에는 임에 대한 강렬한 애정이 담겨 있다.

※ 다음 글을 읽고 물음에 답하시오. (23~24)

(가) 기술사는 기술을 대상으로 하는 역사다. 기술사에서 자주 사용하는 기술과 관련된 개념으로는 기술개발, 기술혁신, 기술변화, 기술진보 등이 있다. 기술개발은 새로운 기술의 창출에 주목하는 개념이다. 기술혁신이란 용어는 기술개발과 대비되면서 출현했다. 예를 들어 혁신을 이론적으로 개념화한 슘페터(Joseph Shumpeter, 1883~1950)는 발명이 새로운 기술의 출현을 뜻한다면, 혁신이 기술의 상업화를 의미하는 것으로 규정했다.

(나) 그러나 이것은 좁은 의미의 기술혁신에 해당하고, 통상적 의미의 기술혁신은 기술의 개발과 상업화를 포괄하는 개념이라 할 수 있다. 기술개발과 기술혁신이 개별적인 사건에 주목하는 경향이 있는 반면, 기술변화는 주로 기술의 거시적 흐름을 표현할 때 사용된다. 기술변화에는 특정한 방향성이 없지만, 기술진보는 기술이 점점 더 좋은 방향으로 발전한다는 점을 강조하고 있다.

(다) 처음에 기술사 연구는 엔지니어, 과학사학자, 경제사학자 등에 의해 이루어져 왔다. 엔지니어 출신의 연구자들은 자신이 속한 분야의 기술에 초점을 두어 왔으며 오늘날의 관점에서 기술의 역사를 서술하려는 경향을 보였다. 이에 따라 과거의 기술에서 현재의 기술과 공통된 요소만을 찾게 되고 현재에 받아들여지지 않는 과거의 기술은 무시되는 경우가 많았다. 한편, 초기의 과학사학자들은 대부분 기술이 과학을 단순히 응용한 것으로 간주해 왔으며, 경제사학자들은 기술이 시장의 수요에 따라 변화한다는 점에 주목해 왔다. 필요가 발명의 어머니였다면 과학은 기술의 아버지였던 셈이다.

(라) 그러나 기술사 연구의 성과가 점차적으로 축적되고 전문적인 기술사학자 집단이 형성됨에 따라 기존의 관점은 상당한 비판을 받았다. 무엇보다도 과거의 기술이 오늘날의 기술을 향해 발전해 오는 것은 아니며 기술의 변화를 당대의 사회적 맥락 속에서 접근해야 한다는 점이 강조됐다. 이와 함께 기술이 과학이나 경제에 종속된 것이 아니라 독자적인 특징을 가지며 오히려 기술은 과학이나 경제의 일정 요소를 활용함으로써 변화한다는 점이 부각됐다. 이처럼 기술사가 점점 독립적인 분야로 형성되면서 기술사의 접근법과 주제도 매우 다변화돼 왔다.

23. 윗글의 내용과 일치하지 않는 것은?
① 기술변화와 기술진보의 차이는 방향성의 유무이다.
② 엔지니어들은 현재와 과거의 기술이 지닌 차이점을 연구했다.
③ 기술사학자 집단의 등장으로 인해 기술의 독립성이 강조되었다.
④ 기술혁신은 일반적으로 기술의 개발과 상업화를 포괄하는 개념으로 쓰인다.

24. 윗글의 설명 방식으로 옳지 않은 것은?
① (가)는 개념에 대한 정의를 밝히고 있다.
② (나)는 개념 간의 차이점을 바탕으로 설명하고 있다.
③ (다)는 비유적인 표현을 활용하여 이해를 돕고 있다.
④ (라)는 개념이 적용되는 특정한 상황을 제시하고 있다.

25. 다음 글에 대한 이해로 적절하지 않은 것은?

억압하지 않는 문학은 억압하는 모든 것이 인간에게 부정적으로 작용하는 것을 보여 준다. 인간은 문학을 통하여 억압하는 것과 억압당하는 것의 정체를 파악하고, 그 부정적 힘을 인지한다. 그 부정적 힘의 인식은 인간으로 하여금 세계를 개조하지 않으면 안 된다는 당위성을 느끼게 한다.
한 편의 아름다운 시는 그것을 향유(享有)하는 자에게 그것을 향유하지 못하는 자에 대한 부끄러움을, 한 편의 침통(沈痛)한 시는 그것을 읽는 자에게 인간을 억압하고 불행하게 만드는 것에 대한 자각(自覺)을 불러일으킨다. 소위 감동이라는 말로 우리가 간략하게 요약하고 있는 심리적 반응이다. 감동이나 혼의 울림은 한 인간이 대상을 자기의 온몸으로 직관적으로 파악하는 행위이다. 인간은 문학을 통해, 그것에서 얻는 감동을 통해, 자기와 다른 형태의 인간의 기쁨과 슬픔과 고통을 확인하고 그것이 자기의 것일 수도 있다는 것을 느낀다. 문학은 억압하지 않으므로, 그 원초적 느낌의 단계는 감각적 쾌락을 동반한다. 그 쾌락은 반성을 통해 인간의 총체적 파악에 이른다.

① 문학 작품은 우리에게 감동을 불러일으킨다.
② 억압하지 않는 문학은 곧 인간을 총체적으로 파악할 수 있게 한다.
③ 인간은 자신의 것과 다른 형태의 정서를 느끼기 위해서 직접적인 경험이 필요하다.
④ 인간은 문학을 통해 세상의 부정적인 힘을 인지하고 그것을 변화시킬 필요성을 느낀다.

행정법
제2과목

01. 행정법의 일반원칙에 대한 설명으로 옳지 않은 것은? (다툼이 있는 경우 판례에 의함)

① 병의 복무기간은 국방의무의 본질적 내용에 관한 것이어서 반드시 법률로 정하여야 할 입법사항에 속한다.
② 연구단지 내 녹지구역에 LPG충전소의 설치를 금지한 것은 합리적 이유에 근거한 것이므로 해당 시행령 규정이 평등원칙에 위배된다고 볼 수 없다.
③ 신뢰보호원칙에서 행정청이 공적 견해를 표명하였는지를 판단할 때는 반드시 행정조직상의 형식적인 권한분장에 구애될 것은 아니고, 담당자의 조직상의 지위와 임무, 당해 언동을 하게 된 구체적인 경위 및 그에 대한 상대방의 신뢰가능성에 비추어 실질에 의하여 판단하여야 한다.
④ 청소년유해매체물로 결정·고시된 만화인 사실을 모르고 있던 도서대여업자가 그 고시일로부터 8일 후에 청소년에게 그 만화를 대여한 것을 사유로 그 도서대여업자에게 금 700만원의 과징금이 부과된 경우, 그 과징금부과처분이 재량권의 한계를 일탈하거나 남용한 위법한 처분이라고 할 수 없다.

02. 행정입법에 대한 설명으로 옳은 것을 모두 고른 것은? (다툼이 있는 경우 판례에 의함)

ㄱ. 법령상 대통령령으로 규정하도록 되어 있는 사항을 부령으로 정하는 경우 그 부령은 무효이다.
ㄴ. 법률이 공법적 단체 등의 정관에 자치법적인 사항을 위임한 경우, 포괄적 위임입법금지가 원칙적으로 적용된다.
ㄷ. 상급행정기관이 하급행정기관에 대하여 업무처리지침이나 법령의 해석적용에 관한 기준을 정하여 발하는 이른바 행정규칙은 일반적으로 대외적 구속력을 갖는다.
ㄹ. 헌법이 인정하고 있는 위임입법의 형식은 예시적인 것으로 보아야 할 것이고, 그것은 법률이 행정규칙에 위임하더라도 그 행정규칙은 위임된 사항만을 규율할 수 있다.

① ㄱ, ㄴ
② ㄱ, ㄹ
③ ㄴ, ㄷ
④ ㄷ, ㄹ

03. 인가에 대한 설명으로 옳지 않은 것은? (다툼이 있는 경우 판례에 의함)

① 민법상 행정청이 재단법인의 정관변경을 허가하는 것은 그 성질상 인가라고 보아야 한다.
② 인가는 당사자의 법률적 행위를 보충하여 그 법률적 효력을 완성시키는 행정주체의 보충적 의사표시로서의 법률행위적 행정행위이다.
③ 행정절차법은 인가에 대한 일반규정을 명시하고 있다.
④ 자동차관리법상 조합 등의 설립인가처분은 시·도지사 등이 자동차관리사업자들의 단체결성행위를 보충하여 그 효력을 완성시키는 처분에 해당한다.

04. 행정지도에 대한 설명으로 옳지 않은 것은? (다툼이 있는 경우 판례에 의함)

① 행정절차에 소요되는 비용은 원칙적으로 행정청이 부담하도록 규정되어 있다.
② 국가배상법이 정한 배상청구의 요건인 '공무원의 직무'에는 행정지도와 같은 비권력적 작용도 포함된다.
③ 행정지도가 그의 한계를 일탈하지 아니하였다면, 그로 인하여 상대방에게 어떤 손해가 발생하였다 하더라도 행정기관은 그에 대한 손해배상책임이 없다.
④ 사인의 행위가 행정지도에 따라 행해진 경우 그 행정지도가 위법하다고 할지라도 원칙적으로 그 사인의 행위의 위법성이 조각된다.

05. 병역법상 국가기관, 지방자치단체, 공공기관, 사회복지사업법 제2조에 따라 설치된 사회복지시설 기관 등의 공익목적 수행에 필요한 사회복지, 보건·의료, 교육·문화, 환경·안전 등의 사회서비스업무 및 행정업무 등의 지원을 위하여 소집되어 공익 분야에 복무하는 사람으로 옳은 것은?

① 상근예비역
② 산업기능요원
③ 사회복무요원
④ 대체복무요원

06. 개인정보 보호법에 대한 설명으로 옳은 것을 모두 고른 것은? (다툼이 있는 경우 판례에 의함)

ㄱ. 사상·신념, 정치적 견해, 건강에 관한 정보는 민감정보에 해당하고, 이러한 민감정보도 일정한 요건하에서는 개인정보처리자에 의하여 처리가 가능하다.
ㄴ. 일정한 요건을 갖춘 소비자단체나 비영리단체는 개인정보처리자가 집단분쟁조정을 거부하거나 집단분쟁조정의 결과를 수락하지 아니한 경우에는 법원에 권리침해 행위의 금지·중지를 구하는 단체소송을 제기할 수 있다.
ㄷ. 개인정보 보호법은 집단분쟁조정제도에 대하여 규정하고 있지 않다.
ㄹ. 이미 공개된 개인정보를 정보주체의 동의가 있었다고 객관적으로 인정되는 범위 내에서 수집·이용·제공 등 처리를 할 때는 정보주체의 별도의 동의가 필요하다.
ㅁ. 개인정보 보호법상 단체소송을 허가하거나 불허가하는 법원의 결정에 대하여는 즉시항고할 수 있다.

① ㄱ, ㄴ, ㄹ
② ㄱ, ㄴ, ㅁ
③ ㄴ, ㄷ, ㅁ
④ ㄷ, ㄹ, ㅁ

07. 신뢰보호원칙에 대한 설명으로 옳지 않은 것은? (다툼이 있는 경우 판례에 의함)

① 헌법재판소의 위헌결정은 행정청이 개인에 대하여 신뢰의 대상이 되는 공적인 견해를 표명한 것이라고 할 수 없으므로 그 결정에 관련한 개인의 행위에 대하여는 신뢰보호의 원칙이 적용되지 아니한다.
② 시의 도시계획과장과 도시계획국장이 도시계획사업의 준공과 동시에 사업부지에 편입한 토지에 대한 완충녹지 지정을 해제함과 아울러 당초의 토지소유자들에게 환매하겠다는 약속은 공적인 견해표명으로 볼 수는 없다. 따라서 이를 믿고 토지를 협의매매한 토지소유자의 완충녹지지정 해제신청을 거부한 것은, 행정상 신뢰보호원칙을 위반한 것은 아니다.
③ 병무청 담당부서의 담당공무원에게 공적 견해의 표명을 구하는 정식의 서면질의 등을 하지 아니한 채 총무과 민원팀장에 불과한 공무원이 민원봉사차원에서 상담에 응하여 안내한 것을 신뢰한 경우, 신뢰보호원칙이 적용되지 아니한다.
④ 의무사관후보생의 병적에서 제외된 사람의 징집면제연령을 31세에서 36세로 상향조정한 구 병역법 제71조 제1항 단서는 신뢰보호원칙에 위배되지 않는다.

08. 공공기관의 정보공개에 관한 법률상 정보공개에 대한 설명으로 옳지 않은 것은? (다툼이 있는 경우 판례에 의함)

① 의사결정과정에 제공된 회의관련 자료나 의사결정과정이 기록된 회의록 등은 의사가 결정되거나 의사가 집행된 경우에는 더 이상 의사결정과정에 있는 사항 그 자체라고 할 수 없으므로 비공개 대상정보에 포함되지 않는다.
② 제5조 제1항상 "모든 국민은 정보의 공개를 청구할 권리를 가진다."에서 말하는 국민에는 자연인과 법인뿐만 아니라 권리능력 없는 사단도 포함된다.
③ 공개청구한 정보가 담긴 문서 등이 폐기되어 존재하지 않게 된 경우라면 그 정보를 더 이상 보유·관리하고 있지 아니하다는 점에 대한 증명책임은 공공기관에게 있다.
④ 정보공개를 거부하기 위해서는 반드시 그 정보가 진행 중인 재판의 소송기록 그 자체에 포함된 내용의 정보일 필요는 없으나, 재판에 관련된 일체의 정보가 그에 해당하는 것은 아니고 진행 중인 재판의 심리 또는 재판 결과에 구체적으로 영향을 미칠 위험이 있는 정보에 한정된다.

09. 행정기본법에 대한 설명으로 옳지 않은 것은?
   ① 행정상 입법예고에 관하여 다른 법률에 특별한 규정이 있는 경우를 제외하고는 행정기본법에서 정하는 바에 따른다.
   ② 행정청은 처분에 재량이 없는 경우에는 법률에 근거가 있는 경우에 부관을 붙일 수 있다.
   ③ 행정청은 법률로 정하는 바에 따라 완전히 자동화된 시스템(인공지능 기술을 적용한 시스템을 포함한다)으로 처분을 할 수 있으나, 처분에 재량이 있는 경우는 그러하지 아니하다.
   ④ 행정기본법에는 행정상 강제수단에 대한 일반 규정이 있다.

10. 위헌결정의 효력에 대한 설명으로 옳지 않은 것은? (다툼이 있는 경우 판례에 의함)
   ① 법규명령의 위임근거가 되는 법률에 대하여 위헌결정이 선고되면 그 위임에 근거하여 제정된 법규명령도 원칙적으로 효력을 상실한다.
   ② 헌법재판소의 위헌결정은 행정청이 개인에 대해 공적인 견해를 표명한 것이라고 할 수 없으므로, 그 결정과 관련한 개인의 행위에 대하여는 신뢰보호의 원칙이 적용되지 않는다.
   ③ 헌법재판소의 위헌결정 전에 행정처분의 근거되는 당해 법률이 헌법에 위반된다는 사유는 특별한 사정이 없는 한 그 행정처분의 취소소송의 전제가 될 수 있을 뿐 당연무효사유는 아니다.
   ④ 위헌결정 이전에 이미 부담금 부과처분과 압류처분 및 이에 기한 압류등기가 이루어지고 각 처분이 확정되었다면 위헌결정 이후에는 별도의 행정처분인 매각처분, 분배처분 등 후속 체납처분절차를 진행할 수 있다.

11. 행정상 법률관계에서 당사자에 대한 설명으로 옳지 않은 것은? (다툼이 있는 경우 판례에 의함)
   ① 농지개량조합은 공법인(공공조합)으로서 공공단체에 속하는 행정주체이다.
   ② 지방자치단체는 시원적(始原的) 행정주체인 국가로부터 권력을 부여받은 행정주체이고, 행정권 발동의 상대방인 행정객체가 될 수는 없다.
   ③ 도로교통법상 견인업무를 대행하는 자동차견인업자는 공무수탁사인이 아니라 행정대행인 내지 행정보조인에 해당한다.
   ④ 공무수탁사인은 수탁받은 공무를 수행하는 범위 내에서 행정주체이고, 행정절차법이나 행정소송법에서는 행정청이다.

12. 지방자치단체에 대한 설명으로 옳지 않은 것은? (다툼이 있는 경우 판례에 의함)
   ① 지방자치단체는 법인으로 한다.
   ② 지방자치단체를 폐지하거나 설치하거나 나누거나 합칠 때 관계 지방의회의 의견을 들어야 하나, 주민투표법에 따라 주민투표를 한 경우에는 그러하지 아니하다.
   ③ 매립지가 속할 지방자치단체를 정하는 결정에 대하여 대법원에 소송을 제기할 수 있는 주체는 지방자치단체이다.
   ④ 기관위임사무는 원칙적으로 자치조례의 제정범위에 속하지 않으나, 그에 관한 개별법령에 일정한 사항을 조례로 정하도록 위임한 경우에는 위임받은 사항에 관하여 개별법령의 취지에 부합하는 범위 내에서 이른바 위임조례를 정할 수 있다.

13. 행정절차법상 청문에 대한 설명으로 옳지 않은 것은?
   ① 청문이란 행정청이 어떠한 처분을 하기 전에 당사자 등의 의견을 직접 듣고 증거를 조사하는 절차를 말한다.
   ② 청문 주재자는 직권으로 필요한 조사를 할 수 있으나, 당사자 등이 주장하지 않은 사실에 대하여는 조사할 수 없다.
   ③ 청문 주재자 자신이 해당 처분과 관련하여 증언이나 감정을 한 경우에는 청문을 주재할 수 없다.
   ④ 행정청은 청문을 하려면 청문이 시작되는 날부터 10일 전까지 당사자 등에게 통지하여야 한다.

14. 처분성에 대한 설명으로 옳지 않은 것은? (다툼이 있는 경우 판례에 의함)
   ① 어업권면허에 선행하는 우선순위결정은 강학상 확약에 불과하여 처분성이 인정되지 않는다.
   ② 통고처분은 그 자체로 상대방에게 통고이행을 이행할 권리의무를 형성하므로 통고처분에 대하여 이의가 있을 때는 통고처분취소소송을 제기할 수 있다.
   ③ 거부처분의 처분성을 인정하기 위한 전제요건이 되는 신청권은 신청인이 그 신청에 따른 단순한 응답을 받을 권리를 넘어서 신청의 인용이라는 만족적 결과를 얻을 권리까지 의미하는 것은 아니다.
   ④ 주민등록법상 주민등록전입신고의 수리거부 행위는 당사자의 신청에 대하여 행정청의 행한 처분이므로 이에 대하여는 부작위위법확인소송이 아닌 취소소송을 제기하여야 한다.

15. 국가배상법상 손해배상에 대한 설명으로 옳지 않은 것은? (다툼이 있는 경우 판례에 의함)
   ① 생명·신체의 침해에 대한 배상청구권은 양도하거나 압류할 수 없다.
   ② 국가나 지방자치단체는 공무원이 직무를 집행하면서 고의 또는 중과실이 있으면 그 공무원에게 구상권을 행사할 수 있다.
   ③ 외국인이 피해자인 경우에도 대한민국 국민과 같은 요건을 충족하면 국가배상법 적용이 가능하다.
   ④ 국가배상청구권은 손해 및 가해자를 안 날로부터 3년 또는 불법행위의 종료일로부터 5년 이내에 행사하여야 한다.

16. 행정상 실효성 확보수단에 대한 설명으로 옳지 않은 것은? (다툼이 있는 경우 판례에 의함)
   ① 현행 건축법상 위법건축물에 대한 이행강제수단으로 대집행과 이행강제금이 인정되고 있는데, 행정청은 개별사건에 있어서 위반내용, 위반자의 시정의지 등을 감안하여 대집행과 이행강제금을 선택적으로 활용할 수는 없다.
   ② 행정법규위반에 대하여 벌금 이외에 과징금을 부과하는 것은 이중처벌금지의 원칙에 위반한다고 볼 수 없다.
   ③ 행정조사기본법상 현장조사는 조사대상자가 동의한 경우에는 해가 뜨기 전이나 해가 진 뒤에도 할 수 있다.
   ④ 행정청이 상대방에게 장차 어떤 처분을 하겠다고 확약을 한 후 사실적·법률적 상태가 변경되었다면, 그 확약은 행정청의 별다른 의사표시 없이 실효된다.

17. 행정심판법에 대한 설명으로 옳지 않은 것은?
   ① 행정심판법상 부작위란 행정청이 당사자의 신청에 대하여 상당한 기간 내에 일정한 처분을 하여야 할 법률상 의무가 있는데도 처분을 하지 아니하는 것을 말한다.
   ② 대통령의 처분 또는 부작위에 대하여는 다른 법률에서 행정심판을 청구할 수 있도록 정한 경우 외에는 행정심판을 청구할 수 없다.
   ③ 행정심판법은 심판청구의 심리·재결에 있어서 불고불리 및 불이익변경금지 원칙을 조문으로 명문화 하고 있다.
   ④ 행정심판청구는 처분의 효력이나 그 집행 또는 절차의 속행에 영향을 준다.

18. 항고소송의 대상적격에 대한 판례의 입장으로 옳지 않은 것은?
   ① 병무청장이 병역법 제81조의2 제1항에 따라 병역의무 기피자의 인적사항 등을 인터넷 홈페이지에 게시하는 등의 방법으로 공개한 경우, 병무청장의 공개결정이 항고소송의 대상이 된다.
   ② 판례에 의하면 국가공무원법상 당연퇴직사유에 해당함을 알리는 당연퇴직의 인사발령은 공무원의 신분을 상실시키는 새로운 형성적 행위가 아니므로 항고소송의 대상이 아니다.
   ③ 세무조사결정은 납세의무자의 권리·의무에 직접 영향을 미치는 공권력의 행사에 따른 행정작용으로서 항고소송의 대상이 된다.
   ④ 각 군 참모총장이 군인 명예전역수당 지급대상자 결정절차에서 국방부장관에게 수당지급대상자를 추천하는 행위는 항고소송의 대상이 된다.

19. 다음 사례에 대한 설명으로 옳지 않은 것은? (다툼이 있는 경우 판례에 의함)

   > 법령에 따라 행정처분권한을 위임받은 공공기관인 한국수력원자력 주식회사(이하 '甲'이라 한다)가 자신의 '공급자관리지침'에 근거하여 등록된 A공급업체에 대하여 '등록취소 및 그에 따른 일정 기간의 거래제한조치'를 행사하였다.

   ① 甲이 정한 세부적인 업무처리절차나 법령의 해석·적용 기준을 정한 행정규칙의 내용이 상위법령이나 법의 일반원칙에 반하는 것일지라도 곧바로 당연무효에 해당하는 것은 아니고, 행정내부적 효력이 인정될 수 있다.
   ② 甲이 A공급업체에 대하여 하는 '등록취소 및 그에 다른 일정 기간의 거래제한조치'는 행정청이 행하는 구체적 사실에 관한 법집행으로서의 공권력의 행사인 '처분'에 해당한다.
   ③ 상위법령과 법의 일반원칙에 위배되지 않는 범위 내라면 계약당사자인 甲과 A공급업체 간에 일정한 제재조치를 약정하는 것도 허용된다.
   ④ 甲의 '공급자관리지침'이 상위법령의 구체적 위임 없이 정한 것이라면 그러한 행정규칙은 대외적 구속력이 없다.

20. 행정심판법상 재결 기간에 대한 내용이다. ㄱ~ㄷ에 들어갈 숫자로 옳은 것은?

   > 제45조【재결 기간】① 재결은 제23조에 따라 피청구인 또는 위원회가 심판청구서를 받은 날부터 (ㄱ)일 이내에 하여야 한다. 다만, 부득이한 사정이 있는 경우에는 위원장이 직권으로 (ㄴ)일을 연장할 수 있다.
   > ② 위원장은 제1항 단서에 따라 재결 기간을 연장할 경우에는 재결 기간이 끝나기 (ㄷ)일 전까지 당사자에게 알려야 한다.

	ㄱ	ㄴ	ㄷ
①	30	30	7
②	30	60	14
③	60	30	7
④	60	60	14

21. 행정행위의 효력에 대한 설명으로 옳지 않은 것은? (다툼이 있는 경우 판례에 의함)

① 부담은 행정청이 행정행위를 하면서 일방적으로 부가할 수도 있지만 부담을 부가하기 이전에 상대방과 협의하여 부담의 내용을 협약의 형식으로 미리 정한 다음 행정행위를 하면서 부가할 수도 있다.

② 농지처분의무통지는 단순한 관념의 통지에 불과하다고 볼 수 없고, 상대방인 농지소유자의 의무에 직접 관계되는 독립한 행정처분으로서 항고소송의 대상이 된다.

③ 민사소송에 있어서 어느 행정처분의 당연무효 여부가 선결문제로 되는 때에는 이를 판단하여 당연무효임을 전제로 판결할 수 있고 반드시 행정소송 등의 절차에 의하여 그 취소나 무효확인을 받아야 하는 것은 아니다.

④ 행정청이 의료법인의 이사에 대한 이사취임승인취소처분(제1처분)을 직권으로 취소(제2처분)한 경우, 제1처분과 제2처분 사이에 법원에 의하여 선임된 임시이사의 지위가 소멸되기 위해서는 법원의 해임결정이 있어야 한다.

22. 국가배상법 제2조의 손해배상책임의 요건에 대한 설명으로 옳지 않은 것은? (다툼이 있는 경우 판례에 의함)

① '직무행위'의 범위에는 권력적 작용뿐만 아니라 비권력적 작용과 행정주체가 사경제주체로서 하는 활동도 포함된다.

② 공무원의 직무집행상 '과실'은 공무원이 그 직무를 수행함에 있어 당해직무를 담당하는 평균인이 통상 갖추어야 할 주의의무를 게을리 한 것을 말한다.

③ '공무원'에는 일시적이고 한시적인 사항에 관한 활동을 위하여 공무를 위탁받은 사인도 포함된다.

④ '법령 위반'에는 엄격한 의미의 법령 위반뿐만 아니라 인권존중, 권력남용금지, 신의성실, 공서양속 등의 위반도 포함된다.

23. 행정행위의 무효 및 취소에 대한 설명으로 옳지 않은 것은? (다툼이 있는 경우 판례에 의함)

① 행정처분의 취소의 효과는 행정처분이 있었던 때에 소급하는 것이나 취소되기까지의 기득권을 침해할 수 없는 것이 원칙이다.

② 후행 도시계획의 결정을 하는 행정청이 선행 도시계획의 결정·변경 등에 관한 권한을 가지고 있지 아니한 경우, 선행 도시계획과 양립할 수 없는 내용이 포함된 후행 도시계획결정은 무효라고 보아야 한다.

③ 공청회와 이주대책이 없는 도시계획수립행위는 당연무효인 행위이다.

④ 국가를 당사자로 하는 계약에 관한 법률상의 요건과 절차를 거치지 아니하고 체결된 지방자치단체와 사인 사이의 사법상 계약의 효력은 무효이다.

24. 이행강제금에 대한 설명으로 옳지 않은 것은? (다툼이 있는 경우 판례에 의함)

① 현행 건축법상 시정명령을 위반한 자와 관련하여 이행강제금은 대체적 작위의무위반으로 인한 행정대집행과 선택적 관계이다.

② 이행강제금의 부과에 관한 일반법은 행정기본법에, 개별법은 건축법, 농지법 등에서 인정되고 있다.

③ 이행강제금은 형벌과 병과할 수 없다.

④ 이행강제금은 대체적 작위의무에 대해서도 부과할 수 있다.

25. 국가공무원법 및 지방공무원법에 대한 설명으로 옳은 것(○)과 옳지 않은 것(×)을 올바르게 연결한 것은?

> ㄱ. 국가공무원법 및 지방공무원법 모두 공무원을 크게 경력직공무원과 특수경력직공무원으로 양분하여 구분한다.
> ㄴ. 지방공무원법상 임용권자는 인사혁신처장이지만, 그 권한의 일부는 법령으로 정하는 바에 따라 지방자치단체의 장 및 지방의회의 의장에게 위임할 수 있다.
> ㄷ. 국가공무원법상 소청심사위원회의 결정 및 지방공무원법상 심사위원회의 결정은 처분 행정청을 기속한다.
> ㄹ. 공무원 본인의 의사에 반한 불리한 처분에 대하여 행정소송을 제기하려는 경우, 국가공무원은 국가공무원법상 소청심사위원회의 심사·결정을 반드시 거쳐야 하지만, 지방공무원은 지방공무원법상 심사위원회의 심사·결정을 생략하고도 소송을 제기할 수 있다.

	ㄱ	ㄴ	ㄷ	ㄹ
①	○	×	○	×
②	×	×	○	○
③	×	○	×	○
④	○	○	×	×

경영학
제3과목

1. 다음 설명 중 적절한 설명끼리 짝지어진 것으로 가장 옳은 것은?

   ㄱ. 테일러(Taylor)의 과학적 관리법은 고임금 저노무비의 원칙을 강조한다.
   ㄴ. 테일러(Taylor)는 경영의 과학화를 목적으로 하고, 페이욜(Fayol)은 노동의 과학화를 목적으로 한다.
   ㄷ. 베버(Weber)의 관료제는 규범의 명확화, 역량 및 전문성에 근거한 인사, 문서화 등의 특성을 가진다.
   ㄹ. 호손연구는 '조명실험 → 배전기 전선작업장 실험 → 면접연구 → 계전기 조립작업장 실험'의 순으로 진행되었다.

   ① ㄱ, ㄴ
   ② ㄱ, ㄷ
   ③ ㄴ, ㄷ
   ④ ㄴ, ㄹ

2. 기업의 사회적 책임에 대한 다음 설명 중 가장 옳지 않은 것은?
   ① 사회적 책임을 가지는 기업은 이윤을 내기 위해 노력하는 동시에 윤리적이고 성실한 기업시민의 역할을 수행한다.
   ② ESG 경영은 환경(environment), 사회(social), 정부(government)와 관련되어 있다.
   ③ 기업의 사회적 책임은 시대와 기업환경의 변화에 따라서 동태적으로 변화한다.
   ④ 기업의 사회적 책임을 이행함으로써 기업의 매출액도 높아지고 자금조달도 원활해질 수 있다.

3. 조직화(조직설계)에 대한 다음 설명 중 가장 옳지 않은 것은?
   ① 수평적 분화는 '라인부문의 형성 → 전문스탭의 형성 → 관리스탭의 형성'의 순으로 진행된다.
   ② 네트워크 조직은 리엔지니어링(reengineering)에 의해 고객입장에서 기존의 업무처리절차를 재설계하여 획기적인 경영성과를 도모하도록 설계된 조직이다.
   ③ 계층제의 원칙에는 감독범위의 원칙, 계층단축화의 원칙, 명령일원화의 원칙 등이 있다.
   ④ 위원회 조직은 경영정책이나 특정한 문제해결에 관련되는 여러 사람들을 각 계층으로부터 선출하여 구성한 위원회가 조직 내에 상시적으로 설치되어 있는 조직형태이다.

4. 카플란(Kaplan)이 제시한 균형성과표의 구성요소 중 학습과 성장 관점에서 해당하는 성과측정지표로 가장 옳지 않은 것은?
   ① 직원숙련도
   ② 시장점유율
   ③ 연구개발
   ④ 자발적 이직률

5. 최신경영혁신기법에 대한 다음 설명 중 가장 옳지 않은 것은?
   ① 균형성과표는 조직의 비전과 전략을 달성하기 위해 수행해야 할 핵심적인 사항을 측정 가능한 형태로 바꾼 성과지표의 집합을 말한다.
   ② 학습조직은 시스템 사고, 개인적 수련, 정신모형, 공유비전, 팀 학습으로 구성되어 있다.
   ③ 프로슈머(prosumer)는 경쟁자가 없는 미개척의 새로운 시장인 블루오션에 존재하는 소비자를 의미한다.
   ④ 제조물 책임이란 제조하고 판매하는 물건들에 있을 수 있는 결함에 대한 제조업자와 판매업자의 책임을 의미한다.

6. 개인수준에서의 행동에 대한 다음 설명 중 가장 옳지 않은 것은?
   ① 조직시민행동의 구성요소 중 성실성(양심), 시민의식, 스포츠맨십은 조직 내 다른 구성원을 지향하는 구성요소에 해당한다.
   ② 조직 내 신뢰관계가 구축되어 있을 경우에 조직구성원을 감독하는 데 소요되는 비용을 감소시킬 수 있다.
   ③ 허쯔버그(Herzberg)의 2요인이론에서 위생요인에는 임금, 안정된 직업, 작업조건, 지위, 경영방침, 관리, 대인관계 등이 있는데, 이들은 직무 외적인 요인들이다.
   ④ 데시(Deci)의 인지적 평가이론은 어떤 직무에 대하여 내재적 동기가 유발되어 있는 경우에 외재적 보상이 주어지면 내재적 동기가 감소된다는 이론이다.

7. 집단에 대한 다음 설명 중 가장 옳은 것은?
   ① 팀은 각 개인의 기여를 중시하지만, 집단은 구성원의 기여와 공동의 노력을 동시에 중시한다.
   ② 툭크만(Tuckman)은 집단발달단계가 '형성기 → 격동기 → 성과수행기 → 규범기 → 해체기'의 순으로 이루어진다고 하였다.
   ③ 다른 집단과의 경쟁이 존재하면 사회적 태만은 증가한다.
   ④ 집단 간 경쟁심을 조성하면 집단응집성은 높아지고, 집단 구성원들 간의 경쟁심을 조성하면 집단응집성은 낮아진다.

8. 리더십(leadership)에 대한 다음 설명 중 가장 옳지 않은 것은?
   ① 탄넨바움(Tannenbaum)과 슈미트(Schmidt)는 의사결정 과정에서 리더의 권한영역과 부하의 자유재량영역이 어느 정도인가에 따라서 리더의 유형을 구분하였다.
   ② 허시(Hersey)와 브랜차드(Blanchard)는 리더십 유형의 동태적인 측면을 강조하였다.
   ③ 하우스(House)는 리더십과정에서 작용하는 중요한 상황적 요소들을 부하들의 특성과 과업환경요소로 구분하였다.
   ④ 블레이크(Blake)와 모튼(Mouton)은 리더십의 유형을 '생산에 대한 관심'과 '인간에 대한 관심'이라는 기준에 따라 총 81가지의 리더십 유형을 정의하였는데, (9,1)을 'country club형 리더'라고 구분하였다.

9. 선발(selection)과 관련된 다음 설명 중 옳게 설명된 항목들로 구성된 것은?

   > ㄱ. 선발도구가 합리적이기 위해서는 신뢰도와 타당도를 높여야 한다.
   > ㄴ. 특정 선발도구의 타당도가 매우 높은 경우에는 이 선발도구의 도입에 많은 비용이 소요되더라도 도입하는 것이 기업입장에서 유리하다.
   > ㄷ. 동일한 수준의 타당도를 가진 선발도구는 선발비율에 따라 그 합리성의 정도가 달라진다.
   > ㄹ. 선발도구의 타당도가 낮을 경우 선발비율을 높이고, 해당 선발도구의 유효성을 높이는 노력이 요구된다.

   ① ㄱ, ㄴ
   ② ㄱ, ㄷ
   ③ ㄴ, ㄷ
   ④ ㄴ, ㄹ

10. 신입 종업원의 조직사회화 과정에 대한 다음 설명 중 가장 옳지 않은 것은?
    ① 조직사회화는 신입 종업원이 조직에 진입하는 시점에서 시작된다.
    ② 조직사회화 과정을 거침으로써 신입 종업원은 새로운 과업을 학습하고 새로운 대인관계를 형성한다.
    ③ 조직은 조직사회화 과정을 통해 종업원의 업무를 재구성할 수 있다.
    ④ 조직사회화는 개인과 조직의 심리적 계약을 통해 조직유효성을 향상시킨다.

11. 다음 인사평가의 방법 중 후광효과(halo effect)의 발생이 가능한 방법들로만 짝지어진 것은?

> ㄱ. 서열법(ranking method)
> ㄴ. 중요사건 기록법(critical incident technique)
> ㄷ. 평정척도법(scale method)
> ㄹ. 자율서술법(essay method)
> ㅁ. 강제할당법(forced distribution method)

① ㄱ, ㄷ
② ㄱ, ㅁ
③ ㄴ, ㅁ
④ ㄷ, ㄹ

12. 보상관리에 대한 다음 설명 중 가장 옳은 것은?
① 리틀식 복률성과급제는 메릭식 복률성과급제의 결점을 보완할 목적으로 네 종류의 임률을 제시한다.
② 내부공정성은 임금수준에 반영되고, 외부공정성은 임금체계에 반영된다.
③ 종업원의 생계비를 판단할 수 있는 지표에는 생산성과 수익성이 있다.
④ 프렌치 시스템은 능률적인 작업과 낭비제거를 유도하기 위해 재료비와 노무비의 절감액을 분배하는 제도이다.

13. 슈메너(Schmenner)의 서비스-공정 매트릭스에 대한 다음 설명 중 가장 옳지 않은 것은?
① 대량서비스(mass service)에는 소매상, 도매상, 학교, 은행업 등이 있다.
② 전문서비스(professional service)는 개별화 정도와 노동집약 정도가 모두 높다.
③ 노동집약 정도가 높은 서비스 조직은 인적자원에 대한 교육훈련과 종업원의 복지 등에 중점을 두어야 한다.
④ 개별화 정도가 높은 서비스 조직은 서비스의 표준화에 중점을 두어야 한다.

14. 재고관리에 대한 설명으로 옳은 것은?
① 고정주문량 모형은 고정주문주기 모형보다 엄격한 재고관리를 수행하므로 보다 많은 안전재고를 요구한다.
② ABC 재고통제시스템에 의해 A 그룹으로 분류되는 재고품목은 재고부족관련비용 및 유지비용이 높다.
③ 고정주문량 모형은 주문량이 일정하므로 매 주문시점에서만 재고를 검토하면 된다.
④ 경제적 생산량 모형은 수요가 일정하며, 생산하고자 하는 양이 일시에 전량 생산되어 재고가 보충된다는 가정을 두고 있다.

15. 품질경영에 대한 다음 설명 중 옳게 설명된 항목으로만 구성된 것은?

> ㄱ. 산출물의 변동원인은 통제가 불가능하고 불가피한 변동의 원인인 공통원인과 변동원인이 추적가능하고 통제할 수 있는 이상원인으로 구분할 수 있다.
> ㄴ. 공통원인을 관리하게 되면 공통원인으로 인한 산출물의 변동을 줄일 수 있지만, 이상원인은 관리가 불가능하기 때문에 이상원인으로 인한 산출물의 변동을 줄일 수 없다.
> ㄷ. 6시그마란 평균에서 ±6σ거리에 있다는 의미로 결함이 발생할 확률이 3.4ppm(100만 개당 3.4개)이라는 의미이다.
> ㄹ. 공정역량(process capability)은 생산공정이 얼마나 균일한 품질의 제품을 생산할 수 있는지를 반영하는 공정의 고유능력을 의미한다.
> ㅁ. 품질비용에 대한 전통적인 관점에 의하면, 결함의 근본원인을 제거하는데 초점을 맞춘다면 품질비용은 결국 감소하게 된다고 생각하였다.

① ㄱ, ㄴ, ㄷ
② ㄱ, ㄷ, ㄹ
③ ㄴ, ㄷ, ㄹ
④ ㄷ, ㄹ, ㅁ

16. 적시생산시스템에 관한 다음의 설명 중 가장 옳지 않은 것은?
   ① 적시생산시스템을 효과적으로 운영하기 위해서는 생산의 평준화가 이루어져야 한다.
   ② 적시생산시스템은 생산활동에서 낭비적인 요인들을 제거하는 것이 궁극적 목적이다.
   ③ 간반시스템은 적시생산시스템을 지원하는 일종의 정보시스템으로서 상위 작업장으로부터의 작업흐름을 통제하는 목적으로 사용된다.
   ④ 적시생산시스템의 성공적 도입을 위해서는 제조준비시간의 충분한 증가가 먼저 이루어져야 한다.

17. 다음에서 설명하는 표본추출방법으로 가장 옳은 것은?

   - 비확률적 표본추출방법이다.
   - 조사자가 적절하다고 판단하는 조사대상자들을 선정한 다음에 그들로 하여금 또 다른 조사대상자들을 추천하도록 하는 방법이다.
   - 조사자가 모집단 구성원들 중 극소수 이외에는 누가 표본으로 적절한지를 판단할 수 없는 경우에 사용될 수 있다.
   - 연속적 추천에 의해 선정된 조사대상자들 간에는 동질성이 높을 수 있으나 모집단과는 매우 다른 특성을 가질 수 있다.

   ① 무작위표본추출(random sampling)
   ② 할당표본추출(quota sampling)
   ③ 판단표본추출(judgement sampling)
   ④ 눈덩이 표본추출(snowball sampling)

18. 소비자행동에 대한 다음 설명 중 가장 옳은 것은?
   ① 일상적 문제해결은 고객들이 신제품을 구매하거나 여러 대체품들에 대한 사전지식이 없고 각 대체품들의 평가기준을 모르는 상황에서 발생한다.
   ② 관성적 구매행동은 제품사용경험이 없는 저관여 소비자가 복잡한 의사결정을 피하기 위해 동일한 브랜드를 반복구매하는 것이다.
   ③ 고관여에서는 축소된 문제해결을 하고, 저관여에서는 확장된 문제해결을 한다.
   ④ 상기상표군에 외부탐색과정을 통해 새로이 추가되는 상표들을 합친 것을 고려상표군이라고 한다.

19. 다음 설명 중 스키밍 가격전략(skimming pricing)이 효과를 거두기 위한 조건에 대해서 옳게 설명된 항목들로 구성된 것은?

   ㄱ. 기술수준이 아주 높아서 경쟁사들의 모방이 힘든 경우
   ㄴ. 시장지배적인 위치에 있어서 경쟁사들의 영향력이 미비한 경우
   ㄷ. 대량판매를 통해 높은 이익을 얻을 수 있다고 판단될 경우
   ㄹ. 소비자가 가격에 민감한 경우
   ㅁ. 특허에 의해 보호되는 경우
   ㅂ. 초기혁신자 고객의 규모가 충분히 클 경우

   ① ㄱ, ㄴ, ㅁ, ㅂ
   ② ㄴ, ㄷ, ㄹ, ㅁ
   ③ ㄴ, ㄹ, ㅁ, ㅂ
   ④ ㄷ, ㄹ, ㅁ, ㅂ

20. 다음에서 설명하는 광고의 유형으로 가장 옳은 것은?

   - 초기에는 일부분만 드러내고 호기심을 자극한 후에 점차 전체 모습을 구체화시키는 광고를 의미한다.
   - 처음에는 상표명이나 광고주를 알아볼 수 있는 메시지를 피하게 된다.

   ① 부정적 광고
   ② 역광고
   ③ 인포머셜
   ④ 티저광고

21. 재무관리의 기초개념에 대한 다음 설명 중 가장 옳지 않은 것은?
   ① 기업의 가치는 자기자본의 가치와 타인자본의 가치를 합한 것이다.
   ② 동일한 금액의 현금에 대해서 미래의 현금보다 현재의 현금을 선호하는 유동성선호(liquidity preference)가 존재한다.
   ③ 재무관리는 그 기능에 따라 크게 자본의 조달과 자본의 운용으로 구분할 수 있다.
   ④ 미래의 이익은 자기자본 제공자(주주)에게는 원금과 이자가 지급되고, 타인자본 제공자(채권자)에게는 배당금이 지급된다.

22. 유동비율을 증가시키는 활동으로 가장 옳은 것은?
   ① 장기차입금을 줄인다.
   ② 노후화된 차량을 매각한다.
   ③ 종업원들의 노동생산성을 향상시킨다.
   ④ 보유하고 있는 현금을 이용하여 기계장치를 취득한다.

23. 옵션(option)에 대한 다음 설명 중 가장 옳지 않은 것은?
   ① 콜옵션을 매수한 사람은 시장에서 해당 상품이 사전에 정한 가격보다 높은 가격으로 거래될 경우, 그 권리를 행사함으로써 저렴한 값에 상품을 구매할 수 있다.
   ② 옵션 매수자에게는 선택권이 있으므로 자신에게 유리한 경우에만 권리를 행사하고 불리하면 권리를 포기할 수 있다.
   ③ 유럽형 옵션은 권리행사가능일을 만료일 당일 하루만으로 한정하는 옵션으로 계약된 만기일이 되어야만 행사할 수 있는 옵션이다.
   ④ 옵션은 권리만 있고 의무는 없으므로 매입자는 해당 옵션을 매도한 사람에게 일정한 대가를 지불하지 않아도 된다.

24. 재무상태표에 대한 다음 설명 중 가장 옳지 않은 것은?
   ① 일정시점 현재 기업의 재무상태에 대한 정보를 제공하는 재무제표이다.
   ② 자산, 부채, 자본으로 구성되어 있다.
   ③ 재무상태표를 통해 이자보상배율, 매출액순이익률, 유동비율 등을 분석할 수 있다.
   ④ 재무상태표의 차변과 대변의 합은 항상 일치하게 되는데, 이를 대차평균의 원리라고 한다.

25. 다음 중 이익잉여금에 해당하는 것으로 가장 옳은 것은?
   ① 주식발행초과금
   ② 자기주식처분이익
   ③ 자기주식
   ④ 법정적립금

제2회 실전모의고사
군무원 공개경쟁채용 필기시험

군수직

해커스공무원
(gosi.Hackers.com)
모바일 자동 채점 +
성적 분석 서비스

제1과목	국어	제2과목	행정법
제3과목	경영학	제4과목	

응시번호		성 명	

〈응시자 준수사항〉

1. 답안지의 모든 기재 및 표기사항은 반드시 『컴퓨터용 흑색사인펜』으로만 작성하여야 합니다. (사인펜에 "컴퓨터용"으로 표시되어 있음) (사인펜 본인 지참)
   * 매년 지정된 펜을 사용하지 않아 답안지가 무효처리 되는 상황이 빈발하고 있으므로, 답안지는 반드시 『컴퓨터용 흑색사인펜』으로만 표기하시기 바랍니다.

2. 답안은 매 문항마다 반드시 하나의 답만 골라 그 숫자에 "●"로 표기해야 하며, 표기한 내용은 수정테이프를 이용하여 정정할 수 있습니다. 단, 시험시행본부에서 수정테이프를 제공하지 않습니다.
   (표기한 부분을 긁는 경우 오답처리 될 수 있으며, 수정스티커 또는 수정액은 사용 불가)
   * 답안지는 훼손·오염되거나 구겨지지 않도록 주의해야 하며, 특히 답안지 상단의 타이밍마크(▮▮▮▮▮)를 절대로 훼손해서는 안 됩니다.

3. 상단의 QR코드를 이용하여 해커스공무원의 '모바일 자동 채점 + 성적 분석 서비스'에 접속하시기 바랍니다. (해커스공무원 사이트의 가입자에 한해 이용 가능함)
   * 정답 및 해설은 해설집의 25쪽에서 확인 가능합니다.

해커스군무원

국 어
제1과목

응시번호 :   성명 :

01. 밑줄 친 부분의 쓰임이 적절한 것은?
   ① 지은이는 싫어할래야 싫어할 수가 없다.
   ② 선아와의 추억은 잊으려야 잊을 수 없다.
   ③ 그것은 너무 귀해서 살려야 살 수가 없다.
   ④ 나와 오빠는 뗄래야 뗄 수 없는 가족이다.

02. 다음 중 띄어쓰기가 잘못된 문장은?
   ① 그는 제1 연구실에서 근무한다.
   ② 설악산에 가 본바 과연 절경이었다.
   ③ 반년 동안 괄목할 만한 성장을 이루었다.
   ④ 지금은 부재 중이라 전화를 받을 수 없습니다.

03. 국어의 음운 현상에는 아래의 네 가지 유형이 있다. 〈보기〉의 (가)와 (나)에 해당하는 음운 현상의 유형을 순서대로 고르면?

   ㉠ XAY → XBY (대치)
   ㉡ XØY → XAY (첨가)
   ㉢ XAY → XØY (탈락)
   ㉣ XABY → XCY (축약)

   보기
   　　　　낮 한때 → [낟한때] → [나탄때]
   　　　　　　　　　　(가)　　　　(나)

   ① ㉠, ㉡   ② ㉠, ㉣
   ③ ㉡, ㉢   ④ ㉢, ㉣

04. 다음 중 밑줄 친 단어의 쓰임이 옳은 것은?
   ① 씻어 놓은 상추를 채반에 받혔다.
   ② 그녀는 감정이 받혀서 끝내 울음을 터뜨렸다.
   ③ 신호등을 무시하고 달려오는 승용차에 받혔다.
   ④ 맨바닥에서 잠을 자려니 등이 받혀서 잠이 오지 않는다.

05. 다음 밑줄 친 단어 중 맞춤법이 옳지 않은 것은?
   ① 그의 옷에는 잗주름이 잔뜩 있었다.
   ② 그녀는 생각보다 성실잖은 사람이었다.
   ③ 회상컨대, 그는 마음이 따뜻한 사람이었다.
   ④ 남의 말에 개의치 않고 신념대로 행동하겠다.

06. 다음 글의 특징으로 가장 적절한 것은?

> 아마존 수족관 열대어들이
> 유리벽에 끼어 헤엄치는 여름밤
> 세검정 길,
> 장어구이집 창문에서 연기가 나고
> 아스팔트에서 고무 탄내가 난다.
> 열난 기계들이 길을 끓이면서
> 질주하는 여름밤
> 상품들은 덩굴져 자라나며 색색이 종이꽃을 피우고 있고
> 철근은 밀림, 간판은 열대지만
> 아마존 강은 여기서 아득히 멀어
> 열대어들은 수족관 속에서 목마르다.
> 변기 같은 귓바퀴에 소음 부엉거리는
> 여름밤
> 열대어들에게 시를 선물하니
> 노란 달이 아마존 강물 속에 향기롭게 출렁이고
> 아마존 강변에 후리지아 꽃들이 만발했다.
> — 최승호, '아마존 수족관'

① 계절적 배경을 제시하여 시상을 전환하고 있다.
② 비유적 표현을 통해 현대인의 이기심을 비판하고 있다.
③ 공감각적 이미지를 사용하여 대상을 효과적으로 형상화하고 있다.
④ 역설적 표현을 활용하여 현실을 극복하고자 하는 의지를 드러내고 있다.

07. 다음 규정을 참고하였을 때, 단어의 구조를 잘못 분석한 것은?

> **제19항** 어간에 '-이'나 '-음/-ㅁ'이 붙어서 명사로 된 것과 '-이'나 '-히'가 붙어서 부사로 된 것은 그 어간의 원형을 밝히어 적는다. 다만, 어간에 '-이'나 '-음'이 붙어서 명사로 바뀐 것이라도 그 어간의 뜻과 멀어진 것은 원형을 밝히어 적지 아니한다.
> [붙임] 어간에 '-이'나 '-음' 이외의 모음으로 시작된 접미사가 붙어서 다른 품사로 바뀐 것은 그 어간의 원형을 밝히어 적지 아니한다.

① 앎 → 알- + -ㅁ
② 작히 → 작- + -히
③ 쓰레기 → 쓸- + -에기
④ 무녀리 → 무널- + -이

08. 다음 시에 대한 감상으로 적절하지 않은 것은?

> 넓은 벌 동쪽 끝으로
> 옛이야기 지줄대는 실개천이 휘돌아 나가고,
> 얼룩백이 황소가
> 해설피 금빛 게으른 울음을 우는 곳,
> — 그곳이 차마 꿈엔들 잊힐 리야.
>
> 질화로에 재가 식어지면
> 비인 밭에 밤바람 소리 말을 달리고,
> 엷은 졸음에 겨운 늙으신 아버지가
> 짚베개를 돋아 고이시는 곳,
> — 그곳이 차마 꿈엔들 잊힐 리야.
>
> 흙에서 자란 내 마음
> 파아란 하늘빛이 그리워
> 함부로 쏜 화살을 찾으려
> 풀섶 이슬에 함추름 휘적시던 곳,
> — 그곳이 차마 꿈엔들 잊힐 리야.
>
> 전설 바다에 춤추는 밤물결 같은
> 검은 귀밑머리 날리는 어린 누이와
> 아무렇지도 않고 예쁠 것도 없는
> 사철 발 벗은 아내가
> 따가운 햇살을 등에 지고 이삭 줍던 곳,
> — 그곳이 차마 꿈엔들 잊힐 리야.
>
> 하늘에는 성근 별
> 알 수도 없는 모래성으로 발을 옮기고,
> 서리 까마귀 우지짖고 지나가는 초라한 지붕,
> 흐릿한 불빛에 돌아앉아 도란도란거리는 곳,
> — 그곳이 차마 꿈엔들 잊힐 리야. — 정지용, '향수'

① 화자는 유년 시절 가난한 삶을 살았지만, 그 당시를 그리워하고 있다.
② 고향에 대한 화자의 그리움이 각 연의 후렴구를 통해 환기되고 있다.
③ '해설피 금빛 게으른 울음'과 '밤바람 소리 말을 달리고'에는 동일한 감각적 심상이 사용되었다.
④ '실개천'과 '얼룩백이 황소', '함부로 쏜 화살'과 같은 향토적 소재를 통해 고향의 평화롭고 아늑한 모습을 드러낸다.

09. 다음 중 어법에 맞게 쓴 문장은?

① 우리 누나는 한글을 스스로 깨우쳤다.
② 사과는 껍질채 먹는 것이 좋다고 한다.
③ 그 학원은 당당히 합격율 1위를 달성하였다.
④ 물에 넣어 둔 콩이 잘 불어서 껍질을 벗기기가 쉽다.

10. 다음 글을 통해 알 수 있는 내용으로 적절하지 않은 것은?

> 오늘날의 독서 문화는 과거와 많이 다르다. 인쇄술(印刷術)과 제지술(製紙術)이 발달해 대량 출판이 가능해졌고, 도서관과 서점이 곳곳에 생겨나 책을 구하기가 편리해졌으며, 텔레비전이나 인터넷, 전자책과 같은 다양한 매체가 나타나 이제는 대중들도 지식과 정보를 쉽게 얻을 수 있게 되었다. 힘들여 책을 구하거나 손수 책을 베껴 적어야 했던 과거와 달리, 현대인들은 가까운 도서관을 찾거나 집에서 인터넷 검색을 하는 것만으로도 원하는 정보를 얻을 수 있다.
>
> 독서 문화의 변화는 이것만이 아니다. 현대인들은 옛사람들보다 훨씬 다양한 종류의 책을 읽는다. 옛사람들이 권위 있는 경전을 주로 읽었던 것과 달리 오늘날의 독서 대중은 진지한 인문 과학 서적에서부터 실용적인 자기 계발서와 가벼운 읽을거리까지 자신의 취향과 필요에 따라 여러 종류의 책을 폭넓게 읽고 있다.
>
> 이와 같은 독서 문화의 변화에 따라, 글쓴이들도 경전의 권위를 빌려 글을 쓰던 과거의 글쓰기 관습에서 벗어나, 참신한 개성이나 남다른 시각을 소중하게 여기게 되었다. 또 독서 대중의 다양한 요구에 따라 글의 소재가 매우 다양해진 것도 오늘날의 글쓰기 관습이 과거의 글쓰기 관습과 차이 나는 점이다.

① 오늘날 변화한 정보 습득 방법
② 대중들이 접하는 독서 종류의 확대
③ 정보의 다양화로 인한 독자의 혼란
④ 다양한 대중의 욕구로 인한 참신한 독서 소재 등장

11. 다음 글에서 괄호 안에 들어갈 말로 적절한 것은?

> 취업 준비생이 해마다 늘고 있다. 취업 준비생들은 취업을 하기 위해 학원이나 훈련 기관을 다니며 직무에 필요한 전문 지식과 실무 경험을 쌓지만, 취업 관문을 통과하기란 그야말로 바늘구멍을 통과하는 것만큼이나 어렵다고 말한다. 공채 시즌이 끝나가는 무렵, 취업에 실패한 젊은 인재들의 한숨이 깊어져만 간다. 과연 이러한 상황을 두고 ( )이라 하지 않나 싶다.

① 비육지탄(髀肉之歎)
② 서리지탄(黍離之歎)
③ 맥수지탄(麥秀之歎)
④ 연홍지탄(燕鴻之歎)

12. 다음 글에 대한 이해로 가장 적절한 것은?

> "진사님도 서울 가시더니 환장을 하셨구료? 전날엔 항상 말씀하시기를 얌전한 신랑을 택해서 슬하에 두고 걱정 근심이나 아니 시키자고 하시더니, 그래 그것을 금지옥엽같이 길러서 남의 첩으로 준단 말씀이시오?"
> "아무리 남의 첩이 되더라도 호강만 하고 몸 편하면 좋지."
> "남의 눈의 가시가 되어서 무슨 욕을 당할지 모르는 바늘방석에 가 앉아도 호강만 하면 제일강산이란 말씀이오? 나는 죽어도 그런 호강은 아니 시키겠소."
> 이 말을 들은 김 진사 뱀이 벌컥 나서 주먹으로 마루청을 탕 치며,
> "그래 그런 데가 싫어? 조런 복찰 것 보았나. 딴 소리 말고 내 말을 좀 들어 보아. 우선 춤 출 일이 있으니."
> "무엇이 그토록 좋아서 춤을 춘단 말이오?"
> "우선 허 판서 주선으로 과천 현감을 할 테지. 이제 채봉이가 그리로 들어가면 감사도 있고, 대신도 있은즉 그때엔 정경부인은 갈 데 없으니 이런 경사가 어디 있소? 두말 말고 데리고 올라갑시다."
> 이씨 부인도 그 소리에는 귀가 솔깃하니,
> "진사님께서도 기어코 하려고 드시면 전들 어떻게 하겠나이까만, 애기가 즐겨 들을지가 걱정이옵니다."〈중 략〉
> "아가, 너 재상의 소실이 좋으냐, 여염집 부인이 좋으냐? 아비 어미 부끄러워 말고 네 소원대로 말해 봐라."
> 채봉은 배운 바 학문도 있고, 김 진사 내외의 하는 말도 들은 바 있는지라 서슴지 않고 대답하더라.
> "차라리 닭의 입이 될지언정 소의 뒤가 되기는 원치 않사오니이다."
> — 작자 미상, '채봉감별곡'

① 김 진사는 벼슬을 얻기 위해 채봉을 첩으로 보내려 하고 있다.
② 김 진사는 자신의 뜻을 따르지 않는 채봉을 못마땅해 하고 있다.
③ 채봉은 아버지의 물질주의적 가치관을 간접적으로 비판하고 있다.
④ 이씨 부인은 채봉을 첩으로 보내는 것에 대해 완강히 반대하고 있다.

※ 다음 글을 읽고 물음에 답하시오. (13~14)

> 나의 육체는 나의 의지의 ㉠현상적 형태이며 나의 의지는 나의 육체의 본체(本體)이다. 즉 나의 육체는 '현상'이며 나의 의지는 물자체(物自體)인 것이다. 만일 의지가 나의 육체의 참된 모습이라면 그것은 또한 모든 다른 물체, 즉 모든 다른 '현상'의 참된 모습이다.
>
> 나는 나 자신을 ㉡의지와 표상으로서 알고 있다. 그러나 한 개의 돌멩이는 전혀 알고 있지 못하다. 그것이 우리와 돌멩이 사이의 유일한 차이이다. 즉 한 개의 돌멩이는 본체(本體)인 동시에 현상이며, 물자체(物自體)인 동시에 현상이며, 의지인 동시에 ㉢표상이다. 즉 돌멩이의 육체와 의지는 하나이며 다만 그 의지는 ㉣인식에 이르지 못한 것이다.
>
> 뿐만 아니라 인식의 형태로서 오직 현상 단계에만, 즉 본체의 단계에만 속해 있는 세계의 시간적·공간적 존재의 물자체라는 '참된 세계'는 동일하다. 따라서 돌멩이의 내부에 있는 의지와 나의 내부에 있는 의지는 동일한 의지이다. 그러므로 세계는 이중적이다. 즉 '표상(Idea)으로서의 세계'는 외부 세계로서 그것은 물질적 세계·시간의 영역·공간과 인과율(因果律)·'현상', 칸트의 현상 세계이다. 그리고 '의지로서의 세계'는 내부 세계로서 그것은 시간과 공간의 형태에 종속되어 있지 않은 주관적 세계이고 단일체이며, '실재'이며 칸트의 본체의 세계이며 물자체이다.

13. ㉠~㉣의 한자어가 적절하지 않은 것은?
① ㉠ 現象
② ㉡ 意志
③ ㉢ 樣相
④ ㉣ 認識

14. 윗글에 대한 설명으로 가장 적절하지 않은 것은?
① '의지로서의 세계'는 시간과 공간의 형태에 종속되지 않는다.
② 돌멩이는 물자체인 동시에 현상이므로 그 의지도 인식에 이를 수 있다.
③ 돌멩이의 내부에 존재하는 의지와 나의 내부에 존재하는 의지는 동일하다.
④ 나와 돌멩이의 차이는 자신을 의지와 표상으로서 알고 있는지의 여부이다.

15. 다음 중 제시된 부분의 주제로 가장 적절한 것은?

> 강개(慷慨) 계운 장기(壯氣)는 노당익장(老當益壯) ᄒᆞ다마는, 됴고마는 이 몸이 병중(病中)에 드러시니, 설분신원(雪憤伸冤) 어려올 돗 ᄒᆞ건마는, 그러나 사제갈(死諸葛)도 생중달(生中達)을 멀리 좃고, 발 업슨 손빈(孫臏)도 방연(龐涓)을 잡아거든, ᄒᆞ믈며 이 몸은 수족(手足)이 ᄀᆞ자 잇고 명맥(命脈)이 이어시니, 서절구투(鼠竊狗偸)을 저그나 저흘소냐. 비선(飛船)에 둘려드러 선봉(先鋒)을 거치면 구시월(九十月) 상풍(霜風)에 낙엽(落葉)가치 헤치리라. 칠종칠금(七縱七擒)을 우린들 못 ᄒᆞᆯ 것가. 준피도이(蠢彼島夷)들아, 수이 걸항(乞降) ᄒᆞ야스라. 항자 불살(降者不殺)이니 너를 구틱 섬멸(殲滅)ᄒᆞ랴.
> – 박인로, '선상탄'

① 九死一生
② 물 건너온 범
③ 矯角殺牛
④ 고목에도 꽃을 피운다

16. <보기>에 사용된 전개 방식으로 옳은 것은?

> 보기
> 항성년과 회귀년의 차이는 춘분 때의 지구 위치가 공전 궤도상에서 매년 조금씩 달라지는 현상 때문에 생긴다.

① 비교
② 정의
③ 분석
④ 인과

17. 밑줄 친 단어의 쓰임이 옳지 않은 것은?
① 여행객은 황소의 뿔에 받혔다.
② 친구의 하얀 발이 모래에 묻혔다.
③ 동생은 줄곧 형에게 자신의 짐을 지운다.
④ 시험을 준비하는 누나는 매일 밤을 하얗게 샌다.

18. 다음 글의 화제로 가장 적절한 것은?

> 처마는 기둥이나 벽체 밖으로 길게 돌출된 지붕의 아랫부분을 지칭한다. 대부분의 한옥은 서까래를 길게 내어서 긴 처마를 조성한다. 처마의 가장 중요한 기능은 벽과 기둥을 보호하는 것이다. 흙벽이 오랫동안 빗물에 노출되었을 경우 붕괴될 수 있고, 나무 기둥도 습기에 오래 노출되면 부식될 수 있기 때문이다. 따라서 빗물을 기단 밖으로 흘려 보내, 벽과 기둥의 빗물 접촉을 방지하기 위하여 긴 처마를 만들게 되었다. 장마가 길고 여름에 강수량이 집중되는 한반도의 기후를 고려하면, 벽과 기둥을 빗물로부터 보호하는 것이 처마의 가장 중요한 기능이다.
> 다음으로 처마는 계절마다 실내의 일조량을 조절하는 기능을 수행한다. 여름과 겨울의 태양 고도 차이에 따라, 처마를 통하여 일조량을 맞추는 것이다. 처마의 길이는 한반도의 계절별 태양 고도 차이를 고려하여 정해진다. 여름에는 한낮의 직사광선이 처마에 가로막혀 들어오지 못하고, 겨울에는 햇빛이 처마의 방해를 받지 않아 건물 내로 유입된다. 한반도의 여름과 겨울의 기온 차가 크다는 점을 고려하면, 이처럼 일조량을 조절하는 것은 쾌적한 주거 환경을 조성하기 위하여 필수적이다. 여름에는 시원하고, 겨울에는 따뜻한 생활을 할 수 있기 때문이다.

① 처마의 기능
② 처마의 종류
③ 한옥 구조의 가치
④ 전통 가옥에 대한 관심

19. 다음 중 사이시옷의 표기에 대한 이해로 적절하지 않은 것은?

> 제30항 사이시옷은 다음과 같은 경우에 받치어 적는다.
> 1. 순우리말로 된 합성어로서 앞말이 모음으로 끝난 경우
>   (1) 뒷말의 첫소리가 된소리로 나는 것 ─── ㉠
>   (2) 뒷말의 첫소리 'ㄴ, ㅁ' 앞에서 'ㄴ' 소리가 덧나는 것 ─── ㉡
>   (3) 뒷말의 첫소리 모음 앞에서 'ㄴㄴ' 소리가 덧나는 것
> 2. 순우리말과 한자어로 된 합성어로서 앞말이 모음으로 끝난 경우
>   (1) 뒷말의 첫소리가 된소리로 나는 것 ─── ㉢
>   (2) 뒷말의 첫소리 'ㄴ, ㅁ' 앞에서 'ㄴ' 소리가 덧나는 것
>   (3) 뒷말의 첫소리 모음 앞에서 'ㄴㄴ' 소리가 덧나는 것
> 3. 예외적으로 인정되는 두 음절로 된 한자어 ─── ㉣

① '배냇짓'의 사이시옷은 ㉠에 따른 것이다.
② '뒷마루'의 사이시옷은 ㉡에 따른 것이다.
③ '텃세'의 사이시옷은 ㉢에 따른 것이다.
④ '횟수'는 ㉣에 해당한다.

20. 다음 작품에 대한 설명으로 적절하지 않은 것은?

> 산과 산이 마주 향하고 믿음이 없는 얼굴과 얼굴이 마주 향한 항시 어둠 속에서 꼭 한 번은 천동 같은 화산이 일어날 것을 알면서 요런 자세로 꽃이 되어야 쓰는가.
>
> 저어 서로 응시하는 쌀쌀한 풍경. 아름다운 풍토는 이미 고구려 같은 정신도 신라 같은 이야기도 없는가. 별들이 차지한 하늘은 끝끝내 하나인데 …… 우리 무엇에 불안한 얼굴의 의미는 여기 있었던가.
>
> 모든 유혈(流血)은 꿈같이 가고 지금도 나무 하나 안심하고 서 있지 못할 광장. 아직도 정맥은 끊어진 채 휴식인가 야위어 가는 이야기뿐인가.
>
> 언제 한 번은 불고야 말 독사의 혀같이 징그러운 바람이여. 너는 이미 아는 모진 겨우살이를 또 한 번 겪으라는가 아무런 죄도 없이 피어난 꽃은 시방의 자리에서 얼마를 더 살아야 하는가 아름다운 길은 이뿐인가.
>
> 산과 산이 마주 향하고 믿음이 없는 얼굴과 얼굴이 마주 향한 항시 어둠 속에서 꼭 한 번은 천동 같은 화산이 일어날 것을 알면서 요런 자세로 꽃이 되어야 쓰는가.
>
> ─ 박봉우, '휴전선'

① 설의적 표현을 활용하여 화자의 정서를 드러내고 있다.
② 반어적 어조를 통해 전쟁으로 인한 참상을 보여 주고 있다.
③ 비유적 표현을 사용하여 민족의 안타까운 상황을 드러내고 있다.
④ 동일한 시구를 반복하여 분단 극복에 대한 의지를 강조하고 있다.

21. 경어법이 바르게 사용된 것은?
① 아버지는 이 건물 8층에 볼일이 계시다.
② 할머니, 어머니가 진지 잡수시라고 하셨습니다.
③ (평사원이) 부장님, 지금 대리님께서 오시랍니다.
④ 아이가 유치원에서 돌아오기만 하면 꼭 하나씩 저에게 여쭈어봐요.

22. 다음 글에 대한 이해로 가장 적절한 것은?

> 조 씨 여자는 먼저 임 소저를 몰아내고자 하여 주야로 춘에게 참소하니, 춘이 마침내 말하기를,
> "임 씨의 죄는 족히 내가 짐작하되, 형옥이 필경 말을 할 것이요, 또 임씨의 성품이 강정하니, 무슨 괴변이 생길까 두려워하노라."
> 조녀가 박장대소하며 말하기를,
> "상공은 형이요, 한림은 아우라. 형이 그 아내를 내치는데 아우가 어찌 감히 간섭하며 또 설혹 임녀가 스스로 죽는다 하더라도 상공께 해됨이 없거늘, 상공이 한 추부를 저어하여 장중에 있는 일을 결단치 못하니, 첩은 그윽이 상공을 위하여 애석히 여기나이다."
> 화춘이 오히려 머뭇거리기를 마지아니하더니, 하루는 범한과 장평과 더불어 서로 의논하여 꾀를 결단한 후, 죽우당에 이르러 《사기》 한 권을 빼어 보는 체하다가 책을 덮고 한림더러 묻기를,
> "옛적에 한나라 무제는 진 황후의 투기함을 능히 알고 폐하였으니, 그 임군의 일이 어떠하뇨?"
> 한림은 형의 흉계를 알지 못하고, 바른 대로 대답하여 말하기를,
> "남자는 양덕이요 여자는 음덕인고로 양덕이 음덕을 이긴 연후에야 가도가 정해지니, 한무제는 본디 호색지심으로 그 결발지처를 폐한 것이지마는 여자의 투기는 칠거지악이기에 이로써 내쳤나이다." – 조성기, '창선감의록'

① '춘'은 '임 소저'를 쫓아내면 형이 비난을 할까봐 두려워한다.
② '조 씨'는 자신의 뜻을 이루기 위해 '춘'의 자존심을 자극한다.
③ '한림'은 '춘'의 의도를 간파하여 '춘'이 원하는 의미의 대답을 한다.
④ '한림'은 과거의 사례를 통해 가부장제에 대한 부정적인 태도를 드러낸다.

23. 다음 중 ㉠과 ㉡에 들어갈 말로 알맞은 것은?

> 구룸 비치 조타 ᄒᆞ나 검기를 ᄌᆞ로 ᄒᆞᆫ다.
> ᄇᆞ람 소리 ᄆᆞᆰ다 ᄒᆞ나 그칠 적이 하노매라.
> 조코도 그칠 뉘 업기는 (㉠)쑨인가 ᄒᆞ노라.
>
> 고즌 므스 일로 뛰며셔 쉬이 디고,
> 플은 어이ᄒᆞ야 프르ᄂᆞᆫ 듯 누르ᄂᆞ니,
> 아마도 변티 아닐손 (㉡)쑨인가 ᄒᆞ노라.
> – 윤선도, '오우가'

　㉠　　㉡　　　　　㉠　㉡
① 나모　파도　　② 불　밤
③ 믈　　바회　　④ 플　비

24. 다음 작품에 대한 독자의 반응으로 가장 적절한 것은?

> 내 가슴에 독(毒)을 찬 지 오래로다
> 아직 아무도 해(害)한 일 없는 새로 뽑은 독
> 벗은 그 무서운 독 그만 흩어 버리라 한다.
> 나는 그 독이 선뜻 벗도 해할지 모른다 위협하고
>
> 독 안차고 살아도 머지않아 너 나 마주 가 버리면
> 억만세대(億萬世代)가 그 뒤로 잠자코 흘러가고
> 나중에 땅덩이 모지라져 모래알이 될 것임을
> '허무(虛無)한듸!' 독은 차서 무엇 하느냐고?
>
> 아! 내 세상에 태어났음을 원망 않고 보낸
> 어느 하루가 있었던가 '허무한듸!' 허나
> 앞뒤로 덤비는 이리 승냥이 바야흐로 내 마음을 노리매
> 내 산 채 짐승의 밥이 되어 찢기우고 할퀴우라 내맡긴 신세임을
>
> 나는 독을 차고 선선히 가리라.
> 막음 날 내 외로운 혼(魂) 건지기 위하여.
> – 김영랑, '독을 차고'

① 현실에 순응했던 과거에 회의감을 느끼고 있군.
② 지금껏 살아온 인생이 허무했다고 말하며 인정하고 있군.
③ 감정을 절제해 불의에 저항하는 의지를 담담하게 보여주고 있군.
④ 자유가 억압당하는 암울한 상황에 놓인 조국의 앞날을 걱정하고 있군.

25. 다음 중 로마자 표기가 바른 것으로만 짝 지어진 것은?

㉠ 월곶(Weolgot)	㉡ 호법(Hobeop)
㉢ 울릉(Ulleung)	㉣ 만리포(Mannipo)
㉤ 울진(Uljin)	㉥ 좋고(jokho)
㉦ 볶음밥(bokkeumbap)	㉧ 법흥사(Beopeungsa)

① ㉠, ㉡, ㉥
② ㉡, ㉢, ㉧
③ ㉢, ㉤, ㉦
④ ㉣, ㉥, ㉧

행정법
제2과목

01. 행정절차법상 행정절차에 대한 설명으로 옳은 것(○)과 옳지 않은 것(×)을 모두 올바르게 조합한 것은?

> ㄱ. 행정청은 처분을 함에 있어 국민생활에 큰 영향을 미치는 처분으로서 대통령령으로 정하는 처분에 대하여 대통령령으로 정하는 수 이상의 당사자 등이 공청회 개최를 요구하는 경우 공청회를 개최한다.
> ㄴ. 행정절차법은 감사원이 감사위원회의 결정을 거쳐 행하는 사항에 대하여 적용한다.
> ㄷ. 송달은 다른 법령 등에 특별한 규정이 있는 경우를 제외하고는 해당 문서가 송달받을 자에게 도달됨으로써 그 효력이 발생한다.
> ㄹ. 의견제출이란 행정청이 어떠한 행정작용을 하기 전에 당사자 등이 의견을 제시하는 절차로서 청문이나 공청회에 해당하는 절차를 말한다.

	ㄱ	ㄴ	ㄷ	ㄹ
①	○	×	○	×
②	○	○	×	○
③	×	×	○	×
④	×	○	×	○

02. 부작위위법확인소송에 대한 설명으로 옳지 않은 것은? (다툼이 있는 경우 판례에 의함)

① 대법원 판례에 따르면 행정입법부작위는 부작위위법소송의 대상이 되지 않는다.
② 어떠한 행정처분에 대한 법규상 또는 조리상의 신청권이 인정되지 않는 경우, 그 처분의 신청에 대한 행정청의 무응답이 위법하다고 하여 제기된 부작위위법확인소송은 적법하지 않다.
③ 부작위위법확인소송에는 사정판결이 준용되지 않는다.
④ 부작위위법확인소송은 원칙적으로 행정소송법 제20조가 정한 제소기간 내에 제소하여야 하고, 행정심판을 거친 경우에는 예외적으로 제소기간의 제한을 받지 않는다.

03. 다음 중 ㄱ, ㄴ에 들어갈 단어를 모두 올바르게 조합한 것은?

> • 행정행위에 하자가 중대·명백하여 당연무효인 경우를 제외하고는 권한 있는 기관에 의하여 취소될 때까지는 잠정적으로 유효한 것으로 보아 누구든지 구속하여 그 효력을 부인하지 못하는 힘을 (ㄱ)이라 한다.
> • 하자 있는 행정행위라도 쟁송제기기간이 경과하거나 쟁송수단을 다 거친 경우에는 상대방 또는 이해관계인이 더 이상 그 효력을 다투지 못하는 것을 (ㄴ)이라고 한다.

	ㄱ	ㄴ
①	기속력	구속력
②	공정력	불가쟁력
③	형성력	기판력
④	불가쟁력	공정력

04. 기속행위와 재량행위에 대한 설명으로 옳지 않은 것은? (다툼이 있는 경우 판례에 의함)

① 재량권 행사의 기준을 정하는 행정규칙을 재량준칙이라고 한다.
② 재량권의 일탈·남용 여부에 대한 사법심사는 사실오인, 비례·평등의 원칙 위배 등을 그 판단 대상으로 한다.
③ 어느 행정행위가 기속행위인지 재량행위인지 나아가 재량행위라고 할지라도 기속재량행위인지 또는 자유재량에 속하는 것인지의 여부는 일률적으로 규정지어 판단하여야 한다.
④ 기속행위 내지 기속적 재량행위 행정처분에 부담인 부관을 붙인 경우 일반적으로 그 부관은 무효라 할 것이다.

05. 군사행정에 대한 설명으로 옳지 않은 것은? (다툼이 있는 경우 판례에 의함)
   ① 군인이 상관의 지시나 명령에 대하여 재판청구권을 행사하는 경우에 그것이 위법·위헌인 지시와 명령을 시정하려는 데 목적이 있을 뿐이라면, 정당한 기본권의 행사로써 군인의 복종의무를 위반하였다고 볼 수 없다.
   ② 군인사법상 육군3사관학교를 졸업한 사람과 병역법에 따른 학생군사교육단 사관후보생과정 출신 장교는 원칙적으로 장기복무 장교로 규정하고 있다.
   ③ 군인의 임용, 복무, 교육훈련, 사기 및 신분보장 등에 관하여는 국가공무원법의 특별법에 해당하는 군인사법을 적용한다.
   ④ 현역에서 복무할 정년은 군인사법에서 규정하고 있으나, 전시·사변 등의 국가비상시에는 적용되지 않을 수 있다.

06. 허가에 대한 설명으로 옳은 것은? (다툼이 있는 경우 판례에 의함)
   ① 허가는 원칙적으로 기속행위 또는 기속재량행위이다.
   ② 허가를 받지 않고 행한 행위는 사법상 무효가 된다.
   ③ 분배신청을 한 바 없고 분배받은 사실조차 알지 못하고 있는 자에 대한 농지분배는 유효하다.
   ④ 허가는 새로운 권리를 창설하는 성격을 갖고 있다.

07. 행정절차법에 대한 설명으로 옳지 않은 것은? (다툼이 있는 경우 판례에 의함)
   ① 신청인은 처분이 있기 전에는 그 신청의 내용을 보완하거나 변경 또는 취하할 수 있다.
   ② 행정청은 신청인의 편의를 위하여 다른 행정청에 신청을 접수하게 할 수 있다.
   ③ 당사자가 신청하는 허가 등을 거부하는 처분을 하면서 당사자가 그 근거를 알 수 있을 정도로 이유를 제시한 경우일지라도 처분의 근거와 이유를 구체적으로 명시하지 않았다면 그 처분은 위법하다고 볼 수 있다.
   ④ 당사자 등이 정당한 이유 없이 의견제출기한까지 의견제출을 하지 않은 경우에는 의견이 없는 것으로 본다.

08. 취소소송에 대한 설명으로 옳지 않은 것은? (다툼이 있는 경우 판례에 의함)
   ① 취소소송에는 사실심의 변론종결시까지 관련청구소송을 병합하거나 피고 외의 자를 상대로 한 관련청구소송을 취소소송이 계속된 법원에 병합하여 제기할 수 있다.
   ② 판례에 의하면 대집행계고처분 취소소송의 변론종결 전에 대집행영장에 의한 통지절차를 거쳐 사실행위로서 대집행의 실행이 완료된 경우에는 대집행의 실행행위에 대해 취소를 구할 법률상 이익이 없다.
   ③ 취소소송을 제기하여도 원칙적으로 처분의 집행이나 절차의 속행은 중단되지 않는다.
   ④ 출입국관리법의 입법목적을 고려할 때, 강제퇴거명령을 다투는 외국인은 대한민국에 부적합하게 입국하여 법적으로 보호가치 있는 이해관계를 형성하지 못한 경우이어서, 그 처분의 취소를 구할 법률상 이익이 인정되지 않는다.

09. 행정상 강제징수에 대한 설명으로 옳지 않은 것은? (다툼이 있는 경우 판례에 의함)

① 국세의 징수에 관하여 국세징수법과 국세기본법에서 정한 바가 다른 경우 국세징수법에서 정한 바에 따른다.
② 행정청이 대집행에 대한 계고를 함에 있어서 의무자가 스스로 이행하지 아니하는 경우 대집행할 행위의 내용과 범위가 구체적으로 특정되어야 하지만, 그 내용 및 범위는 대집행계고서에 의해서만 특정되어야 하는 것은 아니고 그 처분 전후에 송달된 문서나 기타 사정을 종합하여 이를 특정할 수 있으면 족하다.
③ 개발제한구역 내의 건축물에 대하여 허가를 받지 않고 한 용도변경행위에 대한 형사처벌과 건축법 제83조 제1항에 의한 시정명령 위반에 대한 이행강제금 부과는 이중처벌에 해당하지 아니한다.
④ 과세관청이 체납처분으로서 행하는 공매는 우월한 공권력의 행사로서 행정소송의 대상이 되는 공법상의 행정처분이며 공매에 의하여 재산을 매수한 자는 그 공매처분이 취소된 경우에 그 취소처분의 위법을 주장하여 행정소송을 제기할 법률상 이익이 있다.

10. 지방자치에 대한 설명으로 옳지 않은 것은? (다툼이 있는 경우 판례에 의함)

① 지방자치법 제13조에서 정한 지방자치단체의 사무 범위는 열거적 규정에 해당한다.
② 지방의회의원의 임기는 4년으로 한다.
③ 지방자치단체의 사무에 관한 조례와 규칙은 조례가 보다 상위규범이라고 할 수 있으나, 헌법상 규칙에는 지방자치단체의 조례와 규칙이 모두 포함되는 등 이른바 규칙의 개념이 경우에 따라 상이하게 해석되기도 한다.
④ 대법원에 따르면, 헌법 제117조 제1항은 지방자치단체에 포괄적인 자치권을 보장하고 있으므로, 자치사무와 관련한 조례에 대한 법률의 위임은 법규명령에 대한 법률의 위임과 같이 구체적으로 범위를 정하여서 할 엄격성이 반드시 요구되지는 않는다고 본다.

11. 행정상의 법률관계에 대한 설명으로 옳지 않은 것은? (다툼이 있는 경우 판례에 의함)

① 도시 및 주거환경정비법상의 주택재건축정비사업조합을 상대로 관리처분계획안에 대한 조합 총회결의의 무효확인을 구하는 소는 공법관계이므로 당사자소송을 제기하여야 한다.
② 행정청이 사경제주체로서 상대방과 대등한 입장에서 하는 사법상 계약을 맺은 경우에는 행정절차법이 적용되지 아니한다.
③ 국유재산법에 따른 국유재산의 무단점유자에 대한 변상금 부과징수권은 민사상 부당이득반환청구권과 법적 성질을 달리하므로, 국가는 무단점유자를 상대로 변상금 부과·징수권의 행사와 별개로 국유재산의 소유자로서 민사상 부당이득반환청구의 소를 제기할 수 있다.
④ 법률관계나 사실관계에 대하여 그 법률의 규정을 적용할 수 없다는 법리가 명백히 밝혀지지 아니하여 그 해석에 다툼의 여지가 있는 경우에, 행정관청이 이를 잘못 해석하여 행정처분을 하였다면 그 처분의 하자는 객관적으로 명백하다고 볼 것이나, 중대한 것은 아니므로 이를 이유로 무효를 주장할 수는 없다.

12. 법률행위적 행정행위에 대한 설명으로 옳은 것은? (다툼이 있는 경우 판례에 의함)

① 국유재산 등의 관리청이 하는 행정재산의 사용·수익에 대한 허가는 순전히 사경제주체로 행하는 사법상의 행위에 해당하여 강학상 특허로 볼 여지가 없다.
② 법률행위적 행정행위에는 명령적 행위로서의 하명, 허가, 통지가 있으며, 형성적 행위로서의 특허, 인가, 공증이 있다.
③ 행정청은 사회복지법인의 정관변경을 허가하면서 특별한 사정이 없는 한 일정한 한도 내에서 부관을 붙일 수 있다.
④ 친일반민족행위자 재산의 국가귀속에 관한 특별법에 따른 친일반민족행위자재산조사위원회의 친일재산에 대한 국가귀속결정은 법률행위적 행정행위의 성격을 가진다.

13. 행정입법에 대한 설명으로 옳은 것은? (다툼이 있는 경우 판례에 의함)

    ① 법률의 시행령 내용이 모법의 해석상 가능한 것을 명시한 것에 지나지 아니하더라도, 모법에 직접 위임하는 규정을 두지 않았다면 무효이다.

    ② 조례에 대한 법률의 위임은 법규명령에 대한 법률의 위임과 같이 반드시 구체적으로 범위를 정하여야 할 필요가 없으며 포괄적인 것으로 족하다.

    ③ 대법원은 행정적 편의를 도모하기 위해 법령의 위임을 받아 제정된 절차적 규정을 법령보충적 행정규칙으로 본다.

    ④ 대법원은 재량준칙이 정한 바에 따라 되풀이 시행되어 행정관행이 성립되었다 할지라도 특별한 사정이 없는 한 그에 반하는 처분은 재량권을 일탈·남용한 위법한 처분이 되지 아니한다.

14. 질서위반행위규제법상 행정질서벌에 대한 설명으로 옳지 않은 것은?

    ① 고의 또는 과실이 없는 질서위반행위에는 과태료를 부과하지 않는다.

    ② 당사자와 검사는 과태료 재판에 대하여 즉시항고를 할 수 있으며, 이 경우 항고는 집행정지의 효력이 있다.

    ③ 신분에 의하여 성립하는 질서위반행위에 신분이 없는 자가 가담한 때에는 신분이 없는 자에 대하여는 질서위반행위가 성립하지 않는다.

    ④ 질서위반행위 후 법률이 변경되어 그 행위가 질서위반행위에 해당하지 아니하게 되거나 과태료가 변경되기 전의 법률보다 가볍게 된 때에는 법률에 특별한 규정이 없는 한 변경된 법률을 적용한다.

15. 행정상 손실보상에 대한 설명으로 옳지 않은 것은? (다툼이 있는 경우 판례에 의함)

    ① 현행법상 손실보상에 관한 일반법은 존재하지 않는다.

    ② 개별공시지가가 아닌 표준지공시지가를 기준으로 보상액을 산정하는 것은 헌법 제23조 제3항에 위반되지 않는다.

    ③ 공공사업의 시행으로 인하여 그러한 손실이 발생하리라는 것을 쉽게 예견할 수 있고, 그 손실의 범위도 구체적으로 이를 특정할 수 있는 경우라면 그 손실의 보상에 관하여 공공용지의 취득 및 손실보상에 관한 특례법 시행규칙의 관련 규정 등을 유추적용할 수 있다.

    ④ 토지수용으로 인한 보상액을 산정함에 있어서 당해 공공사업과 관계없는 다른 사업의 시행으로 인한 개발이익은 배제한 가격으로 평가하여야 한다.

16. 준법률행위적 행정행위에 해당하는 것으로 옳은 것은? (다툼이 있는 경우 판례에 의함)

    ① 운수사업사업자에게 여객자동차운수사업 면허를 주는 행정행위

    ② 주한 미군에 근무하면서 특수업무를 수행하는 한국인 군무원에 대한 주한 미군측의 고용해제 통보 후 국방부장관이 행한 직권면직의 인사발령

    ③ 민법상 재단법인의 정관변경 허가

    ④ 미성년자에 대한 음주판매금지

17. 공무원의 징계에 대한 설명으로 옳지 않은 것은? (다툼이 있는 경우 판례에 의함)

① 공무원은 직무와의 관련 여부를 떠나 공무원의 체면이나 위신을 떨어뜨리는 행동을 하면 국가공무원법상 징계의 사유에 해당한다.
② 공무원에 대한 의원면직의 경우, 의원면직처분이 이루어지기 전까지는 철회와 취소 모두 가능하다.
③ 계약직공무원의 보수를 감봉하거나 삭감할 때는 공무원법의 처분절차를 거치지 않고 보수를 삭감할 수 있다.
④ 징계로 해임을 당한 자는 3년간 공무원에 임용될 수 없다.

18. 국가배상법 제5조상의 영조물 책임에 대한 설명으로 옳은 것을 모두 고르면? (다툼이 있는 경우 판례에 의함)

ㄱ. 600년 또는 1,000년 빈도의 강우량에 의한 재해는 불가항력에 해당하여 국가배상책임이 부정된다.
ㄴ. 학생이 담배를 피우기 위하여 3층 건물의 화장실 밖의 난간을 지나다가 실족하여 사망한 경우, 이는 국가배상법 제5조의 영조물의 설치·관리의 하자에 해당하지 않아 국가배상을 청구할 수 없다.
ㄷ. 노선 인정 기타 공용개시가 없더라도 사실상 군민의 통행에 제공되고 있던 도로 옆의 암벽으로부터 떨어진 낙석에 맞아 보행자가 사망하는 사고가 발생한 경우, 이는 국가배상법 제5조의 영조물의 설치·관리의 하자로 인한 국가배상을 청구할 수 있다.
ㄹ. 영조물의 설치 또는 하자에 관한 제3자의 수인한도 기준을 결정함에 있어서는 일반적으로 침해되는 권리나 이익의 성질과 침해의 정도를 고려하여 통상적인 기준을 마련하여야 한다.

① ㄱ, ㄴ
② ㄱ, ㄹ
③ ㄴ, ㄷ
④ ㄷ, ㄹ

19. 행정법의 법원에 대한 설명으로 옳지 않은 것은? (다툼이 있는 경우 판례에 의함)

① 행정의 성문법주의 원칙상 성문법이 없는 경우에만 관습법이 보충적으로 적용된다는 보충적 효력설이 통설·판례이다.
② 행정규칙이 법규성을 가지는 경우에는 법원성을 인정할 수 없다.
③ 헌법재판소의 법률해석에 대법원이나 각급 법원이 구속되는 것은 아니다.
④ 남북 사이의 화해와 불가침 및 교류협력에 관한 합의서는 국가간의 조약 또는 이에 준하는 것으로 볼 수 없고, 따라서 국내법과 동일한 효력이 인정되는 것도 아니다.

20. 공공기관의 정보공개에 관한 법률에 대한 설명으로 옳지 않은 것은?

① 국가안전보장에 관련되는 정보 및 보안 업무를 관장하는 기관에서 국가안전보장과 관련된 정보의 분석을 목적으로 수집하거나 작성한 정보에 대해서는 공공기관의 정보공개에 관한 법률을 적용하지 아니한다.
② 공공기관은 정보공개의 청구를 받으면 그 청구를 받은 날부터 20일 이내에 공개 여부를 결정하여야 한다.
③ 공개 청구된 사실을 통지받은 제3자는 그 통지를 받은 날부터 3일 이내에 해당 공공기관에 대하여 자신과 관련된 정보를 공개하지 아니할 것을 요청할 수 있다.
④ 직무를 수행한 공무원의 성명과 직위는 비공개 대상정보에 대한 예외사항이므로 공개 대상이 된다.

21. 행정심판법상 행정청, 그 소속 행정청의 처분 또는 부작위에 대한 행정심판의 청구에 대하여 행정심판위원회의 종류와 대상의 연결이 옳지 않은 것은?

① 중앙행정심판위원회 – 광역시장
② 중앙행정심판위원회 – 국가정보원장
③ 각 행정청에 두는 행정심판위원회 – 국회사무총장
④ 각 행정청에 두는 행정심판위원회 – 감사원

22. 공익사업을 위한 토지 등의 취득 및 보상에 관한 법률상의 환매권에 대한 설명으로 옳지 않은 것은? (다툼이 있는 경우 판례에 의함)

① 토지의 협의취득일 또는 수용의 개시일부터 5년 이내에 취득한 토지의 전부를 당해 사업에 이용하지 아니한 경우 일정한 기간 안에 환매권을 행사할 수 있다.
② 환매권자는 사업시행자에게 환매권의 통지를 받은 날부터 6개월이 지난 후에는 환매권을 행사할 수 없다.
③ 사업시행자가 환매권자에게 환매권이 발생하였음을 통지하지 아니한 것에 대하여 헌법재판소의 부작위 위헌확인 결정이 있다면 환매권이 회복되어 행사기간이 연장된다.
④ 환매권의 통지는 환매권자에게 환매를 할 것인지 여부를 최고하도록 함으로써 법률상 당연히 인정되는 환매권 행사의 실효성을 보장하기 위한 것이라고 할 것이므로, 위 규정은 단순한 선언적인 것이 아니라 사업시행자의 법적인 의무를 정한 것이라고 보아야 한다.

23. 판례의 입장으로 옳지 않은 것은?

① 물품세 과세대상이 아닌 것을 세무공무원이 직무상 과실로 과세대상으로 오인하여 과세처분을 행함으로 인하여 손해가 발생된 경우에는 동 과세처분이 취소되지 아니하였다 하더라도, 국가는 이로 인한 손해를 배상할 책임이 있다.
② 과세처분의 하자가 단지 취소할 수 있는 정도에 불과할 때에는 과세관청이 이를 스스로 취소하거나 항고소송절차에 의하여 취소되지 않는 한 그로 인한 조세의 납부가 부당이득이 된다고 할 수 없다.
③ 삼청교육대 피해자들에게 피해보상을 하겠다는 대통령 담화와 국방부장관의 공고를 믿고 피해신청을 한 피해자들에게 보상하지 않는 것은 신뢰보호의 원칙에 위배된다.
④ 행정처분이 불복기간의 경과로 인하여 확정될 경우, 그 확정력은 처분으로 인하여 법률상 이익을 침해받은 자가 처분의 효력을 더 이상 다툴 수 없다는 의미가 되어 판결에 있어서와 같은 기판력이 인정된다.

24. 행정소송의 종류에 대한 설명으로 옳지 않은 것은? (다툼이 있는 경우 판례에 의함)

① 지방자치법상 주민소송은 개인이 지방자치단체라는 국가기관을 상대로 제기하는 소송이므로 항고소송에 해당한다.
② 공무원연금관리공단의 미지급 퇴직연금지급거부의 의사표시는 공법상 당사자소송에 해당한다.
③ 공직선거법상 선거소송은 민중소송에 해당한다.
④ 지방자치법상 지방의회 재의결에 대해 지방자치단체장이 제기하는 소송은 기관소송에 해당한다.

25. 행정법의 일반원칙과 관련한 판례의 태도로 옳지 않은 것은?

① 고속국도 관리청이 고속도로 부지와 접도구역에 송유관 매설을 허가하면서 상대방과 체결한 협약에 따라 송유관 시설을 이전하게 될 경우 그 비용을 상대방에게 부담하도록 하는 내용의 부관을 포함한 것은 부당결부금지의 원칙에 반하지 않는다.

② 공무원의 초임호봉 획정에 인정되는 경력과 관련하여, 현역병 및 사회복무요원과 달리 산업기능요원의 경력을 제외하도록 한 것은 산업기능요원의 평등권을 침해하지 않는다.

③ 하자 있는 처분이 국민에게 권리나 이익을 부여하는 이른바 수익적 행정행위인 때에는 취소하여야 할 공익상 필요와 취소로 인하여 당사자가 입게 될 기득권과 신뢰보호 및 법률생활안정의 침해 등 불이익을 비교·교량한 후 공익상의 필요가 당사자가 입을 불이익을 정당화할 만큼 강한 경우에 한하여 취소할 수 있다.

④ 플라스틱제품의 '수입업자'가 부담하는 폐기물부담금의 산출기준을 '제조업자'와 달리 그 수입가만을 기준으로 정한 것이 합리적 이유가 있는 차별에 해당하므로 헌법상 평등원칙을 위반하지 않는다.

경영학
제3과목

응시번호 :   성명 :

1. 경영환경에 대한 다음 설명 중 가장 옳은 것은?
   ① 미시적 환경은 기업이 속한 산업 밖에서 발생하여 기업활동에 영향을 미치는 요인이다.
   ② 조직은 지속적으로 환경에 직면하게 되는데, 환경이 복잡하고 불안정하게 됨에 따라 환경의 불확실성은 증가한다.
   ③ 환경불확실성의 원천 중 환경복잡성은 과업환경이나 일반환경이 얼마나 변화하는가에 대한 함수이다.
   ④ 외부환경 중 직접적으로 영향을 미치는 환경은 일반환경이고, 간접적으로 영향을 미치는 환경은 과업환경이다.

2. 상황적합이론에 대한 다음 설명 중 가장 옳지 않은 것은?
   ① 대표적인 상황변수에는 조직규모, 환경, 기술, 조직전략, 조직구조 등이 있다.
   ② 우드워드(Woodward)는 대량생산기술을 사용하는 기업은 기계적 조직이 적합하다는 사실을 발견하였다.
   ③ 톰슨(Thompson)이 제시한 상호의존성 중 그 강도가 가장 높은 것은 교호적(reciprocal) 상호의존성이다.
   ④ 로렌스(Lawrence)와 로쉬(Lorsch)는 분화를 많이 할수록 통합의 필요성이 높아진다고 주장하였다.

3. 기업집단화에 대한 다음 설명 중 가장 옳은 것은?
   ① 아웃사이더(outsider)가 많을수록 카르텔(cartel)은 효과적이다.
   ② 카르텔(cartel)과 콘체른(concern)은 수직적 결합을 통해 결합이 이루어진다.
   ③ 대표적인 독소증권에는 전환우선주, 상환우선주, 전환사채, 신주인수권부 사채 등이 있다.
   ④ 백기사(white knight)는 공격전략에 해당하고, 흑기사(black knight)는 방어전략에 해당한다.

4. 다음 중 마이클 포터(M. Porter)에 대한 설명으로 짝지어진 것으로 옳은 것은?

   > ㄱ. 경쟁우위와 경쟁범위라는 차원에서 전략을 원가우위전략, 차별화전략, 집중화전략으로 구분하였다.
   > ㄴ. 기업이 가지고 있는 자산에 대하여 내부보유가치, 보유한 자산의 희소성, 모방가능성의 정도, 조직에 대한 질문을 통해 성장 잠재력을 가늠하였다.
   > ㄷ. 기업의 프로세스와 활동들에 대해 창출하는 가치를 기준으로 경쟁우위(가치창출 부분)와 열세(가치비창출 부분)를 파악하였다.
   > ㄹ. 전략을 공격형, 방어형, 분석형, 반응형으로 구분하였다.

   ① ㄱ, ㄴ
   ② ㄱ, ㄷ
   ③ ㄴ, ㄷ
   ④ ㄴ, ㄹ

5. 지각에 대한 다음 설명 중 가장 옳지 않은 것은?
   ① 지각정보처리 과정은 선택, 조직화, 해석의 3가지 과정으로 이루어진다.
   ② 켈리(Kelly)의 입방체 이론은 외적귀인을 일관성(consistency)이 낮고, 일치성(consensus)과 특이성(distinctiveness)이 높은 경우로 설명했다.
   ③ 인상형성이론에서 평균원리는 모든 지각정보가 동시에 들어오는 경우에만 적용이 가능하다.
   ④ 어떤 대상(개인)으로부터 얻은 일부 정보가 다른 부분의 여러 정보들을 해석할 때 영향을 미치는 것을 상동적 태도(stereotyping)라고 한다.

6. 태도와 성격에 대한 다음 설명 중 가장 옳은 것은?
   ① 성격은 인지적 요소, 정서적 요소, 행동적 요소로 구성되어 있다.
   ② 성격유형 중 B형은 A형보다 업무처리속도가 빠르고 인내심이 부족한 편이다.
   ③ 조직몰입 중 규범적 몰입은 조직에 잔류하고자 하는 의도를 의미한다.
   ④ 내재론자에게는 참여적 관리스타일이 적합하고, 외재론자에게는 지시적 관리스타일이 적합하다.

7. 의사소통(communication)을 공식적 의사소통과 비공식적 의사소통으로 구분할 때, 다음 중 그 성격이 다른 하나는?
   ① 수레바퀴형
   ② 원형
   ③ 군집형
   ④ 완전연결형

8. 리더십이론에 대한 다음 설명 중 가장 옳지 않은 것은?
   ① 허시(Hersey)와 블랜차드(Blanchard)는 리더와 부하 간의 상호조화관계를 중시하고 부하들의 성숙도에 따른 효과적인 리더십 행동을 분석하고자 하였다.
   ② 하우스(House)는 구조적인 과업상황에서는 후원적 리더가 효과적이고, 비구조적인 상황에서는 지시적 리더가 효과적이라고 주장하였다.
   ③ 피들러(Fiedler)는 상황변수로 리더와 구성원의 관계, 과업의 구조, 리더의 직위권력을 제시하였다.
   ④ 수퍼 리더십(super leadership)은 타인을 위한 봉사에 초점을 두고, 부하와 고객을 우선으로 그들의 욕구를 만족시키기 위해 헌신하는 리더십을 말한다.

9. 확보관리에 대한 다음 설명 중 가장 옳은 것은?
   ① 인적자원의 수요예측기법 중 시나리오기법은 단기적 예측에 적합하고, 자격요건분석기법은 장기적 예측에 적합하다.
   ② 선발오류 중 1종 오류는 만약 선발되었더라면 만족스러운 성과를 올릴 수 있었던 지원자를 선발도구의 결과가 합격선에 미달하여 실제로 탈락시키는 데에서 발생하는 오류이다.
   ③ 선발비율은 지원자들이 모집과 선발의 각 단계에서 어떻게 인원이 선택되고 축소되는지를 보여주는 비율이다.
   ④ 타당도 분석방법에는 시험-재시험법, 대체형식법 등이 있다.

10. 경력개발(career development)에 대한 다음 설명 중 가장 옳지 않은 것은?
    ① 개인이 조직에서 경험하는 직무들이 수평적 뿐만 아니라 수직적으로도 배열되어 있는 경력경로를 이중 경력경로(dual career path)라고 한다.
    ② 조직의 경력욕구는 기본적으로 미래의 특정 시점에 필요한 인적자원을 기업내부에서 확보하려는 데 있다.
    ③ 경력단계는 탐색단계, 확립단계, 유지단계, 쇠퇴단계의 순서로 진행된다.
    ④ 인생의 모든 영역에서 균형을 얻고자 하는 경력의 닻(career anchor)을 라이프스타일 닻이라고 한다.

11. 보상관리에 대한 다음 설명 중 가장 옳지 않은 것은?
   ① 보상의 안정성을 실현하기 위한 원칙에는 생활보장의 원칙, 노동대가의 원칙, 고정임금과 변동임금의 균형원칙 등이 있다.
   ② 보상은 경제적 보상과 비경제적 보상으로 구분할 수 있는데, 경제적 보상의 가장 대표적인 예가 임금과 복리후생이다.
   ③ 종업원의 생계비는 실태생계비와 이론생계비로 구분할 수 있는데, 실태생계비는 이론생계비보다 낮게 나타나서 기업의 입장에서는 이를 기준으로 노동조합과 임금교섭을 하려는 경향이 강하다.
   ④ 임금수준의 조정방법 중 승급은 임금곡선 자체의 상향이동을 의미한다.

12. 배치설계에 대한 다음 설명 중 가장 옳지 않은 것은?
   ① 놀이 공원은 공정별 배치가 적절하다.
   ② 생산제품의 이동이 어려울 경우 위치고정형 배치가 적절하다.
   ③ 제조업의 생산제품에서 고객화 정도가 높을수록 공정별 배치가 적절하다.
   ④ 다품종 소량생산의 경우 제품별 배치를 채택하면 생산능력이 부족하여 과부하가 초래되므로 적절하지 못하다.

13. 생산능력(capacity)에 대한 다음 설명 중 가장 옳은 것은?
   ① 재화를 생산하는 생산시스템은 투입척도로 생산능력을 측정하고, 서비스를 생산하는 생산시스템은 산출척도로 생산능력을 측정한다.
   ② 생산능력 이용률(capacity utilization)은 설계생산능력(design capacity)이 커지면 함께 증가한다.
   ③ 병목(bottleneck)은 생산활동 중 유효생산능력이 가장 낮아 전체 생산시스템의 산출률을 제한하는 부분을 말한다.
   ④ 수요의 변동이 작은 경우와 미래의 수요가 확실한 경우에는 기업의 입장에서 큰 초과생산능력을 가져가는 것이 바람직하다.

14. 다음 자료를 이용하여 수요예측한 결과에 대한 다음 설명 중 가장 옳지 않은 것은?

기간	1	2	3	4
실제수요	300	360	350	320
예측값	280	380	320	310

   ① 누적예측오차는 40이기 때문에 수요예측이 과대예측되어 있다.
   ② 평균절대오차는 20이며, 그 값이 클수록 수요예측의 정확성은 낮아진다.
   ③ 추적지표는 누적예측오차를 평균절대오차로 나누어 계산하기 때문에 2이다.
   ④ 추적지표는 양(+)의 값과 음(-)의 값을 모두 가질 수 있다.

15. 품질경영에 대한 다음 설명 중 가장 옳지 않은 것은?
   ① 관리도는 현재 프로세스의 상태뿐만 아니라 불량 발생의 원인에 대한 정보를 제공해 준다.
   ② 표본검사를 하게 되면 검사비용을 줄일 수 있는 장점을 가지지만, 품질측정상의 오류를 범할 수 있는 단점을 가지고 있다.
   ③ 다구치(Taguchi)의 견해에 의하면 기업은 무결점(zero defect)을 달성하기 위해 품질관리를 실시하여야 한다.
   ④ 식스 시그마(six sigma) 도입 초기에는 일반적으로 불량률이 증가한다.

16. 공급사슬관리에 대한 다음 설명 중 가장 옳지 않은 것은?
    ① 채찍효과(bullwhip effect)는 정확한 수요예측, 공급사슬 구성요소들 간의 정보공유, 리드타임(lead time)의 증가 등을 통해 감소시킬 수 있다.
    ② 채찍효과(bullwhip effect)는 공급사슬 하류에서의 변동이 공급사슬 상류로 갈수록 증폭되는 현상을 의미한다.
    ③ 공급업체와 내부공급사슬이 통합되는 대표적인 예로는 공급자 재고관리(VMI)의 개념이 있다.
    ④ 공급사슬관리는 공급사슬 구성요소들을 부분 최적화의 관점에서 관리하는 것이 아니라 전체 최적화의 관점에서 관리하는 것이다.

17. 산업재 시장의 특징에 대한 다음 설명 중 가장 옳지 않은 것은?
    ① 산업재 구매자수요는 최종소비자 수요로부터 나온다.
    ② 산업재 시장에서의 수요는 소비재 시장보다 더 탄력적이다.
    ③ 산업재 고객은 소비재 고객보다 지역적으로 더 집중되어 있다.
    ④ 산업재 시장에서의 수요는 소비재 시장보다 변화가 심하고, 더 빨리 변동한다.

18. 관여도(involvement)에 대한 다음 설명 중 그 성격이 다른 하나는?
    ① 자신이 한 구매에 대해서 인정받고 싶어 한다.
    ② 메시지의 빈번한 반복이 설득을 유도할 수 있다.
    ③ 구매 후 부조화가 일반적이다.
    ④ 소비자는 불일치하는 정보에 저항하고 반박주장을 펼친다.

19. 수요상황별 마케팅전략 중 그 목적이 다른 하나는?
    ① 재마케팅
    ② 자극마케팅
    ③ 대항마케팅
    ④ 전환마케팅

20. 마케팅믹스 중 제품(product)에 대한 다음 설명 중 가장 옳은 것은?
    ① 제품은 구매욕구에 따라 기능적 제품, 쾌락적 제품, 상징적 제품으로 구분할 수 있다.
    ② 신제품 수용과정은 '인지, 관심, 시용구매, 평가, 수용'의 순서를 따른다.
    ③ 로저스(Rogers)에 따르면 제품의 수용속도가 가장 빠른 소비자층은 혁신수용층이고, 혁신수용층은 전체 소비자 중에 13.5%의 비중을 차지한다.
    ④ 제품범주 내에서 새로운 형태, 색상, 크기, 원료, 향 등의 신제품에 기존상표를 함께 사용하는 상표개발전략은 상표확장이다.

21. 유통(place)에 대한 다음 설명 중 가장 옳은 것은?
   ① 상인도매상과 대리점은 제품에 대한 소유권을 가지고, 브로커는 제품에 대한 소유권을 가지지 않는다.
   ② 중간상은 제조업체와 소비자에게 시간효용, 장소효용, 소유효용을 제공한다.
   ③ 집중적 유통경로전략은 전문품의 경우에 많이 활용된다.
   ④ 도매상후원 자발적 연쇄점, 소매상 협동조합 등은 관리형 VMS에 해당한다.

22. 투자안의 경제성 분석방법에 대한 다음 설명 중 옳은 것을 모두 고른 것은?

   ㄱ. 할인회수기간법은 회수기간법의 단점을 보완하여 화폐의 시간가치를 고려하고 있으며, 회수기간법에 비해 회수기간이 더 길다.
   ㄴ. 자본의 제약이 없다면, 순현재가치가 0보다 큰 투자안에 모두 투자해야 기업가치를 극대화할 수 있다.
   ㄷ. 독립적인 투자안인 경우에 순현재가치법과 내부수익률법에 의한 투자의사결정은 일치하지 않을 수 있다.

   ① ㄱ
   ② ㄱ, ㄴ
   ③ ㄱ, ㄴ, ㄷ
   ④ ㄴ, ㄷ

23. ㈜경영의 당기말 주당이익은 2,000원이고 주가수익비율(PER)은 4이다. ㈜경영 주식의 적정주가로 가장 옳은 것은?
   ① 500원
   ② 2,000원
   ③ 4,000원
   ④ 8,000원

24. 재무제표에 대한 설명으로 가장 옳지 않은 것은?
   ① 숫자의 형태로만 표현하기 어려운 정보들을 서술형 정보를 포함하여 보충적으로 설명하는 것을 주석이라고 하는데, 이는 재무제표에 포함된다.
   ② 재무상태표, 포괄손익계산서, 현금흐름표, 자본변동표는 표와 숫자의 요약된 형태로 제공된다.
   ③ 수익은 주주와의 거래(자본거래)로 인한 자본의 증가가 포함된다.
   ④ 포괄손익계산서는 수익과 비용으로 구성되어 있다.

25. 자산에 대한 다음 서술 중 가장 옳지 않은 것은?
   ① 자산의 취득과 지출의 발생이 반드시 일치해야 한다.
   ② 물리적 형태가 존재하지 않아도 자산이 될 수 있다.
   ③ 미래의 경제적 효익이 있어야 자산이 될 수 있다.
   ④ 기능이 다른 자산은 상호 분리하여 보고하는 것이 바람직하다.

제3회 실전모의고사
군무원 공개경쟁채용 필기시험

군수직

해커스공무원
(gosi.Hackers.com)
모바일 자동 채점 +
성적 분석 서비스

제1과목	국어	제2과목	행정법
제3과목	경영학	제4과목	

응시번호		성 명	

〈응시자 준수사항〉

1. 답안지의 모든 기재 및 표기사항은 반드시 『컴퓨터용 흑색사인펜』으로만 작성하여야 합니다. (사인펜에 "컴퓨터용"으로 표시되어 있음) (사인펜 본인 지참)
    * 매년 지정된 펜을 사용하지 않아 답안지가 무효처리 되는 상황이 빈발하고 있으므로, 답안지는 반드시 『컴퓨터용 흑색사인펜』으로만 표기하시기 바랍니다.

2. 답안은 매 문항마다 반드시 하나의 답만 골라 그 숫자에 "●"로 표기해야 하며, 표기한 내용은 수정테이프를 이용하여 정정할 수 있습니다. 단, 시험시행본부에서 수정테이프를 제공하지 않습니다.
    (표기한 부분을 긁는 경우 오답처리 될 수 있으며, 수정스티커 또는 수정액은 사용 불가)
    * 답안지는 훼손·오염되거나 구겨지지 않도록 주의해야 하며, 특히 답안지 상단의 타이밍마크(▮▮▮▮▮)를 절대로 훼손해서는 안 됩니다.

3. 상단의 QR코드를 이용하여 해커스공무원의 '모바일 자동 채점 + 성적 분석 서비스'에 접속하시기 바랍니다. (해커스공무원 사이트의 가입자에 한해 이용 가능함)
    * 정답 및 해설은 해설집의 48쪽에서 확인 가능합니다.

해커스군무원

국 어
제1과목

응시번호 :   성명 :

01. 다음 중 밑줄 친 단어의 표기가 옳은 것은?
   ① 분노를 속으로 삭힌다.
   ② 골문 앞에서 수비수를 한 명 제쳤다.
   ③ 넓적하여 빨랫방망이로 쓰기에 안성마춤이다.
   ④ 내 동생에게 해꼬지를 하면 가만있지 않겠다.

02. 부사와 관형사에 대한 설명으로 옳지 않은 것은?
   ① 부사와 관형사 모두 수식언에 속한다.
   ② 특정 부사는 체언을 수식하기도 한다.
   ③ 부사와 관형사 모두 조사와 결합할 수 없다.
   ④ 부사와 관형사 모두 형태가 고정되어 있으며 활용하지 않는다.

03. 다음 상황에 가장 가까운 표현은?

   > 부품 소재 분야의 원자재 가격이 상승하면서, 중소기업이 납품 단가를 맞추지 못해 어려움을 겪고 있다. 특히 경영난이 악화된 일부 기업은 적자가 거듭되어 현재 운영마저 중지된 상태이다. 이에 따라 중소기업에서 납품을 받는 대기업에도 그 영향이 미치고 있다. 이전에 비해 성과가 저조해지자, 대기업에서는 '대·중소기업의 협력과 상생'을 외치며 납품 단가의 현실화 방안을 강구하고 있다.

   ① 귤화위지(橘化爲枳)   ② 순망치한(脣亡齒寒)
   ③ 욕속부달(欲速不達)   ④ 각자무치(角者無齒)

04. 지명을 로마자로 표기한 것으로 옳은 것은?
   ① 신문로 – Sinmunno
   ② 한계령 – Hangeryeong
   ③ 송정리 – Songjeong-li
   ④ 쌍문동 – Ssangmoon-dong

05. 밑줄 친 부분의 쓰임이 모두 옳은 것은?
   ① 나는 라면을 먹을 때 냄비째 들고 먹는다.
      그는 남들 앞에서 툭하면 잘난 채를 하였다.
   ② 기념일에는 아내에게 꽃을 한 알음 사가곤 한다.
      동생과 내 친구는 서로 아름이 있는 사이다.
   ③ 사진사는 카메라의 촬영 버튼을 지그시 누르고 있었다.
      어린 조카는 어른들 옆에서 지긋이 이야기가 끝나기를 기다렸다.
   ④ 공기업 민영화 정책은 국민들의 극심한 반대에 부딪쳤다.
      이미 벌어진 문제는 회피하지 말고 당사자와 부닥쳐서 해결해야 한다.

06. 다음 밑줄 친 단어 중 줄여서 쓸 수 없는 말은?
   ① 그동안 많이 야위었다.
   ② 가리어진 부분이 있다.
   ③ 나는 어린이가 아니어요.
   ④ 친구들과 싸움하며 놀았다.

07. 밑줄 친 부분의 띄어쓰기가 옳은 것은?
① 그는 해질무렵이 다 되어서야 돌아왔다.
② 피로감이 며칠 쉰다고 회복될 지는 모르겠다.
③ 그 책은 이번 시험을 준비하는데에 도움이 될 거야.
④ 그 사람은 도둑질을 밥 먹듯 하다가 결국 구속되었다.

08. 다음 중 밑줄 친 부분의 한자가 바르게 연결된 것은?

> 수필이란 일정한 형식 없이 인생에 대한 관조나 체험을 작가의 개성에 따라 쓴 산문의 한 종류로, 제재가 다양하게 나타난다.

① 形式 – 觀照 – 體驗 – 題材
② 型式 – 觀照 – 體險 – 製材
③ 形式 – 觀造 – 體險 – 題材
④ 型式 – 觀造 – 體驗 – 製材

09. 다음 글의 중심 내용으로 가장 적절한 것은?

> 완전 경쟁 시장은 효율적인 자원 분배를 가져다준다는 점에서 이상적인 경쟁 형태라고 말할 수 있다. 이는 사회 후생의 관점에서 볼 때, 생산 수준은 완전 경쟁이 실현된 상태가 가장 바람직한 결과를 낳는다는 것을 말한다. 반면, 독점화되어 있는 시장에서는 생산량이 사회적으로 최적인 수준에 미치지 못하는 결과가 나타난다. 독점 기업의 이윤을 더 크게 만들기 위해 상품 생산량을 스스로 줄이기 때문이다. 상품 생산량이 최적에 이를 때 사회 후생이 가장 커질 수 있다면, 독점 체제하의 사회 후생은 이보다 더 작을 것이 분명하다. 이와 같이 상품 생산량이 최적 수준에 미치지 못해 사회 후생이 줄어드는 것을 독점이 가져다주는 사회적 손실의 첫 번째의 것으로 꼽을 수 있다.

① 독점이 초래하는 부정적 측면
② 상품 생산량과 사회 후생의 관계
③ 이상적인 형태의 완전 경쟁 시장
④ 독점 기업에서 이윤을 크게 만드는 방법

10. 다음 문장에서 의존 형태소이면서 실질 형태소인 것만으로 묶인 것은?

> 그는 밥을 먹어 보았다.

① 는, 을
② 먹-, 보-
③ 그, 밥
④ -어, -았-, -다

11. ㉠의 상황과 관련된 속담으로 가장 적절한 것은?

> 징, 가죽, 고무, 실 모두가 오 곱 십 곱 비싸졌다. 그러니 ㉠신기료 장수는 손님한테 아무리 비싸게 받는댔자 재료를 비싼 값으로 사야 하니, 결국 도가만 살찌울 뿐이지 소득은 전과 크게 다를 것이 없었다.
> "이런 옘병헐! 그눔에 경제겐 다 어디루 가 뒈겠어. 독립은 우라진다구 독립을 헌담."
> 그럭저럭 구월도 열흘이 되고, 서울 거리에는 미국 병정이 꼬마차와 함께 그득히 퍼졌다.
> 그 미국 병정들이, 거리를 구경하면서 혹은 물건을 사려면서, 말이 서로 통하지를 못하여 답답해하는 양을 보고 삼복은 무릎을 탁 쳤다. 〈중 략〉
> 미국 장교는 담뱃대를 집어 들고 기물스러워하면서 연방 들여다보다가 값이 얼마냐고,
> "하우 머취? 하우 머취?" / 하고 묻는다.
> 담뱃대 장수 영감은, 삼십 원이라고 소래기만 지른다.
> 알아들을 턱이 없어, 고개를 깨웃거리면서 다시금 하우 머취만 찾는 것을, 기회 좋을씨고라고, 삼복이가 나직이,
> "더티 원." / 하여 주었다.
> 핵 돌려다 보더니, / "오, 캔 유 스피크?"
> 하면서 사뭇 그러안을 듯이 반가워하는 양이라니. 아스러지도록 손을 잡고 흔드는 데는 질색할 뻔하였다.
> 직업이 있느냐고 물었다. 방금 실직하였노라고 대답하였다.
> 그럼, 내 통역이 되어 주겠느냐고 물었다. 그러겠노라고 대답하였다.

① 구슬 없는 용
② 개구리 낯짝에 물 붓기
③ 개똥밭에 이슬 내릴 때가 있다
④ 산 밖에 난 범이요 물 밖에 난 고기라

12. 문장 성분의 연결이 자연스러운 것은?
   ① 너는 반드시 약속을 어겨서는 안 된다.
   ② 작품에 손을 대거나 파손하는 행위를 금지합니다.
   ③ 달은 하늘에 떠 있고, 가로등은 환하게 밝혀 준다.
   ④ 양국 간의 경제적 교류와 협력은 가치 창출로 이어져야 한다.

13. 다음 중 〈보기〉의 내용이 들어갈 곳으로 적절한 것은?

   (가) 소록도는 신산한 삶의 흔적이 곳곳에 널브러진 유폐의 땅이었지만, 이젠 문화유산의 보고로 바뀌었다. 환자들의 고달팠던 삶은 그 자체로 소중한 가치를 지녔기에 검시실, 감금실, 사무본관 및 강당, 만령당, 식량 창고, 신사, 등대, 녹산초교 교사, 성실중고 교사, 원장 관사 등이 66-75호까지 차례로 번호를 부여받았다. 따라서 섬을 한 바퀴 도는 것은 문화재 순례의 길이기도 하다.
   (나) 검시실(66호)에서 갱생원 원장 관사(75호)에 이르는 문화유산 가운데 눈길을 끄는 곳이 식량 창고(70호)다. 하역과 보관의 편의를 위해 해변에 지어진 이 창고는, 정면을 제외한 삼면이 바다에 면한 독특한 건물이다. 예순여덟 개 기둥의 배치가 간결하고 기둥과 기둥을 연결한 아치는 견고한 느낌이다. 통풍 기능이 뛰어나 실내에 습기가 차지 않고 음식물이 쉬 상하지 않는다고 한다.
   (다) 그러나 섬 안의 많은 건물이 그러하듯 식량 창고 또한 환자들이 밤낮으로 벽돌을 찍어 백이십 일이라는 짧은 기간에 완공했다는 고단한 내력이 있다.
   (라) 검시실과 감금실(67호)은 건축적 가치보다 서러운 사연으로 방문객의 가슴을 저미게 하는 곳이다. 이 중 감금실은 재판도 없이 환자를 구금하고 체형을 가하던 곳이며, 바로 옆의 검시실은 단종(정관수술)의 현장이다. 단종이라니! 기록에 따르면 감금실에 수용된 환자는 출감할 때 한센병을 절멸해야 한다며 검시실로 끌려가 강제로 수술을 받았다.

   보기
   현재 검시실에는 결박 기능을 갖춘 해부대가 말없이 한 시대의 악행을 증언하고 있다. "그 옛날 사춘기에 꿈꾸던 / 사랑의 꿈은 깨어지고 / 여기 나의 25세 젊음을 / 파멸해 가는 수술대 위에서 / 내 청춘을 통곡하며 누워 있노라…" 이동(李東)이라는 청년 환우가 협박에 못 이겨 메스를 받은 뒤 읊조린 시 「단종대」의 한 구절이다.

   ① (가) 단락 뒤 ② (나) 단락 뒤
   ③ (다) 단락 뒤 ④ (라) 단락 뒤

14. ㉠~㉣의 의미로 적절하지 않은 것은?

   ㉠둘하 노피곰 도두샤
   어긔야 ㉡머리곰 비취오시라
   어긔야 어강됴리
   아으 다롱디리
   져재 녀러신고요
   어긔야 ㉢즌 디룰 드디욜셰라
   어긔야 어강됴리
   어느이다 노코시라
   어긔야 내 가논 디 ㉣졈그룰셰라.
   어긔야 어강됴리
   아으 다롱디리
   - 어느 행상인의 아내, '정읍사'

   ① ㉠은 '달'을 의미한다.
   ② ㉡은 '멀리멀리'를 의미한다.
   ③ ㉢은 '지는 달'을 의미한다.
   ④ ㉣은 '저물까 두렵습니다'를 의미한다.

15. 다음 중 문장 부호에 대한 설명이 옳지 않은 것은?
   ① 제목이나 표어에는 원칙적으로 마침표(.)를 쓴다.
   ② 우리말 표기와 원어 표기를 아울러 보일 때 소괄호(( ))를 쓴다.
   ③ 한 문장 안에 몇 개의 독립적인 물음이 이어질 때 각 물음의 뒤에 물음표(?)를 쓴다.
   ④ 차례대로 이어지는 내용을 하나로 묶어 열거할 때 각 어구 사이에는 붙임표(-)를 쓴다.

※ 다음 글을 읽고 물음에 답하시오. (16~17)

> 어두운 방 안엔 / 바알간 숯불이 피고,
>
> 외로이 늙으신 할머니가
> 애처로이 잦아드는 어린 목숨을 지키고 계시었다.
>
> 이윽고 눈 속을 / 아버지가 약을 가지고 돌아오시었다.
>
> 아, 아버지가 눈을 헤치고 따 오신
> 그 붉은 산수유 열매 ―.
>
> 나는 한 마리 어린 짐승,
> 젊은 아버지의 서느런 옷자락에
> 열로 상기한 볼을 말없이 부비는 것이었다.
>
> 이따금 뒷문을 눈이 치고 있었다.
> 그날 밤이 어쩌면 성탄제의 밤이었을지도 모른다.
>
> 어느새 나도 / 그때의 아버지만큼 나이를 먹었다.
>
> 옛것이라곤 찾아볼 길 없는
> 성탄제 가까운 도시에는
> 이제 반가운 그 옛날의 것이 내리는데,
>
> 서러운 서른 살 나의 이마에
> 불현듯 아버지의 서느런 옷자락을 느끼는 것은,
>
> 눈 속에 따오신 산수유 붉은 알알이
> 아직도 내 혈액 속에 녹아 흐르는 까닭일까.

16. 다음 중 '아버지의 사랑'을 의미하는 시어나 시구가 아닌 것은?
① 약
② 붉은 산수유 열매
③ 그 옛날의 것
④ 서느런 옷자락

17. '눈을 헤치고 따 오신 / 그 붉은 산수유 열매'와 동일한 표현 방법이 쓰인 것은?
① 어두운 방 안엔 / 바알간 숯불이 피고
② 외로이 늙으신 할머니가 / 애처로이 잦아드는 어린 목숨을
③ 나는 한 마리 어린 짐승, / 젊은 아버지의 서느런 옷자락에
④ 어느새 나도 / 그때의 아버지만큼 나이를 먹었다.

18. 다음 글의 문맥상 ㉠~㉣에 들어갈 말로 가장 적절하게 묶인 것은?

> 현대사회는 '기술사회(technoloigical society)'라고 불릴 정도로 과학 기술은 이제 현대사회를 규율하는 강력한 구조적 힘이 되었다. '기술사회'에서 살고 있는 현대인들은 기술체계가 강제하는 질서에 순응하고 적응할 것을 요구받고 있다. 이처럼 현대사회가 '기술사회'로 변화함에 따라 예전에는 별로 중요한 사회적 이슈로 떠오르지 않았던 새로운 사회 문제들이 등장하게 되었다. 그것은 바로 (㉠)와/과 관련된 사회적 이슈들이다. 현대 '기술사회'에서 급속도로 발전하고 있는 과학 기술은 시민사회에 다양한 사회적·윤리적 문제들을 (㉡)하고 있는 상황이며, 이에 따른 사회적 갈등과 논쟁이 계속 증가하고 있는 상태이다. 유전자조작 식품의 안전성, 생명복제의 윤리성, 정보화로 인한 개인 프라이버시 침해 가능성, 원자력발전소 및 핵폐기물의 안전과 생태계에 미치는 영향, 환경호르몬이 인체에 미치는 영향 등이 현재 그러한 사회적 갈등과 논쟁을 야기하는 대표적인 과학기술적 이슈들 중의 몇 가지이다.
> (㉢) '기술사회'에서 과학 기술과 관련하여 등장하는 사회적 쟁점에 대한 최종적인 의사결정은 전문지식(expertise)을 내세우는 기술관료들에 의해 이루어지는 것이 통상적인 모습이었다. 이처럼 사회 구성원들의 삶에 중요한 영향을 미치는 과학 기술 관련 의사결정에 일반 시민들의 참여가 매우 어렵게 되어 있는 구조는, 과학 기술은 전문가들의 영역이라고 보는 뿌리 깊은 전문가주의와 그것의 제도적 표현인 기술관료주의(technocracy) 논리가 '기술사회'에서는 더 강력하게 자리 잡고 있기 때문이다.
> 과학 기술과 관련된 문제는 하나같이 사회의 다른 영역과는 달리 복잡성과 (㉣)을 그 특징으로 하기 때문에, 전문가주의와 기술관료주의는 그 분야의 전문적인 훈련을 받은 전문가들만이 그에 대처할 수 있는 의사결정을 내릴 수 있다고 주장한다.

	㉠	㉡	㉢	㉣
①	윤리 문제	촉진	그러나	명료함
②	과학 기술	야기	그러나	난해함
③	윤리 문제	야기	따라서	난해함
④	과학 기술	촉진	따라서	명료함

19. 다음 글의 중심 내용으로 가장 적절한 것은?

> 산조는 예부터 널리 사랑받아 온 한국의 대표적인 기악 독주곡이다. '흐트러진 가락'이라는 뜻을 가진 산조는 악기의 특성을 한껏 살려 흥겹고 자유롭게 연주한다. 노래의 내용 등에 큰 제약이 없이 자유로운 이 음악에, 서민들은 삶의 애환이나 사랑의 감정을 진하게 녹여 내었다.
> 산조는 본래 남도 지방의 시나위 가락에서 비롯되었다. 그래서 산조의 흥겨움과 자유로움은 시나위 가락과도 같다. 하지만 산조의 가락은 틀, 즉 장단을 갖추고 있다. 산조는 느린 장단에서 빠른 장단으로 배열된 3~6개 장단 구성의 악장으로 구분되며, 반드시 장구 반주도 뒤따라야 한다. 산조와 시나위는 흥겨움과 자유로움을 추구하는 본질은 같으나 산조는 틀이 있고 시나위는 틀이 없다는 점에서 차이가 있다.

① 산조의 특징과 형식
② 산조의 장단과 구성
③ 산조의 악기와 연주 방식
④ 산조에 담긴 서민들의 애환

20. 다음 글에 대한 설명으로 적절하지 않은 것은?

> 일반적으로 인쇄 매체는 일상적인 대화 상대와는 달리 독자의 생리적 상황에 맞추어 친절하게만 대해 주지 않는다. 예컨대, 독자가 주의해 기억할 부분이라고 해서 반드시 활자의 크기나 모양을 달리하는 것도 아니고 독자가 이미 잊었을 내용이라고 해서 수시로 반복해 상기시켜 주는 것도 아니다. 사실상 많은 점에서 인쇄 매체들은 독자의 현실적 지력보다는 이상적 지력에 호소하는 것이다. 즉 처음부터 독자가 한눈에 보아 혹은 한 번 읽어서 알 수 있게 해 보겠다는 생각은 포기하고 시작하는 것이다. 따라서 말의 경중을 가린다든가 앞뒤의 내용을 검토하여 그 흐름을 파악한다든가 하는 일은 많은 경우 독자에게 남겨진 몫이 된다.

① 인쇄 매체의 불친절은 독자의 생리적 상황에 기인한다.
② 인쇄 매체는 중요한 부분이라도 반드시 표시하거나 반복하지 않는다.
③ 인쇄 매체의 불친절에 대한 결과는 독자에게 달려 있는 부분이다.
④ 독자의 현실적 지력은 인쇄 매체가 특별히 고려하는 사항이 아니다.

21. ㉠~㉣에 대한 설명으로 적절하지 않은 것은?

> ㉠교두 각시 양각(兩脚)을 빨리 놀려 내달아 이르되,
> "척 부인아, 그대 아모리 마련을 잘한들 버혀 내지 아니하면 모양 제되 되겠느냐. 내 공과 내 덕이니 네 공만 자랑 마라."
> ㉡세요 각시 가는 허리 구붓기며 날랜 부리 두루혀 이르되,
> "양우(兩友)의 말이 불가하다. 진주(眞珠) 열 그릇이나 꿴 후에 구슬이라 할 것이니, 재단(裁斷)에 능대능소(能大能小)하다 하나 나 곧 아니면 작의(作衣)를 어찌하리오. 세누비 미누비 저른 솔 긴 옷을 일우미 나의 날래고 빠름이 아니면 잘게 뜨며 굵게 박아 마음대로 하리오. 척 부인의 자혀 내고 교두 각시 버혀 내다 하나 내 아니면 공이 없으려든 두 벗이 무삼 공이라 자랑하나뇨."
> ㉢청홍 각시 얼굴이 붉으락프르락하야 노왈,
> "세요야, 네 공이 내 공이라. 자랑 마라. 네 아모리 착한 체하나 한 솔 반 솔인들 내 아니면 네 어찌 성공하리오."
> ㉣감토 할미 웃고 이르되,
> "각시님네, 위연만 자랑 마소. 이 늙은이 수말 적기로 아가시네 손부리 아프지 아니하게 바느질 도와 드리나니"

① ㉠은 ㉡의 말을 반박함과 동시에 자신의 공을 내세우고 있다.
② ㉡은 척 부인과 ㉠의 공을 폄하하고 있다.
③ ㉢은 ㉡이 자신의 공만 내세우자 화를 내고 있다.
④ ㉣은 아가씨가 ㉡을 사용할 때 다치지 않도록 자신이 도와준다는 것을 강조하고 있다.

22. 다음 글의 ㉠~㉢에 들어갈 말로 적절한 것은?

> 중세 유럽에는 말리거나 소금에 절이는 것을 제외하면 별다른 식품 보존 기술이 없었다. (㉠) 사람들이 흔히 먹는 육류 중 하나였던 돼지고기를 보존하거나 요리하기 위해서는 후추나 정향, 육두구와 같은 향신료가 필요했다. 향신료를 이용하면 고기의 부패를 방지할 수 있을 뿐만 아니라 맛도 더 좋아졌기 때문이다. (㉡) 향신료는 약으로도 사용되었는데, 실제로 14세기 중엽 유럽에 흑사병이 창궐했을 당시에 사람들은 흑사병 예방을 위해 향신료를 이용하였다. (㉢) 이러한 향신료는 인도와 동남아시아의 일부 지역에서만 생산되었기 때문에 유럽에서 향신료는 수요에 비해 공급이 항상 부족하여 생산지의 수십 배에 해당하는 가격으로 거래되곤 했다.

	㉠	㉡	㉢
①	그리고	물론	하지만
②	그래서	한편	그런데
③	그런데	또한	왜냐하면
④	그러므로	그러나	그래서

23. (가)를 바탕으로 (나)에 담긴 필자의 생각을 적절히 추론한 것은?

> (가) 지식의 유형은 '안다'는 말의 다양한 용례들이 보여 주는 의미 차이를 통해서 드러나기도 한다. 예컨대 '그는 자전거를 탈 줄 안다'와 '그는 이 사과가 둥글다는 것을 안다'에서 '안다'가 바로 그런 경우이다. 전자의 '안다'는 능력의 소유를 의미하는 것으로 '절차적 지식'이라고 부르고, 후자의 '안다'는 정보의 소유를 의미하는 것으로 '표상적 지식'이라고 부른다.
>
> (나) 어떤 사람이 자전거에 대해서 많은 정보를 갖고 있다고 해서 자전거를 탈 수 있게 되는 것이 아니며, 자전거를 탈 줄 알기 위해서 반드시 자전거에 대해서 많은 정보를 갖고 있어야 하는 것도 아니다. 아무 정보 없이 그저 넘어지거나 다치거나 하는 과정을 거쳐 자전거를 탈 줄 알게 될 수도 있다. '자전거가 왼쪽으로 기울면 핸들을 왼쪽으로 틀어라'와 같은 정보를 이용해서 자전거 타는 법을 배운 사람이라도 자전거를 익숙하게 타게 된 후에는 그러한 정보를 전혀 의식하지 않고서도 자전거를 잘 탈 수 있다. 자전거 타기 같은 절차적 지식을 갖기 위해서는 훈련을 통하여 몸과 마음을 특정한 방식으로 조직화해야 한다. 그러나 특정한 정보를 마음에 떠올릴 필요는 없다.

① 특정 정보에 대한 지식이 있어야 지식을 습득할 수 있다.
② 어떤 특정 행위에 대한 능력을 소유하기 위해서는 훈련이 필요하다.
③ '제빵'을 하기 위해 '빵'에 대한 정보를 많이 파악하고 있다면 완벽한 빵을 만들 수 있다.
④ 어떤 행위에 대한 많은 정보를 알고 있다면, 그 행동이 익숙해져도 그 정보를 의식하며 행동한다.

※ 다음 글을 읽고 물음에 답하시오. (24~25)

> 파란 녹이 낀 구리거울 속에
> 내 얼굴이 남아 있는 것은
> 어느 왕조(王朝)의 유물(遺物)이기에
> 이다지도 욕될까.
>
> 나는 나의 참회(懺悔)의 글을 한 줄에 줄이자.
> ─ 만 이십사 년 일 개월을
>   무슨 기쁨을 바라 살아왔던가.
>
> 내일이나 모레나 그 어느 즐거운 날에
> 나는 또 한 줄의 참회록(懺悔錄)을 써야 한다.
> ─ 그때 그 젊은 나이에
>   왜 그런 부끄런 고백(告白)을 했던가.
>
> 밤이면 밤마다 나의 거울을
> 손바닥으로 발바닥으로 닦아 보자.
>
> 그러면 어느 운석(隕石) 밑으로 홀로 걸어가는
> 슬픈 사람의 뒷모양이
> 거울 속에 나타나 온다.

24. 위 시에 대한 설명으로 옳은 것은?
① 화자의 시선 이동에 따라 시상이 전개된다.
② 참회의 매개체를 통한 성찰은 개인에 국한되어 있다.
③ 자기희생적 이미지를 활용하여 화자의 체념적인 태도를 드러내고 있다.
④ 무기력하게 살아온 부끄러움과 고뇌를 자문자답의 형식으로 드러내고 있다.

25. 밑줄 친 '부끄런 고백'이 의미하는 것으로 가장 적절한 것은?
① 망국인인 것을 부끄러워했던 지난날에 대한 참회
② 갈등과 고뇌가 가득한 삶을 살았던 것에 대한 참회
③ 현실에 적극적이지 못했던 현재의 무기력함에 대한 참회
④ 국권 상실의 역사에 대한 반감을 가졌던 과거에 대한 참회

행정법
제2과목

01. 사인의 공법행위에 대한 설명으로 옳지 않은 것은? (다툼이 있는 경우 판례에 의함)

① 사인의 공법행위는 법적 행위라는 점에서 공법상 사실행위와 구별된다.
② 사인의 공법행위는 행위의 효과를 기준으로 자기완결적(자체완성적) 공법행위와 행위요건적(행정요건적) 공법행위로 나눌 수 있다.
③ 공무원에 의해 제출된 사직원은 그에 따른 의원면직처분이 있을 때까지는 철회할 수 있지만, 일단 면직처분이 있고 난 이후에는 철회할 수 없다.
④ 민법상 비진의 의사표시의 무효에 관한 규정은 그 성질상 영업재개업신고와 같은 사인의 공법행위에 적용된다.

02. 다음 중 ㄱ, ㄴ에서 설명하고 있는 내용과 관련된 행정법의 일반원칙을 모두 올바르게 조합한 것은? (다툼이 있는 경우 판례에 의함)

> ㄱ. 목적의 정당성, 방법의 적정성, 피해의 최소성, 법익의 균형성 등을 의미하며 그 어느 하나에라도 저촉이 되면 위험이 된다.
> ㄴ. 주택승인계획승인과 관련 없는 토지를 기부채납하게 하는 부관은 위법하다.

	ㄱ	ㄴ
①	비례의 원칙	부당결부금지의 원칙
②	신뢰보호의 원칙	신의성실의 원칙
③	평등의 원칙	신뢰보호의 원칙
④	평등의 원칙	부당결부금지의 원칙

03. 행정소송에 대한 설명으로 옳지 않은 것은? (다툼이 있는 경우 판례에 의함)

① 행정소송에 관하여 행정소송법에 특별한 규정이 없는 사항에 대하여는 법원조직법과 민사소송법 및 민사집행법의 규정을 준용한다.
② 추상적인 법령에 관하여 제정의 여부 등은 그 자체로서 국민의 구체적인 권리의무에 변동을 초래하는 것이어서 행정소송의 대상이 될 수 있다.
③ 행정소송에서 기록상 자료가 나타나 있으면 당사자가 주장하지 않더라도 법원은 이를 판단할 수 있다.
④ 청구인은 행정심판법상 간접강제에 관한 행정심판위원회의 결정에 불복하는 경우 그 결정에 대하여 행정소송을 제기할 수 있다.

04. 행정행위의 성립과 효력에 대한 설명으로 옳지 않은 것은? (다툼이 있는 경우 판례에 의함)

① 상대방 있는 행정처분이 상대방에게 고지되지 아니한 경우에는 상대방이 다른 경로를 통해 행정처분의 내용을 알게 된다고 하여 행정처분의 효력이 발생하는 것은 아니다.
② 행정청이 종교단체에 기본재산전환 인가를 함에 있어 인가조건을 부가하고 그 불이행시 인가를 취소할 수 있도록 한 경우 인가조건의 의미는 철회권을 유보한 것이다.
③ 국유 일반재산 임대계약의 취소는 강학상 행정행위의 철회에 해당한다고 볼 수 없다.
④ 행정청의 의사가 외부에 표시되어 행정청이 자유롭게 취소·철회할 수 없는 구속을 받게 되는 시점에 행정행위가 성립하는 것은 아니며, 행정행위의 성립 여부는 행정청의 의사를 공식적인 방법으로 외부에 표시하였는지 여부를 기준으로 판단해야 한다.

05. 국유재산에 대한 설명으로 옳지 않은 것은? (다툼이 있는 경우 판례에 의함)
   ① 국유재산의 무단점유자에 대한 변상금부과는 관리청이 공권력을 가진 우월한 지위에서 행한 것으로 항고소송의 대상이 되는 행정처분의 성격을 갖는다.
   ② 국가가 국유재산을 관리·처분할 때에는 국가전체의 이익에 부합하고, 그 재산의 공공가치와 활용가치를 고려하여야 한다.
   ③ 사권(私權)이 설정된 재산은 그 사권이 소멸하기 전이라도 판결을 통해 국유재산으로 취득할 수 있다.
   ④ 행정재산은 민법 제245조의 점유로 인한 부동산소유권의 취득기간 규정에 따라 시효취득의 대상이 된다.

06. 행정절차법에 대한 설명으로 옳은 것은?
   ① 행정청은 신고에 필요한 구비서류의 미비 등 흠이 있는 경우에는 지체 없이 상당한 기간을 정하여 신고인에게 보완을 요구하여야 한다.
   ② 행정절차법에는 정보통신망을 이용한 송달은 규정하고 있지 않다.
   ③ 행정청은 법령상 청문실시의 사유가 있는 경우 당사자가 의견진술의 기회를 포기한다는 뜻을 명백히 표시한 경우라도 의견청취를 하여야 한다.
   ④ 해당 처분의 성질상 의견청취가 현저히 곤란하거나 명백히 불필요하다고 인정될 만한 상당한 이유가 있는 경우라도 사전 통지 및 의견청취절차를 거쳐야 한다.

07. 행정지도에 대한 설명으로 옳지 않은 것은?
   ① 행정지도의 상대방은 해당 행정지도의 방식·내용 등에 관하여 행정기관에 의견제출을 할 수 있다.
   ② 행정지도를 하는 자는 그 상대방에게 그 행정지도의 취지 및 내용과 신분을 밝혀야 한다.
   ③ 행정기관은 행정지도의 상대방이 행정지도에 따르지 아니한 경우에 경고나 혜택의 폐지 등 불이익한 조치를 취할 수 있다.
   ④ 행정기관이 같은 행정목적을 실현하기 위하여 다수인을 대상으로 행정지도를 하려는 경우에는 특별한 사정이 없는 한 행정지도에 공통적인 내용이 되는 사항을 공표하여야 한다.

08. 개인정보 보호법상 개인정보 보호에 대한 설명으로 옳은 것은?
   ① 출입국관리법에 따른 외국인등록번호는 고유식별정보에 해당하지 않는다.
   ② 정보주체에게 정보의 수집·이용·제공 등에 필요한 사항을 알리고 다른 개인정보의 처리에 대한 동의와 별도로 동의를 받은 경우에는 개인정보처리자가 고유식별정보를 처리할 수 있다.
   ③ 개인정보 보호법은 민간에 의하여 처리되는 정보까지는 보호대상으로 하지 않는다.
   ④ 정보주체는 개인정보처리자가 개인정보 보호법을 위반한 행위로 손해를 입으면 개인정보처리자에게 손해배상을 청구할 수 있으며, 이 경우 고의 또는 과실의 입증책임은 정보주체에게 있다.

09. 다음 중 판례의 입장으로 옳은 것은?

① 사업주가 당연가입자가 되는 고용보험 및 산재보험에서 보험료 납부의무 부존재확인의 소는 민사소송에 해당한다.
② 국토의 계획 및 이용에 관한 법률상 토지소유자 등이 도시·군계획시설 사업시행자의 토지의 일시 사용에 대하여 정당한 사유 없이 동의를 거부한 경우, 사업시행자가 토지소유자를 상대로 동의의 의사표시를 구하는 소송은 당사자소송으로 보아야 한다.
③ 명예퇴직한 법관이 미지급 명예퇴직수당액의 지급을 구하는 소송은 금전에 대한 소송이므로 민사소송에 의하여야 한다.
④ 공익사업을 위한 토지 등의 취득 및 보상에 관한 법률상 환매권의 존부에 관한 확인 및 환매금액의 증감을 구하는 소송은 당사자소송으로 제기하여야 한다.

10. 공무원의 권리에 대한 설명으로 옳지 않은 것은? (다툼이 있는 경우 판례에 의함)

① 국가공무원법상 공무원은 형의 선고, 징계처분 또는 국가공무원법에서 정하는 사유에 따르지 아니하고는 본인의 의사에 반하여 휴직·강임 또는 면직을 당하지 아니한다.
② 국가공무원에 대한 불리한 부작위에 대한 행정소송은 인사혁신처의 소청심사위원회의 심사·결정을 거치지 않으면 제기할 수 없다.
③ 공무원이 임용 당시 공무원 임용결격사유가 있었어도 국가의 과실로 이를 밝혀내지 못한 것이라면 그 공무원의 사실상 근무에 대하여 공무원연금법령에서 정한 퇴직급여를 청구할 수 있다.
④ 휴직 기간이 끝난 공무원이 30일 이내에 복귀 신고를 하면 그 공무원은 다른 절차 없이 당연히 복직된다.

11. 행정기본법상의 기간의 계산과 관련하여 ㄱ, ㄴ에 들어갈 내용을 모두 올바르게 조합한 것은?

- 법령 등을 공포한 날부터 일정 기간이 경과한 날부터 시행하는 경우 법령 등을 공포한 날을 첫날에 (ㄱ).
- 법령 등 또는 처분에서 국민의 권익을 제한하거나 의무를 부과하는 경우 권익이 제한되거나 의무가 지속되는 기간의 계산에 있어서 기간을 일, 주, 월 또는 연으로 정한 경우에는 원칙적으로 기간의 첫날을 (ㄴ).

	ㄱ	ㄴ
①	산입한다	산입한다
②	산입한다	산입하지 아니한다
③	산입하지 아니한다	산입한다
④	산입하지 아니한다	산입하지 아니한다

12. 원고적격에 대한 판례의 입장으로 옳은 것은?

① 한의사들이 한약조제시험을 통하여 한약조제권을 인정받은 약사들에 대하여 합격처분의 무효확인을 구하는 소는 원고적격이 없는 자들이 제기한 소로서 부적합하다.
② 국민권익위원회가 소방청장에게 인사와 관련하여 부당한 지시를 한 사실이 인정된다며 이를 취소할 것을 요구하기로 의결하고 내용을 통지한 경우, 소방청장은 국민권익위원회 조치요구의 취소를 구하는 항고소송을 제기할 수 없다.
③ 환경영향평가대상사업에 해당하는 국립공원 집단시설지구 개발사업에 있어 그 시설물기본설계 변경승인처분 등과 관련하여 환경영향평가대상지역 안의 주민들이 갖고 있는 환경상의 이익을 침해한 경우, 당해 주민들에게 그 처분 등의 취소를 구할 원고적격이 인정되지 아니한다.
④ 광업권설정허가처분과 그에 따른 광산 개발로 인하여 재산상·환경상 이익의 침해를 받거나 받을 우려가 있는 토지나 건축물의 이해관계인 및 주민들은 직접적인 당사자가 아니기 때문에 그 처분 전과 비교하여 수인한도를 넘는 재산상·환경상 이익의 침해를 받거나 받을 우려가 있다는 것을 증명하더라도 원고적격을 인정받을 수 없다.

13. 행정상 손실보상에 대한 설명으로 옳지 않은 것은? (다툼이 있는 경우 판례에 의함)
   ① 기대이익은 재산권의 보호대상에 포함되지 않는다.
   ② 보상청구권의 근거에 관하여서 뿐만 아니라 보상의 기준과 방법에 관하여서도 법률에 근거하여야 한다.
   ③ 헌법 제23조 제3항의 해석상 재산권 수용의 주체는 국가 등 공적 기관으로 한정되므로 민간기업은 토지수용의 주체가 될 수 없다.
   ④ 징발물이 국유재산 또는 공유재산인 경우에는 보상을 하지 아니한다.

14. 행정심판의 재결에 대한 설명으로 옳지 않은 것은?
   ① 심판청구에 대한 재결이 있는 경우라도 그 재결 및 동일한 처분 또는 부작위에 대하여 다시 행정심판을 청구할 수 있다.
   ② 행정심판위원회는 심판청구의 대상이 되는 처분보다 청구인에게 불리한 재결을 하지 못한다.
   ③ 행정심판위원회는 심판청구의 대상이 되는 처분 또는 부작위 외의 사항에 대하여는 재결하지 못한다.
   ④ 재결에 의하여 취소되거나 무효 또는 부존재로 확인되는 처분이 당사자의 신청을 거부하는 것을 내용으로 하는 경우에는 그 처분을 한 행정청은 재결의 취지에 따라 다시 이전의 신청에 대한 처분을 하여야 한다.

15. 항고소송의 대상에 대한 판례의 입장으로 옳지 않은 것은?
   ① 공정거래위원회의 '표준약관 사용권장행위'는 사업자 등의 권리·의무에 직접 영향을 미치는 행정처분으로서 항고소송의 대상이 된다.
   ② 세무당국이 주류제조회사에 대하여 특정 업체와의 주류거래를 일정기간 중지하여 줄 것을 요청한 행위는 권고적 성격의 행위로서 행정처분이라고 볼 수 없다.
   ③ 건축신고는 자기완결적 신고이므로 신고반려행위 또는 수리거부행위는 항고소송의 대상이 되지 않는다.
   ④ 조례가 집행행위의 개입 없이 직접 국민의 구체적 권리·의무에 영향을 미치는 등의 법률상 효과를 발생하면 그 조례는 항고소송의 대상이 된다.

16. 행정청의 재량행위에 대한 설명으로 옳은 것은? (다툼이 있는 경우 판례에 의함)
   ① 행정청은 부담의 불이행을 이유로 행정행위를 철회할 수 없다.
   ② 국립 교육대학 학생에 대한 징계권의 발동이나 징계의 양정이 징계권자의 교육적 재량에 맡겨져 있다 할지라도 법원은 그 징계처분의 위법성을 판단하여 취소할 수 있다.
   ③ 신청에 따른 행정청의 처분이 기속행위인 때에는 행정청은 신청에 대한 응답의무를 지지만, 재량행위인 때에는 응답의무가 없다.
   ④ 행정청이 이미 설정된 재량기준을 구체적으로 적용함에 있어서 명백한 잘못이 있더라도 재량권 남용의 문제는 발생하지 않는다.

17. 행정조사에 대한 설명으로 옳은 것(○)과 옳지 않은 것(×)을 올바르게 조합한 것은? (다툼이 있는 경우 판례에 의함)

> ㄱ. 시료채취로 조사대상자에게 손실을 입힌 경우 그 손실보상에 관한 명문규정이 있다.
> ㄴ. 행정절차법은 행정조사에 관한 명문의 규정을 마련하고 있다.
> ㄷ. 우편물 통관검사절차에서 이루어지는 우편물의 개봉, 시료채취, 성분분석 등의 검사는 행정조사의 성격을 가지는 것으로 압수·수색영장 없이 진행되었다고 해도 특별한 사정이 없는 한 위법하다고 볼 수 없다.
> ㄹ. 세무조사결정은 납세의무자의 권리·의무에 직접 영향을 미치는 공권력의 행사에 따른 행정작용으로서 항고소송의 대상이 된다.

	ㄱ	ㄴ	ㄷ	ㄹ
①	×	×	○	○
②	×	○	×	×
③	○	×	○	○
④	×	○	×	○

18. 행정규칙에 대한 설명으로 옳은 것은 모두 몇 개인가? (다툼이 있는 경우 판례에 의함)

> ㄱ. 행정규칙의 내용이 상위법령에 반하는 것이라면 법원은 해당 행정규칙이 법질서상 부존재하는 것으로 취급하여 행정기관이 한 조치의 당부를 상위법령의 규정과 입법 목적 등에 따라서 판단하여야 한다.
> ㄴ. 행정규칙이 대외적인 구속력을 가지는 경우에는 헌법소원의 대상이 될 수 있다.
> ㄷ. 행정규칙에서 사용하는 개념이 달리 해석될 여지가 있다 하더라도 행정청이 수권의 범위 내에서 법령이 위임한 취지 및 형평과 비례의 원칙에 기초하여 합목적적으로 기준을 설정하여 그 개념을 해석·적용하고 있다면, 개념이 달리 해석될 여지가 있다는 것만으로 이를 사용한 행정규칙이 법령의 위임 한계를 벗어났다고는 할 수 없다.

① 0개
② 1개
③ 2개
④ 3개

19. 공법상 계약에 대한 설명으로 옳은 것은? (다툼이 있는 경우 판례에 의함)

① 공법상 계약의 해지의사표시를 하기 위해서는 행정절차법에 따라 근거와 이유를 제시하여야 한다.
② 중소기업기술정보진흥원장과 甲 주식회사가 체결한 중소기업 정보화지원사업을 위한 협약의 해지 및 그에 따른 환수통보는 공법상 당사자소송으로 다툴 수 있다.
③ 공법상 계약은 문서 또는 구두로 체결할 수 있다.
④ 공법상 계약에 관하여는 행정절차법에 명문의 규정을 두고 있다.

20. 국가배상에 대한 설명으로 옳지 않은 것은? (다툼이 있는 경우 판례에 의함)

① 피해자가 손해를 입은 동시에 이익을 얻은 경우에는 손해배상액에서 그 이익에 상당하는 금액을 빼야 한다.
② 군인이 전투·훈련 등 직무집행과 관련하여 공상을 입은 경우, 다른 법령에 따라 재해보상금 등 보상을 지급받을 수 있을 때에는 국가배상법상 손해배상은 청구할 수 없지만 민법에 의한 손해배상은 별도로 청구할 수 있다.
③ 불법행위로 영업을 중단한 자가 영업 중단에 따른 손해배상을 구하는 경우 영업을 중단하지 않았으면 얻었을 순이익과 이와 별도로 영업 중단과 상관없이 불가피하게 지출해야 하는 비용을 모두 손해배상의 범위에 포함하여도 이중배상에 해당하지 않는다.
④ 어떠한 행정처분이 항고소송에서 취소되었을지라도 그 기판력에 의하여 당해 행정처분이 곧바로 공무원의 고의 또는 과실로 인한 것으로서 국가배상책임이 성립한다고 단정할 수는 없다.

21. 공공기관의 정보공개에 관한 법률에 대한 설명으로 옳은 것을 모두 고르면? (다툼이 있는 경우 판례에 의함)

> ㄱ. 청구인이 공공기관에 대하여 정보공개를 청구하였다가 거부처분을 받은 것 자체가 법률상 이익의 침해에 해당한다.
> ㄴ. 공공기관이 청구인이 신청한 공개방법 이외의 방법으로 정보를 공개하기로 하는 결정을 하였다면, 청구인은 이에 대하여 항고소송으로 다툴 수 있다.
> ㄷ. 공개청구의 대상이 되는 정보가 인터넷에 공개되어 인터넷 검색 등을 통하여 쉽게 알 수 있는 경우에는 비공개사유가 된다.
> ㄹ. 방송법에 의하여 설립·운영되는 한국방송공사(KBS)는 정보공개의무가 있는 공공기관에 해당하지 않는다.

① ㄱ, ㄴ
② ㄱ, ㄹ
③ ㄴ, ㄷ
④ ㄷ, ㄹ

22. 행정의 실효성 확보수단에 대한 설명으로 옳지 않은 것은? (다툼이 있는 경우 판례에 의함)

① 위법건축물에 대한 철거 대집행계고처분에 불응하여 제2차 계고를 한 경우 제2차 계고는 행정처분이 아니므로 행정쟁송의 대상이 될 수 없다.
② 건물의 명도의무는 대집행의 대상이 될 수 없다.
③ 공무원들이 위법건축물임을 알지 못하여 공사 도중에 시정명령이 내려지지 않아 위법건축물이 완공된 경우에는 위법건축물에 대한 시정명령을 할 수 없다.
④ 영업정지처분에 갈음하는 과징금을 부과할 것인지 아니면 영업정지처분을 내릴 것인지는 통상 행정의 재량에 속한다.

23. 개인적 공권에 대한 설명으로 옳지 않은 것은? (다툼이 있는 경우 판례에 의함)

① 공법상 계약을 통해서 개인적 공권이 성립할 수 있다.
② 행정소송에 있어서 소권은 개인의 국가에 대한 공권이므로 당사자의 합의로써 이를 포기할 수 없다.
③ 서울특별시의 '철거민에 대한 시영아파트 특별분양 개선지침'은 행정규칙에 불과하며, 그 지침 소정의 사람에게 공법상의 분양신청권이 부여되는 것은 아니다.
④ 다수의 검사 임용신청자 중 일부만을 검사로 임용하는 경우에 있어서 임용신청자들에게 전형의 결과인 임용 여부의 응답할 것인지는 의무가 아니라 임용권자의 편의재량사항이다.

24. 행정행위의 부관에 대한 설명으로 옳지 않은 것은? (다툼이 있는 경우 판례에 의함)

① 어업에 관한 허가 또는 신고는 어업면허와 마찬가지로 유효기간이 경과해도 그 허가나 신고의 효력이 당연히 소멸되는 것은 아니므로 재차허가를 받거나 신고를 하면 허가나 신고의 기간이 갱신되어 종전의 어업허가나 신고의 효력 또는 성질이 계속된다고 볼 수 있다.
② 건축허가를 하면서 일정 토지를 기부채납하도록 하는 내용의 허가조건은 부관을 붙일 수 없는 기속행위 내지 기속적 재량행위인 건축허가에 붙인 부담이거나 또는 법령상 아무런 근거가 없는 부관이어서 무효이다.
③ 수익적 행정처분에 있어서는 부담을 부가하기 이전에 상대방과 협의하여 부담의 내용을 협약의 형식으로 미리 정한 다음 행정처분을 하면서 이를 부가할 수 있다.
④ 부관은 면허 발급 당시에 붙이는 것뿐만 아니라 면허 발급 이후에 붙이는 것도 법률에 명문의 규정이 있거나 변경이 미리 유보되어 있는 경우 또는 상대방의 동의가 있는 경우 등에는 특별한 사정이 없는 한 허용된다.

25. 다음 사례에 대한 설명으로 옳지 않은 것은? (다툼이 있는 경우 판례에 의함)

> 1951년 미국 공군에 의하여 만들어진 매향리 사격장은 통상 주말과 공휴일을 제외하고 한 달 평균 20일 가량 오전 9시부터 오후 10시까지 지속적으로 폭탄 투하 및 기관총 사격 훈련 등을 실시하였다. 이러한 훈련에 따라 인근에 거주하는 주민들은 1988년부터 항공기 소음과 폭탄 파열음 및 오폭사고 등의 피해를 지속적으로 호소해왔으나, 2000년에야 미국 공군이 비로소 사격훈련 방법을 변경하였다.

① 매향리 사격장이 국가안보를 위하여 고도의 공익성을 가진 시설일지라도 매향리 사격장의 설치 또는 관리에 하자가 있었다면 국가배상법상 배상책임이 인정된다.

② 국가배상법 제5조 제1항상 '영조물의 설치 또는 관리의 하자'를 판단함에 있어 타인에게 위해를 끼칠 위험성이 있는 상태인지 여부는, 그 영조물이 공공의 목적에 이용됨에 있어 그 이용상태 및 정도가 일정한 한도를 초과하여 제3자에게 사회통념상 수인할 것이 기대되는 한도를 넘는 피해를 입히는 경우까지 포함하여 판단한다.

③ 매향리 사격장에서 발생하는 소음의 수인한도의 기준을 결정함에 있어서는 여러 사정을 종합적으로 고려하여 구체적인 사건에 따라 개별적으로 결정하여야 한다.

④ 소음 문제가 발생한 이후에 매향리로 이주하여 거주하면서 소음 피해를 호소한 주민에 대하여 가해자의 면책이 인정되는 경우는 없다.

경영학
제3과목

1. 재화(goods)와 서비스(service)를 비교한 다음 설명 중 가장 옳은 것은?
   ① 재화는 비분리성의 특징을 가지고, 서비스는 분리성의 특징을 가진다.
   ② 재화는 소멸성의 특징을 가지고, 서비스는 지속성의 특징을 가진다.
   ③ 재화는 노동집약적이고, 서비스는 자본집약적이다.
   ④ 재화의 품질측정은 객관적이고, 서비스의 품질측정은 주관적이다.

2. 과학적 관리법에 대한 다음 설명 중 동일한 연구자와 관련된 내용으로 짝지어진 것으로 가장 옳은 것은?

   ㄱ. 동작연구를 위하여 마이크로미터(micrometer)라고 불리는 모션픽처(motion picture) 기계를 개발하여 활용하였다.
   ㄴ. 컨베이어 벨트 시스템을 통한 생산과정 중에 발생하는 문제를 최소화하기 위해 3S의 개념을 주장하였다.
   ㄷ. 인간의 동작은 17개의 기본적인 동작으로 구성되어 있다는 가정 하에 서블릭(therblig)이라고 불리는 것을 발표하였다.
   ㄹ. 모든 작업자에게 동일한 임금을 주던 기존의 관행을 깨고 각 작업자의 성과가 목표를 달성하거나 초과달성하는 경우에는 임금을 차등 지급하였다.
   ㅁ. 고임금 저비용을 가능하게 함으로써 노사 공동의 번영을 기하고 사회 발전을 이루려고 하였다.

   ① ㄱ, ㄴ
   ② ㄴ, ㄷ
   ③ ㄷ, ㄹ
   ④ ㄹ, ㅁ

3. 적대적 M&A와 관련된 다음 전략 중 그 실행주체가 다른 하나는?
   ① 독소조항
   ② 역공개매수
   ③ 자사주 매입
   ④ 백지위임장 투쟁

4. 조직에 대한 다음 설명 중 가장 옳지 않은 것은?
   ① 유기적 조직은 기계적 조직에 비해 공식화 정도가 낮다.
   ② 행렬조직에서는 명령일원화의 원칙이 적용된다.
   ③ 네트워크 조직은 가상조직(virtual organization)이라고도 한다.
   ④ 사업부제(부문별) 조직은 각 사업영역이나 제품에 대한 책임이 명확하다.

5. 사업포트폴리오 분석(business portfolio analysis)에 대한 다음 설명 중 가장 옳은 것은?
   ① GE 매트릭스는 산업(시장)의 매력도와 사업부(SBU)의 강점이라는 두 가지 차원으로 구성된다.
   ② GE 매트릭스에서 원(circle)의 크기는 해당 사업단위의 매출액을 의미한다.
   ③ BCG 매트릭스에서 자금흐름(cash flow)은 별(star)에서 가장 긍정적이다.
   ④ BCG 매트릭스는 자금흐름보다는 투자수익률(ROI)을 더 중시한다.

6. 성격(personality)에 대한 다음 설명 중 가장 옳지 않은 것은?
   ① 성격의 결정요인으로는 유전적 요인, 상황적 요인, 문화적 요인, 사회적 요인 등이 있다.
   ② 긍정심리자본은 이타주의, 예의, 성실성, 시민의식, 스포츠맨십의 5가지 구성요소를 가진다.
   ③ A형의 경우는 업무수행측면에서 유리하고, B형의 경우는 인간관계측면에서 상대적으로 유리하다.
   ④ 마키아벨리즘(Machiavellism)은 권력을 확보하기 위해서 온갖 조작적 수단을 동원하는 권력지향적인 성격을 말한다.

7. 동기부여이론 중 내용이론에 대한 옳은 설명끼리 짝지어진 것은?

   > ㄱ. 매슬로우(Maslow)의 욕구단계이론에서 4번째 단계에 해당하는 욕구는 소속욕구이다.
   > ㄴ. 허쯔버그(Herzberg)의 2요인이론에서 위생요인은 불만족을 감소시키지만, 만족을 증가시키지는 않는다.
   > ㄷ. 맥클리랜드(McClelland)는 친교욕구, 권력욕구, 성취욕구 중 성취욕구를 가장 강조하였다.
   > ㄹ. 브룸(Vroom)은 동기부여의 강도를 기대, 수단성, 유의성의 곱으로 설명하였다.

   ① ㄱ, ㄴ
   ② ㄱ, ㄷ
   ③ ㄴ, ㄷ
   ④ ㄴ, ㄹ

8. 의사결정에 대한 다음 설명 중 옳은 것은 모두 몇 개인가?

   > ㄱ. 라플라스 기준(Laplace criterion)은 각 상황에 대한 발생확률이 동일하다고 가정하는 의사결정기준이다.
   > ㄴ. 전략적 의사결정일수록 비정형적인 성격을 가지고, 업무적 의사결정일수록 정형적인 성격을 가진다.
   > ㄷ. 명목집단법은 델파이법에 비해 최종의사결정에 도달하는데 걸리는 시간이 짧다.
   > ㄹ. 집단양극화가 발생하면 집단사고가 발생할 가능성이 감소한다.

   ① 1개
   ② 2개
   ③ 3개
   ④ 4개

9. 직무평가와 직무분석에 대한 설명으로 가장 옳지 않은 것은?
   ① 직무평가는 직무의 상대적 가치를 평가하는 것이며 담당자의 평가를 위한 것은 아니다.
   ② 직무평가는 직무의 중요도, 난이도, 위험도 등의 평가요소에 의해 직무 간의 상대적인 가치를 결정하는 과정이다.
   ③ 직무분석은 직무평가의 기초가 되므로 직무평가보다 먼저 이루어져야 한다.
   ④ 직무분석은 특정 직무에 적합한 특성을 가진 사람을 선발, 배치, 훈련, 보상 등을 하기 위하여 직무담당자의 자질과 능력을 평가하는 것이다.

10. 경영자의 교육훈련방법 중 동일한 능력을 배양하기 위한 방법끼리 짝지어진 것으로 가장 옳은 것은?

    > ㄱ. 역할연기법
    > ㄴ. 인 바스켓 교육훈련
    > ㄷ. 사례연구
    > ㄹ. 비즈니스 게임
    > ㅁ. 상호교류분석법

    ① ㄱ, ㄴ, ㄷ
    ② ㄱ, ㄷ, ㅁ
    ③ ㄴ, ㄷ, ㄹ
    ④ ㄴ, ㄹ, ㅁ

11. 보상관리에 대한 다음 설명 중 가장 옳은 것은?
   ① 직무급은 담당자의 직무에 대한 태도와 직무적성, 직무성과에 따라 결정된다.
   ② 생계비 수준, 기업의 지불능력, 사회일반적인 임금수준은 기업의 임금수준 결정에 영향을 미친다.
   ③ 임금관리의 내적공정성을 확보하기 위해서는 동일한 직무에 대한 경쟁사의 임금수준을 조사할 필요가 있다.
   ④ 연공급은 생산성을 제고하지만 근로자의 수입을 불안정하게 할 요소가 있다.

12. 노동조합과 숍(shop)제도에 대한 다음 설명 중 가장 옳지 않은 것은?
   ① 노동조합의 목적은 근로조건을 유지·개선하고 나아가 근로자들의 경제적·사회적 지위 향상을 도모하는데 있다.
   ② 오픈 숍은 노동조합의 안정도 측면에서는 가장 취약한 제도이며, 사용자에 의한 노동조합 약화 수단으로써의 역할도 가능할 수 있다.
   ③ 산업별 노동조합은 주로 숙련공들의 기술이 필수적으로 요구되던 종래의 생산방식 하에서 숙련노동자가 조직을 통해 노동시장을 배타적으로 독점하여 교섭력을 높이는 것을 주목적으로 하였다.
   ④ 노동조합의 성격은 근로자의 타율적이 아닌 자주적인 조직으로서 일시적이 아닌 계속적·항구적 조직이다.

13. 경쟁우선순위와 흐름전략에 대한 다음 설명 중 가장 옳은 것은?
   ① 라인흐름전략은 고성능설계를 강조하고, 유연흐름전략은 일관된 품질을 강조한다.
   ② 적시인도는 소비자와 약속한 납기에 제품을 인도하는 비율로 측정한다.
   ③ 고객화는 기업이 가지고 있는 초과생산능력이나 재고를 통해 달성가능하다.
   ④ 라인흐름전략은 인도시간이 길고, 유연흐름전략은 인도시간이 짧다.

14. 제품-공정행렬에 관한 다음 설명 중 가장 옳지 않은 것은?
   ① 제품구조와 이를 생산하는 공정기술 유형과의 관계를 행렬 형태로 나타낸 것이다.
   ② 공정기술 유형은 개별작업생산공정, 뱃치생산공정, 라인생산공정, 연속생산공정으로 분류된다.
   ③ 제품구조 유형은 개별소량생산품, 다품종소량생산품, 소품종대량생산품, 표준대량생산품으로 분류된다.
   ④ 대부분의 생산기업들은 행렬의 우측상단 모서리와 좌측하단 모서리 부분에 위치하게 된다.

15. 수요예측에 대한 다음 설명 중 가장 옳은 것은?
   ① 모든 수요의 시계열 특성은 예측이 가능하다.
   ② 추적지표는 누적예측오차를 평균절대오차로 나누어 계산한다.
   ③ 누적예측오차가 양(+)의 값을 가지면 수요예측기법의 과대예측을 의미한다.
   ④ 복수기법을 통해 얻은 개별 수요예측값들을 평균하여 최종 예측값을 결정하는 방법은 초점예측이다.

16. 품질경영과 관련된 다음 설명 중 가장 옳은 것은?
    ① 예방원가, 평가원가, 실패원가 중 그 크기가 가장 큰 것은 예방원가이다.
    ② 공통원인에 의한 산출물 변동은 줄일 수 있지만, 이상원인에 의한 산출물 변동은 줄일 수 없다.
    ③ ISO 26000은 기업의 사회적 책임을 인증범위로 하는 국제품질표준이다.
    ④ 싱고시스템(Shingo system)은 품질향상 및 공정개선의 방법을 연구하기 위해 주기적으로 모임을 가지는 다수 근로자들로 구성된 소집단을 의미한다.

17. 소비자들이 외부의 정보를 획득하는 정보원천에 대한 다음 설명 중 가장 옳지 않은 것은?
    ① 개인적 원천, 상업적 원천, 공공적 원천, 경험적 원천 등이 있으며, 광고, 판촉사원, 중간상, 포장, 진열 등은 경험적 원천에 해당한다.
    ② 상업적 원천은 일반적으로 소비자들에게 단순한 정보나 편견이 개입된 정보를 전달한다.
    ③ 개인적 원천은 정보를 전달할 뿐만 아니라 제품에 대한 주관적 평가를 함께 전달한다.
    ④ 소비자들이 많은 정보를 획득할수록 그들에게 유용한 브랜드나 제품에 대한 인지와 지식은 증가하게 된다.

18. 브랜드 연상을 제품속성과 직접 관련된 연상과 직접 관련이 없는 연상으로 구분할 때 다음 중 그 성격이 다른 하나는?
    ① 사용자
    ② 제품용도
    ③ 지각된 품질
    ④ 원산지

19. 가격전략에 대한 다음 설명 중 옳은 설명으로 짝지어진 것은?

    > ㄱ. 명성가격은 자아민감도가 높거나 품질의 객관적인 평가가 곤란한 제품에 특히 효과적이다.
    > ㄴ. 관습가격이 준거가격으로 사용되는 경우가 많다.
    > ㄷ. 포획제품 가격전략은 주제품 판매 시 추가하여 제공되는 사양제품의 판매가격을 책정하는 가격전략이다.
    > ㄹ. 가격차별이 성공하기 위해서는 완전경쟁시장이면서 차익거래가 발생하지 않아야 한다.

    ① ㄱ, ㄴ
    ② ㄱ, ㄷ
    ③ ㄴ, ㄹ
    ④ ㄷ, ㄹ

20. 촉진믹스에 대한 다음 설명 중 가장 옳지 않은 것은?
    ① 구매의사결정과정 중 '정보탐색'의 과정에서는 인적판매와 판매촉진이 바람직하고, '구매행동'의 과정에서는 광고와 PR이 바람직하다.
    ② 소비재는 광고의 중요성이 크고, 산업재는 인적판매의 중요성이 크다.
    ③ 제품수명주기 중 도입기와 성장기에는 광고나 PR이 적합한 촉진수단이다.
    ④ 푸시(push) 전략은 인적판매나 중간상 판매촉진이 적합한 촉진수단이다.

21. 고객관계관리(CRM)에 대한 다음 설명 중 가장 옳지 않은 것은?
   ① 고객관계관리의 관점에서 고객과의 관계는 '용의자(suspect) → 잠재고객(prospect) → 사용자(user) → 고객(customer) → 옹호자(advocate)' 순으로 발전된다.
   ② 고객관계관리는 고객의 데이터를 수집하여 모형을 만들고 직접 메일을 발송하는 데이터베이스 마케팅과 동일한 개념이다.
   ③ 자기 상품에 대한 수요를 증가시키기 위해 활동하는 것을 교차판매(cross selling)라고 한다.
   ④ 고객자산은 브랜드자산을 포괄하는 보다 광의의 개념이며, 기업의 모든 고객들이 가지는 생애가치를 합친 것이다.

22. 현재 3,000원의 배당금을 지급하고 있는 ㈜경영이 앞으로 계속적으로 10%의 성장이 기대될 때, 요구수익률이 20%라면 이 주식의 이론적 주가는 얼마인가?
   ① 30,000원
   ② 33,000원
   ③ 46,000원
   ④ 60,000원

23. 효율적 시장가설에 대한 다음 설명 중 가장 옳지 않은 것은?
   ① 약형 효율적 시장가설은 자본시장에서 형성된 증권가격이 해당 증권의 과거 가격이나 거래량과 같은 역사적 정보를 모두 반영하고 있다는 가설이다.
   ② 준강형 효율적 시장가설은 자본시장에서 형성된 증권가격이 해당 증권과 관련된 공식적으로 이용가능한 정보를 모두 반영하고 있다는 가설이다.
   ③ 강형 효율적 시장가설은 자본시장에서 형성된 증권가격이 해당 증권과 관련된 공식적으로 이용가능한 정보뿐만 아니라 공식적으로 이용불가능한 미공개된 내부정보까지 모두 반영하고 있다는 가설이다.
   ④ 약형 효율적 시장에서 강형 효율적 시장으로 갈수록 더 비효율적인 시장이다.

24. 다음 설명 중 가장 옳은 것은?
   ① 미수금은 상거래에서 발생한 채권이다.
   ② 선수금은 상품, 원재료 등 재고자산의 구입을 위하여 먼저 지급한 계약금이다.
   ③ 미지급비용은 발생된 비용으로 아직 지급하지 아니한 비용이다.
   ④ 선급금은 상품 등을 판매하기로 하고 미리 수취한 금액이다.

25. ㈜경영이 ㈜행정에게 대여한 원금 200,000원과 이자수익 5,000원을 현금으로 수취한 경우에 재무제표 전체의 입장에서 ㈜경영에게 나타나는 거래요소는?
   ① 자산의 감소
   ② 자본의 감소
   ③ 비용의 발생
   ④ 수익의 발생

제4회 실전모의고사
군무원 공개경쟁채용 필기시험

군수직

해커스공무원
(gosi.Hackers.com)
모바일 자동 채점 +
성적 분석 서비스

제1과목	국어	제2과목	행정법
제3과목	경영학	제4과목	

응시번호		성 명	

〈응시자 준수사항〉

1. 답안지의 모든 기재 및 표기사항은 반드시 『컴퓨터용 흑색사인펜』으로만 작성하여야 합니다. (사인펜에 "컴퓨터용"으로 표시되어 있음) (사인펜 본인 지참)
   * 매년 지정된 펜을 사용하지 않아 답안지가 무효처리 되는 상황이 빈발하고 있으므로, 답안지는 반드시 『컴퓨터용 흑색사인펜』으로만 표기하시기 바랍니다.

2. 답안은 매 문항마다 반드시 하나의 답만 골라 그 숫자에 "●"로 표기해야 하며, 표기한 내용은 수정테이프를 이용하여 정정할 수 있습니다. 단, 시험시행본부에서 수정테이프를 제공하지 않습니다.
   (표기한 부분을 긁는 경우 오답처리 될 수 있으며, 수정스티커 또는 수정액은 사용 불가)
   * 답안지는 훼손·오염되거나 구겨지지 않도록 주의해야 하며, 특히 답안지 상단의 타이밍마크(▮▮▮▮▮)를 절대로 훼손해서는 안 됩니다.

3. 상단의 QR코드를 이용하여 해커스공무원의 '모바일 자동 채점 + 성적 분석 서비스'에 접속하시기 바랍니다. (해커스공무원 사이트의 가입자에 한해 이용 가능함)
   * 정답 및 해설은 해설집의 70쪽에서 확인 가능합니다.

해커스군무원

국 어
제1과목

응시번호 :   성명 :

01. 괄호 안에 들어갈 말로 가장 적절한 것은?

> 1900년대에서부터 1940년대에 이르기까지 국한문 혼용체는 우리 사회에서 (　　　)인 문제였다. 일정한 교육을 받은 계층이 아니면 신문의 기사를 술술 읽어 내려가기가 어려웠을 것이다. 통계에 따르면 1930년대 당시 한글 문맹자만도 전체 국민의 60퍼센트에 이르렀다고 하니 한문 문맹률은 이보다 더 심각하였을 것이다. 그런 상황에서 국한문 혼용체로 기사를 쓰는 것은 제한된 독자층만을 겨냥한 것이라고 해석할 수 있다.

① 자의적(恣意的)
② 배타적(排他的)
③ 지배적(支配的)
④ 부수적(附隨的)

02. 다음 글의 제목으로 가장 적절한 것은?

> 한국 민족의 당파성이 특히 문제되는 이유는 그것이 현대와 직결되는 시기에 치열했다는 사실, 그리고 한국 현대의 불행이 그로 말미암은 바가 적지 않다는 사실에서 일 것이다. 한국인 자신의 입장에서는 이것은 하나의 자기반성인 것이다. 그러나 이러한 주장을 외국인들 특히 일본인들이 한국이 스스로 자립할 수 없다는 표면적 이유로 내세우기 위하여 이용하였다. 그러한 교활한 주장이 모르는 사이에 한국 민족 스스로까지를 사로잡게 되었던 것이다.
>
> 그러면 당쟁이 민족성에 말미암은 것이 아니라면 그 원인은 어디에 있었는가? 그것은 물론 이조 사회가 지니고 있는 역사적·사회적 조건에 말미암은 것이다. 어느 민족의 역사에도 국내적 대립 항쟁은 으레껏 있었던 것이다. 단지, 각 민족이 처한 역사적·사회적인 특수한 조건이 그러한 국내적인 대립 항쟁을 각기 색다른 양상으로 나타나게 하였을 뿐이다. 따라서, 이조의 당쟁은 일정한 역사적 산물인 것이다. 그것은 한국 민족이 타고난 선천적 성격에서 말미암은 것은 아니다. 그러므로 침략적 야심을 정당화하려는 목적으로 한국 민족의 당쟁성을 제시하여 그 정치적 독립의 가능성을 말살하려는 이론은 객관적 정당성을 지닐 수 없다.

① 한국의 타율성 논의의 배경
② 한국 현대 사회와 민족적 당파성의 관계
③ 역사 속 당쟁에서 엿볼 수 있는 한국의 민족성
④ 한국사의 당쟁에 대한 잘못된 인식과 왜곡된 민족성

03. 밑줄 친 단어의 표준 발음으로 옳지 않은 것은?

① 학생 할인을 받기 위해 학생증[학쌩쯩]을 제시했다.
② 요즘 어린이들 사이에서 결막염[결마겸]이 유행이라고 한다.
③ 감자 재배 면적과 생산량[생산냥]은 매년 증가하는 추세이다.
④ 시간이 없으니 몇 개는 곁핥고[거탈꼬] 중요한 서류만 꼼꼼히 봅시다.

04. 괄호 안에 들어갈 한자 성어로 적절한 것은?

> 집안을 이끌어 나갈 (　　　)(이)라고 어른들의 칭찬을 종종 들었던 길손이는, 나이가 먹어 가면서 점점 더 두 어깨가 무거워져옴을 느꼈다.

① 井底之蛙
② 嘗糞之徒
③ 膠柱鼓瑟
④ 棟梁之材

05. 밑줄 친 곳에 들어갈 말로 가장 적절한 것은?

> 기자: _____
> 전문가: 사람들은 자신들이 합리적인 선택으로 소비 생활을 한다고 쉽게 착각합니다. 하지만 실제로 주변에서 인기를 끄는 제품들은 대부분 운동 기구와 같이 '그다지 필요하지 않은' 물건들입니다. 그리고 그 제품들의 가격은 공교롭게도 39,900원처럼 딱 떨어지지 않게 책정되는데 이러한 가격 책정 방식을 단수 가격 전략이라고 합니다. 단수는 끝수라는 뜻으로 사람들의 숫자 읽기와 관련이 있습니다. 사람들은 보통 숫자를 왼쪽에서 오른쪽으로 읽습니다. 그래서 40,000원과 30,000원의 차이를 먼저 인식하게 되므로 실제로는 100원 차이지만 더욱 크게 느끼게 됩니다. 그래서 물건이 저렴하다는 인식이 생겨 쉽게 지갑을 열게 되는 것이죠.

① 현대의 소비자들은 합리적인 소비를 하고 있다고 생각하시나요?
② 기업에서 다른 경쟁사와 차별을 두기 위해 어떤 방안을 사용하나요?
③ 소비자들은 물건을 살 때 주로 어떤 경로를 통해 접근하게 되나요?
④ 기업에서는 소비자들이 소비를 하게 만들기 위해 어떤 전략을 사용하나요?

06. 다음 중 '입천장소리'이면서 '울림소리'인 것은?
① ㄱ
② ㄴ
③ ㅇ
④ ㄹ

07. 다음 중 띄어쓰기가 옳은 것은?
① 그 물건이 얼마 어치나 되는지 물어보았다.
② 월급을 다 써 버려서 만 원은커녕 천 원도 없다.
③ 우리는 지난 십 년 간 생사고락을 같이한 사이이다.
④ 선수들이 최선을 다 하고 있으니 우승은 문제없을 것이다.

08. 다음 글의 중심 내용으로 가장 적절한 것은?

하루 3번, 3분 이상의 양치질이 중요하다는 사실은 누구나 알고 있을 것이다. 하지만 양치질을 하는 목적과 방법을 모르는 사람이 많다. 잘못된 양치질 습관은 잇몸병을 발생시키는데, 이는 다른 질환도 유발시킬 수 있다. 잘못된 양치질로 인해 구강 내 세균이 발생하면 이 세균이 혈관을 통해 인체 내 다른 기관으로 이동하고, 이것이 다양한 질병 발생에 영향을 미치게 된다. 따라서 전문가들은 양치를 할 때는 칫솔질뿐만 아니라 치실을 사용하여 잇몸 및 치아의 사이까지 꼼꼼하게 닦는 것이 중요하다고 말한다. 또 구강청결제를 사용하여 마무리해 주는 것이 치아 건강을 챙기는데 효과적이라고 주장한다. 좋은 행동을 꾸준히 반복하여 습관화하는 것이 중요하듯, 평소에 바른 양치질 습관을 갖기 위해 노력하는 것은 몸과 마음의 건강을 한꺼번에 챙기는 지름길일 것이다.

① 올바른 양치 방법의 습득
② 다양한 치아 관리 용품의 소개
③ 올바른 양치 습관을 통한 건강 유지
④ 다른 질환을 발생시키는 잇몸병의 원인

09. 높임법의 쓰임이 다른 것은?
① 할머니를 뵙고 오는 길이다.
② 과장님께서는 지금 자리를 비우셨다.
③ 모르는 문제를 선생님께 여쭈어보았다.
④ 역에 가서 어머니를 배웅해 드리고 와라.

10. 다음 중 외래어 표기가 옳은 것은?
① 매니아(mania)
② 팡파레(fanfare)
③ 챔피언십(championship)
④ 프리젠테이션(presentation)

11. 밑줄 친 단어의 쓰임이 옳지 않은 것은?
① 올겨울은 여느 겨울보다 추웠다.
② 단근질로 모진 고문을 당하여 몸이 상하였다.
③ 부모님 등쌀에 못 이겨 수학 경시대회에 참가하기로 했다.
④ 주식 투자 실패로 인한 손실을 부동산을 매각함으로써 보존하였다.

12. 다음 중 괄호 안의 한자 표기가 옳은 것은?
① 건물 외벽에 균열(龜烈)이 생겼다.
② 사촌에게 일자리를 알선(斡旋)해 주었다.
③ 우리는 석별(蓆別)의 정을 나누고 헤어졌다.
④ 거듭된 실정으로 민생이 도탄(道炭)에 빠졌다.

13. 다음 글의 내용에 가장 부합되는 시조는?

여름은 덥고 겨울이 추운 것은 사시(四時)의 정상적인 이치이니, 만일 이와 반대가 된다면 곧 괴이한 것이다. 옛적 성인이, 겨울에는 털옷을 입고 여름에는 베옷을 입도록 마련하였으니, 그만한 준비가 있으면 족할 것인데, 다시 토실을 만들어서 추위를 더위로 바꿔 놓는다면 이는 하늘의 명령을 거역하는 것이다. 사람은 뱀이나 두꺼비가 아닌데, 겨울에 굴속에 엎드려 있는 것은 너무 상서롭지 못한 일이다. 길쌈이란 할 시기가 있는 것인데, 하필 겨울에 할 것이냐? 또 봄에 꽃이 피었다가 겨울에 시드는 것은 초목의 정상적인 성질인데, 만일 이와 반대가 된다면 이것은 괴이한 물건이다.

① 쫌은 듣는 대로 듣고 벗슨 쐴 대로 쐰다.
  청풍의 옷깃 열고 긴 파람 흘리 불제
  어디셔 길 가는 소님ᄂ 아ᄂ 도시 머무ᄂ고.
② 간밤의 우던 여흘 슬피 우러 지내여다.
  이제야 ᄉᆡᆼ각ᄒᆞ니 님이 우러 보내도다.
  져 물이 거스리 흐르고져 나도 우러 녜리라.
③ 청산(靑山)도 절로절로 녹수(綠水)도 절로절로
  산(山) 절로 물 절로 산수(山水) 간(間)에 나도 절로
  그중에 절로 자란 몸이 늙기도 절로절로.
④ 백구(白鷗)ㅣ야 말 무러보쟈 놀라지 마라스라
  명구승지(名區勝地)를 어ᄃᆡ어ᄃᆡ 브렷ᄂᆞ니
  날ᄃᆞ려 자세(仔細)히 닐러든 네와 게가 놀리라

※ 다음 글을 읽고 물음에 답하시오. (14 ~ 15)

'인간이란 무엇인가?'라는 물음은 대개 우리에게 익숙한 일상의 세계가 갑자기 흔들리게 될 때, 더 나아가 우리가 절박한 상황에 놓이게 될 때 생겨난다. 예를 들어 내가 깊이 사랑하고 의지하던 사람이 갑자기 죽었을 때, 법 없이도 살 사람인 이웃이 억울한 일을 당하고 고통과 수모를 겪게 되었을 때, 또는 자기 자신이 예기치 않게 죽음의 위협을 받게 되었을 때 우리는 극도의 위기의식과 불안감 속에서 나는 누구이며, 인간이란 도대체 무엇이기에 이런 고통을 당해야 하는가 하고 묻게 된다.

이같이 개인적 차원의 한계상황이나 실존적 위기의식에서 생겨나는 물음도 있지만, 사회적 또는 범지구적 차원의 위기의식에서 생겨나는 물음도 있다. 모두 알다시피 우리는 오늘날 어느 때보다 더 극심한 위기감과 불안 속에서 살고 있다. 기후 변화와 물·땅·공기 오염으로 인한 환경 위기, 아직도 상존하는 전쟁의 위험, 사회 양극화와 빈부 격차의 심화, 가정이나 공동체의 해체로 인한 고독과 소외감의 만연은 우리로 하여금 도대체 인간이란 무엇이냐고 묻지 않을 수 없게 만든다.

오늘날 인간이 어떤 존재인지를 해명하는 연구들은 많다. 제일 먼저 떠올려 볼 수 있는 것은 과학이다. 근대 이후 과학적 지식의 발달과 더불어 많은 과학들이 인간을 연구하고, 또 인간 존재의 많은 측면들을 이해하고 해명하는 데 큰 기여를 해 왔다. 생물학, 생리학, 심리학, 사회학, 행동과학, 인류학 등 경험을 중시하는 개별 과학들은 각기 자신의 방법론적 틀을 통해 인간을 해명하고자 한다. 그런데 이런 개별 과학은 각 방법의 특성을 통해 드러나는 인간 존재의 어떤 측면은 명쾌하게 해명해 줄 수 있지만, 그러한 방법으로 파악될 수 없는 다른 측면은 놓치고 만다. 다시 말해 그것들은 인간의 어떤 한정된 측면을 다룰 뿐, 전체 인간을 다루지는 못한다. 특히 인간 존재에 관한 중요한 물음들, 그의 기원, 운명, 고통, 죽음 등의 신비를 해명할 수는 없다. 경험과학의 기준과 방법으로는 그런 일을 할 수가 없는 것이다.

경험과학은 모든 대상을 '객관적으로' 파악한다. 그래서 개별 과학이 인간을 탐구하는 경우, 과학은 인간을 객관적으로 관찰되는 대상으로 삼는다. 그러나 본래적 인간은 근본적으로 대상 세계에는 존재하지 않기 때문에 과학은 본래적 인간을 해명할 수 없다. 인간 현존재의 의미 전체를 해명하는 차원은 객관적이고 경험적인 과학의 영역 안에 들어가지 않으므로 과학적 방법으로는 결코 파악될 수 없는 것이다.

"인간을 다루고 있는 특수 과학의 지식의 증가는 비록 그 나름대로의 가치는 있지만 인간 본성을 밝혀주기보다 오히려 은폐하는 경향이 있다"라는 막스 셸러의 지적은 인간 이해와 관련한 과학적 방법의 가능성과 한계를 잘 말해 주고 있다.

14. 윗글에 드러난 서술 방식이 아닌 것은?
① 학자의 의견을 인용하여 주장을 뒷받침하고 있다.
② 특정한 상황을 예시로 들어 독자의 이해를 돕고 있다.
③ 화제를 질문 형식으로 제시하여 독자의 관심을 끌어오고 있다.
④ 사회적 문제를 열거하고 이에 대한 해결 방안을 제시하고 있다.

15. 윗글에서 언급되지 않은 것은?
① 경험을 중시하는 개별 과학의 종류
② 인간 존재에 대한 물음이 생기는 순간
③ 철학적 인간학의 필요성과 인간 존재에 대한 해답
④ 인간 존재에 대해 경험 과학이 답할 수 없는 부분

16. 다음 글을 읽고 추리한 내용으로 적절한 것은?

"지난번에 봉도(蓬島)에서 만나기로 했던 약속은 어겼지만, 오늘 소상강(瀟湘江)에서 옛 낭군을 만나게 되었으니 어찌 천행이 아니겠습니까? 낭군께서 저를 멀리 버리지 않으신다면 끝까지 시중을 들겠습니다. 그렇지만 만약 제 소원을 들어주지 않으신다면 저는 영원히 자취를 감추겠습니다."

양생이 이 말을 듣고 한편 놀라며 한편 고맙게 생각하여 대답하였다.

"어찌 당신의 말에 따르지 않겠소?"

그러면서도 여인의 태도가 범상치 않았으므로, 양생은 유심히 행동을 살펴보았다. 이때 달이 서산에 걸리자 먼 마을에서는 닭이 울고 절의 종소리가 들려왔다. 먼동이 트려 하자 여인이 말하였다.

"애야. 술자리를 거두어 집으로 돌아가거라."

시녀는 대답하자마자 없어졌는데, 간 곳을 알 수 없다. 여인이 말하였다.

"인연이 이미 정해졌으니 낭군을 모시고 집으로 돌아가려 합니다."

양생이 여인의 손을 잡고 마을을 지나가려는데, 개는 울타리에서 짖고 사람들이 길에 다녔다. 그러나 길 가던 사람들은 그가 여인과 함께 가는 것을 알지 못하고, 다만

"양 총각, 새벽부터 어디에 다녀오시오?"

하였다.

① 양생과 여인의 만남은 현실적이다.
② 불교적 윤회 사상이 바탕에 깔려 있다.
③ 정황으로 보아 여인은 이 세상 사람이 아니다.
④ 양생과 여인의 인연은 꿈속에서 벌어진 일이다.

17. 다음 글의 내용과 부합하지 않은 것은?

> '이까지 용케 견디어 온 가상할 자기의 팔십 생애. 산소의 탓도 목에 달린 복의 상징이란 혹의 탓도 아닌 맨주먹 알몸으로 기를 쓰며 살아온 팔십 평생, 나는 이것으로 족한 것 지금은 가는 것이다. 현아, 이젠 네가 살아야 한다.'
> 여울 같은 감동이 고 노인의 전신을 흘렀다. 머리카락과 수염이 햇살을 받아 은빛으로 빛나고 있었다. 크게 숨을 들이모았다.
> "현아! 너는 살아야 한다. 저 대포 소리를 듣거라. 어떻게든지 여길 도망해서……"
> 순간 고 노인은 등을 꿰뚫는 불덩어리를 느꼈다. 중심을 잃고 풀숲에 쓰러지는 고 노인은 총성의 메아리 속에 현의 절규를 들었다. 그리운 그 음성.
> "할아버지!"
> 따꽝! 불발탄을 끄집어내고 다음 탄환을 밀어 잰 현의 소총과 연호의 권총에서 동시에 불이 튀었다. 〈중 략〉
> 바위를 넘어 밑으로 내달리려던 현은 아찔하면서 그대로 바위 위에 쓰러지고 말았다. 어깨를 움켜쥔 손가락 사이로 붉은 피가 뿜어 나왔다. 땅으로 끌려들어가는 듯한 의식의 강하. 어깨의 고통―꼭 삼십 년을 살고 지금 여기서 죽어 가는구나. 생각을 모아야겠다. 목숨이 끊어지기 전에 생각을, 생각을 모아 보자. 이것이 한 인간의 삶? 삼십 년―어떻게 살았던가? 외면·도피. 밤낮을 가림 없이 되피·외면·도피. 그 밖에 무엇을 하고 지내왔는지 도무지 생각나는 것이 없었다. 첫 번째 탄환처럼 불발에 그친 삼십 년. 그것은 영(零)·산송장. 그렇다면 결국 살아본 일이 없지 아니한가.
> 나는 다음 탄환으로 연호의 가슴을 뚫었다. 사람을 죽인 것이다. 남에게 손가락 하나 가풋하지 않으려던 내가 사람을 죽인 것이다. 가엾은 연호. 연호와 나와는 아무런 원한도 없었는데. 인간이란 이래서 죄인이라는 것일까.
> ― 선우휘, '불꽃'

① '연호'와 '현'은 서로에게 동시에 총을 쐈다.
② '현'은 죽음의 위기에서 자신의 지나온 삶을 되돌아보고 있다.
③ '고 노인'은 죽음을 앞두고, 자신의 생존보다 '현'을 걱정하고 있다.
④ '현'은 '연호'를 가엾게 여기지만 그를 죽인 것에 대해 죄의식을 느끼지는 않는다.

18. 다음 중 표준어가 바르게 쓰인 것은?

① 덩쿨
② 여지껏
③ 떨어먹다
④ 안절부절못하다

19. 다음 시의 ㉠~㉣에 대한 설명으로 적절하지 않은 것은?

> ㉠거울속에는소리가없소
> 저렇게까지조용한세상은참없을것이오
>
> 거울속에도내게귀가있소
> 내말을못알아듣는딱한귀가두개나있소
>
> 거울속의나는왼손잡이오
> ㉡내악수(握手)를받을줄모르는―악수를모르는왼손잡이오
>
> 거울때문에나는거울속의나를만져보지를못하는구료마는
> ㉢거울이아니었던들내가어찌거울속의나를만나보기만이라도했겠소
>
> 나는지금(至今)거울을안가졌소마는거울속에는늘거울속의내가있소
> 잘은모르지만㉣외로된사업(事業)에골몰할게요
>
> 거울속의나는참나와는반대(反對)요마는
> 또꽤닮았소
> 나는거울속의나를근심하고진찰(診察)할수없으니퍽섭섭하오
> ― 이상, '거울'

① ㉠의 '거울'은 화자의 분열된 자의식의 세계를 의미한다.
② ㉡은 분열된 두 자아 간 화해의 시도를 나타낸다.
③ ㉢의 '거울'은 분열된 두 자아를 연결하는 매개체의 역할을 한다.
④ ㉣은 분열된 자아의 자아 회복을 위한 집념을 의미한다.

20. 다음 글에서 의인화하고 있는 대상은?

> 국순(麴醇)의 자(字)는 자후(子厚)이다. 〈중 략〉 순(醇)의 기국(器局)과 도량은 크고 깊었다. 출렁대고 넘실거림이 만경창파(萬頃蒼波)와 같아 맑게 하여도 맑지 않고, 뒤흔들어도 흐리지 않으며, 자못 기운을 사람에게 더해 주었다. 일찍이 섭법사(葉法師)에게 나아가 온종일 담론할 때, 일좌(一座)가 모두 절도(絕倒)하였다.

① 돈
② 술
③ 국화
④ 지팡이

21. 다음 글의 주제로 가장 적절한 것은?

> 인간관계에서 신뢰란 상대방을 믿고 의지하는 것인데 크게 세 가지 요소와 관련되어 형성된다. 첫째, 유능한 사람이라는 것을 믿는 것이다. 둘째, 좋은 사람, 또는 나에 대해 악의가 없고 호의를 가지고 있다는 것을 믿는 것이다. 셋째, 성실하고 일관성 있는 사람이라는 것을 믿는 것이다. 상황에 따라 조금씩 강조되는 항목이 다르지만 우리가 누군가를 신뢰한다고 얘기할 때는 일반적으로 유능성, 호의성, 성실성을 믿는 것이다.
>
> 두말할 것 없이 사회생활에서도 신뢰감이 매우 중요하다. 교육이나 모임, 행사에 참석하면 동시에 수많은 사람을 만나게 된다. 그런 상황에서 짧은 시간에 신뢰감을 주지 못하면 나에 대한 기대감이 형성되지 못하고 결국 인간관계가 이어지지 않는 게 일반적이다. 따라서 평상시에 자기소개를 하거나, 다른 사람과 대화를 나눌 때 나에 대한 신뢰감을 높일 수 있도록 노력할 필요가 있다. 또한 인간관계를 맺고 있는 주변 사람들에게 신뢰를 잃지 않도록 평소에 말과 행동을 조심해야 한다.
>
> 일반적으로 유능하다는 신뢰감을 주기 위해서는 학력, 경력, 단체 활동, 권위, 후광효과, 연상효과, 상벌사항, 저작물, 언론 및 방송 출연 경력 등이 활용된다. 또는 전문적인 용어나 일반인들이 접하기 어려운 희귀한 정보, 고급정보를 대화 중에 자연스럽게 이야기하는 것도 신뢰감 형성에 도움이 된다. 그러나 가장 중요한 것은 일관된 말과 행동이다.
>
> 거짓말이나 과장, 허튼소리를 하지 않고 내가 한 약속은 아무리 사소한 것이라도 철저하게 지켜야 한다. 그리고 매사에 성실한 자세로 임하는 모습이 중요하다.
>
> 어떤 일이든 내게 맡겨진 업무는 확실하게 처리하라. 티끌 모아 태산이 되듯이 하나하나의 작은 인상이 더해져 신뢰감이라는 인식을 가져다준다. 사람들이 적극적으로 나를 PR해줄 수 있도록 평소에 꾸준하게 신뢰를 형성하자.

① 상대방에게 호의를 보여 신뢰감을 얻어야 한다.
② 신뢰감을 형성할 수 있는 말과 행동을 해야 한다.
③ 사소한 일이라도 최선을 다하면 큰 신뢰를 형성할 수 있다.
④ 짧은 시간에 신뢰감을 형성할 수 있도록 성실하게 행동해야 한다.

22. 대사와 부인의 말하기 방식에 대한 설명으로 옳지 않은 것은?

> 대사가 말하기를,
> "공자의 말은 반반한 장부의 말이로다."
> 하고 부인 앞에 가서 고금의 일을 이야기하다가 공자의 품은 큰 뜻을 여쭈니 부인이 말하기를,
> "말은 당연하나 만리타국에 보내고 어찌 이 적막강산 사고무친한 곳에서 잠시라도 잊을 수 있으며 또한 저의 나이 어리고 세상사에 어리석은지라, 어지러운 세상에 나가 어찌될 줄 알리오."
> 하니, 대사가 말하기를,
> "부인의 말씀도 일리가 있사옵니다. 그러나 이제 공자를 어리다 하시거니와, 천병만마에 시석(矢石)이 비 오듯 하여 살기(殺氣)가 충천한 곳에 넣어도 조금도 걱정할 바가 없을 것이니 부인은 어찌 사람의 운명을 의심하십니까? 홍문연 살기 중에 패공이 살아나고, 파강산 천경사의 부인이 살아났으니 어찌 천명을 근심하리오. 소승 또한 공자의 환란을 짐작하지 못하오면 어찌 출세함을 권하며, 공자 세상에 나가도 부인은 이곳에 계시오면 무슨 근심이 있으리까?"
> － 작자 미상, '조웅전'

① 대사는 고사를 인용하며 부인을 설득하고 있다.
② 대사는 설의법을 통해 자신의 주장을 강하게 드러내고 있다.
③ 부인은 공자의 무능함을 자신의 탓으로 돌리며 대사의 말에 반박하고 있다.
④ 부인은 의지할 곳 없이 지내게 될 자신의 상황에 대한 우려를 드러내고 있다.

※ 다음 글을 읽고 물음에 답하시오. (23～24)

> 대개 병원에 입원했던 부상병이 퇴원할 즈음이 되면 곧잘 모여 낮은 자리에서 자기가 산 것을 기적같이 말하곤 했다. 그러나 나는 이런 말을 듣고 있으면서도 한 번도 나 자신이 살아난 것을 기적이라고 생각해 본 적은 없었다.
>
> 물론 그날의 일은 모두가 과거요, 추억이지만 그날 내가 본 신기한 꿈은 과거의 것이 아니라 그때까지는 미래에 속하여 있었다. 내가 나의 생활을 기적이라고 생각지 않은 원인도 이런 데 있었는지도 모른다. 어떤 절망에 빠졌어도 꿈을 갖는다는 것은 소중한 일이다.
>
> 주림과 피곤에 지친 우리들은 이러한 풍경을 바라다 볼 기력도 없이 주저앉아 있기 마련이었다. 우리 세 동갑 중 가장 치밀하고 슬기있는 것이 상운이다. 치밀이라고 할까 또는 슬기라고나 할까 어떻든 그날 아침 불안과 절망에 묻혀 있는 우리들에게 새로운 희망을 가져다 준 것은 상운이었다.

"됐어 됐어! 자 이것 봐⋯⋯. 이것만 있으면 문제는 해결될 수 있지 않아⋯⋯."

그가 중얼거리며 선창에서 끌어당길 때 나는 그것이 무엇인지를 모르고 있었다.

"야! 살았다. 살았어⋯⋯."

순복이가 이런 소리를 칠 때야 겨우 나는 그것이 무엇인지를 알 수 있었다.

그물이다⋯⋯.

그물⋯⋯. 내 마음 속에서도 그들모양 생기가 꿈틀거렸다.

그러나 갈매기의 울음소리는 비어 있는 하늘 아래 아무 데서도 들려 오질 않았다. 나는 모든 희망을 포기할 수밖에 없었다. 그 이상의 기적을 바라는 자신이 어리석은 것 같아 털썩 주저앉아 버리고 말았다. 나는 놀라지 않을 수 없었다. 그것은 상운이와 순복이가 큰 그물을 칼로 자르고 있는 것을 보았던 까닭이다.

"어떻게 하지?"

놀란 나의 목소리는 떨고 있었다.

"무엇을⋯⋯?"

나는 대답에 궁했다. 상운과 순복은 번갈아 나의 표정을 쳐다보며 일손을 멈추지 않는다. 그들의 표정에 가벼운 노기가 있음을 나는 느낄 수 있었다. 아버지의 배는 아니지만 아버지가 선주에게 빌린 배다. 그물도 역시 그러했다. 그물이 중요하다는 것은 상운과 순복이도 알고 있었을 것이다. 그러나 이때처럼 우리 식구들의 생명이 그물코에 달려 있다는 것을 절실히 느껴본 적이 없었다.

무거운 침묵이 가슴을 누르고 있었다. 햇살이 퍼진 탓에 누긋한 바람이 목덜미를 씻고 지나갔다. ㉠ 눈앞에 두 번 세 번 떠오르는 아버지의 얼굴을 잊으려고 나는 눈을 감고 있었다.

"그물이 중하지⋯⋯."

뱃머리를 두드리는 파도 소리보다도 그 목소리는 고요 속에 어떤 무게를 가지고 있었다.

"그물도 중하지만 우리가 살아야 한다는 것은 더 절박한 일이야."

나는 이 말에 이상한 감동을 느꼈다.

23. 다음 중 ㉠에 대한 '나'의 심리로 가장 적절한 것은?
① 살아 돌아갈 수 있다는 기대감 때문에
② 아버지에 대한 죄송스러움과 죄책감 때문에
③ 자신보다 동료들이 성숙하다고 느꼈기 때문에
④ 다시는 아버지를 볼 수 없다는 불안감 때문에

24. 윗글의 시점에 대한 설명으로 옳은 것은?
① '나'가 주인공에 대해 관찰한 이야기를 전개하고 있다.
② 외부 관찰자의 시점으로 객관적인 태도를 유지하며 상황을 묘사하고 있다.
③ 서술자가 작품에 직접 개입하여 등장인물의 성격과 심리를 이야기하고 있다.
④ '나'가 자신이 직접 겪은 이야기를 전개하며 자신의 내면세계를 드러내고 있다.

25. 다음 글에 대한 이해로 적절하지 않은 것은?

미국의 한 대학에서 가족 구성 형태에 대한 연구 결과를 발표하였다. 학사 학위 이상의 어머니를 둔 아이들은 84퍼센트가 기혼 상태인 부모님과 함께 거주하는 반면, 고등학교 졸업 이하의 학력을 지닌 어머니를 둔 아이들은 58퍼센트만 기혼 상태인 부모님과 함께 거주하고 있었다. 또한 백인 아이들의 75퍼센트가 기혼 상태인 부모님과 함께 사는 반면, 흑인 아이들은 단지 38퍼센트만이 기혼 상태의 부모님과 함께 살고 있었다. 이런 가족의 형태는 아이들의 삶에 실제적인 결과로 영향을 미친다. 동거 가정이나 한부모 가정에서 자란 아이들과 비교했을 때, 안정적인 형태의 부모 밑에서 자라난 아이들이 일반적으로 유년기에 더 건강한 시간을 보낼 수 있었고, 학업도 고등학교까지 마칠 가능성이 더 높았다. 게다가 성인이 된 후에도 더 높은 소득을 얻고 있다는 결과도 나왔다.

왜 이런 결과가 나왔을까? 가장 설득력이 있는 가설은 기혼 가정의 안정적인 경제적 구조가 불평등을 야기한다는 것이다. 현재 미국의 아이들은 방목형 양육이 아닌 집중형 양육의 시대에서 자라나고 있다. 그래서 대부분의 아이들이 유년기에 피아노 수업, 과외, 스포츠 팀, 여름 캠프 등 많은 활동을 하게 된다. 부모들은 이런 활동들이 좋은 성적, 좋은 대학을 갈 수 있는 기회, 원하는 직업을 얻을 수 있는 기회와 결부된다고 생각하므로 많은 돈을 아낌없이 투자한다.

① 부모의 학력 및 인종에 따라 가족 구성 형태에 차이가 있었다.
② 기혼 가정은 경제적인 측면에서 다른 형태의 가족보다 안정적이다.
③ 어머니의 학력이 높을수록 아이들이 기혼 상태의 부모님과 함께 거주할 확률이 높다.
④ 기혼 부모와 거주하는 백인 아이들의 비율은 기혼 부모와 거주하지 않는 흑인 아이들의 비율보다 낮다.

행정법
제2과목

01. 행정행위의 효력에 대한 설명으로 옳지 않은 것은? (다툼이 있는 경우 판례에 의함)
   ① 공정력은 행정행위의 상대방인 국민에 대한 구속력인 데 반해, 구성요건적 효력은 타 국가기관에 대한 구속력이다.
   ② 행정행위가 법정요건을 갖추어 행해진 경우에 발생하는 구속력은 그 내용에 따라 상대방·관계인 및 행정청을 구속하는 실체법적 효과가 발생하는 효력이다.
   ③ 공정력은 취소할 수 있는 행정행위뿐만 아니라 부존재와 행정행위의 하자가 중대하고 명백하여 무효인 경우에도 인정된다는 것이 통설과 판례의 입장이다.
   ④ 불가쟁력이 발생한 행정행위이더라도 불가변력이 발생하지 않는 한 처분청은 직권으로 취소·변경할 수 있음이 원칙이다.

02. 원칙적으로 지방자치단체의 사무 범위에 해당하는 것으로 옳은 것은 모두 몇 개인가?

   ㄱ. 지방자치단체의 구역, 조직, 행정관리 사무
   ㄴ. 국제교류 및 협력에 관한 사무로서 외국 지방자치단체와의 교류·협력
   ㄷ. 주민의 복지증진과 관련된 사무
   ㄹ. 외교, 국방, 사법, 국세 등 국가의 존립에 필요한 사무
   ㅁ. 물가정책, 금융정책, 수출입정책 등 전국적으로 통일적 처리를 할 필요가 있는 사무
   ㅂ. 농림·수산·상공업 등 산업 진흥 관련 사무

   ① 2개
   ② 3개
   ③ 4개
   ④ 5개

03. 공법관계와 사법관계의 구별에 대한 판례의 입장으로 옳지 않은 것은?
   ① 국유재산 무단점유자에 대한 변상금부과처분은 행정소송의 대상이 되는 행정처분이라고 보아야 한다.
   ② 기부자가 기부채납한 부동산을 일정기간 무상사용한 후에 한 사용허가기간 연장신청을 거부한 행정청의 행위는 단순한 사법상의 행위일 뿐 행정처분 기타 공법상 법률관계에 있어서의 행위는 아니다.
   ③ 조세채무관계는 공법상의 법률관계이고 그에 관한 쟁송은 원칙적으로 행정사건으로서 행정소송법의 적용을 받는다.
   ④ 사립중학교에 대한 중학교 의무교육의 위탁관계는 초·중등교육법 제12조 제3항·제4항 등 관련 법령에 의하여 정해지는 사법관계에 속한다.

04. 공무원의 권리와 의무에 대한 설명으로 옳은 것은? (다툼이 있는 경우 판례에 의함)
   ① 공무원이 모든 국민에게 보장된 기본권을 행사하는 행위를 하였다 할지라도 지방공무원법상 품위유지의무위반행위에 해당될 수 있다.
   ② 구 군인복무규율상 고충심사는 군인의 재판청구권 행사에 앞서 반드시 거쳐야 하는 군내 사전절차로서의 의미를 가진다.
   ③ 임용결격자가 공무원으로 임용되어 사실상 근무하여 온 경우, 공무원연금법이나 근로자퇴직급여 보장법에서 정한 퇴직급여를 청구할 수 있다.
   ④ 지방공무원은 지방공무원법의 적용을 받으며 근로기준법상의 근로자에는 해당되지 않으므로, 근로기준법이 적용될 수는 없다.

05. 공공기관의 정보공개에 관한 법률에 대한 설명으로 옳지 않은 것은?
   ① 공개될 경우 부동산 투기, 매점매석 등으로 특정인에게 이익 또는 불이익을 줄 우려가 있다고 인정되는 정보는 비공개 대상정보에 해당한다.
   ② 지방자치단체는 그 소관 사무에 관하여 법령의 범위에서 정보공개에 관한 조례를 정할 수 있다.
   ③ 사립 고등학교는 공공기관의 정보공개에 관한 법률에서 말하는 공공기관에 포함된다.
   ④ 공개 청구한 정보가 비공개 대상에 해당하는 부분과 공개 가능한 부분이 혼합되어 있는 경우에는 정보공개를 거부하여야 한다.

06. 행정기본법상 법적용의 기준에 대한 설명으로 옳은 것을 모두 고르면?

   ㄱ. 새로운 법령은 법령에 특별한 규정이 있는 경우를 제외하고는 그 법령의 효력 발생 전에 완성되거나 종결된 사실관계 또는 법률관계에 대해서는 적용되지 아니한다.
   ㄴ. 당사자의 신청에 따른 처분은 법령에 특별한 규정이 있는 경우를 제외하고는 처분 당시의 법령에 따른다.
   ㄷ. 법령을 위반한 행위의 성립과 이에 대한 제재처분은 법령에 특별한 규정이 있는 경우를 제외하고는 처분 당시의 법령에 따른다.
   ㄹ. 법령을 위반한 행위 후 법령의 변경에 의하여 그 행위가 법령을 위반한 행위에 해당하지 아니한 경우로서 해당 법령에 특별한 규정이 없는 경우에는 변경된 법령 등을 적용한다.

   ① ㄱ, ㄴ, ㄷ
   ② ㄱ, ㄴ, ㄹ
   ③ ㄱ, ㄷ, ㄹ
   ④ ㄴ, ㄷ, ㄹ

07. 행정행위에 대한 설명으로 옳지 않은 것은? (다툼이 있는 경우 판례에 의함)
   ① 유기장영업허가는 유기장영업권을 설정하는 설권행위이다.
   ② 수리를 요하지 아니하는 신고의 경우에 신고에 하자가 있다면 보정되기까지는 신고의 효과가 발생하지 않는다.
   ③ 선행처분이 종국적 처분을 예정하고 있는 일종의 잠정적 처분이 되고 이와 관련한 후행처분이 있을 경우에는, 선행처분은 후행처분에 흡수되어 소멸하므로 선행처분의 취소를 구하는 것은 부적법하게 된다.
   ④ 판례는 대물적 영업의 양도의 경우 명시적인 규정이 없는 경우에도 양도 전에 존재하는 영업정지사유를 이유로 양수인에 대해서도 영업정지처분을 할 수 있다고 보고 있다.

08. 다음 중 행정행위의 성격이 올바르게 연결되지 않은 것을 모두 고르면? (다툼이 있는 경우 판례에 의함)

   ㄱ. 자동차운수사업법에 의한 개인택시운송사업면허 – 재량행위
   ㄴ. 구 주택건설촉진법 및 동법 시행령상 주택조합에 대한 설립인가처분 – 기속행위
   ㄷ. 방위사업법상 방산물자 지정 및 지정취소 처분 – 재량행위
   ㄹ. 지방병무청장의 공익근무요원소집처분 – 재량행위

   ① ㄱ, ㄹ
   ② ㄱ, ㄷ
   ③ ㄴ, ㄷ
   ④ ㄴ, ㄹ

09. 공공기관의 정보공개에 관한 법률상 이의신청에 대한 내용이다. 다음 중 ㄱ~ㄹ에 들어갈 내용으로 옳은 것은?

> • 청구인이 정보공개와 관련한 공공기관의 비공개 결정 또는 부분 공개 결정에 불복이 있거나, 정보공개 청구 후 (ㄱ)일이 경과하도록 정보공개 결정이 없는 때에는, 공공기관으로부터 정보공개 여부의 결정 통지를 받은 날 또는 정보공개 청구 후 (ㄴ)일이 경과한 날부터 (ㄷ)일 이내에 해당 공공기관에 문서로 이의신청을 할 수 있다.
> • 공공기관은 이의신청을 받은 날부터 (ㄹ)일 이내에 그 이의신청에 대하여 결정하고 그 결과를 청구인에게 지체 없이 문서로 통지하여야 한다.

	ㄱ	ㄴ	ㄷ	ㄹ
①	10	20	30	7
②	10	10	10	20
③	20	20	30	7
④	20	30	10	20

10. 행정규칙에 대한 설명으로 옳지 않은 것은? (다툼이 있는 경우 판례에 의함)

① 공공기관의 운영에 관한 법률의 위임에 따라 입찰자격제한 기준을 정하는 부령은 행정내부의 재량준칙에 불과하다.

② 법령보충적 행정규칙은 공포 없이 그 자체로 법규명령의 효력을 가진다.

③ 경찰청예규로 정해진 구 채증규칙은 경찰청 내부의 행정규칙에 불과하므로 집회·시위 참가자들은 구체적인 촬영행위에 의해 비로소 기본권을 제한받게 되는 것이고, 채증규칙이 직접 기본권을 침해하는 것은 아니다.

④ 보건복지부 고시가 다른 집행행위의 매개 없이 그 자체로서 요양기관, 국민건강보험공단, 국민건강보험 가입자 등의 법률관계를 직접 규율하고 있다면 항고소송의 대상이 된다.

11. 행정계획에 대한 설명으로 옳은 것은? (다툼이 있는 경우 판례에 의함)

① 도시계획법상 도시기본계획은 일반 국민에 대한 직접적인 구속력이 없다.

② 도시·군계획시설사업의 사업시행자 지정을 위한 토지소유자의 동의는 도시계획시설결정 이후에 받는 것이 원칙이므로, 도시계획시설결정 이전에 받은 사업시행자에 관한 동의는 당연무효이다.

③ 행정주체가 기반시설을 조성하기 위하여 도시·군계획시설결정을 하는 경우에는 광범위한 재량권이 인정되므로 재량통제의 대상이 되지 않는다.

④ 행정기본법에는 행정계획에 대한 일반규정이 있다.

12. 행정상 법률관계에 대한 설명으로 옳지 않은 것은? (다툼이 있는 경우 판례에 의함)

① 공무수탁사인은 행정주체이면서 동시에 행정청의 지위를 가진다.

② 국가를 당사자로 하는 계약에 관한 법률에 따라 국가가 당사자로 되는 입찰방식에 의한 사인과 체결하는 이른바 공공계약은 국가가 사경제의 주체로서 상대방과 대등한 위치에서 체결하는 사법상의 계약이다.

③ 관리관계는 대등한 법률관계로서 공법적 규율을 받는 범위 내에서의 법적 분쟁은 행정소송 중 항고소송의 대상이 된다.

④ 협의의 사법관계란 행정주체가 사인과 동일한 지위에서 재산권의 주체로서 사법적 효력을 발생시키는 사경제적 활동으로, 공공성과는 무관한 활동을 말한다.

13. 공익사업으로 인한 손실보상에 대한 판례의 입장으로 옳지 않은 것은?

   ① 공익사업으로 인하여 영업을 폐지하거나 휴업하는 자가 사업시행자를 상대로 손실보상을 청구할 때 반드시 공익사업을 위한 토지 등의 취득 및 보상에 관한 법률상의 재결절차를 반드시 거쳐야 하는 것은 아니다.
   ② 공익사업을 위한 토지 등의 취득 및 보상에 관한 법률상 잔여지 수용청구를 받아들이지 않은 토지수용위원회의 재결에 대하여 토지소유자가 불복하여 제기하는 소송의 피고는 사업시행자로 하여야 한다.
   ③ 토지의 일부가 접도구역으로 지정·고시됨으로써 사용가치 및 교환가치의 하락 등이 발생하더라도 잔여지 손실보상의 대상에 해당하지 않는다.
   ④ 공익사업을 위한 토지 등의 취득 및 보상에 관한 법률에 의한 보상합의는 공공기관이 사경제주체로서 행하는 사법상 계약의 실질을 가진다.

14. 개인정보 보호법에 대한 설명으로 옳지 않은 것은?

   ① 개인정보 보호에 관한 사무를 독립적으로 수행하기 위하여 국무총리 소속으로 개인정보 보호위원회를 둔다.
   ② 개인정보처리자의 고의 또는 중대한 과실로 인하여 개인정보가 분실·도난·유출·위조·변조 또는 훼손된 경우로서 정보주체에게 손해가 발생한 때에는 법원은 그 손해액의 5배를 넘지 아니하는 범위에서 손해배상액을 정할 수 있다.
   ③ 개인정보처리자가 고유식별정보를 처리하는 경우에는 그 고유식별정보가 분실·도난·유출·위조·변조 또는 훼손되지 아니하도록 대통령령으로 정하는 바에 따라 암호화 등 안전성 확보에 필요한 조치를 하여야 한다.
   ④ 개인정보처리자는 정보주체에게 다른 개인정보의 처리에 대한 동의와 별도로 동의를 받은 경우에는 주민등록번호를 처리할 수 있다.

15. 행정심판법상 행정심판의 절차에 대한 설명으로 옳지 않은 것은?

   ① 위원회는 필요하면 관련되는 심판청구를 병합하여 심리하거나 병합된 관련 청구를 분리하여 심리할 수 있다.
   ② 행정심판의 심리기일의 지정 및 변경은 위원회의 직권으로만 가능하다.
   ③ 행정심판의 심리는 구술심리나 서면심리로 하며, 당사자가 구술심리를 신청한 경우에는 특별한 사정이 없는 한 구술심리를 하여야 한다.
   ④ 청구인은 행정심판위원회의 의결이 있을 때까지 서면으로 심판청구를 취하할 수 있다.

16. 국유재산에 대한 설명으로 옳지 않은 것은? (다툼이 있는 경우 판례에 의함)

   ① 행정재산의 사용·수익에 대한 허가는 강학상 특허에 해당한다.
   ② 국민에게는 행정재산의 사용·수익허가를 신청할 법규상 또는 조리상의 권리가 있다고 할 것이므로 공유재산의 관리청이 행정재산의 사용·수익에 대한 허가 신청을 거부한 행위는 행정처분에 해당한다.
   ③ 국유재산법상 행정재산의 사용·수익의 허가기간은 5년 이내로 한다.
   ④ 행정재산을 사용·수익허가 없이 무단점유할 경우, 변상금 부과대상인 '무단점유'로 보기 위해서는 반드시 그 사용이 독점적·배타적이어야 하며, 만일 점유 부분이 일반 공중의 이용에 제공되고 있다면 점유가 아니라고 볼 수 있다.

17. 행정행위의 하자에 대한 설명으로 옳지 않은 것은? (다툼이 있는 경우 판례에 의함)

   ① 행정처분이 발하여진 후에 헌법재판소가 그 행정처분의 근거가 된 법률을 위헌으로 결정하였다면 결과적으로 행정처분은 법률의 근거가 없이 행하여진 것과 마찬가지가 되어 하자가 있는 것으로 당연무효가 된다.
   ② 행정처분의 근거가 된 법률이 위헌이라는 이유로 무효확인청구의 소가 제기된 경우에는 다른 특별한 사정이 없는 한 법원으로서는 그 법률이 위헌인지 여부에 대하여는 판단할 필요 없이 그 무효확인청구를 기각하여야 한다.
   ③ 행정처분을 한 처분청은 처분의 성립에 하자가 있는 경우 별도의 법적 근거가 없더라도 직권으로 이를 취소할 수 있다.
   ④ 징계처분이 중대하고 명백한 하자 때문에 당연무효인 경우에는 징계처분을 받은 자가 이를 용인하더라도 그 하자가 치유되는 것은 아니다.

18. 수산제조업을 신고하고자 하는 甲은 관할 관청에 수산제조업 신고서를 제출하려고 한다. 이에 대한 설명으로 옳지 않은 것은? (다툼이 있는 경우 판례에 의함)

   ① 甲이 그 신고서를 구비서류까지 첨부하여 제출한 경우 시장·군수·구청장으로서는 형식적 요건에 하자가 없는 한 수리하여야 한다.
   ② 甲이 법령상 규정된 형식적 요건을 갖추지 못한 신고서를 제출한 경우 행정청은 지체 없이 상당한 기간을 정하여 甲에게 보완을 요구하여야 한다.
   ③ 법령에 별도의 규정이 있거나 다른 특별한 사정이 없는 한 甲의 신고는 행정관청에 대한 일방적인 통고로써 그치는 것이고 그에 대한 행정관청의 반사적 결정을 기다릴 필요가 없는 것이다.
   ④ 관할 관청에 甲의 신고서가 제출되었으나 담당 공무원이 법령에 규정되지 아니한 사유를 들어 그 신고를 수리하지 않고 반려하였다고 하더라도, 甲의 신고가 있었다고 볼 수는 없다.

19. 당사자소송에 대한 설명으로 옳지 않은 것은? (다툼이 있는 경우 판례에 의함)

   ① 당사자소송에서 법원은 필요하다고 인정하는 때에는 직권으로 증거조사를 할 수 있고, 당사자가 주장하지 아니하는 사실에 대하여도 판단할 수 있다.
   ② 당사자소송에는 행정소송법의 집행정지에 관한 규정이 준용되지 아니하므로, 이를 본안으로 하는 가처분에 대하여는 민사집행법상의 규정이 준용되어야 한다.
   ③ 당사자소송으로 제기해야 할 사건을 민사소송으로 잘못 제기한 경우, 법원은 각하판결을 하여야 한다.
   ④ 당사자소송 계속 중 법원의 허가를 얻으면 취소소송으로 변경할 수 있다.

20. 행정상 손실보상에 대한 설명으로 옳지 않은 것은? (다툼이 있는 경우 판례에 의함)

   ① 지장물인 건물은 그 건물이 적법한 건축허가를 받아 건축된 것인지 여부에 관계없이 토지수용법상의 사업인정의 고시 이전에 건축된 건물이기만 하면 손실보상의 대상이 된다.
   ② 수용에 따른 손실보상액 산정의 경우 헌법 제23조 제3항에 따른 정당한 보상이란 원칙적으로 피수용재산의 객관적인 재산가치를 완전하게 보상하여야 한다는 완전보상을 뜻한다.
   ③ 공익사업의 시행으로 토석채취허가를 연장받지 못한 경우 그로 인한 손실은 적법한 공권력의 행사로 가하여진 재산상의 특별한 희생으로서 손실보상의 대상이 된다.
   ④ 손실보상은 헌법 제23조 제3항에 따라 법률로써 하고 이때의 법률은 국회가 제정한 형식적 의미의 법률을 의미한다.

21. 원고적격에 대한 판례의 입장으로 옳은 것을 모두 고르면?

> ㄱ. 처분의 취소나 효력 유무의 확인을 구할 법률상 이익의 유무는 그 처분의 성립시를 기준으로 판단한다.
> ㄴ. 원자로 시설부지의 인근 주민들에게도 방사성물질 등에 의한 생명·신체의 안전침해를 이유로 부지사전승인처분의 취소를 구할 원고적격이 인정된다.
> ㄷ. 불이익처분과 수익처분을 불문하고 처분의 상대방은 직접 개인적 이익을 침해당한 것으로 볼 수 없으므로 처분취소소송에서 원고적격을 인정받지 못한다.
> ㄹ. 행정처분의 직접 상대방이 아닌 제3자라 하더라도 당해 행정처분으로 인하여 법률상 보호되는 이익을 침해당한 경우에는 취소소송을 제기하여 그 당부의 판단을 받을 자격이 있다.

① ㄱ, ㄷ
② ㄴ, ㄹ
③ ㄱ, ㄷ, ㄹ
④ ㄴ, ㄷ, ㄹ

22. 행정소송법상 집행정지에 대한 설명으로 옳은 것은? (다툼이 있는 경우 판례에 의함)

① 집행정지의 결정에 대하여는 즉시항고할 수 있으며, 이 경우 집행정지의 결정에 대한 즉시항고에는 결정의 집행을 정지하는 효력이 있다.
② 거부처분에 대한 취소소송에서는 집행정지가 허용되지 않는다.
③ 행정소송법 제23조 제3항에서 규정하고 있는 집행정지의 장애사유로서의 '공공복리에 중대한 영향을 미칠 우려'는 일반적·추상적인 공익에 대한 침해의 가능성만으로도 충족되고, 이러한 집행정지의 소극적 요건에 대한 주장·소명책임은 원고에게 있다.
④ 집행정지결정을 한 후에 본안소송이 취하되더라도 그 집행정지결정의 효력이 당연히 소멸하는 것은 아니고, 별도의 취소조치를 필요로 한다.

23. 행정조사에 대한 설명으로 옳지 않은 것은? (다툼이 있으면 판례에 의함)

① 세무조사는 국가의 과세권을 실현하기 위한 행정조사의 일종으로서 국세의 과세표준과 세액을 명확하게 결정 또는 경정하기 위하여 원칙적으로 납세자에 대하여 같은 세목 및 과세기간에 대한 거듭된 세무조사를 할 수 있다.
② 행정기관은 이미 조사를 받은 조사대상자에 대하여 위법행위가 의심되는 새로운 증거를 확보한 경우에는 재조사할 수 있다.
③ 행정기관은 조사목적에 적합하도록 조사대상자를 선정하여 행정조사를 실시하는 것을 원칙으로 하나, 필요한 경우 제3자에 대하여도 조사할 수 있다.
④ 마약류 불법거래 방지에 관한 특례법에 따른 조치의 일환으로 특정한 수출입물품을 개봉하여 검사하고 그 내용물의 점유를 취득한 행위는 사전 또는 사후에 영장을 받아야 한다.

24. 행정의 실효성 확보수단에 대한 설명으로 옳지 않은 것은? (다툼이 있는 경우 다수설 및 판례에 의함)

① 의무위반자의 명단공표는 법에 근거가 있는 경우에 한하여 가능하다.
② 행정청이 행정제재수단으로 사업정지 또는 과징금을 부과할 것인지, 과징금의 경우 얼마로 할 것인지의 재량이 부여된 경우 과징금부과처분이 법이 정한 한도액을 초과하여 위법한 경우 법원은 그 초과된 부분만을 취소할 수 있다.
③ 행정법규 위반에 대하여 가하는 제재조치는 행정목적의 달성을 위하여 행정법규 위반이라는 객관적 사실에 착안하여 가하는 제재이므로 반드시 현실적인 행위자가 아니라도 법령상 책임자로 규정된 자에게 부과되고, 특별한 사정이 없는 한 위반자에게 고의나 과실이 없더라도 부과할 수 있다.
④ 아무런 권원 없이 국유재산에 설치한 시설물에 대하여 행정청이 행정대집행을 할 수 있음에도 민사소송의 방법으로 그 시설물의 철거를 구하는 것은 허용되지 않는다.

25. 다음 중 판례의 입장으로 옳지 않은 것은?

① 군인사법이 부사관으로 최초로 임용되는 사람의 최고연령을 27세로 제한하는 것은 숙련된 부사관의 활용기간을 고려한 것으로 부사관 지원자들의 공무담임권을 침해하지 않는다.

② 주한 미군에 근무하면서 특수업무를 수행하는 한국인 군무원에 대한 주한 미군측의 고용해제 통보 후 국방부장관이 행한 직권면직의 인사발령은 항고소송의 대상이 된다.

③ 병무청장의 요청에 따라 법무부장관이 가수 甲의 입국을 금지하는 결정을 하고, 그 정보를 내부전산망인 '출입국관리정보시스템'에 입력하였으나 甲에게는 통보하지 않은 경우, 이와 같은 입국금지결정은 항고소송의 대상이 되는 처분에 해당하지 않는다.

④ 예컨대 '대한민국 남자가 병역을 기피할 목적으로 외국국적을 취득하고 대한민국 국적을 상실하여 외국인이 된 경우'와 같이, 그의 국내 체류를 허용하지 않음으로써 달성하고자 하는 공익이 그로 말미암아 발생하는 불이익보다 큰 경우에는 행정청은 재외동포체류자격의 사증을 발급하지 않을 재량을 가진다.

경영학
제3과목

1. 경영의사결정에 대한 다음 설명 중 가장 옳지 않은 것은?
   ① 의사결정상황은 확실한 상황, 위험한 상황, 불확실한 상황, 상충상황으로 구분할 수 있다.
   ② 상충상황은 한 의사결정단위의 의사결정이 다른 의사결정단위의 의사결정성과에 영향을 미치는 상황이다.
   ③ 경영의사결정은 의사결정수준에 따라 정형적 의사결정과 비정형적 의사결정으로 구분할 수 있다.
   ④ 전략적 의사결정은 대부분 비정형적 의사결정으로 구성되어 있다.

2. 적대적 M&A와 관련된 전략에 대한 다음 설명 중 가장 옳지 않은 것은?
   ① 자기주식을 취득하게 되면 인수대상기업의 주식확보를 어렵게 하고 발행주식수도 감소되어 자연히 대주주가 보유하는 주식수를 증가시키는 효과를 얻을 수 있다.
   ② 파킹(parking)은 법률상 제한을 회피할 목적으로 우호적인 관계에 있는 제3자에게 대상기업의 주식을 매입해 일정기간 보유하도록 하는 것을 말하며, 공격방법에 해당한다.
   ③ 인수대상기업의 주식을 매집한 후에 적대적 M&A를 포기하는 대가로 프리미엄이 포함된 높은 가격에 주식을 재매입토록 인수대상기업의 경영자 또는 대주주에게 제안하는 것을 녹색편지(green mail)라고 한다.
   ④ 황금낙하산(golden parachute)은 기존의 경영진이 적대적 M&A로 인해 임기만료 이전에 타인에 의해 해임되는 경우 거액의 보상금을 지급하도록 하는 고용계약을 말한다.

3. 조직설계에 대한 다음 설명 중 가장 옳은 것은?
   ① 수평적 분화는 '라인부문의 형성 → 관리스탭부문의 형성 → 전문스탭부문의 형성'의 순서로 진행된다.
   ② 수직적 분화의 수준이 높을수록 통제의 범위는 증가한다.
   ③ 고전적 조직화의 원칙 중 계층제의 원칙은 명령일원화의 원칙, 감독범위의 원칙, 계층단축화의 원칙으로 구성되어 있다.
   ④ 위원회 조직은 특정 과업을 수행하는 것을 목적으로 하는 일시조직이고, 프로젝트팀 조직은 특정 과업을 수행하는 것을 목적으로 하는 상설조직이다.

4. 경영전략에 대한 다음 설명 중 가장 옳지 않은 것은?
   ① 전략은 규모, 기술, 환경 등과 함께 조직구조에 영향을 미치는 요소이다.
   ② 차별화전략은 소비자에게 자사의 제품을 경쟁제품보다 독특하게 하는 것이다.
   ③ 마일즈와 스노우(Miles & Snow)의 전략 유형에서 방어형(defenders)은 생산효율성보다 창의성과 유연성을 강조한다.
   ④ 경영전략은 의사결정의 수준에 따라 기업전략, 사업전략, 기능전략으로 구분할 수 있다.

5. 경영혁신기법에 대한 다음 설명 중 가장 옳은 것은?
   ① SECI모형에서 사회화는 한 사람의 암묵지가 다른 사람의 형식지로 변환되는 과정이다.
   ② 포화상태의 치열한 경쟁이 펼쳐지는 기존의 시장에서 새로운 아이디어나 기술 등을 적용함으로써 자신만의 새로운 시장을 만드는 것을 퍼플오션전략이라고 한다.
   ③ 벤치마킹(benchmarking)은 학습조직이 확대된 개념이다.
   ④ 조직이 쇠퇴하면서 규모가 작아지는 것도 다운사이징(downsizing)의 범위에 해당한다.

6. 태도에 대한 다음 설명 중 가장 옳지 않은 것은?
   ① 레빈(Lewin)은 태도변화가 '해빙(unfreezing) → 변화(change) → 재동결(refreezing)'의 과정을 거쳐 이루어진다고 하였다.
   ② 하이더(Heider)는 태도변화 원인을 태도변화자의 내부에서 설명하고자 하였다.
   ③ 페스팅거(Festinger)는 사람들이 인지부조화를 감소시키기 위해 노력한다고 가정하였다.
   ④ 태도변화는 강화(reinforcement)의 관점에서 설명이 가능하며, 이는 학습원리에 의하여 개인의 태도변화가 가능하다는 것이다.

7. 동기부여이론에 대한 다음 설명 중 가장 옳지 않은 것은?
   ① 맥클리랜드(McClelland)는 친교욕구, 권력욕구, 성취욕구 중 성취욕구를 가장 중요시하였다.
   ② ERG이론은 다수의 욕구가 동시에 충족될 수 없다고 보았다.
   ③ 허쯔버그(Herzberg)는 불만족 원인의 제거를 통해 만족의 상승을 이끌어 낼 수 없다고 보았다.
   ④ 브룸(Vroom)에 의하면 유의성, 수단성, 기대감 중 어느 하나라도 0이 발생하면 동기는 일어나지 않는다.

8. 집단수준에서의 행동에 대한 다음 설명 중 가장 옳지 않은 것은?
   ① 다른 집단과의 경쟁심을 조성하면 집단응집성은 높아진다.
   ② 통합적 협상은 서로가 모두 만족할 수 있는 선에서 상호승리를 추구하는 협상이다.
   ③ 비공식적인 의사소통은 공식적 의사소통보다 경영자가 통제하는 것이 더 쉽지 않다.
   ④ 집단 내에 존재하는 의사소통 네트워크의 범위는 그 집단의 규모에 반비례한다.

9. 리더십(leadership)에 대한 다음 설명 중 가장 옳은 것은?
   ① 하우스(House)의 경로-목표이론에 의하면 상황이 리더에게 아주 유리하거나 불리할 때는 과업지향적인 리더십이 효과적이다.
   ② 피들러(Fiedler)의 상황적합이론에 의하면 개인의 리더십 유형은 상황에 따라 변화한다고 한다.
   ③ 허시(Hersey)와 블랜차드(Blanchard) 모형의 참여형 리더십은 관리격자이론의 (9,9)형에 해당한다.
   ④ 허시(Hersey)와 블랜차드(Blanchard) 모형에 의하면 리더는 부하의 성숙도에 맞는 리더십을 행사함으로써 리더십 유효성을 높일 수 있다.

10. 선발에 대한 다음 설명 중 가장 옳은 것은?
    ① 선발의 원칙에는 공정성의 원칙, 적정성의 원칙, 합리성의 원칙 등이 있다.
    ② 구조적 면접은 면접관 개인의 편견과 상동적 태도(stereotyping)를 어느 정도 배제할 수 있어 선발의 신뢰성과 타당성을 높일 수 있다.
    ③ 1종오류는 선발비율을 낮춤으로써 감소시킬 수 있고, 2종오류는 종합적 평가법을 적용함으로써 감소시킬 수 있다.
    ④ 타당성을 측정하는 방법에는 시험-재시험 방법, 대체형식에 의한 방법, 내적 일관성을 측정하는 방법 등이 있다.

11. 인적자원의 개발에 대한 다음 설명 중 가장 옳지 않은 것은?

    ① 교육훈련의 설계에는 학습자의 준비정도, 학습자의 학습유형, 교육훈련의 전이 등이 고려되어야 한다.
    ② 경영자의 개념적 능력을 배양하기 위한 대표적인 방법에는 역할연기법, 행동모형법, 상호교류분석법 등이 있다.
    ③ 액션러닝(action learning)은 현장경험을 중시하고, 과제, 학습자집단, 실행전략, 질문과 성찰, 학습에 대한 몰입, 촉진자라는 여섯 가지 요소로 이루어져 있다.
    ④ 전환배치의 원칙에는 적재적소적시의 원칙, 인재육성의 원칙, 균형의 원칙이 있다.

12. 인사평가와 보상에 대한 설명으로 가장 옳지 않은 것은?

    ① 목표에 의한 관리(MBO)는 본인을 포함한 상급자와 하급자, 동료와 외부의 이해관계자(고객, 공급업자 등)에 의해서 이루어지는 평가와 피드백을 총칭한다.
    ② 인사평가기법 중 대표적인 절대평가방법에는 평정척도법, 대조표법, 중요사건기록법 등이 있고, 대표적인 상대평가 방법에는 서열법, 강제할당법 등이 있다.
    ③ 집단성과급제도는 근로자 간의 인간관계 훼손, 협동심 저하 등 개인성과급제도의 단점을 극복하기 위해 설계된 것으로 '성과배분제도'라고도 한다.
    ④ 선택적(카페테리아식) 복리후생은 근로자의 욕구를 반영하기 때문에 동기부여에 효과적이지만, 관리가 복잡하고 운영비용이 많이 발생한다.

13. 다음 경쟁우선순위 중 신제품 개발과 관련되어 있는 것으로만 구성된 것은?

    ㄱ. 일관된 품질(consistent quality)
    ㄴ. 빠른 인도시간(fast delivery time)
    ㄷ. 적시인도(on-time delivery)
    ㄹ. 개발속도(development speed)
    ㅁ. 개별화(customization)
    ㅂ. 수량유연성(volume flexibility)

    ① ㄱ, ㄹ
    ② ㄴ, ㄷ
    ③ ㄷ, ㅂ
    ④ ㄹ, ㅁ

14. 공정설계와 배치설계에 대한 다음 설명 중 가장 옳은 것은?

    ① 제품별 배치는 종업원의 작업이 전문화되고, 공정별 배치는 종업원의 감독이 전문화된다.
    ② 범용설비는 초기투자비용이 크지만, 전용설비는 초기투자비용이 저렴하다.
    ③ 다수기계보유방식(OWMM)은 공정별 배치의 단점을 보완한 배치설계의 형태이다.
    ④ 개별작업 공정(job-shop process)과 라인 공정(line process) 중 수직적 통합의 정도는 개별작업 공정이 더 크다.

15. 수요예측에 대한 다음 설명 중 가장 옳지 않은 것은?

    ① 기업은 정확한 수요예측을 통해 생산능력을 효율적으로 운용할 수 있고, 고객의 요구에 반응하는 시간을 단축시킬 수 있으며 재고를 줄일 수 있다.
    ② 수요예측기법을 선택하는 과정에는 예측의 정확성과 예측비용 간의 관계를 고려하여야 한다.
    ③ 인과관계분석법은 과거 실적치에 의거하여 미래수요의 크기를 찾고 성장추세와 계절적 수요변화를 인식하는 통계적 방법이다.
    ④ 선형회귀분석(linear regression)에서는 하나의 변수가 다른 변수들의 일차식으로 표현된다.

16. PERT/CPM의 확률적 모형에서 각 활동시간이 베타분포를 따른다고 가정하고, 활동 A의 낙관적 시간이 4일, 비관적 시간이 14일, 최빈시간이 6일이라고 추정될 경우에 활동 A의 활동시간에 대한 기대치로 가장 옳은 것은?

    ① 5일
    ② 6일
    ③ 7일
    ④ 8일

17. STP 전략 중 포지셔닝(positioning)에 대한 다음 설명 중 가장 옳지 않은 것은?

    ① 포지셔닝 전략의 핵심은 소비자의 제품에 대한 인식체계를 파악해서 자사제품을 적절하게 위치시키는 것이다.
    ② 포지셔닝 맵(positioning map)은 다양한 제품속성과 각 속성수준의 상대적 매력도를 평가하여 최적의 속성조합을 도출해 내기 위한 방법이다.
    ③ 다차원 척도법(multi-dimensional scaling)은 포지셔닝 맵(positioning map)을 활용하여 핵심 속성들의 차원을 규명하기 위한 방법이다.
    ④ 경쟁제품에 대한 자사제품의 차별점을 제시하는 방법을 사용하고 있다면 이는 경쟁제품에 의한 포지셔닝 방법에 해당되며, 비교광고가 그 예라고 할 수 있다.

18. 다음에 제시한 ㈜잘달려 자동차의 제품믹스에 대한 설명으로 가장 옳지 않은 것은?

    > ㈜잘달려 자동차는 제품군을 대형, 중형, 소형차로 구분하고, 대형차는 A, B, C라는 제품을, 중형차는 D, E, F라는 제품을, 소형차는 G, H라는 제품을 생산하고 있다. 또한, 각 제품들은 제공되는 옵션에 따라 각각 3개(예 : A1, A2, A3)의 유형으로 생산되고 있다.

    ① 총 제품믹스의 길이(length)는 8개이다.
    ② ㈜잘달려 자동차의 제품믹스의 폭(width)은 3개이다.
    ③ ㈜잘달려 자동차의 제품별 제품믹스의 깊이(depth)는 3개이다.
    ④ 중형차 E에 대해서 추가 옵션을 제공하는 유형을 하나 더 추가하면 제품믹스의 길이(length)는 증가하게 된다.

19. 마케팅믹스 중 가격(price)에 대한 설명으로 가장 옳지 않은 것은?

    ① 상대적 고가전략은 자사의 명성이 높거나 자사의 상표인지도가 높은 경우에 적합한 전략이다.
    ② 유인가격전략은 제조업체가 사용하고, 재판매가격유지전략은 유통업체가 사용한다.
    ③ 일반적으로 묶음가격결정의 경우 구성품을 개별로 구입하는 것보다 묶음으로 구입하는 경우가 저렴하다.
    ④ 일반적으로 소비자는 준거가격을 중심으로 유보가격과 최저수용가격 내에서 제품을 구매한다.

20. 마케팅믹스 중 하나인 촉진(promotion)에 대한 다음 설명 중 가장 옳은 것은?

    ① 핵심메시지는 처음에 제시하는 것과 마지막에 제시하는 것이 중간에 위치시키는 것에 비해 덜 효과적이다.
    ② 이성적 소구에는 비교소구, 증언소구, 입증소구, 공포소구 등이 있다.
    ③ 예산설정방법 중 목표과업법은 촉진비용과 촉진성과 간의 관계 규명이 어렵다는 단점과 논리적 타당성이 높다는 장점을 가진다.
    ④ 광고의 이월효과(carryover effect)는 광고의 누적효과를 나타내기 위한 개념이다.

21. 투자안의 경제성 분석방법에 대한 다음 설명 중 가장 옳은 것은?
   ① 회수기간법은 회수기간 이후의 현금흐름만 고려한다.
   ② 순현재가치법과 내부수익률법은 독립적인 투자안의 경우에 항상 동일한 의사결정을 한다.
   ③ 투자안의 수익성지수가 0보다 큰 경우에 해당 투자안을 채택한다.
   ④ 순현재가치법과 내부수익률법은 가치가산의 원칙이 성립한다.

22. 자본자산 가격결정모형(CAPM)에 대한 다음 설명 중 가장 옳지 않은 것은?
   ① 자본자산 가격결정모형은 자본시장이 균형의 상태를 이룰 시에 자본자산의 가격과 위험과의 관계를 예측하는 모형을 말한다.
   ② 무위험자산을 투자대상에 포함시켜 지배원리를 만족시키는 효율적인 투자선을 찾아내는 것을 자본시장선이라 한다.
   ③ 자본자산 가격결정이론은 세금 및 거래비용이 존재하지 않는 상황을 가정한다.
   ④ 이질적인 예측을 하는 경우에 CAPM은 성립이 가능하다.

23. 다음 중 회계상 거래에 해당하는 것을 모두 고른 것은?

   ㄱ. 현금 50,000,000원을 출자하여 회사를 설립하였다.
   ㄴ. 원재료 30,000,000원을 구입하기로 계약서에 날인하였다.
   ㄷ. 종업원 3명을 고용하기로 하고 근로계약서를 작성하였다.
   ㄹ. 회사 사무실 임대계약을 하고, 보증금 100,000,000원을 송금하였다.

   ① ㄱ, ㄴ
   ② ㄱ, ㄹ
   ③ ㄴ, ㄷ
   ④ ㄴ, ㄹ

24. 다음 자료를 이용하여 ㈜경영의 기초자본액을 구한 것으로 가장 옳은 것은?

   • 총비용: 180,000원
   • 총수익: 230,000원
   • 기말자본: 1,200,000원
   • 추가출자: 400,000원

   ① 450,000원
   ② 600,000원
   ③ 750,000원
   ④ 800,000원

25. ㈜경영의 20X1년도 재무자료가 다음과 같을 때, 해당 자료를 이용하여 ㈜경영의 20X1년 초 상품금액을 계산한 것으로 가장 옳은 것은?

• 매입액	112,000원
• 매입할인	2,000원
• 매입환출 및 에누리	5,000원
• 매입운임	6,100원
• 기말상품	12,000원
• 매출원가	110,000원

   ① 10,000원
   ② 10,900원
   ③ 18,100원
   ④ 19,000원

제5회 실전모의고사
군무원 공개경쟁채용 필기시험

군수직

해커스공무원
(gosi.Hackers.com)
모바일 자동 채점 +
성적 분석 서비스

제1과목	국어	제2과목	행정법
제3과목	경영학	제4과목	

응시번호		성 명	

〈응시자 준수사항〉

1. 답안지의 모든 기재 및 표기사항은 반드시 『컴퓨터용 흑색사인펜』으로만 작성하여야 합니다. (사인펜에 "컴퓨터용"으로 표시되어 있음) (사인펜 본인 지참)
   * 매년 지정된 펜을 사용하지 않아 답안지가 무효처리 되는 상황이 빈발하고 있으므로, 답안지는 반드시 『컴퓨터용 흑색사인펜』으로만 표기하시기 바랍니다.

2. 답안은 매 문항마다 반드시 하나의 답만 골라 그 숫자에 "●"로 표기해야 하며, 표기한 내용은 수정테이프를 이용하여 정정할 수 있습니다. 단, 시험시행본부에서 수정테이프를 제공하지 않습니다.
   (표기한 부분을 긁는 경우 오답처리 될 수 있으며, 수정스티커 또는 수정액은 사용 불가)
   * 답안지는 훼손·오염되거나 구겨지지 않도록 주의해야 하며, 특히 답안지 상단의 타이밍마크(┃┃┃┃┃)를 절대로 훼손해서는 안 됩니다.

3. 상단의 QR코드를 이용하여 해커스공무원의 '모바일 자동 채점 + 성적 분석 서비스'에 접속하시기 바랍니다. (해커스공무원 사이트의 가입자에 한해 이용 가능함)
   * 정답 및 해설은 해설집의 92쪽에서 확인 가능합니다.

해커스군무원

국 어
제1과목

응시번호 :   성명 :

01. 다음 중 띄어쓰기가 올바른 문장은?
   ① 보약을 먹고 부터 몸이 좋아졌다.
   ② 그 두 사람의 애정은 식을대로 식었다.
   ③ 어지럽혀진 집 안을 구석구석 청소할것이다.
   ④ 지금까지 내가 멋대로 행동해 온 것에 대한 벌인 듯싶었다.

02. 밑줄 친 ㉠의 예에 해당하는 것은?

   합성어는 분류 기준에 따라 다양한 방식으로 나뉜다. 이때, '명사＋명사', '용언의 관형사형＋명사', '용언의 연결형＋용언 어간'은 한국어 문장에서 흔히 나타나는 배열법이므로 이런 구성을 가진 합성어는 ㉠통사적 합성어이다. 반면, 어간이 어미 없이 바로 명사나 다른 용언 어간에 연결되는 '용언 어간＋명사'나 '용언 어간＋용언 어간', '비자립적 어근＋명사'는 한국어의 문장에 나타나는 단어 배열법이 아니므로 이와 같은 단어들은 비통사적 합성어이다.

   ① 길짐승   ② 날뛰다
   ③ 먹거리   ④ 츨랑개

03. 밑줄 친 부분에 어울리는 한자 성어로 가장 적절한 것은?

   시집 〈예언자〉의 저자로 유명한 작가 칼릴 지브란은 생전에 이런 말을 남겼다. "나는 수다쟁이로부터 침묵을, 편협한 이로부터 관용을, 불친절한 이로부터 친절을 배웠다. 하지만 이상하게도 이 스승들에게 고맙지 않다."

   ① 走馬加鞭   ② 反面敎師
   ③ 隔靴搔癢   ④ 口尙乳臭

04. 한자어의 뜻을 잘못 풀이한 것은?
   ① 廉義 - 염치와 의리
   ② 惠澤 - 은혜와 덕택
   ③ 褒貶 - 가치를 깎아내림
   ④ 割賦 - 돈을 수차례 나누어 냄

05. 다음 중 띄어쓰기가 올바른 문장은?
   ① 한 걸음도 더 걷지 못하리 만큼 숨이 찼다.
   ② 하나도 모르면서 아는 체하다가 망신만 당했다.
   ③ 진용이는 아무 거리낌없이 그에게 심부름을 시켰다.
   ④ 그는 자신의 아버지를 회장 자리에서 밀어내버렸다.

06. 글쓴이의 견해와 부합하는 것은?

   1960년대 등장한 단어인 '사이보그'는 새로운 환경에 효과적으로 적응하도록 돕는 외부 장치가 결합된 생물체를 의미했다. 이에 따르면, 우주복을 입은 우주 비행사는 우주라는 새로운 환경에 적응하기 위해 우주복이라는 외부 장치를 착용했기 때문에 사이보그의 한 사례라고 할 수 있었다. 그러나 최근 들어 '사이보그'는 인간을 인간 이상의 존재로 만들어 주는 기계식 신체 기관이 결합된 인간을 가리키는 것으로 그 의미가 확장되었다.
   비록 로보캅과 같은 초인간은 아직까지 실제로 존재하지는 않지만 현실의 '사이보그' 기술의 발전은 신체의 일부 능력을 상실한 사람들의 신체 능력을 보완해줄 뿐만 아니라 새롭고 특별한 능력을 부여하기도 한다. 예를 들어 사고로 한쪽 눈을 잃은 미국의 영화감독 스펜스(spence)는 유리로 된 의안(義眼) 대신 안와(眼窩)에 카메라가 심어진 인공 눈을 삽입했다. 스펜스의 인공 눈은 그의 두뇌나 시신경에 연결되어 있는 것은 아니지만, 그가 보는 것을 실시간으로 녹화할 수 있다. 스펜스는 카메라가 부착된 자신의 인공 눈을 활용해 자신과 같이 '생체 공학적 신체 기관'을 가진 사람들에 관한 다큐멘터리 인터뷰를 녹화하는 데 사용하기도 했다.

   ① 사이보그 기술은 신체적 결함을 극복하도록 돕는다.
   ② 오늘날 사이보그 기술은 인간을 인간의 신체 기능을 초월한 존재로 만들어 준다.
   ③ 인간이 어떤 신체 기관을 상실하더라도 사이보그 기술을 통해 온전히 복원할 수 있다.
   ④ 사이보그 기술은 인간의 신체 기능을 퇴화시킬 수 있으므로 사려 깊게 발전시켜야 한다.

※ 다음 글을 읽고 물음에 답하시오. (07～09)

(가) 먼저 흄은 과거의 경험을 근거로 미래를 예측하는 귀납이 정당한 추론이 되려면 미래의 세계가 과거에 우리가 경험해 온 세계와 동일하다는 자연의 일양성, 곧 한결 같음이 가정되어야 한다고 보았다. 그런데 자연의 일양성은 (㉠)으로 알 수 있는 것이 아니라 경험에 기대어야 알 수 있는 것이다. 즉 "귀납이 정당한 추론이다."라는 주장은 "자연은 일양적이다."라는 다른 지식을 전제로 하는데 그 지식은 다시 귀납에 의해 정당화되어야 하는 경험적 지식이므로 귀납의 정당화는 순환 논리에 빠져 버린다는 것이다. 이것이 귀납의 정당화 문제이다.

(나) 귀납의 또 다른 논리적 한계로 어떤 현대 철학자는 미결정성의 문제를 지적한다. 이 문제는 관찰 증거만으로는 여러 가설 중에 어느 하나를 더 나은 것으로 결정할 수 없다는 것이다.

(다) 귀납의 정당화 문제로부터 과학의 방법인 귀납을 옹호하기 위해 라이헨바흐는 이 문제에 대해 현실적 구제책을 제시한다. 라이헨바흐는 자연이 일양적일 수도 있고 그렇지 않을 수도 있음을 전제한다. 먼저 자연이 일양적일 경우, 그는 지금까지의 우리의 경험에 따라 귀납이 점성술이나 예언 등의 다른 방법보다 성공적인 방법이라고 판단한다. 자연이 일양적이지 않다면, 어떤 방법도 체계적으로 미래 예측에 계속해서 성공할 수 없다는 논리적 판단을 통해 귀납은 최소한 다른 방법보다 나쁘지 않은 추론이라고 확언한다. 결국 자연이 일양적인지 그렇지 않은지 알 수 없는 상황에서는 귀납을 사용하는 것이 옳은 선택이라는 라이헨바흐의 논증은 귀납의 정당화 문제를 현실적 차원에서 해소하려는 시도로 볼 수 있다.

(라) 귀납은 기존의 정보나 관찰 증거 등을 근거로 새로운 사실을 추가하는 지식 확장적 특성을 지닌다. 이 특성으로 인해 귀납은 근대 과학 발전의 방법적 토대가 되었지만, 한편으로 귀납 자체의 논리적 한계를 지적하는 문제들에 부딪히기도 한다.

07. 문맥상 ㉠에 들어갈 단어로 가장 적절한 것은?
① 고식적(姑息的) ② 배타적(排他的)
③ 선험적(先驗的) ④ 실증적(實證的)

08. (가)~(라)의 순서 배열로 가장 적절한 것은?
① (가) - (다) - (라) - (나)
② (다) - (가) - (나) - (라)
③ (라) - (가) - (다) - (나)
④ (라) - (다) - (가) - (나)

09. 윗글을 이해한 내용으로 가장 적절하지 않은 것은?
① 라이헨바흐는 흄이 제기한 문제에 대한 대책을 제시했다.
② 자연이 일양적이지 않다면 점성술이 귀납보다 적절한 추론 방법이 된다.
③ 귀납은 기존의 경험을 바탕으로 새로운 사실을 도출해 내는 특성을 갖는다.
④ 흄은 미래의 사건이 과거의 경험과 동일할 때 귀납이 정당성을 갖는다고 주장했다.

10. 다음 시에 대한 감상으로 적절하지 않은 것은?

> 득음은 못하고 그저 시골장이나 떠돌던
> 소리꾼이 있었다. 신명 한 가락에
> 막걸리 한 사발이면 그만이던 흰 두루마기의 그 사내
> 꿈속에서도 폭포 물줄기로 내리치는
> 한 대목 절창을 찾아 떠돌더니
> 오늘은 왜가리 울음 되어 우항산 솔밭을 다 적시고
> 우포늪 둔치, 그 눈부신 봄빛 위에 자운영 꽃불 질러 놓는다
> 살아서는 근본마저 알 길 없던 혈혈단신
> 텁텁한 얼굴에 달빛 같은 슬픔이 엉켜 수염을 흔들곤 했다
> 늙은 고수라도 만나면
> 어깨 들썩 산 하나를 흔들었다
> 필생 동안 그가 찾아 헤맸던 소리가
> 적막한 늪 뒷산 솔바람 맑은 가락 속에 있었던가
> 소목 장재 토평마을 양파들이 시퍼런 물살 몰아칠 때
> 일제히 깃을 치며 동편제 넘어가는
> 저 왜가리들
> 완창 한 판 잘 끝냈다고 하늘 선회하는
> 그 소리꾼 영혼의 심연이
> 우포늪 꽃잔치를 자지러지도록 무르익는다
> 　　　　　　　　　　　　　　- 배한봉, 『우포늪 왜가리』

① 시각적 이미지를 활용하여 시상을 전개했다.
② '왜가리'와 '소리꾼'을 동일시하며 '우포늪'의 생명력을 형상화했다.
③ 토속적인 어휘를 사용하여 전통적이고 향토적인 분위기를 조성했다.
④ 긍정적 공간과 부정적 공간의 대비를 통해 문명에 대한 비판 의식을 드러냈다.

11. 다음 글의 주장으로 가장 적절한 것은?

> 인생의 황혼기라고 할 수 있는 노년기는 흔히 신체적, 정신적으로 쇠퇴를 겪는 시기로 인식되곤 한다. 하지만 우리 주변에는 시간적 여유를 갖고 여가 생활을 하며 알차게 여생을 보내는 노인들을 심심찮게 볼 수 있다. 실제로 노년층은 다른 연령층보다 직업적 역할 수행을 덜 강요받기 때문에 여가 활동으로 하루를 채울 수 있게 된다.
> 여가 활동이란 그 자체로 중요하다. 여기서 여가란 단순히 '남는 시간' 동안 하는 것이 아니라, 오로지 '여가 그 자체'를 위한 활동을 의미한다. 이는 회사에서 월급을 받고 일을 한다거나 집안일을 하는 것과는 또 다른 차원의 삶의 질을 보장해 준다. 진정한 여가 활동을 통해 노년층은 삶의 활력을 얻을 뿐만 아니라 삶의 이유도 재발견할 수 있게 될 것이다. 아리스토텔레스가 여가 안에 행복이 있고, 여가가 인간의 이상적인 상태라고 말을 한 것도 이와 같은 맥락일 것이다.

① 노년층에게 직업적 활동을 강요해서는 안 된다.
② 노년기에는 여가 활동을 통해 삶의 의미를 발견해야 한다.
③ 노년기에는 여가 활동을 즐기며 자신이 가진 것을 나누어야 한다.
④ 노년기의 신체적, 정신적 쇠퇴를 방지하기 위해 여가 활동을 즐겨야 한다.

12. 다음 글에서 추론한 내용으로 가장 적절한 것은?

> 지식에 대한 상대주의자들은 한 문화에서 유래한 어떤 사고방식이 있을 때, 다른 문화가 그 사고방식을 수용하게 만들 만큼 논리적으로 위력적인 증거나 논증은 있을 수 없다고 주장한다. 왜냐하면 문화마다 사고방식의 수용 가능성에 대한 서로 다른 기준을 가지고 있기 때문이다. 이를 바탕으로 그들은 서로 다른 문화권의 과학자들이 이론적 합의에 합리적으로 이를 수 없다고 주장한다. 이러한 주장은 한 문화의 기준과 그 문화에서 수용되는 사고방식이 함께 진화하여 분리 불가능한 하나의 덩어리를 형성한다고 믿기 때문에 나타난다. 예를 들어 아래와 같이 문화적 차이가 큰 A와 B의 두 과학자 그룹이 있다고 하자.
>
> > A 그룹: 수학적으로 엄밀하고 놀라운 예측에 성공하는 이론만을 수용
> > B 그룹: 실제적 문제에 즉시 응용 가능한 이론만을 수용
>
> 그렇다면 각 그룹은 어떤 이론을 만들 때, 자신들의 기준을 만족할 수 있는 이론만을 만들 것이다. 그 결과 A 그룹에서 만든 이론은 엄밀하고 놀라운 예측을 제공하겠지만, 응용 가능성의 기준에서 보면 B 그룹에서 만든 이론보다 못할 것이다. 즉 A 그룹이 만든 이론은 A 그룹만이 수용할 것이고, B 그룹이 만든 이론은 B 그룹만이 수용할 것이다. 이처럼 문화마다 다른 기준은 자신의 문화에서 만들어진 이론만 수용하도록 만들 것이다. 이것이 상대주의자의 주장이다.

① 같은 그룹에 속한 과학자들끼리도 이론적 합의에 합리적으로 이르지 못할 수 있다.
② A 그룹과 B 그룹이 서로 문화적 차이와 다양성을 인정한다면 각 이론을 절충한 이론을 만들 수 있을 것이다.
③ A 그룹과 B 그룹이 제시한 이론 중 무엇이 더 합리적인지는 그것을 판단하는 사람이 속한 문화에 따라 달라질 것이다.
④ 다른 문화가 수용하기에 효용 가치가 있는 사고방식은 해당 문화를 설득할 수 있는 논리적 증거나 논증을 제시할 수 있다.

13. 다음에 서술된 상황을 가장 적절하게 표현한 한자 성어는?

> ○○군 농산물 협동조합은 지난해부터 온라인 중심의 전국적인 유통망을 갖추고 농산물 판매 사업을 시작하였다. 이로 인해 최근 몇 년간의 부진했던 실적을 극복하였을 뿐만 아니라 농림부의 사업 안정성 평가에서도 전국 3위에 올랐다.

① 自繩自縛 ② 守株待兔
③ 漁夫之利 ④ 刮目相對

14. 다음 글에 대한 이해로 적절하지 않은 것은?

> 칠복이는 아이를 업고 천천히 일어서서 희끄무레한 램프 불빛에 비춰 보이는 침울하게 가라앉은 마을 사람들의 얼굴들을 하나하나 가슴속 깊이깊이 새기며 찬찬히 뜯어보았다. 그의 눈에서는 금방 눈물이 소나기처럼 주르륵 쏟아질 것만 같았다.
> "핑 서둘러 나가면 대처 나가는 버스를 탈 꺼여!"
> 강촌 영감이 앞서 술청을 나가며 하는 말이다. 강촌 영감을 따라 칠복이가 고개를 떨구고 나갔고, 뒤이어 봉구와 덕칠이, 팔만이가 차례로 몸을 움직였다.
> 봉구네 주막에서 나온 그들은 칠복이를 앞세우고 미루나무가 두 줄로 가지런히 비를 맞고 늘어서 있는 자갈길 구신작로를 향해 어둠 속을 걸었다. 그들은 아무도 입을 열지 않았다. 칠복이의 등에 업힌 그의 딸아이가 캘록캘록 기침을 하자, 바짝 뒤를 따르던 봉구가 잠바를 벗어 덮어씌워 주었다. 〈중 략〉
> 신작로에 당도해서 조금 기다리자 읍으로 들어가는 헌 털뱅이 버스가 왔으며, 그들은 서둘러 차를 세우고 칠복이를 밀어 넣었다.
> "징헌 고향 다시는 오지 말어."
> 봉구가 천 원짜리 두 장을 칠복이의 호주머니에 푹 쑤셔 넣어 주며 울먹울먹한 목소리로 말했다.
> 칠복이가 무슨 말인가 하는 것 같았으나 부르릉 버스가 굴러가는 바람에 알아들을 수가 없었다.
> — 문순태, 『징 소리』

① '칠복'은 마을에 대한 미련을 버리지 못하고 있다.
② '봉구'는 '칠복'에 대한 이중적인 태도를 보이고 있다.
③ '마을 사람들'은 '칠복'이 떠나는 것을 말리지 않고 있다.
④ '강촌 영감'은 '칠복'이 마을을 떠나는 것을 아쉬워하고 있다.

15. 다음 중 표준어로만 묶인 것은?

① 개기다 – 널판지 – 설거지
② 애닯다 – 일찍이 – 하마터면
③ 끼어들기 – 헷갈리다 – 통틀어
④ 단촐하다 – 애틋하다 – 짓물다

16. 높임법에 대한 설명으로 옳지 않은 것은?

> ㄱ. 할머니께 아침 문안 인사를 드렸다.
> ㄴ. 사장님, 저희와 함께 식사하러 가시겠습니까?
> ㄷ. 어머니께서는 소원을 빌며 탑 주위를 도셨다.
> ㄹ. 형이 귀가 어두우신 아버지를 찾아뵙고 집으로 왔어요.

① ㄱ, ㄷ: 서술의 주체를 높이고 있다.
② ㄱ, ㄹ: 특수한 어휘를 사용하여 높임을 표현하고 있다.
③ ㄴ, ㄹ: 듣는 이를 높이고 있다.
④ ㄷ, ㄹ: 선어말 어미 '-시-'를 사용하여 높임을 표현하고 있다.

17. 다음 글의 설명 방식으로 적절하지 않은 것은?

> 식물은 다른 생물을 잡아먹지 않아도 스스로 양분을 만들 수 있지만, 동물은 다른 생물을 먹어야만 양분을 얻을 수 있다. 이는 식물과 동물을 구분하는 극명한 차이점이다. 그런데 식물 중에는 극한의 상황에서 생존하기 위해 곤충이나 작은 동물을 잡아먹는 동물화된 식물도 있다. 그렇다면 반대로 식물화된 동물도 있지 않을까? 바로 '알몸 두더지'가 이에 해당한다. 오랜 기간 특이종을 연구해 온 일리노이 대학의 토머스 파크 교수에 따르면 알몸 두더지는 산소가 부족해지면 식물처럼 체내 과당 대사를 통해 살아남는다고 한다.

① 동물과 식물의 특징을 대조하고 있다.
② 생존을 위해 동물화된 식물들의 사례를 나열하고 있다.
③ 문답법을 통해 '알몸 두더지'가 식물화된 동물임을 제시하고 있다.
④ 전문가의 연구 결과를 인용하여 '알몸 두더지'의 특징을 제시하고 있다.

18. 다음 글의 전개 순서로 가장 자연스러운 것은?

> (가) 하지만 오늘날 '나', 즉 '자아'의 존재를 이해하는 것이 중요해지면서 금욕주의는 자기 부정을 통해 '자아'를 잃게 만들고 스스로를 깊은 고통에 빠뜨린다는 비판을 받고 있다.
> (나) 가령, 금욕주의자가 되고자 한다면 식욕, 성욕, 물욕과 같이 쾌락을 유발하는 행위를 스스로 끊임없이 통제함과 동시에 근면·성실을 제1의 기준으로 삼고 살아가야 한다.
> (다) 기원전 301년 키프로스의 제논이 창시한 금욕주의는 아테네의 전성기에 등장한 철학 사조 중 하나로 인간의 육체적·정신적 욕구나 욕망을 통제하거나 금(禁)함으로써 도덕이나 종교적 이상을 성취하고자 하는 사상이다.
> (라) 따라서 금욕주의자는 욕구나 욕망이 아닌 오직 이성(理性)의 명령에 따라 사유하고 행동하였으며 기쁨과 고통 같은 감정은 한 사람의 정신을 흐린다고 여겼다.
> (마) 이러한 끊임없는 자기 통제 속에서 금욕주의자는 점차 자신의 이성(理性)에 눈을 뜨게 되고 욕구 충족을 위해 살아가는 존재가 아닌 정서적인 혼란으로부터 자유로운 이상적 존재로 거듭나게 된다.

① (다) – (가) – (나) – (라) – (마)
② (다) – (가) – (라) – (마) – (나)
③ (다) – (라) – (가) – (마) – (나)
④ (다) – (나) – (라) – (마) – (가)

19. (가) ~ (라)에 대한 설명으로 적절하지 않은 것은?

> (가) 뫼흔 길고 길고 물은 멀고 멀고.
>   어버이 그린 뜯은 많고 많고 하고 하고.
>   어디서 외기러기는 울고 울고 가느니.
> (나) 충신(忠臣)은 만조정(滿朝廷)이요 효자(孝子)는 가가재(家家在)라.
>   우리 성주(聖主)는 애민적자(愛民赤子)호시는듸,
>   명천(明天)이 이 뜻을 알으셔 우순풍조(雨順風調)호소셔.
> (다) 가마귀 검다 호고 백로(白鷺)ㅣ야 웃지 마라.
>   것치 거믄들 속조차 거믈소냐.
>   아마도 것 희고 속 검을손 너뿐인가 호노라.
> (라) 미암이 밉다 울고 쓰르람이 쓰다 우니,
>   산채(山菜)를 밉다는가 박주(薄酒)를 쓰다는가.
>   우리는 초야(草野)에 뭇쳐시니 밉고 쓴 줄 몰나라.

① (가): 화자의 감정을 사물에 투영하여 심화하고 있다.
② (나): 대구법을 사용하여 화자의 충성심을 드러내고 있다.
③ (다): 대조적인 소재를 통해 위선적 인물을 비판하고 있다.
④ (라): 언어유희를 통해 부정적 대상을 표현하고 있다.

20. 한글 맞춤법에 맞게 표기된 것은?

① 멧나물, 베갯잇, 윗어른
② 거북치, 시원찮다, 실망케
③ 굵다랗다, 굴찍하다, 널따랗다
④ 공염불(空念佛), 당뇨(糖尿), 은닉(隱匿)

21. 다음 글에 대한 설명으로 적절하지 않은 것은?

> 이날 사향이 틈을 타 침소에 들어가 금봉차와 옥장도를 훔쳐 낭자의 사사로운 그릇 속에 감추었더니 그 후에 부인이 잔치에 가려고 봉차를 찾으니 간 데 없는지라. 괴이하게 여겨 세간을 내어 살펴보니 장도 또한 없거늘 모든 시녀를 죄 주었다. 〈중 략〉
> 부인이 말하기를,
> "숙향의 빙옥같은 마음에 어찌 그런일이 있으리오?"
> 사향이 말하기를
> "숙향이 예전에는 그런 일이 없더니 근간 혼인 의논을 들은 후로는 당신의 세간을 장만하노라 그러하온지 가장 부정함이 많습니다. 어쨌든 숙향의 세간을 뒤져 보십시오."
> 부인이 또한 의심하여 숙향을 불러 말하기를,
> "봉차와 장도가 혹 네 방에 있나 살펴보라."
> 숙향이 말하기를,
> "소녀의 손으로 가져온 일이 없사오니 어찌 소녀 방에 있겠습니까?" 하고 그릇을 내어 친히 찾게 하니 과연 봉차와 장도가 있는지라. 부인이 대로하여 말하기를,
> "네 아니 가져왔으면 어찌 네 그릇에 들어있느냐?"
> 하고 승상께 들어가 말하기를,
> "숙향을 친딸같이 길렀으나 이제 장도와 봉차를 가져다 제 함 속에 넣고 종시 몰라라 하다가 제게 들켰사오니, 봉차는 계집의 노리개니 이상하지 않으나 장도는 계집에게 어울리지 않는 물건이라 그 일이 가장 수상합니다. 어찌 처치하면 마땅하겠습니까?"

① 서술자가 개입하는 부분은 나타나지 않는다.
② 등장인물 간의 대화를 중심으로 사건이 전개된다.
③ 작품 속 숙향은 이중적인 면모를 지닌 인물로 표현된다.
④ 이후 숙향이 고난을 겪는 이야기가 전개될 것임을 짐작할 수 있다.

22. 다음 중 뜻이 다르게 설명된 것은?

① 비교(比較): 서로 달라서 대비가 됨
② 가책(呵責): 자기나 남의 잘못에 대하여 꾸짖어 책망함
③ 강구(講究): 좋은 대책과 방법을 궁리하여 찾아내거나 좋은 대책을 세움
④ 규범(規範): 인간이 행동하거나 판단할 때에 마땅히 따르고 지켜야 할 가치 판단의 기준

23. ㉠과 가장 유사한 의미로 쓰인 것은?

> 피아노만 보면 그리도 달려들던 아이가, 정작 제 것을 사 주니 어쩔 줄을 모르는 모양이었다. 아이는 내 얼굴과 피아노를 한참 동안이나 번갈아 보았다. 그러고는 손을 들어 긴장한 표정으로 ㉠치기 시작했다.

① 사무실에서 타자를 치는 소리가 들렸다.
② 권투 경기에서는 상대의 하반신을 칠 수 없다.
③ 그녀의 이야기가 끝나자 사람들은 모두 손뼉을 쳤다.
④ 그는 일요일 아침마다 공원에 가서 배드민턴을 친다.

24. 다음 중 제시된 공손성의 원리에 대한 예문이 바르게 연결되지 않은 것은?

① 요령의 격률: (창문을 열어 달라고 요청하기 위해) 죄송합니다만, 사무실이 너무 더운 것 같지 않습니까?
② 관용의 격률: 제가 귀가 안 좋아서 그러는데, 다시 한번 설명해 주시겠습니까?
③ 동의의 격률: 너는 어쩜 그렇게 피아노를 잘 치니? 전문가의 연주를 들으니 나도 수준이 올라가는 것 같네.
④ 겸양의 격률: 이번 제 프로젝트의 성공을 축하해 주셔서 감사합니다. 그래도 저는 아직 더 배워야 할 점이 많습니다.

25. 다음 중 로마자 표기가 옳은 것은?

① 알약 allyak
② 독도 Dok-do
③ 죽변 Jukbbyeon
④ 의정부시 Uijeongbu-si

행정법
제2과목

응시번호 :　　　　　　　　　　　　　　성명 :

01. 위헌결정에 대한 설명으로 옳지 않은 것은? (다툼이 있는 경우 판례에 의함)
   ① 이미 취소소송의 제기기간을 경과하여 확정력이 발생한 행정처분의 경우에는 위헌결정의 소급효가 미치지 않는다.
   ② 법률의 위헌결정은 법원과 그 밖의 국가기관 및 지방자치단체를 기속한다.
   ③ 헌법재판소의 위헌결정은 행정청이 개인에 대해 공적인 견해를 표명한 것으로 그 결정에 관련한 개인의 행위에 대하여는 신뢰보호의 원칙이 적용된다.
   ④ 과세처분 이후 조세 부과의 근거가 되었던 법률규정에 대하여 위헌결정이 내려진 경우, 그 조세채권의 집행을 위한 체납처분은 당연무효라고 보아야 한다.

02. 행정지도에 대한 설명으로 옳지 않은 것을 모두 고르면? (다툼이 있는 경우 판례에 의함)

   > ㄱ. 행정지도는 상대방의 임의적 협력을 전제로 하고 행정상 사실행위라는 점에서 법률의 근거를 요하지 않는다.
   > ㄴ. 행정지도는 그 목적달성에 필요한 최소한도에 그쳐야 하며, 행정지도의 상대방의 의사에 반하여 부당하게 강요하여서는 아니 된다.
   > ㄷ. 현행 행정절차법은 행정지도가 서면(문서)의 형식에 의하여 이루어져야 한다고 명문으로 규정하고 있다.
   > ㄹ. 행정지도가 강제성을 띠지 않은 비권력적 작용으로서 행정지도의 한계를 일탈하지 아니하였다면, 그로 인하여 상대방에게 어떤 손해가 발생한 경우 행정기관은 그에 대한 손해배상책임이 있다.

   ① ㄱ, ㄹ
   ② ㄷ, ㄹ
   ③ ㄱ, ㄴ, ㄷ
   ④ ㄴ, ㄷ, ㄹ

03. 인·허가의제에 대한 설명으로 가장 옳지 않은 것은? (다툼이 있는 경우 판례에 의함)
   ① 인·허가의제 효과를 수반하는 건축신고는 수리를 요하는 신고에 해당한다.
   ② 행정기본법의 제정으로 인·허가의제에 대한 일반적 규정이 마련되었다고 볼 수 있다.
   ③ 건축법상 인·허가의제의 취지는 행정절차의 간소화를 위하여 의제된 인·허가 사항에 관한 개별 법령상의 절차나 요건 심사를 배제하는 데 있다.
   ④ 구 중소기업창업 지원법에 따른 사업계획승인의 경우, 의제된 인·허가만 취소 내지 철회함으로써 사업계획에 대한 승인의 효력은 유지하면서 해당 의제된 인·허가의 효력만을 소멸시킬 수 있다.

04. 군무원에 대한 설명으로 옳지 않은 것은?
   ① 국가공무원법에 대한 특별법으로, 군인에 대하여는 군인사법이 적용되고 군무원에 대하여는 군무원인사법이 적용된다.
   ② 군인의 경우에는 대한민국 국적과 외국 국적을 함께 가지고 있으면 임용 결격사유에 해당하지만, 군무원의 경우에는 이중 국적이 임용 결격사유에 해당하지 않는다.
   ③ 군무원의 정년은 60세이나, 전시·사변 등의 국가비상시에는 예외로 한다.
   ④ 군무원에 대한 징계는 파면, 해임, 강등, 정직, 감봉, 견책이 있으나, 임기제일반군무원의 경우에는 강등은 제외한다.

05. 하자의 승계에 대한 설명으로 옳지 않은 것은? (다툼이 있는 경우 판례에 의함)

① 후행처분인 대집행영장발부통보처분의 취소청구 소송에서 선행처분인 계고처분이 위법하다는 이유로 대집행영장발부통보처분도 위법한 것이라는 주장은 할 수 없다.

② 선행처분과 후행처분이 서로 독립하여 별개의 법률효과를 목적으로 하는 때에도 선행처분이 당연무효이면 선행처분의 하자를 이유로 후행처분의 효력을 다툴 수 있다.

③ 수용보상금의 증액을 구하는 소송에서 선행처분으로서 그 수용대상 토지 가격 산정의 기초가 된 비교표준지공시지가결정의 위법을 독립한 사유로 주장할 수 있다.

④ 선행처분인 도시·군계획시설결정에 하자가 있더라도 그것이 당연무효가 아닌 한 원칙적으로 후행처분인 실시계획인가에 승계되지 않는다.

06. 소의 이익 또는 법률상 이익에 대한 설명으로 옳지 않은 것은? (다툼이 있는 경우 판례에 의함)

① 행정처분을 다툴 협의의 소의 이익은 일반·보편적인 사정을 고려하여 판단하여야 한다.

② 행정소송법은 처분등의 효과가 기간의 경과, 처분등의 집행, 그 밖의 사유로 인하여 소멸된 뒤에도 그 처분등의 취소로 인하여 회복되는 법률상 이익이 있는 자가 취소소송을 제기할 수 있음을 명문으로 규정하고 있다.

③ 행정소송법 제35조에 규정된 '무효확인을 구할 법률상 이익'이 있는지를 판단할 때, 행정처분의 무효를 전제로 한 이행소송 등과 같은 직접적인 구제수단이 있는지 여부를 따질 필요가 없다.

④ 공공기관으로부터 공개거부처분을 받은 청구인은 행정소송으로 그 처분의 취소를 구할 법률상 이익이 있다.

07. 국가배상법상 공무원에 관한 판례의 내용으로 옳지 않은 것은?

① 지방자치단체가 '교통할아버지'로 선정한 노인도 공무원에 해당하며, 교통할아버지가 위탁받은 업무의 범위를 넘어 교차로 중앙에서 교통정리를 하다가 교통사고를 발생시킨 경우 지방자치단체는 배상책임을 부담한다.

② 향토예비군은 동원기간 중에는 국가배상법 제2조의 공무원에 포함된다.

③ 서울시 산하 구청소속의 청소차량 운전원은 단순노무만을 행하는 직원이어도 지방공무원법상 공무원에 해당한다.

④ 소방법에 의하여 시, 읍, 면이 소방서장의 소방업무를 보조하기 위해 설치한 의용소방대는 국가기관으로서 공무원에 해당된다.

08. 행정계획에 대한 설명으로 옳지 않은 것은? (다툼이 있는 경우 판례에 의함)

① 선행처분인 도시·군계획시설결정에 당연무효에 해당하는 하자가 있는 경우 그 하자는 후행처분인 실시계획인가에 승계된다.

② 원칙적으로 직접 구속력을 갖지 않고 사실상의 준비행위나 사전안내 또는 행정기관 내부 지침에 지나지 않는 행정계획은 헌법소원의 대상이 되지 아니한다.

③ 행정주체가 구체적인 행정계획을 입안·결정할 때에 가지는 비교적 광범위한 형성의 자유는 공익과 사익간에는 물론이고, 공익 상호간의 이익을 비교교량하여야 하지만 사익 상호간까지는 고려 대상이 아니다.

④ 행정주체가 구체적인 행정계획을 입안·결정하면서 이익형량을 하였으나 정당성과 객관성이 결여된 경우에는 행정계획결정은 형량에 하자가 있어 위법하게 된다.

09. 공무원 징계에 대한 설명으로 옳은 것은? (다툼이 있는 경우 판례에 의함)

① 계약직공무원에 대한 채용계약해지의 의사표시의 유효 여부를 판단함에 있어서 이를 일반직공무원에 대한 징계처분과 같이 보아야 한다.
② 국방일보의 발행책임자인 국방홍보원장으로 채용된 자가 부하직원에 대한 지휘·감독을 소홀히 함으로써 북한의 혁명가극인 '피바다'에 관한 기사가 국방일보에 게재되어 사회적 물의를 야기하였더라도, 그 채용계약의 기초가 되는 신뢰관계가 파괴되어 채용계약을 그대로 유지하기 어려운 정도에 이르렀다고 볼 수 없다.
③ 국가공무원법상 징계의 종류로는 파면·해임·강등·정직·감봉·견책이 있는 반면에, 지방공무원법상 징계의 종류는 명문 규정으로 정하지 않고 국가공무원법상 징계의 종류를 준용하고 있다.
④ 공립학교 교사로 임용되기 전의 뇌물공여행위가 교사로서의 위신 또는 체면을 손상시켰다는 것을 사유로 한 징계처분은 적법하다.

10. 이행강제금에 대한 설명으로 옳지 않은 것은? (다툼이 있는 경우 판례에 의함)

① 이행강제금은 의무자에게 심리적 압박을 주어 장래를 향하여 의무의 이행을 확보하려는 간접적인 행정상 강제집행 수단이다.
② 이행강제금은 대체적 작위의무의 위반에 대하여도 부과될 수 있다.
③ 무허가 건축행위에 대한 형사처벌과 시정명령 위반에 대한 이행강제금 부과는 이중처벌에 해당한다고 볼 수 없다.
④ 농지법상 이행강제금에 대한 불복절차는 비송사건절차법에 따른 재판으로 한정하고 있으나 관할청이 당해 이행강제금 부과처분을 하면서 행정소송을 할 수 있다고 잘못 안내한 경우에는 행정법원의 항고소송 재판관할이 생긴다.

11. 행정행위의 부관에 대한 설명으로 옳지 않은 것은? (다툼이 있는 경우 판례에 의함)

① 일반적으로 기속행위에는 부관을 붙일 수 없으나, 부관을 붙였다 하더라도 이는 무효의 것이라고 볼 수는 없다.
② 행정행위의 부관은 그 자체로서 직접 법적 효과를 발생하는 독립된 처분이 아니므로 현행 행정쟁송제도 아래에서는 부관 그 자체만을 독립된 쟁송의 대상으로 할 수 없는 것이 원칙이나, 부담의 경우에는 행정쟁송의 대상이 될 수 있다.
③ 행정청이 수익적 행정처분을 하면서 부가한 부담이 처분 당시 법령을 기준으로 적법하다면 처분 후 부담의 전제가 된 주된 행정처분의 근거법령이 개정됨으로써 행정청이 더 이상 부관을 붙일 수 없게 되었다 하더라도 곧바로 위법하게 되거나 그 효력이 소멸하게 되는 것은 아니다.
④ 해제조건의 경우에 조건이 성취되면 행정행위의 효력은 당연히 소멸되지만, 부담의 경우에 부담에 의해 부과된 의무의 불이행은 행정행위의 철회사유가 될 뿐 당연히 소멸하는 것은 아니다.

12. 행정기본법에 명시된 행정의 일반원칙에 대한 내용이다. 다음 중 ㄱ ~ ㄷ에 들어갈 내용을 순서대로 나열한 것으로 옳은 것은?

• (ㄱ)의 원칙: 행정청은 합리적 이유 없이 국민을 차별하여서는 아니 된다.
• (ㄴ)의 원칙: 행정청은 행정작용을 할 때 상대방에게 해당 행정작용과 실질적인 관련이 없는 의무를 부과해서는 아니 된다.
• (ㄷ)의 원칙: 행정작용은 행정작용으로 인한 국민의 이익 침해가 그 행정작용이 의도하는 공익보다 크지 않아야 한다.

① 신뢰보호, 부당결부금지, 성실의무
② 평등, 부당결부금지, 비례
③ 신뢰보호, 권한남용금지, 비례
④ 평등, 비례, 권한남용금지

13. 행정절차법상 용어의 정의로 옳지 않은 것은?
    ① 행정청은 행정에 관한 의사를 결정하여 표시하는 국가 또는 지방자치단체의 기관, 기타 법령이나 자치법규에 의하여 행정권한을 가지고 있거나 위임 또는 위탁받은 공공단체나 그 기관 또는 사인(私人)을 말한다.
    ② 정보통신망이란 전기통신설비를 활용하거나 전기통신설비와 컴퓨터 및 컴퓨터 이용기술을 활용하여 정보를 수집·가공·저장·검색·송신 또는 수신하는 정보통신체제를 말한다.
    ③ 공청회란 행정청이 공개적인 토론을 통하여 어떠한 행정작용에 대하여 당사자 등, 전문지식과 경험을 가진 사람, 그 밖의 일반인으로부터 의견을 널리 수렴하는 절차를 말한다.
    ④ 행정지도란 행정청이 행하는 구체적 사실에 관한 법 집행으로서의 공권력의 행사 또는 그 거부와 그 밖에 이에 준하는 행정작용을 말한다.

14. 행정의 실효성 확보수단에 대한 설명으로 옳지 않은 것은? (다툼이 있는 경우 판례에 의함)
    ① 제1차로 창고건물의 철거 및 하천부지에 대한 원상복구명령을 하였음에도 불구하고 이에 불응하므로 대집행계고를 하면서 다시 자진철거 및 토사를 반출하여 하천부지를 원상복구할 것을 명한 경우, 대집행계고서에 기재된 자진철거 및 원상복구명령은 취소소송의 대상이 되는 독립한 행정처분이라 할 수 없다.
    ② 지방자치단체의 장에 의한 수도의 공급거부는 항고소송의 대상이 된다.
    ③ 위법한 행정대집행이 완료되면 그 처분의 무효확인 또는 취소를 구할 소의 이익은 없다 하더라도, 미리 그 행정처분의 취소판결이 있어야만 그 행정처분의 위법임을 이유로 한 손해배상청구를 할 수 있다.
    ④ 독점규제 및 공정거래에 관한 법률상의 시정명령은 과거의 위반행위는 물론 가까운 장래에 반복될 우려가 있는 동일한 유형의 위반행위에 대해서도 할 수 있다.

15. A동 일대가 지역문화단지를 위한 도시개발구역으로 지정되어 甲이 사업시행자가 되었고, 해당 구역에 위치한 주거용 건물에 거주하고 있던 乙은 이주대책의 대상자가 되었다. 이에 대한 설명으로 옳지 않은 것은? (다툼이 있는 경우 판례에 의함)
    ① 甲은 보상 또는 이주대책에 관한 업무를 지방자치단체에 위탁할 수 있다.
    ② 乙은 주거 이전에 필요한 비용과 가재도구 등 동산의 운반에 필요한 비용을 보상받는다.
    ③ 만일 乙이 세입자인 경우, 법령상 이주대책의 대상자에서 세입자를 제외하는 것으로 규정하였다면 헌법상 乙의 재산권을 침해하는 것이라고 볼 수 있다.
    ④ 乙의 주거이전비 보상청구권은 법률상 요건을 충족하는 경우 당연히 발생하는 것으로, 주거이전비 보상청구소송은 행정소송법상의 당사자소송에 의하여야 한다.

16. 행정조직법상 권한 및 위임에 대한 설명으로 옳지 않은 것은? (다툼이 있는 경우 판례에 의함)
    ① 국가사무가 지방자치단체의 장에게 위임된 기관위임사무는 원칙적으로 자치조례의 제정범위에 속하지 않는다.
    ② 행정기관이 하부기관에 대하여 소관권한을 내부위임 하였을 경우에는 수임기관은 위임기관의 명의로서 처분하여야 한다.
    ③ 행정권한의 위임은 법령이 위임을 허용하고 있는 경우에 한하여 인정된다.
    ④ 행정권한의 위임 및 위탁에 관한 규정상 수임 및 수탁사무의 처리에 관하여 위임 및 위탁기관은 수임 및 수탁기관에 대하여 사전승인을 받거나 협의를 할 것을 요구할 수 없다.

17. 항고소송의 대상적격에 대한 설명으로 옳은 것은? (다툼이 있는 경우 판례에 의함)

    ① 진실·화해를 위한 과거사정리 기본법에 따른 과거사정리위원회의 진실규명결정은 피해자 등에게 진실규명 신청권 및 그 결정에 대한 이의신청권 등이 부여되고, 그 결정에서 규명된 진실에 따라 국가가 법률상 의무를 부담하게 된다는 점 등에서 항고소송의 대상이 된다.
    ② 과세관청의 소득처분에 따른 원천납세의무자(소득의 귀속자)에 대한 소득금액변동통지는 항고소송의 대상이 되는 행정처분에 해당한다.
    ③ 군의관이 수행하는 병역법상 신체등위판정은 그에 따라 병역법상의 권리의무가 정해지는 것이므로 행정처분에 해당한다.
    ④ 지방자치단체장이 개발제한구역 안에서의 혐오시설 설치허가에 앞서 건설부훈령인 개발제한구역관리규정에 의하여 사전승인신청을 함에 따라 건설교통부장관이 한 승인행위는 항고소송의 대상이 된다.

18. 행정입법에 대한 설명으로 옳은 것(○)과 옳지 않은 것(×)을 올바르게 조합한 것은? (다툼이 있는 경우 판례에 의함)

    ㄱ. 행정청은 대통령령을 입법예고할 경우에는 국회 소관 상임위원회에 이를 제출하여야 한다.
    ㄴ. 법규명령의 위임근거가 되는 법률에 대하여 위헌결정이 선고되더라도 그 법규명령은 특별한 규정이 없는 한 별도의 폐지행위가 있어야 효력을 상실한다.
    ㄷ. 헌법재판소는 법률이 일정한 사항을 행정규칙에 위임하더라도 그 위임은 전문적·기술적 사항이나 경미한 사항으로서 업무의 성질상 위임이 불가피한 사항에 한정된다고 한다.
    ㄹ. 법률이 공법적 단체 등의 정관에 자치법적 사항을 위임한 경우에도 그 사항이 국민의 권리·의무에 관련되는 것인 경우에는 적어도 국민의 권리·의무에 관한 기본적이고 본질적인 사항은 국회가 정하여야 한다.

	ㄱ	ㄴ	ㄷ	ㄹ
①	○	×	○	○
②	○	○	○	×
③	×	×	○	×
④	×	○	×	○

19. 공공기관의 정보공개에 관한 법률에 대한 설명으로 옳지 않은 것은?

    ① 비공개 결정을 통지받은 청구인은 통지를 받은 날로부터 20일 이내에 해당 공공기관에 문서로 이의신청을 할 수 있다.
    ② 학술·연구를 위하여 일시적으로 체류 중인 외국인은 정보공개를 청구할 수 있다.
    ③ 중앙행정기관 및 대통령령으로 정하는 기관은 전자적 형태로 보유·관리하는 정보 중 공개대상으로 분류된 정보를 국민의 정보공개 청구가 없더라도 공개하여야 한다.
    ④ 공공기관은 정보의 공개를 결정한 경우에는 공개의 일시 및 장소 등을 분명히 밝혀 청구인에게 통지하여야 한다.

20. 병역법상 정의 규정에 대한 설명으로 옳지 않은 것은?

    ① "입영"이란 병역의무자가 징집·소집 또는 지원에 의하여 군부대에 들어가는 것을 말한다.
    ② "소집"이란 국가가 병역의무자에게 현역에 복무할 의무를 부과하는 것을 말한다.
    ③ "전환복무"란 현역병으로 복무 중인 사람이 의무경찰대원 또는 의무소방원의 임무에 복무하도록 군인으로서의 신분을 다른 신분으로 전환하는 것을 말한다.
    ④ "상근예비역"이란 징집에 의하여 현역병으로 입영한 사람이 일정기간을 현역병으로 복무하고 예비역에 편입된 후 지역방위와 이와 관련된 업무를 지원하기 위하여 소집되어 복무하는 사람을 말한다.

21. 행정소송에 대한 설명으로 옳지 않은 것은? (다툼이 있는 경우 판례에 의함)
    ① 처분 등을 취소하는 확정판결은 그 사건에 관하여 당사자인 행정청과 그 밖의 관계행정청을 기속한다.
    ② 집행정지결정의 효력은 결정주문에서 정한 기간까지 존속하다가 그 기간의 만료와 동시에 당연히 소멸한다.
    ③ 법원은 당사자의 소제기가 있어야만 심리를 개시할 수 있고, 분쟁대상도 원칙적으로 당사자가 청구한 범위에 한정된다.
    ④ 피고의 방어권 보장을 위해 기본적 사실관계의 동일성이 없더라도 처분사유의 추가·변경이 인정된다.

22. 법치행정의 원리에 대한 설명으로 옳지 않은 것은? (다툼이 있는 경우 판례에 의함)
    ① 행정작용은 법률에 위반되어서는 아니 되며, 국민의 권리를 제한하거나 의무를 부과하는 경우와 그 밖에 국민생활에 중요한 영향을 미치는 경우에는 법률에 근거하여야 한다.
    ② 법률우위의 원칙이란 국가의 행정은 합헌적 절차에 따라 제정된 법률에 위반되어서는 안 된다는 것을 의미하고, 행정의 전 영역에 적용된다.
    ③ 법률유보의 원칙에 있어서 법률은 형식적 의미의 법률을 의미하므로 관습법은 포함되지 않는다.
    ④ 예산도 일종의 법규범이고 법률과 마찬가지로 국회의 의결을 거쳐 제정되며, 국가기관뿐만 아니라 일반국민도 구속한다고 본다.

23. 사인의 공법행위로서 신고에 대한 판례의 입장으로 옳은 것은?
    ① 의료법에 따라 정신과의원을 개설하려는 자가 법령에 규정되어 있는 요건을 갖추어 개설신고를 한 경우라도 관할 시장·군수·구청장은 법령에서 정한 요건 이외의 사유를 들어 의원급 의료기관 개설신고의 수리를 거부할 수 있다.
    ② 장기요양기관의 폐업신고는 이른바 '수리를 필요로 하는 신고'에 해당하나, 행정청이 그 신고를 수리하였더라도 위조 등으로 인해 신고행위 자체가 효력이 없다면 그 수리행위는 유효한 대상이 없는 것으로서 당연무효이다.
    ③ 유료노인복지주택의 설치신고를 받은 행정관청은 유료노인복지주택의 시설 및 운영기준이 위 법령에 부합하는지에 대해서만 심사할 수 있고, 그 유료노인복지주택이 적법한 입소대상자에게 분양되었는지와 설치신고 당시 부적격자들이 입소하고 있지는 않은지 여부까지 심사하여 그 신고의 수리 여부를 결정할 수는 없다.
    ④ 일반적인 건축신고가 수리를 요하지 않는 신고라면 인·허가의제 효과를 수반하는 건축신고도 특별한 사정이 없는 한 수리를 요하지 않는 신고로 보아야 한다.

24. 행정심판법에 대한 설명으로 옳지 않은 것은?
    ① 심판청구는 원칙적으로 처분이 있음을 안 날로부터 90일 이내, 처분이 있은 날로부터 180일 이내에 제기하여야 한다.
    ② 행정심판의 결과에 이해관계가 있는 제3자 또는 행정청은 행정심판위원회의 의결이 있기 전까지 그 사건에 대하여 심판참가를 할 수 있다.
    ③ 청구인이 사망한 경우에는 상속인이나 그 밖에 법령에 따라 심판청구의 대상에 관계되는 권리나 이익을 승계한 자가 청구인의 지위를 승계한다.
    ④ 행정심판위원회는 당사자의 신청에 의한 경우에만 임시처분을 결정할 수 있다.

25. 행정절차법에 대한 설명으로 옳은 것을 모두 고르면? (다툼이 있는 경우 판례에 의함)

> ㄱ. 행정절차법의 적용이 제외되는 외국인의 출입국에 관한 사항이란 해당 행정작용의 성질상 행정절차를 거치기 곤란하거나 거칠 필요가 없다고 인정되는 사항 등을 의미하며, 외국인의 출입국에 관한 사항이라고 하여 행정절차를 거칠 필요가 당연히 부정되는 것은 아니다.
> ㄴ. 신청에 대한 거부처분은 특별한 사정이 없는 한 행정절차법상 처분의 사전통지대상이라는 것이 대법원의 입장이다.
> ㄷ. 행정청은 식품위생법 규정에 의하여 영업자 지위승계 신고 수리처분을 함에 있어서 종전의 영업자에 대하여 행정절차법상 사전통지를 하고 의견 제출 기회를 주어야 한다.
> ㄹ. 행정처분의 상대방이 통지된 청문일시에 불출석한 경우 관계 법령상 요구되는 청문절차 없이 침해적 행정처분을 할 수 있다.

① ㄱ, ㄹ
② ㄱ, ㄷ
③ ㄴ, ㄷ
④ ㄴ, ㄹ

경영학
제3과목

1. 경영의사결정에 대한 다음 설명 중 가장 옳지 않은 것은?
   ① 전략적 의사결정은 전사적, 비반복적, 비구조적, 비정형적, 집권적인 특징을 가진다.
   ② 일반적으로 위험한 상황 하의 의사결정은 통계학적인 방법을 이용하여 해결한다.
   ③ 불확실한 상황에서 의사결정을 할 때에도 미래 상황에서의 객관적 확률을 알 수 있다.
   ④ 상충상황이란 한 의사결정자의 의사결정이 다른 의사결정자의 의사결정성과에 영향을 미치는 상황이다.

2. 경영학의 발전과정에 대한 다음 설명 중 옳은 것은 모두 몇 개인가?

   ┌───┐
   │ ㄱ. 포드(Ford) 시스템은 범위의 경제(economy of scope) │
   │   를 통해 생산원가를 낮추어 가격을 낮추게 된다.   │
   │ ㄴ. 베버(Weber)의 관료제 조직은 규범의 명확화, 노동의 │
   │   분화, 역량 및 전문성에 근거한 인사, 소유권의 분리 │
   │   등의 특성을 가진다.   │
   │ ㄷ. 테일러(Taylor)의 과학적 관리법은 모든 작업이 과학 │
   │   의 원리와 일치할 수 있도록 경영자와 작업자 간의 긴 │
   │   밀한 협조관계가 유지되어야 한다.   │
   │ ㄹ. 인간관계학파는 고전적 접근법을 옹호하기 위한 목적 │
   │   으로 형성된 학파이다.   │
   └───┘

   ① 1개
   ② 2개
   ③ 3개
   ④ 4개

3. 마이클 포터(M. Porter)의 전략에 대한 다음 설명 중 가장 옳은 것은?
   ① 가치사슬분석에서 직접적으로 이윤을 창출하는 활동을 지원적 활동이라고 한다.
   ② 차별화전략을 추구하는 기업은 구조화된 조직과 책임을 강조하며, 업무의 효율성을 중시한다.
   ③ 산업구조분석에서 산업 내의 대체재가 많으면 많을수록 산업의 수익률은 낮아진다.
   ④ 원자재 또는 부품을 독점하거나 특수한 기술을 지니고 있는 공급업체와 거래를 하여야 하는 상황이라면 산업의 수익률은 높아진다.

4. 경영혁신기법에 대한 다음 설명 중 가장 옳은 것은?
   ① 암묵지는 지식 전파속도가 늦고, 형식지는 전파속도가 빠르다.
   ② 레드오션 전략은 경쟁이 무의미하고, 차별화와 저비용을 동시에 추구하도록 전략이다.
   ③ 균형성과표는 궁극적으로는 조직의 대표적 성과인 회계 및 재무적 성과목표를 달성하는데 초점을 두고 있는 성과관리체계이다.
   ④ 정보(information)는 지식(knowledge)을 체계화하여 장래사용에 대해 보편성을 갖도록 한 것이다.

5. 지각오류에 대한 다음 설명 중 가장 옳지 않은 것은?
   ① 지각자가 다수의 지각대상 간에 상관관계가 높지 않음에도 불구하고 상관관계가 높다고 생각할 때 나타나는 오류는 논리적 오류이다.
   ② 자신이 모든 행동의 원인을 통제할 수 있다고 착각하는 지각오류는 자존적 편견이다.
   ③ 순위효과는 대상을 평가할 때 지각의 순서에 따라 평가결과가 달라지는 지각오류이다.
   ④ 투영효과는 평가대상에 지각자의 감정을 귀속시키는 데서 발생하는 지각오류이다.

6. 가치관과 태도에 대한 다음 설명 중 가장 옳지 않은 것은?
   ① 조직몰입 중 정서적 몰입은 조직에 대해서 가지는 도덕적 또는 윤리적 의무감으로 조직에 남고자 하는 것이다.
   ② 로키치(Rokeach)는 가치관을 최종적 가치와 수단적 가치로 구분하였다.
   ③ 두 사람의 태도가 서로 같더라도 각각 다른 가치관에서 비롯될 수 있다.
   ④ 조직시민행동은 이타주의, 양심, 예의, 시민의식, 스포츠맨십의 구성요소를 가진다.

7. 집단(group)과 관련된 다음 설명 중 가장 옳지 않은 것은?
   ① 분배적 협상은 개인의 이익을 최대화하고 손실을 최소화하는 것이 목적이다.
   ② 조하리의 창(Johari window)에서 갈등발생가능성이 가장 높은 영역은 미지영역(unkn own area)이다.
   ③ 쓰레기통모형은 문제, 대안, 의사결정자, 결정시점의 독립적인 4가지 요소가 어떤 계기로 서로 만나게 될 때 의사결정이 이루어진다고 본다.
   ④ 링겔만 효과(Ringelmann effect)는 집단에 속한 사람들이 함께 일하는 상황에서 혼자 일할 때보다 노력을 더 들여 개인의 수행이 높아지는 경향을 뜻한다.

8. 리더십(leadership)에 대한 다음 설명 중 가장 옳은 것은?
   ① 권력(power)은 쌍방성, 절대성, 가변성 등의 속성을 가진다.
   ② 준거적 권력은 태도변화 중 내면화(internalization)와 관계가 있고, 전문적 권력은 태도변화 중 동일화(identification)와 관계가 있다.
   ③ 하우스(House)의 경로목표이론은 동기부여이론 중 브룸(Vroom)의 기대이론에 이론적 기반을 두고 있다.
   ④ 허시(Hersey)와 블랜차드(Blanchard)의 수명주기이론에 의하면, 부하의 성숙도가 높아짐에 따라 적합한 리더십의 유형은 지시형, 설득형, 위임형, 참여형의 순서대로 변화한다.

9. 확보관리에 대한 다음 설명 중 가장 옳지 않은 것은?
   ① 인적자원의 수요예측을 상향식 방법으로 수행하게 되면 수요가 과소예측될 가능성이 높다.
   ② 인적자원의 과잉이 발생하는 경우에는 직무공유제, 조기퇴직제도, 다운사이징, 정리해고 등의 방법을 통해 대응할 수 있다.
   ③ 기초비율 또는 기초성공률이 높다는 의미는 총 지원자 가운데 자격을 갖춘 지원자의 수가 많다는 의미이다.
   ④ 수용비율은 해당 조직이 채용하기를 원하는 지원자를 성공적으로 유치할 수 있는 능력을 나타낸다.

10. 인적자원의 개발에 대한 다음 설명 중 가장 옳지 않은 것은?
    ① 교육훈련은 '교육훈련의 필요성 분석 → 교육훈련의 설계 → 교육훈련의 실시 → 교육훈련의 효과평가'의 프로세스를 통해 이루어진다.
    ② 직장 외 훈련을 통해 많은 종업원에게 통일적으로 교육훈련을 실시할 수 있다.
    ③ 커크패트릭(Kirkpatrick)의 교육평가모형은 반응, 학습, 행동, 성과의 4가지 평가수준으로 구성되어 있다.
    ④ 홀(Hall)은 경력개발의 최종점을 경력의 닻(anchor)이라고 하였다.

11. 승진(promotion)에 대한 다음 설명 중 가장 옳지 않은 것은?

   ① 자격승진을 위한 종업원의 직능평가는 절대평가가 도입된다.
   ② 대용승진(surrogate promotion)은 직무내용의 실질적인 변동없이 직급명칭 또는 자격명칭만 변경되는 형식적 승진을 의미한다.
   ③ 조직변화 승진은 조직변화를 통해 T/O를 만들어 냄으로써 자격승진의 기회를 확대하는 방법이다.
   ④ 직급승진은 종업원이 상위직급으로 이동하는 것을 의미하기 때문에 T/O가 없는 경우에는 직급승진이 불가능하다.

12. 보상과 관련된 다음 설명 중 옳은 항목은 모두 몇 개인가?

   > ㄱ. 기업의 지불능력은 임금수준 결정에 있어서 상한선이 되고, 종업원의 생계비는 임금수준 결정에 있어서 하한선이 된다.
   > ㄴ. 성숙도가 높은 기업의 보상수준이 성숙도가 낮은 기업보다 더 높다.
   > ㄷ. 베이스 업(base up)은 임금곡선 자체의 상향이동을 의미하기 때문에 정태적인 임금수준의 조정이 된다.
   > ㄹ. 럭커 플랜(Rucker plan)은 임금분배율을 정해두고 이를 부가가치에 곱하여 임금총액을 계산하는 방식이다.

   ① 1개
   ② 2개
   ③ 3개
   ④ 4개

13. 경영참여의 유형으로는 의사결정참여, 이익참여, 자본참여 등이 있다. 다음 중 유사한 성격을 가지는 방법으로만 짝지어진 것으로 가장 옳은 것은?

   > ㄱ. 제안제도(suggestion system)
   > ㄴ. 분임조(circle)
   > ㄷ. 공동의사결정제도(co-determination or joint-decision making)
   > ㄹ. 이윤분배제도(profit sharing plan)
   > ㅁ. 종업원 지주제도(employee stock ownership plan)

   ① ㄱ, ㄴ, ㄷ
   ② ㄴ, ㄷ, ㅁ
   ③ ㄴ, ㄹ, ㅁ
   ④ ㄷ, ㄹ, ㅁ

14. 공정설계와 배치설계에 대한 다음 설명 중 가장 옳지 않은 것은?

   ① 공정의 결정은 본질적으로 동태적인 문제에 해당한다.
   ② 공정별 배치에서 종업원의 감독이 전문화된다.
   ③ 라인밸런싱(line-balancing)은 유휴시간(idle time)을 최소화시키고, 작업공전(starving)을 최대화하여 작업자와 설비의 이용도를 높이고자 하는 것을 목적으로 한다.
   ④ 다수기계보유 작업방식을 도입하면 노동력 절감뿐만 아니라 자재가 대기상태로 묶여 있지 않고 다음 공정으로 이동하기 때문에 재고감소효과도 있다.

15. 재고관리에 대한 다음 설명 중 가장 옳지 않은 것은?

   ① 경제적 주문량 모형에서 단위당 재고유지비용이 증가하면 경제적 주문량은 감소한다.
   ② 기업은 주문비용, 작업준비비용, 수송비용, 구입비용 등의 이유로 재고를 감축하려고 한다.
   ③ ABC 재고통제시스템에서 A그룹으로 갈수록 주문주기가 짧아진다.
   ④ 경제적 주문량 모형에서 조달기간은 일정하다고 가정한다.

16. 품질경영에 대한 다음 설명 중 가장 옳지 않은 것은?
    ① 규격범위가 48이고 표준편차가 8일 경우에 시그마 수준은 6이다.
    ② 품질의 변동이 우연원인에 의해서만 발생할 경우 관리상태 또는 안정상태에 있다고 한다.
    ③ ISO 9000은 제품의 품질을 보증하는 제도가 아니고 생산과정에 역점을 두는 제도이다.
    ④ 종합적품질경영(TQM)은 제품이나 서비스의 품질뿐만 아니라 조직의 품질을 향상시키고자 하는 개념이다.

17. 공급사슬관리에 대한 다음 설명 중 가장 옳지 않은 것은?
    ① 공급사슬의 통합을 방해하는 요인에는 사일로 심리(silo mentality), 정보 가시성(visibility)의 부족, 신뢰의 부족, 지식의 부족 등이 있다.
    ② 채찍효과(bullwhip effect)는 공급사슬 하류의 소규모 수요변동이 공급사슬 상류로 갈수록 그 변동폭이 점점 증가해가는 모습을 묘사적으로 명명한 것이다.
    ③ 공급자 재고관리(VMI)는 채찍효과를 완화시킬 수 있다.
    ④ 공급사슬운영참고 모형은 공급사슬운영을 계획(plan), 조달(source), 생산(make), 판매(sell), 반품(return)의 다섯 가지 범주로 분리하였다.

18. 다음 중 산업재의 특성으로 가장 옳지 않은 것은?
    ① 소비재에 대한 수요로부터 파생된다.
    ② 산업재 시장에서의 수요는 소비재 시장에서의 수요에 비해 더 비탄력적이다.
    ③ 산업재의 경우는 직접구매보다는 간접구매를 하는 것이 일반적이다.
    ④ 산업재는 보통 소비재보다 수는 작지만 규모는 더 큰 구매자에 의해 거래된다.

19. 마케팅조사에 대한 다음 설명 중 옳은 항목은 모두 몇 개인가?

    > ㄱ. 기술조사(descriptive research)에는 문헌조사, 전문가 의견조사, 심층면접법, 표적집단면접법 등이 있다.
    > ㄴ. 문제의 상황에 대해 아는 것이 거의 없는 경우에는 탐색조사, 기술조사, 인과관계조사 중 탐색조사로 시작하는 것이 바람직하다.
    > ㄷ. 표본을 추출할 때는 조사의 목적, 예산, 시간, 모집단에 대한 사전지식 등이 고려되어야 한다.
    > ㄹ. 표본추출은 '모집단의 결정 → 표본추출방법의 결정 → 표본추출 프레임의 결정 → 표본추출'의 절차로 이루어진다.

    ① 1개
    ② 2개
    ③ 3개
    ④ 4개

20. 빅 데이터 분석(big data analysis)에 대한 다음 설명 중 가장 옳지 않은 것은?
    ① 빅 데이터 분석의 가장 대표적인 분석도구는 데이터마이닝(data mining)이 있다.
    ② 대량의 정형 또는 비정형 데이터 집합과 이러한 데이터로부터 가치를 추출하고 결과를 분석하는 기술을 총칭한다.
    ③ 데이터 간의 인과관계는 중요하지 않다.
    ④ 빅 데이터는 양(volume), 속도(velocity), 모호성(vagueness)의 특징을 가진다.

21. 자본구조와 관련된 다음 설명 중 가장 옳지 않은 것은?
   ① 가중평균자본비용은 자본구조의 영향을 받는다.
   ② 기업이 타인자본을 조달하게 되면 가중평균자본비용이 높아져 기업의 가치를 증가시킬 수 있다.
   ③ MM 수정이론은 부채를 100% 사용할 때 기업가치가 극대화된다는 이론이다.
   ④ MM 이론은 세금이 없는 완전자본시장을 가정할 경우 기업가치는 자본구조와 무관하다는 이론이다.

22. 자본예산에서 현금흐름의 추정에 대한 설명으로 가장 옳지 않은 것은?
   ① 투자안의 선택을 위한 자본예산에서는 회계이익이 아닌 현금흐름을 통해 투자안을 평가하여야 한다.
   ② 현금유입이 없는 수익에는 유가증권평가이익, 외상매출금 등이 있고, 현금유출이 없는 비용에는 감가상각비 등이 있다.
   ③ 감가상각비의 법인세절감효과는 현금유입으로 처리하지 않지만, 이자비용의 법인세절감효과는 현금유입으로 처리한다.
   ④ 금융비용은 미래현금흐름을 현재가치로 할인할 때 할인율로 반영되기 때문에 현금유출항목에 포함하지 않는다.

23. 단일기간을 가정할 때, 투자시점에 300원의 현금유출이 발생하고 1년 후에 현금유입이 발생하는 투자안 A의 수익성지수가 1.2이다. 자본비용이 10%일 때 투자안 A의 내부수익률로 가장 옳은 것은?
   ① 24%
   ② 28%
   ③ 32%
   ④ 36%

24. 포트폴리오 이론과 자본자산가격결정모형에 대한 다음 설명 중 가장 옳지 않은 것은?
   ① 비체계적 위험의 민감도를 나타내는 척도로 베타계수를 사용한다.
   ② 자본시장선은 완전분산투자된 효율적 포트폴리오의 총위험과 기대수익률의 선형관계를 나타낸다.
   ③ 포트폴리오의 기대수익률은 투자비율만 일정하면 상관계수와 관계없이 일정하다.
   ④ 포트폴리오를 구성하는 주식수가 증가할수록 위험은 감소한다.

25. 기계장치를 20,000,000원에 구입하고 대금은 1개월 후 지급하기로 하고 구입시 운송비용 200,000원을 현금으로 지급한 경우 발생하는 거래요소들은?
   ① 자산의 증가, 부채의 증가, 자산의 감소
   ② 자산의 증가, 부채의 감소, 비용의 발생
   ③ 자산의 증가, 부채의 증가, 비용의 발생
   ④ 자산의 감소, 부채의 감소, 비용의 발생

입실 5분 전! 점수 끌어올리는 국어 핵심포인트

★ 잘 외워지지 않는 포인트는 박스에 체크하여 ☑ 복습하세요. 시험장에서 막판 학습 점검 시 체크한 단어만 빠르게 암기할 수 있습니다.

01 맞춤법

- ☐ 1 문을 잠**가**
- ☐ 2 장을 담**가**
- ☐ 3 값을 치**러**
- ☐ 4 마음을 **졸**이다
- ☐ 5 생선을 **조리**다
- ☐ 6 과녁에 맞**히**다
- ☐ 7 정답을 맞**히**다
- ☐ 8 정답과 맞**추**다
- ☐ 9 밤을 **새우**다
- ☐ 10 날이 **새**다
- ☐ 11 일함**으로써**
- ☐ 12 학생**으로서**
- ☐ 13 쌀**로써** 만든다
- ☐ 14 밥을 **안치**다
- ☐ 15 의자에 **앉히**다
- ☐ 16 **아래**층, **아래**쪽
- ☐ 17 **아랫**집, **아랫**마을
- ☐ 18 **윗**도리, **윗**입술
- ☐ 19 **위**층, **위**쪽
- ☐ 20 **웃**돈, **웃**옷, **웃**어른
- ☐ 21 **뒤**편, **뒤**풀이
- ☐ 22 **뒷**일, **뒷**머리
- ☐ 23 자주 **봬**요
- ☐ 24 생각**건**대, 짐작**건**대
- ☐ 25 익숙**지**, 거북**지**, 생각**지**
- ☐ 26 적**잖**다, 그렇**잖**다
- ☐ 27 만만**찮**다, 변변**찮**다
- ☐ 28 정결**타**, 다정**타**, 흔**타**
- ☐ 29 **머리**말, **인사**말
- ☐ 30 예**삿**일, 두**렛**일
- ☐ 31 전**세**방(傳貰房)
- ☐ 32 전**셋**집(傳貰-)
- ☐ 33 등**굣**길(登校-)
- ☐ 34 **초**점(焦點)
- ☐ 35 **개**수(個數)
- ☐ 36 **대**가(代價)
- ☐ 37 **횟**수(回數)
- ☐ 38 더욱**이**, 곰곰**이**
- ☐ 39 솔직**히**, 가만**히**
- ☐ 40 합격**률**, 취업**률**, 성공**률**
- ☐ 41 백분**율**, 출산**율**, 흡연**율**
- ☐ 42 실**낙**원, 공**염**불
- ☐ 43 신**년**도, 구**년**도
- ☐ 44 **며칠**
- ☐ 45 서슴**지** 않다
- ☐ 46 내**로**라하다
- ☐ 47 편지를 **부치**다
- ☐ 48 우표를 **붙이**다
- ☐ 49 하**노라고** 했는데
- ☐ 50 웃음을 참**느라고**

02 띄어쓰기

- ☐ 1 떠난 **지** 오래다(의존 명사)
- ☐ 2 않을**는지**(어미)
- ☐ 3 있을**지라도**(어미)
- ☐ 4 뭘 해야 할**지**(어미)
- ☐ 5 잔치를 하**는지**(어미)
- ☐ 6 읽는 **데** 3일(의존 명사)
- ☐ 7 어제 갔던 **데**(의존 명사)
- ☐ 8 아픈 **데** 먹는 약(의존 명사)
- ☐ 9 눈이 오**는데** 걸어가다(어미)
- ☐ 10 잘 모르겠**던데**요(어미)
- ☐ 11 너**밖**에 없다(조사)
- ☐ 12 할 수**밖에**(조사)
- ☐ 13 창문 **밖**에(명사)
- ☐ 14 그 **밖**의 일(명사)
- ☐ 15 떠날**밖에**(어미)
- ☐ 16 밝힌 **바**와 같이(의존 명사)
- ☐ 17 서류를 검토한**바**(어미)
- ☐ 18 밥은**커녕**(어미)
- ☐ 19 어릴**망정**(어미)
- ☐ 20 따라 갔**을걸**(어미)
- ☐ 21 21년 **만**에(의존 명사)
- ☐ 22 화낼 **만**도 해(의존 명사)
- ☐ 23 잠**만** 자다(조사)
- ☐ 24 집채**만** 한 파도(조사)
- ☐ 25 참을 **만하다**(보조 형용사)
- ☐ 26 느낀 **대로**(의존 명사)
- ☐ 27 말씀**대로**(조사)
- ☐ 28 큰 것**대로**(조사)
- ☐ 29 김양수 **씨**(의존 명사)
- ☐ 30 안동 권**씨**(접사)
- ☐ 31 아는 **만큼**은(의존 명사)
- ☐ 32 대회**만큼**(조사)
- ☐ 33 너에게**만큼**(조사)
- ☐ 34 하리**만큼**(어미)
- ☐ 35 시일 **내**(의존 명사)
- ☐ 36 들었을 **뿐**이다(의존 명사)
- ☐ 37 통일**뿐**이다(조사)
- ☐ 38 많**을뿐더러**(어미)
- ☐ 39 버리면 **안** 돼(부사)
- ☐ 40 장사가 **안돼** 큰일(동사)
- ☐ 41 올 **듯**도 하다(의존 명사)
- ☐ 42 뛸 **듯이** 기뻐(의존 명사)
- ☐ 43 할 **듯싶다**(보조 형용사)
- ☐ 44 할 **듯하다**(보조 형용사)
- ☐ 45 전에 말했**듯**(이) (어미)
- ☐ 46 세대 **간**(의존 명사)
- ☐ 47 다년**간**(접사)
- ☐ 48 **부자간**(한 단어)
- ☐ 49 **한밤중**(한 단어)
- ☐ 50 **얽히고설키다**(한 단어)

해커스군무원

07 한자 성어 ①

- [ ] 1 **牽強附會** 견강부회
  이치에 맞지 않는 말을 억지로 끌어 붙여 자기에게 유리하게 함

- [ ] 2 **附和雷同** 부화뇌동
  줏대 없이 남의 의견에 따라 움직임

- [ ] 3 **指鹿爲馬** 지록위마
  ① 윗사람을 농락하여 권세를 마음대로 함을 이르는 말
  ② 모순된 것을 끝까지 우겨서 남을 속이려는 짓을 비유적으로 이르는 말

- [ ] 4 **隔靴搔癢** 격화소양
  '신을 신고 발바닥을 긁는다'라는 뜻으로, 성에 차지 않거나 철저하지 못한 안타까움을 이르는 말

- [ ] 5 **螳螂拒轍** 당랑거철
  제 역량을 생각하지 않고, 강한 상대나 되지 않을 일에 덤벼드는 무모한 행동거지를 비유적으로 이르는 말

- [ ] 6 **麥秀之歎(嘆)** 맥수지탄
  고국의 멸망을 한탄함을 이르는 말

- [ ] 7 **面從腹背** 면종복배
  겉으로는 복종하는 체하면서 내심으로는 배반함

- [ ] 8 **以心傳心** 이심전심
  마음과 마음으로 서로 뜻이 통함

- [ ] 9 **巧言令色** 교언영색
  아첨하는 말과 알랑거리는 태도

- [ ] 10 **不恥下問** 불치하문
  손아랫사람이나 지위나 학식이 자기만 못한 사람에게 모르는 것을 묻는 일을 부끄러워하지 않음

- [ ] 11 **緣木求魚** 연목구어
  '나무에 올라가서 물고기를 구한다'라는 뜻으로, 도저히 불가능한 일을 굳이 하려 함을 비유적으로 이르는 말

- [ ] 12 **切齒腐心** 절치부심
  몹시 분하여 이를 갈며 속을 썩임

- [ ] 13 **曲學阿世** 곡학아세
  바른길에서 벗어난 학문으로 세상 사람에게 아첨함

08 한자 성어 ②

- [ ] 14 **刮目相對** 괄목상대
  '눈을 비비고 상대편을 본다'라는 뜻으로, 남의 학식이나 재주가 놀랄 만큼 부쩍 늚을 이르는 말

- [ ] 15 **口蜜腹劍** 구밀복검
  '입에는 꿀이 있고 배 속에는 칼이 있다'라는 뜻으로, 말로는 친한 듯하나 속으로는 해칠 생각이 있음을 이르는 말

- [ ] 16 **同病相憐** 동병상련
  '같은 병을 앓는 사람끼리 서로 가엾게 여긴다'라는 뜻으로, 어려운 처지에 있는 사람끼리 서로 가엾게 여김을 이르는 말

- [ ] 17 **晩時之歎(嘆)** 만시지탄
  시기에 늦어 기회를 놓쳤음을 안타까워하는 탄식

- [ ] 18 **亡羊補牢** 망양보뢰
  '양을 잃고 우리를 고친다'라는 뜻으로, 이미 어떤 일을 실패한 뒤에 뉘우쳐도 아무 소용이 없음을 이르는 말

- [ ] 19 **傍若無人** 방약무인
  곁에 사람이 없는 것처럼 아무 거리낌 없이 함부로 말하고 행동하는 태도가 있음

- [ ] 20 **髀肉之歎(嘆)** 비육지탄
  재능을 발휘할 때를 얻지 못하여 헛되이 세월만 보내는 것을 한탄함을 이르는 말

- [ ] 21 **臥薪嘗膽** 와신상담
  '불편한 섶에 몸을 눕히고 쓸개를 맛본다'라는 뜻으로, 원수를 갚거나 마음먹은 일을 이루기 위하여 온갖 어려움과 괴로움을 참고 견딤을 비유적으로 이르는 말

- [ ] 22 **類類相從** 유유상종
  같은 무리끼리 서로 사귐

- [ ] 23 **賊反荷杖** 적반하장
  '도둑이 도리어 매를 든다'라는 뜻으로, 잘못한 사람이 아무 잘못도 없는 사람을 나무람을 이르는 말

- [ ] 24 **切磋琢磨** 절차탁마
  '옥이나 돌 등을 갈고 닦아 빛을 낸다'라는 뜻으로, 부지런히 학문과 덕행을 닦음을 이르는 말

- [ ] 25 **狐假虎威** 호가호위
  남의 권세를 빌려 위세를 부림

입실 5분 전! 점수 끌어올리는 국어 핵심포인트

★ 잘 외워지지 않는 포인트는 박스에 체크하여 ☑ 복습하세요. 시험장에서 막판 학습 점검 시 체크한 단어만 빠르게 암기할 수 있습니다.

05 외래어

- ☐ 1 리더십
- ☐ 2 플래시
- ☐ 3 슈림프
- ☐ 4 밀크셰이크
- ☐ 5 아이섀도
- ☐ 6 옐로
- ☐ 7 윈도
- ☐ 8 보트
- ☐ 9 초콜릿
- ☐ 10 팸플릿
- ☐ 11 카페
- ☐ 12 뷔페
- ☐ 13 도넛
- ☐ 14 로봇
- ☐ 15 케이크
- ☐ 16 리모컨
- ☐ 17 콘셉트
- ☐ 18 콘센트
- ☐ 19 콘텐츠
- ☐ 20 에어컨
- ☐ 21 워크숍
- ☐ 22 커피숍
- ☐ 23 주스
- ☐ 24 비전
- ☐ 25 텔레비전
- ☐ 26 재즈
- ☐ 27 가스
- ☐ 28 파일
- ☐ 29 파이팅
- ☐ 30 카디건
- ☐ 31 점퍼
- ☐ 32 센터
- ☐ 33 재킷
- ☐ 34 마니아
- ☐ 35 앙코르
- ☐ 36 배지
- ☐ 37 바비큐
- ☐ 38 리포트
- ☐ 39 플래카드
- ☐ 40 프레젠테이션
- ☐ 41 깁스
- ☐ 42 비즈니스
- ☐ 43 지그재그
- ☐ 44 애드리브
- ☐ 45 타깃
- ☐ 46 알코올
- ☐ 47 메시지
- ☐ 48 마사지
- ☐ 49 심포지엄
- ☐ 50 슈퍼마켓

06 로마자 표기

- ☐ 1 속리산 Songnisan
- ☐ 2 한라산 Hallasan
- ☐ 3 설악 Seorak
- ☐ 4 금강 Geumgang
- ☐ 5 낙동강 Nakdonggang
- ☐ 6 경복궁 Gyeongbokgung
- ☐ 7 오죽헌 Ojukheon
- ☐ 8 광희문 Gwanghuimun
- ☐ 9 독립문 Dongnimmun
- ☐ 10 불국사 Bulguksa
- ☐ 11 극락전 Geungnakjeon
- ☐ 12 집현전 Jiphyeonjeon
- ☐ 13 청량리 Cheongnyangni
- ☐ 14 여의도 Yeouido
- ☐ 15 대관령 Daegwallyeong
- ☐ 16 정릉 Jeongneung
- ☐ 17 별내 Byeollae
- ☐ 18 알약 allyak
- ☐ 19 선릉 Seolleung
- ☐ 20 설날 seollal
- ☐ 21 촉석루 Chokseongnu
- ☐ 22 신라 Silla
- ☐ 23 울릉 Ulleung
- ☐ 24 밀양 Miryang
- ☐ 25 구리 Guri
- ☐ 26 같이 gachi
- ☐ 27 좋고 joko
- ☐ 28 해돋이 haedoji
- ☐ 29 샛별 saetbyeol
- ☐ 30 벚꽃 beotkkot
- ☐ 31 인왕리 Inwang-ri
- ☐ 32 왕십리 Wangsimni
- ☐ 33 독도 Dokdo
- ☐ 34 종로 Jongno
- ☐ 35 신문로 Sinmunno
- ☐ 36 (행정 구역) 시 -si
- ☐ 37 (행정 구역) 군 -gun
- ☐ 38 (행정 구역) 읍 -eup
- ☐ 39 (행정 구역) 면 -myeon
- ☐ 40 (행정 구역) 리 -ri
- ☐ 41 백마 Baengma
- ☐ 42 학여울 Hangnyeoul
- ☐ 43 팔당 Paldang
- ☐ 44 합덕 Hapdeok
- ☐ 45 압구정 Apgujeong
- ☐ 46 묵호 Mukho
- ☐ 47 월곶 Wolgot
- ☐ 48 울산 Ulsan
- ☐ 49 김치 kimchi, gimchi
- ☐ 50 하회탈 Hahoetal

03 표준어

- [ ] 1 비가 올는지(-ㄹ런지×)
- [ ] 2 애달프다(애닳다×)
- [ ] 3 살쾡이
- [ ] 4 털어먹다
- [ ] 5 오뚝이
- [ ] 6 되레
- [ ] 7 아지랑이
- [ ] 8 여간내기, 서울내기
- [ ] 9 멋쟁이, 소금쟁이
- [ ] 10 유기장이, 미장이
- [ ] 11 숫양, 숫쥐, 숫염소
- [ ] 12 수캉아지, 수평아리
- [ ] 13 우레
- [ ] 14 치르다(치루다×)
- [ ] 15 웬만하다
- [ ] 16 얼마큼
- [ ] 17 예스럽다
- [ ] 18 오랜만
- [ ] 19 단출하다
- [ ] 20 널따랗다
- [ ] 21 깡충깡충
- [ ] 22 장딴지
- [ ] 23 설거지
- [ ] 24 미워하려야(-려고 하여야)
- [ ] 25 식구래야 셋뿐(-라고 해야)
- [ ] 26 구레나룻
- [ ] 27 통틀어
- [ ] 28 사글세
- [ ] 29 으레
- [ ] 30 케케묵다
- [ ] 31 희한하다
- [ ] 32 메우다/메꾸다
- [ ] 33 넝쿨/덩굴
- [ ] 34 맨날/만날
- [ ] 35 마을/마실
- [ ] 36 삐치다/삐지다
- [ ] 37 되우/되게/된통
- [ ] 38 자장면/짜장면
- [ ] 39 이쁘다/예쁘다
- [ ] 40 푸줏간/고깃간
- [ ] 41 복사뼈/복숭아뼈
- [ ] 42 여태껏/이제껏/입때껏
- [ ] 43 겸연쩍다/계면쩍다
- [ ] 44 개발새발/괴발개발
- [ ] 45 봉선화/봉숭아
- [ ] 46 후덥지근/후텁지근
- [ ] 47 두리뭉실/두루뭉술
- [ ] 48 주책스럽다/주책맞다
- [ ] 49 까탈스럽다/까다롭다
- [ ] 50 새초롬하다/새치름하다

04 표준 발음

- [ ] 1 맑거나[말꺼나]
- [ ] 2 맑고 맑다[말꼬 막따]
- [ ] 3 맑지만[막찌만]
- [ ] 4 흙과[흑꽈]
- [ ] 5 흙만[흥만]
- [ ] 6 넓다[널따]
- [ ] 7 넓지[널찌]
- [ ] 8 넓둥글다[넙뚱글다]
- [ ] 9 넓죽하다[넙쭈카다]
- [ ] 10 떫지[떨:찌]
- [ ] 11 밟다[밥:따]
- [ ] 12 밟고[밥:꼬]
- [ ] 13 밟소[밥:쏘]
- [ ] 14 밟는다[밤:는다]
- [ ] 15 짧네요[짤레요]
- [ ] 16 핥다[할따]
- [ ] 17 훑지[훌찌]
- [ ] 18 읊고[읍꼬]
- [ ] 19 닳는[달른]
- [ ] 20 뚫네[뚤레]
- [ ] 21 여덟이[여덜비]
- [ ] 22 피읖이[피으비]
- [ ] 23 무릎이[무르피]
- [ ] 24 낱낱이[난:나치]
- [ ] 25 몫몫이[몽목씨]
- [ ] 26 끝이[끄치]
- [ ] 27 밭을[바틀]
- [ ] 28 홑옷[호돋]
- [ ] 29 웃돈[욷똔]
- [ ] 30 헛웃음[허두슴]
- [ ] 31 막일[망닐]
- [ ] 32 웬일[웬:닐]
- [ ] 33 홑이불[혼니불]
- [ ] 34 윗잇몸[윈닌몸]
- [ ] 35 한여름[한녀름]
- [ ] 36 색연필[생년필]
- [ ] 37 휘발유[휘발류]
- [ ] 38 직행열차[지캥녈차]
- [ ] 39 서울역[서울력]
- [ ] 40 송별연[송:벼련]
- [ ] 41 동원령[동:원녕]
- [ ] 42 상견례[상견녜]
- [ ] 43 옷맵시[온맵씨]
- [ ] 44 공권력[공꿘녁]
- [ ] 45 등용문[등용문]
- [ ] 46 의의[의:의/의:이]
- [ ] 47 우리의[우리의/우리에]
- [ ] 48 차례[차례]
- [ ] 49 혜택[혜:택/헤:택]
- [ ] 50 불법(不法)[불법/불뻡]

입실 5분 전! 점수 끌어올리는 행정법 핵심지문

★ 헷갈리는 핵심지문은 박스에 체크하여 ☑ 복습하세요. 시험장에서 막판 학습 점검 시 체크한 지문만 빠르게 복습할 수 있습니다.
★ [해커스군무원 군수직 FINAL 봉투모의고사(국어+행정법+경영학)]에 수록된 문제의 지문들 중 다시 한번 짚고 넘어가야 할 핵심지문들

☐ 1 법률이 공법적 단체 등의 정관에 자치법적인 사항을 위임한 경우, 포괄적 위임입법 금지가 원칙적으로 적용되지 않는다.

☐ 2 사인의 행위가 행정지도에 따라 행해진 경우 그 행정지도가 위법하다고 할지라도 원칙적으로 그 사인의 행위가 당연무효가 되거나 위법성이 조각된다고 볼 수 없다.

☐ 3 이미 공개된 개인정보를 정보주체의 동의가 있었다고 객관적으로 인정되는 범위 내에서 수집·이용·제공 등 처리를 할 때는 정보주체의 별도의 동의는 불필요하다고 보아야 한다.

☐ 4 위헌결정 이전에 이미 부담금 부과처분과 압류처분 및 이에 기한 압류등기가 이루어지고 각 처분이 확정되었다고 하여도, 위헌결정 이후에는 별도의 행정처분인 매각처분, 분배처분 등 후속 체납처분절차를 진행할 수 없다.

☐ 5 매립지가 속할 지방자치단체를 정하는 결정에 대하여 대법원에 소송을 제기할 수 있는 주체는 지방자치단체의 장이다.

☐ 6 청문 주재자는 직권으로 필요한 조사를 할 수 있으며, 당사자 등이 주장하지 않은 사실에 대하여도 조사할 수 있다.

☐ 7 통고처분은 그 자체로 상대방에게 통고이행을 이행할 권리의무를 형성하지 않으므로 통고처분에 대하여 이의가 있을 때는 통고처분취소소송으로 다툴 수 없다.

☐ 8 현행 건축법상 위법건축물에 대한 이행강제수단으로 대집행과 이행강제금이 인정되고 있는데, 행정청은 개별사건에 있어서 위반내용, 위반자의 시정의지 등을 감안하여 대집행과 이행강제금을 선택적으로 활용할 수 있다.

☐ 9 행정심판청구는 처분의 효력이나 그 집행 또는 절차의 속행에 영향을 주지 아니한다.

☐ 10 각 군 참모총장이 군인 명예전역수당 지급대상자 결정절차에서 국방부장관에게 수당지급대상자를 추천하는 행위는 항고소송의 대상이 되는 처분이 아니다.

☐ 11 행정청이 정한 세부적인 업무처리절차나 법령의 해석·적용 기준을 정한 행정규칙의 내용이 상위법령이나 법의 일반원칙에 반하는 것이라면 그것은 당연무효에 해당하는 것이고, 행정내부적 효력도 인정될 수 없다.

☐ 12 행정심판법상 재결은 피청구인 또는 위원회가 심판청구서를 받은 날부터 60일 이내에 하여야 한다. 다만, 부득이한 사정이 있는 경우에는 위원장이 직권으로 30일을 연장할 수 있다. 위원장이 이에 따라 재결 기간을 연장할 경우에는 재결 기간이 끝나기 7일 전까지 당사자에게 알려야 한다.

☐ 13 국가배상법에서 정한 '공무원의 직무행위'의 범위에는 권력적 작용뿐만 아니라 비권력적 작용도 포함되며, 단지 행정주체가 사경제주체로서 하는 활동만 제외된다.

☐ 14 부작위위법확인소송은 원칙적으로 제소기간의 제한을 받지 않으나, 행정심판 등의 전심절차를 거친 경우에는 행정소송법 제20조가 정한 제소기간 내에 제소하여야 한다.

☐ 15 어느 행정행위가 기속행위인지 재량행위인지 나아가 재량행위라고 할지라도 기속재량행위인지 또는 자유재량에 속하는 것인지의 여부는 일률적으로 규정지을 수 없는 것이고, 개별적으로 판단하여야 한다.

☐ 16 군인사법상 육군3사관학교를 졸업한 사람과 병역법에 따른 학생군사교육단 사관후보생과정 출신 장교는 원칙적으로 단기복무 장교로 규정하고 있다.

☐ 17 당사자가 신청하는 허가 등을 거부하는 처분을 하면서 당사자가 그 근거를 알 수 있을 정도로 이유를 제시한 경우에는 처분의 근거와 이유를 구체적으로 명시하지 않았더라도 그 처분이 위법하다고 볼 수는 없다.

☐ 18 지방자치법 제13조에서 정한 지방자치단체의 사무 범위는 예시적 규정에 해당한다.

☐ 19 행정청은 사회복지법인의 정관변경을 허가하면서 특별한 사정이 없는 한 일정한 한도 내에서 부관을 붙일 수 있다.

☐ 20 친일반민족행위자 재산의 국가귀속에 관한 특별법에 따른 친일반민족행위자재산조사위원회의 친일재산에 대한 국가귀속결정은 사실을 확인하는 이른바 준법률행위적 행정행위의 성격을 가진다.

☐ 21 대법원은 재량준칙이 정한 바에 따라 되풀이 시행되어 행정관행이 성립되었다면, 특별한 사정이 없는 한 그에 반하는 처분은 재량권을 일탈·남용한 위법한 처분이 된다고 보았다.

해커스군무원

- ☐ 22 신분에 의하여 성립하는 질서위반행위에 신분이 없는 자가 가담한 때에는 신분이 없는 자에 대하여도 질서위반행위가 성립한다.
- ☐ 23 토지수용으로 인한 보상액을 산정함에 있어서 당해 공공사업과 관계없는 다른 사업의 시행으로 인한 개발이익은 이를 배제하지 아니한 가격으로 평가하여야 한다.
- ☐ 24 주한 미군에 근무하면서 특수업무를 수행하는 한국인 군무원에 대한 주한 미군측의 고용해제 통보 후 국방부장관이 행한 직권면직의 인사발령은 관념의 통지에 불과하여 항고소송의 대상이 되지 아니한다.
- ☐ 25 노선 인정 기타 공용개시가 없었다면 사실상 군민의 통행에 제공되고 있던 도로 옆의 암벽으로부터 떨어진 낙석에 맞아 보행자가 사망하는 사고가 발생하였다고 하여도 당해 도로는 국가배상법 제5조상의 영조물에 해당하지 아니한다.
- ☐ 26 민법상 비진의 의사표시의 무효에 관한 규정은 그 성질상 영업재개신고와 같은 사인의 공법행위에는 적용될 수 없다.
- ☐ 27 추상적인 법령에 관하여 제정의 여부 등은 그 자체로서 국민의 구체적인 권리의무에 변동을 초래하는 것이 아니어서 행정소송의 대상이 될 수 없다.
- ☐ 28 행정재산은 민법상 점유로 인한 부동산소유권의 취득기간 규정에 따른 시효취득의 대상이 되지 아니한다.
- ☐ 29 행정기관은 행정지도의 상대방이 행정지도에 따르지 아니한 경우에 불이익한 조치를 하여서는 아니 된다.
- ☐ 30 공무원이 임용 당시 공무원 임용결격사유를 국가의 과실로 밝혀내지 못한 것일지라도, 그 공무원은 사실상 근무에 대하여 공무원연금법령에서 정한 퇴직급여를 청구할 수는 없다.
- ☐ 31 법령 등을 공포한 날부터 일정 기간이 경과한 날부터 시행하는 경우 법령 등을 공포한 날을 첫날에 산입하지 아니한다.
- ☐ 32 법령 등 또는 처분에서 국민의 권익을 제한하거나 의무를 부과하는 경우 권익이 제한되거나 의무가 지속되는 기간의 계산에 있어서 기간을 일, 주, 월 또는 연으로 정한 경우에는 원칙적으로 기간의 첫날을 산입한다.
- ☐ 33 심판청구에 대한 재결이 있는 경우 그 재결 및 동일한 처분 또는 부작위에 대하여 다시 행정심판을 청구할 수 없다.
- ☐ 34 공법상 계약의 해지의사표시를 하기 위하여 행정절차법에 따라 근거와 이유를 제시하여야 하는 것은 아니다.
- ☐ 35 공개청구의 대상이 되는 정보가 인터넷에 공개되어 인터넷 검색 등을 통하여 쉽게 알 수 있다는 사정만으로는 소의 이익이 없다거나 비공개 결정이 정당화 될 수 없다.
- ☐ 36 구 군인복무규율상 고충심사는 군인의 재판청구권 행사에 앞서 반드시 거쳐야 하는 군내 사전절차로서의 의미를 가지지 아니한다.
- ☐ 37 공개 청구한 정보가 비공개 대상에 해당하는 부분과 공개 가능한 부분이 혼합되어 있는 경우에는 비공개 대상에 해당하는 부분을 제외하고 공개하여야 한다.
- ☐ 38 법령 등을 위반한 행위의 성립과 이에 대한 제재처분은 법령 등에 특별한 규정이 있는 경우를 제외하고는 법령 등을 위반한 행위 당시의 법령 등에 따른다.
- ☐ 39 병무청장의 요청에 따라 법무부장관이 가수 甲의 입국을 금지하는 결정을 하고, 그 정보를 내부전산망인 '출입국관리정보시스템'에 입력하였으나 甲에게는 통보하지 않은 경우, 이와 같은 입국금지결정은 항고소송의 대상이 되는 처분에 해당하지 않는다.
- ☐ 40 도시계획법상 도시기본계획은 일반 국민에 대한 직접적인 구속력이 없다.
- ☐ 41 행정심판의 심리기일의 지정은 위원회가 직권으로 하고, 심리기일의 변경은 직권 또는 당사자의 신청에 의하여 한다.
- ☐ 42 집행정지의 결정에 대하여는 즉시항고할 수 있으며, 이 경우 집행정지의 결정에 대한 즉시항고에는 결정의 집행을 정지하는 효력이 없다.
- ☐ 43 집행정지결정을 한 후에 본안소송이 취하되면 그 집행정지결정의 효력은 당연히 소멸되는 것이고, 별도의 취소조치를 필요로 하는 것은 아니다.
- ☐ 44 일반적으로 기속행위에는 부관을 붙일 수 없고, 가사 부관을 붙였다 하더라도 이는 무효의 것이다.
- ☐ 45 행정권한의 위임은 법률이 위임을 허용하고 있는 경우에 한하여 인정된다.

제1회 실전모의고사 답안지

제 3 회 실전모의고사 답안지

제 4 회 실전모의고사 답안지

제 5 회 실전모의고사 답안지

컴퓨터용 흑색사인펜만 사용

[필적감정용 기재]
*아래 예시문을 옮겨 적으시오
본인은 OOO(응시자성명)임을 확인함

기 재 란

성 명
자필성명 본인 성명 기재
응시직렬
응시지역
시험장소

※시험감독관 서명
(서명을 정자로 기재할 것)

적색 볼펜만 사용

제1과목 국어

문번					문번				
1	①	②	③	④	16	①	②	③	④
2	①	②	③	④	17	①	②	③	④
3	①	②	③	④	18	①	②	③	④
4	①	②	③	④	19	①	②	③	④
5	①	②	③	④	20	①	②	③	④
6	①	②	③	④	21	①	②	③	④
7	①	②	③	④	22	①	②	③	④
8	①	②	③	④	23	①	②	③	④
9	①	②	③	④	24	①	②	③	④
10	①	②	③	④	25	①	②	③	④
11	①	②	③	④					
12	①	②	③	④					
13	①	②	③	④					
14	①	②	③	④					
15	①	②	③	④					

제2과목 행정법

문번					문번				
1	①	②	③	④	16	①	②	③	④
2	①	②	③	④	17	①	②	③	④
3	①	②	③	④	18	①	②	③	④
4	①	②	③	④	19	①	②	③	④
5	①	②	③	④	20	①	②	③	④
6	①	②	③	④	21	①	②	③	④
7	①	②	③	④	22	①	②	③	④
8	①	②	③	④	23	①	②	③	④
9	①	②	③	④	24	①	②	③	④
10	①	②	③	④	25	①	②	③	④
11	①	②	③	④					
12	①	②	③	④					
13	①	②	③	④					
14	①	②	③	④					
15	①	②	③	④					

제3과목 경영학

문번					문번				
1	①	②	③	④	16	①	②	③	④
2	①	②	③	④	17	①	②	③	④
3	①	②	③	④	18	①	②	③	④
4	①	②	③	④	19	①	②	③	④
5	①	②	③	④	20	①	②	③	④
6	①	②	③	④	21	①	②	③	④
7	①	②	③	④	22	①	②	③	④
8	①	②	③	④	23	①	②	③	④
9	①	②	③	④	24	①	②	③	④
10	①	②	③	④	25	①	②	③	④
11	①	②	③	④					
12	①	②	③	④					
13	①	②	③	④					
14	①	②	③	④					
15	①	②	③	④					

해커스군무원

정답 모아보기

제1회 실전모의고사

제1과목 국어

01	③	06	④	11	④	16	②	21	①
02	③	07	③	12	①	17	②	22	①
03	③	08	④	13	④	18	④	23	②
04	③	09	②	14	②	19	③	24	④
05	③	10	③	15	③	20	②	25	③

제2과목 행정법

01	④	06	②	11	②	16	①	21	④
02	②	07	②	12	③	17	②	22	①
03	②	08	①	13	②	18	④	23	③
04	④	09	①	14	②	19	②	24	①
05	②	10	④	15	②	20	②	25	①

제3과목 경영학

01	②	06	①	11	④	16	④	21	④
02	②	07	④	12	①	17	④	22	②
03	②	08	④	13	④	18	②	23	③
04	②	09	②	14	②	19	②	24	①
05	③	10	①	15	②	20	③	25	④

제2회 실전모의고사

제1과목 국어

01	②	06	③	11	①	16	④	21	②
02	④	07	④	12	①	17	④	22	②
03	②	08	③	13	③	18	③	23	③
04	③	09	④	14	②	19	②	24	②
05	②	10	③	15	④	20	②	25	③

제2과목 행정법

01	①	06	①	11	④	16	②	21	②
02	④	07	②	12	③	17	③	22	②
03	②	08	②	13	②	18	②	23	④
04	④	09	④	14	②	19	②	24	②
05	②	10	①	15	④	20	②	25	④

제3과목 경영학

01	②	06	④	11	④	16	①	21	②
02	①	07	③	12	④	17	②	22	②
03	③	08	④	13	③	18	②	23	②
04	②	09	②	14	②	19	③	24	②
05	④	10	①	15	①	20	①	25	①

제3회 실전모의고사

제1과목 국어

01	②	06	①	11	③	16	③	21	①
02	③	07	④	12	④	17	①	22	②
03	②	08	①	13	④	18	②	23	②
04	②	09	③	14	②	19	①	24	④
05	③	10	③	15	②	20	③	25	①

제2과목 행정법

01	④	06	①	11	③	16	②	21	①
02	①	07	②	12	④	17	③	22	②
03	②	08	②	13	②	18	④	23	④
04	②	09	②	14	②	19	②	24	①
05	②	10	④	15	②	20	②	25	④

제3과목 경영학

01	④	06	②	11	②	16	③	21	②
02	④	07	③	12	③	17	①	22	②
03	④	08	②	13	④	18	③	23	④
04	②	09	④	14	②	19	②	24	④
05	②	10	③	15	②	20	③	25	④

제4회 실전모의고사

제1과목 국어

01	③	06	③	11	④	16	③	21	②
02	④	07	②	12	②	17	④	22	③
03	②	08	④	13	③	18	②	23	②
04	④	09	②	14	④	19	④	24	④
05	④	10	③	15	②	20	②	25	④

제2과목 행정법

01	③	06	②	11	①	16	④	21	②
02	②	07	③	12	②	17	①	22	③
03	④	08	④	13	①	18	④	23	①
04	②	09	②	14	④	19	④	24	④
05	④	10	②	15	②	20	③	25	②

제3과목 경영학

01	③	06	②	11	②	16	③	21	②
02	①	07	②	12	①	17	②	22	②
03	③	08	④	13	④	18	④	23	②
04	③	09	②	14	②	19	②	24	②
05	②	10	②	15	②	20	③	25	②

제5회 실전모의고사

제1과목 국어

01	④	06	①	11	②	16	①	21	③
02	①	07	③	12	③	17	②	22	①
03	②	08	④	13	④	18	④	23	②
04	②	09	②	14	②	19	②	24	③
05	②	10	④	15	②	20	③	25	①

제2과목 행정법

01	③	06	①	11	①	16	③	21	④
02	②	07	④	12	①	17	②	22	③
03	②	08	②	13	④	18	①	23	②
04	②	09	②	14	②	19	②	24	②
05	②	10	②	15	②	20	③	25	①

제3과목 경영학

01	③	06	①	11	②	16	①	21	②
02	②	07	③	12	③	17	④	22	②
03	②	08	③	13	①	18	①	23	①
04	②	09	②	14	②	19	②	24	①
05	②	10	④	15	②	20	④	25	①

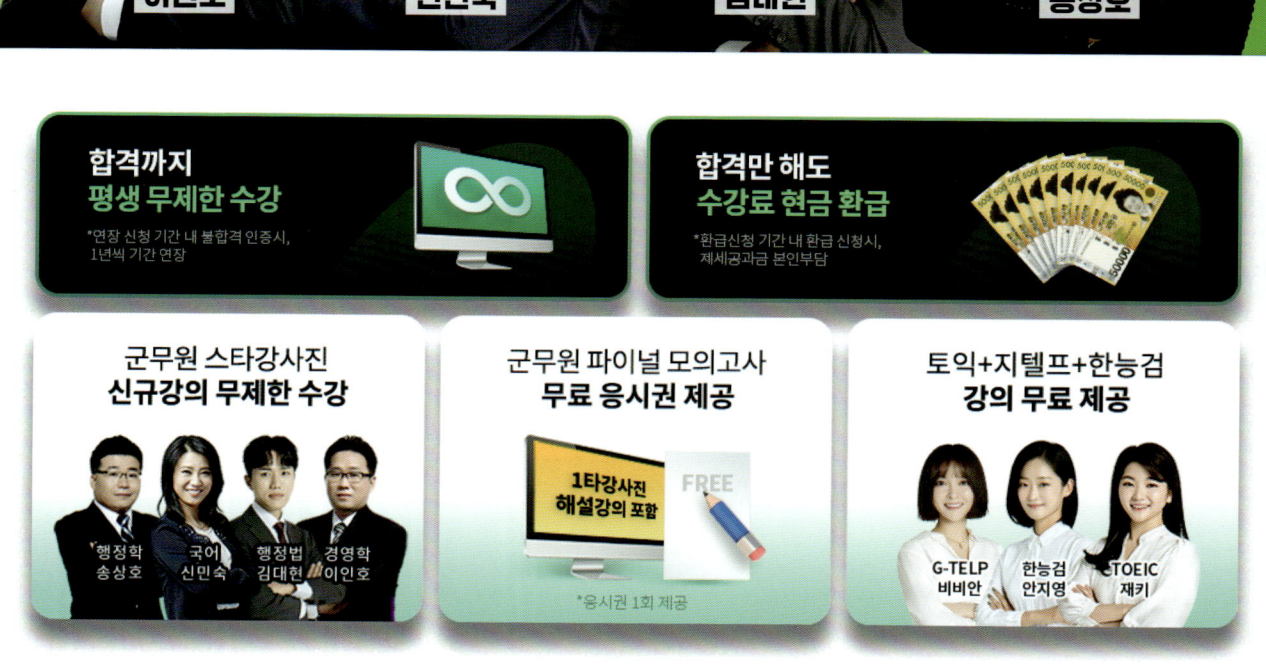

해커스군무원 군수직 FINAL 봉투모의고사
국어+행정법+경영학

약점 보완 해설집

해커스군무원
군수직 FINAL 봉투모의고사
국어+행정법+경영학

개정 5판 1쇄 발행 2025년 4월 16일

지은이	이인호, 해커스 군무원시험연구소 공편저
펴낸곳	해커스패스
펴낸이	해커스군무원 출판팀
주소	서울특별시 강남구 강남대로 428 해커스군무원
고객센터	1588-4055
교재 관련 문의	gosi@hackerspass.com
	해커스군무원 사이트(army.Hackers.com) 교재 Q&A 게시판
	카카오톡 플러스 친구 [해커스공무원 노량진캠퍼스]
학원 강의 및 동영상강의	army.Hackers.com
ISBN	979-11-7244-974-2 (13350)
Serial Number	05-01-01

저작권자 ⓒ 2025, 이인호, 해커스군무원
이 책의 모든 내용, 이미지, 디자인, 편집 형태는 저작권법에 의해 보호받고 있습니다.
서면에 의한 저자와 출판사의 허락 없이 내용의 일부 혹은 전부를 인용, 발췌하거나 복제, 배포할 수 없습니다.
이 책의 내용 중 일부는 국립국어원이 제공하는 '표준국어대사전', '한국어 어문 규범'을 참고하였습니다.

군무원 1위,
해커스군무원(army.Hackers.com)
해커스군무원
- 해커스군무원 학원 및 인강(교재 내 인강 할인쿠폰 수록)
- 해커스군무원 스타강사의 과목별 무료 특강
- 정확한 성적 분석으로 약점 극복이 가능한 합격예측 온라인 모의고사(교재 내 응시권 및 해설강의 수강권 수록)
- OMR 답안지(PDF)
- 필수어휘와 사자성어를 편리하게 학습할 수 있는 해커스 매일국어 어플

공무원 교육 1위,
해커스공무원(gosi.Hackers.com)
해커스공무원
- 내 점수와 석차를 확인하는 모바일 자동 채점 및 성적 분석 서비스

한경비즈니스 2024 한국품질만족도 교육(온·오프라인 군무원학원) 1위
한경비즈니스 2024 한국품질만족도 교육(온·오프라인 공무원학원) 1위

목차

해커스군무원 군수직 FINAL 봉투모의고사
국어 + 행정법 + 경영학

제1회 | 실전모의고사 4
    제1과목 국어 5
    제2과목 행정법 11
    제3과목 경영학 19

제2회 | 실전모의고사 25
    제1과목 국어 26
    제2과목 행정법 34
    제3과목 경영학 43

제3회 | 실전모의고사 48
    제1과목 국어 49
    제2과목 행정법 55
    제3과목 경영학 64

제4회 | 실전모의고사 70
    제1과목 국어 71
    제2과목 행정법 77
    제3과목 경영학 87

제5회 | 실전모의고사 92
    제1과목 국어 93
    제2과목 행정법 100
    제3과목 경영학 109

제1회 실전모의고사

❯ 셀프 체크

권장 풀이 시간	75분(OMR 표기 시간 포함)
실제 풀이 시간	___시 ___분 ~ ___시 ___분
맞힌 답의 개수	___개 / 75개

❯ 정답

제1과목 국어

01	③	06	④	11	④	16	②	21	①
02	③	07	③	12	①	17	②	22	①
03	③	08	④	13	④	18	④	23	②
04	③	09	②	14	②	19	③	24	④
05	③	10	③	15	③	20	②	25	③

제2과목 행정법

01	④	06	②	11	②	16	①	21	④
02	②	07	②	12	③	17	④	22	①
03	③	08	①	13	②	18	④	23	③
04	④	09	①	14	②	19	①	24	③
05	③	10	④	15	③	20	③	25	①

제3과목 경영학

01	②	06	①	11	④	16	④	21	④
02	②	07	④	12	①	17	④	22	②
03	②	08	④	13	④	18	④	23	④
04	②	09	②	14	②	19	①	24	③
05	③	10	①	15	②	20	④	25	④

❯ 취약 단원 분석표

제1과목 국어

단원	맞힌 답의 개수
어법	/ 9
비문학	/ 9
문학	/ 3
어휘	/ 2
혼합	/ 2
TOTAL	/ 25

제2과목 행정법

단원	맞힌 답의 개수
Ⅰ 일반론	/ 3
Ⅱ 행정작용	/ 7
Ⅲ 행정과정	/ 4
Ⅳ 실효성 확보수단	/ 2
Ⅴ 손해전보	/ 2
Ⅵ 행정쟁송	/ 4
Ⅶ 행정법각론	/ 3
TOTAL	/ 25

제3과목 경영학

단원	맞힌 답의 개수
Ⅰ 경영학 입문	/ 5
Ⅱ 조직행동론	/ 3
Ⅲ 인적자원관리	/ 4
Ⅳ 생산운영관리	/ 4
Ⅴ 마케팅	/ 4
Ⅵ 재무관리 · 회계학 · 경영정보시스템	/ 5
TOTAL	/ 25

제1과목   국어

01   어법   표준 발음법   정답 ③

정답 분석
③ 제시된 단어들의 발음으로 적절한 것은 ㉠ [박찌요], ㉡ [넙쭈카니], ㉢ [음는]이다.
- ㉠ 밝지요[박찌요]: 겹받침 'ㄺ'는 어말 또는 'ㄱ'을 제외한 자음 앞에서 [ㄱ]으로 발음해야 하며, 이때 어간 받침 [ㄱ] 뒤에 이어지는 어미의 첫소리 'ㅈ'은 된소리로 발음한다.
- ㉡ 넓죽하니[넙쭈카니]: '넓죽하다'의 '넓-'은 [넙]으로 발음해야 하며, 이때 받침 [ㅂ] 뒤에 이어지는 첫소리 'ㅈ'은 된소리로 발음한다. 또, '죽'의 받침 'ㄱ'이 이어지는 'ㅎ'과 만나 [ㅋ]으로 축약되므로 [넙쭈카니]로 발음한다.
- ㉢ 읊는[음는]: 겹받침 'ㄿ'은 어말 또는 자음 앞에서 [ㅂ]으로 발음해야 하며, 이때 어간 받침 [ㅂ]이 이어지는 초성 'ㄴ'의 영향을 받아 [ㅁ]으로 발음된다(비음화).

이것도 알면 합격!

겹받침의 발음
1. 겹받침(ㄳ, ㄵ, ㄼ, ㄽ, ㄾ, ㅄ)의 발음
   겹받침 'ㄳ', 'ㄵ', 'ㄼ, ㄽ, ㄾ', 'ㅄ'은 어말 또는 자음 앞에서 각각 [ㄱ, ㄴ, ㄹ, ㅂ]으로 발음함. 다만, '밟-'은 자음 앞에서 [밥]으로 발음하고, '넓-'은 '넓죽하다, 넓둥글다'의 경우에 [넙]으로 발음함
   예) 넋[넉], 앉다[안따], 여덟[여덜], 외곬[외골], 핥다[할따], 값[갑]
   - 밟다[밥:따], 넓죽하다[넙쭈카다], 넓둥글다[넙뚱글다]
2. 겹받침(ㄺ, ㄻ, ㄿ)의 발음
   겹받침 'ㄺ, ㄻ, ㄿ'은 어말 또는 자음 앞에서 각각 [ㄱ, ㅁ, ㅂ]으로 발음함. 다만, 용언의 어간 말음 'ㄺ'은 'ㄱ' 앞에서 [ㄹ]로 발음함
   예) 맑다[막따], 젊다[점:따], 읊다[읍따]
   - 맑게[말께], 묽고[물꼬], 얽거나[얼꺼나]

02   어법   한글 맞춤법 (띄어쓰기)   정답 ③

정답 분석
③ 한밤중에∨바둑∨두∨판을∨두었다(○): '한밤중'은 '깊은 밤'을 나타내는 한 단어이므로 붙여 쓴다. 이때 '판'은 수 관형사 '두' 뒤에서 승부를 겨루는 일을 세는 단위를 나타내는 의존 명사이므로 앞말과 띄어 쓴다. 참고로 '판'이 '노름판, 씨름판, 웃음판'과 같은 합성어를 이룰 때에는 앞말과 붙여 써야 한다.

오답 분석
① 나∨보다(×) → 나보다(○): 이때 '보다'는 서로 차이가 있는 것을 비교하는 경우, 비교의 대상이 되는 말에 붙어 '~에 비해서'의 뜻을 나타내는 조사이므로 앞말과 붙여 써야 한다.
② 있는∨데∨까지(×) → 있는∨데까지(○): 이때 '까지'는 '그것이 극단적인 경우임'을 나타내는 보조사이므로 앞말과 붙여 써야 한다.

④ 너야∨말로(×) → 너야말로(○): '야말로'는 강조하여 확인하는 뜻을 나타내는 보조사이며, 한 단어이므로 앞말과 붙여 써야 한다.

03   어법   단어 (형태소 분석)   정답 ③

정답 분석
③ '다가섰다'는 '다그- + -아 + 서- + -었- + -다'로 분석할 수 있으므로 형태소 개수는 5개이다. 반면 ① ② ④의 형태소 개수는 모두 4개이므로 정답은 ③이다.

오답 분석
① 잡수셨다(4개): '잡수- + -시- + -었- + -다'로 분석할 수 있다.
② 고쳐먹다(4개): '고치- + -어 + 먹- + -다'로 분석할 수 있다.
④ 파고들다(4개): '파- + -고 + 들- + -다'로 분석할 수 있다.

04   어법   한글 맞춤법 (맞춤법에 맞는 표기)   정답 ③

정답 분석
③ 쏟뜨리다(○): '쏟다'의 어간 '쏟-'에 강조의 뜻을 더하는 접미사 '-뜨리다'가 결합한 말로 한글 맞춤법에 맞는 표기이다. 참고로 '-뜨리다'와 동일한 의미의 '-트리다'도 표준어이다.

오답 분석
① 짭잘한(×) → 짭짤한(○): 한 단어 안에서 같은 음절이 겹쳐나는 부분은 같은 글자로 적으므로 '짭짤하다'가 옳은 표기이다.
② 오뚜기(×) → 오뚝이(○): '-하다'가 붙는 어근에 '-이'가 붙어서 명사가 된 것은 어근의 원형을 밝혀 적으므로 '오뚝이'가 옳은 표기이다.
④ 함박(×) → 함빡(○): 한 단어 안에서 뚜렷한 까닭 없이 나는 된소리는 다음 음절의 첫소리를 된소리로 적으므로 '함빡'이 옳은 표기이다.

05   어법   한글 맞춤법 (맞춤법에 맞는 표기)   정답 ③

정답 분석
③ 뻐꾹이(×) → 뻐꾸기(○): '뻐꾹'은 '-하다', '-거리다'가 붙을 수 없는 어근이므로 원형을 밝히지 않고 '뻐꾸기'로 적어야 한다.

오답 분석
① 더펄이(○): '더펄'은 '더펄거리다'의 어근이므로 원형을 밝혀 적는다.
- 더펄이: 1. 성미가 침착하지 못하고 덜렁대는 사람 2. 성미가 스스럼이 없고 붙임성이 있어 꽁하지 않은 사람
② 홀쭉이(○): '홀쭉'은 '홀쭉하다'의 어근이므로 원형을 밝혀 적는다.
④ 살살이(○): '살살'은 '살살거리다'의 어근이므로 원형을 밝혀 적는다.

06 어법 한글 맞춤법 (맞춤법에 맞는 표기) 정답 ④

정답 분석

④ 내 것이오(×) → 내 것이요(○): 종결 어미 '-오'는 문장의 끝에만 쓸 수 있으므로 연결 어미 '-요'로 고쳐 써야 한다.

오답 분석

①③ 종결형에서 사용되는 어미 '-오'는 요로 소리 나는 경우가 있더라도 그 원형을 밝혀 '오'로 적는다.

② '아니다'의 어간 '아니-'에 연결 어미 '-요'가 결합한 형태이다.

이것도 알면 합격!

연결 어미 '-요'와 종결 어미 '-오', 보조사 '요'의 구분

연결 어미 '-요'	'이다', '아니다'의 어간 뒤에 붙어 어떤 사물이나 사실 등을 열거할 때 쓰이는 연결 어미 예 이 아이는 조카요, 딸이 아니다.
종결 어미 '-오'	'이다', '아니다'의 어간, 받침 없는 용언의 어간, 'ㄹ' 받침인 용언의 어간 또는 어미 '-으시-' 뒤에 붙어 설명·의문·명령의 뜻을 나타내는 종결 어미 예 건강을 챙기는 것이 우선이오.
보조사 '요'	종결 어미 뒤에 붙어 청자에게 존대의 뜻을 나타내는 보조사 예 기차가 참 빨리 가지요.

07 어법 의미 (반의 관계) 정답 ③

정답 분석

③ 제시된 문장은 서로 맞선 방향을 전제로 하여 관계나 이동의 측면에서 대립을 이루는 방향 반의어에 대한 설명이다. 이러한 방향 반의어는 두 단어가 서로 상대적인 관계를 가지면서 의미상 대칭을 이룬다. ① ② ④는 모두 방향 반의어에 해당하는 사례이나 ③ '기혼(旣婚) : 미혼(未婚)'은 상호 배타적인 두 구역으로 철저히 양분하여 중간 항이 없는 관계를 나타내는 상보 반의어에 해당한다. 따라서 제시문에 해당하는 사례로 적절하지 않은 것은 ③이다.

- 기혼(旣婚): 이미 결혼함. 또는 그런 사람
- 미혼(未婚): 아직 결혼하지 않음. 또는 그런 사람

오답 분석

① • 인상(引上): 물건값, 봉급, 요금 등을 올림
  • 인하(引下): 가격 등을 낮춤
② • 출발(出發): 목적지를 향하여 나아감
  • 도착(到着): 목적한 곳에 다다름
④ • 사부(師傅): 자기를 가르쳐서 인도하는 사람
  • 제자(弟子): 스승으로부터 가르침을 받거나 받은 사람

08 어휘 한자 성어 정답 ④

정답 분석

④ 〈보기〉의 정다운 씨는 씨름 선수가 되기에 적합하지 않은 신체 조건을 지녔지만, 굳이 씨름 선수가 되겠다고 결심한 상황이다. 이와 관련된 상황을 가장 잘 표현한 한자 성어는 ④ '緣木求魚(연목구어)'이다.

- 緣木求魚(연목구어): '나무에 올라가서 물고기를 구한다'라는 뜻으로, 도저히 불가능한 일을 굳이 하려 함을 비유적으로 이르는 말

오답 분석

① 興亡盛衰(흥망성쇠): 흥하고 망함과 성하고 쇠함
② 得失相半(득실상반): 이익과 손해가 서로 엇비슷함
③ 守株待兔(수주대토): 한 가지 일에만 얽매여 발전을 모르는 어리석은 사람을 비유적으로 이르는 말

09 문학 작품의 종합적 감상 (가사) 정답 ②

정답 분석

② 제시된 작품은 정철의 '속미인곡(續美人曲)'으로, 계절에 따른 화자의 정서 변화가 드러나지 않는다. 참고로, 계절에 따른 화자의 시름과 임에 대한 연모를 드러낸 작품은 정철의 '사미인곡(思美人曲)'이다.

오답 분석

①③ '속미인곡(續美人曲)'은 작가가 임금을 향한 자신의 충정을 두 선녀의 대화 형식을 통해 표현한 작품이다.

④ '속미인곡(續美人曲)'은 가사 문학의 백미로 꼽히는데, 특히 '슬ᄏ장(실컷)', '구즌비(궂은비)'와 같은 순우리말의 묘미를 잘 살렸다는 평가를 받는 작품이다.

지문 풀이

> 저기 가는 저 각시 본 듯도 하구나. 천상의 백옥경(궁궐)을 어찌하여 이별하고, 해 다 저문 날에 누구를 보러 가시는가?
> 어와 너로구나. 이내 사설 들어 보오. 내 얼굴 이 거동이 임이 사랑함 직한가마는, 어쩐지 날 보시고 너로다 여기심에 나도 임을 믿어 딴생각 전혀 없어 아양이며 교태며 어지럽게 하였던지, 반기시는 낯빛이 예와 어찌 다르신가? 누워 생각하고 일어나 앉아 헤아리니 내 몸의 지은 죄 산같이 쌓였으니 하늘을 원망하겠으며 사람을 탓하겠는가? 서러워 생각하니 조물주의 탓이로다.
> 그것일랑 생각 마오.
> 맺힌 일이 있습니다. 〈중 략〉 마음에 먹은 말씀 실컷 사뢰려니 눈물이 쏟아지니 말씀인들 어찌 하며 정회를 못다 풀어 목조차 메여 오니 새벽닭 소리에 잠은 어찌 깨었던가?
> 어와 허사로다. 이 임이 어디 갔나? 잠결에 일어나 앉아 창을 열고 바라보니 가엾은 그림자가 날 좇을 뿐이로다. 차라리 죽어서 지는 달이나 되어서 임 계신 창 안에 환하게 비추리라.
> 각시님 달은커녕 궂은비나 되소서.

> 이것도 알면 **합격!**

'사미인곡'과 '속미인곡'의 차이점

차이점	사미인곡	속미인곡
전개 방식	사계절에 따른 화자의 독백체	두 인물의 대화체
표현	한자 성어와 고사를 사용한 과장된 표현	순우리말을 활용한 진솔한 표현
화자의 태도	임이 자신을 몰라주어도 따르겠다는 소극적 태도	임에게 자신의 마음을 보이겠다는 적극적 태도

10 어법+비문학 올바른 문장 표현, 작문 (고쳐쓰기) 정답 ③

정답 분석

③ 주어부인 '우리가 쓸 수 있는 물도'와 서술부인 '부족해진 것이다'는 적절히 호응하고 있으므로, 서술부 ㉢을 '부족한 점이다'로 고쳐야 한다는 ③의 설명은 적절하지 않다.

오답 분석

① ㉠의 앞뒤 문장은 우리의 몸과 물의 긴밀한 연관성에 대해 설명하고 있으나, ㉠은 '혈액 내 백혈구가 필수적인 이유'에 대한 내용이다. 따라서 ㉠은 내용의 흐름상 어울리지 않으므로 삭제하는 것이 적절하다.

② ㉡의 앞에서는 물이 우리 몸에 있어 매우 중요한 자원임을 설명하고 있고, ㉡의 뒤에서는 현대에 깨끗한 물이 부족한 실정과 깨끗한 물을 지키기 위한 노력의 필요성에 대해 설명하고 있다. 물이 우리의 신체와 건강에 중요한 자원임에도 불구하고, 현재 우리가 쓸 수 있는 깨끗한 물이 부족하다는 내용을 문맥상 자연스럽게 연결해야 하므로, '그리고'를 역접의 접속사 '그러나'로 고치는 것이 적절하다.

④ '~을 고려에 넣다'는 'take ~ into account'를 직역한 영어 번역 투 표현이므로 '~을 고려하다'로 고치는 것이 적절하다.

11 비문학 글의 구조 파악 (접속어의 사용) 정답 ④

정답 분석

④ ㉠과 ㉡에 들어갈 가장 적절한 접속어로 옳은 것은 ㉠ '그래서', ㉡ '하지만'이므로 답은 ④이다.

- ㉠: ㉠의 앞에서 애국심의 대상인 국가가 다른 어떤 사랑의 대상과는 다름을 설명하고 있으며, ㉠의 뒤에서 애국심도 다른 사랑의 감정과는 같지 않음을 밝히고 있다. 따라서 ㉠ 앞의 내용이 뒤의 내용의 조건이 되므로, ㉠에는 앞의 내용이 뒤의 내용의 원인이나 근거, 조건 따위가 될 때 쓰는 접속 부사인 '그래서'가 들어가야 한다.

- ㉡: ㉡의 앞에서 국가는 개인이나 집단의 사적 폭력을 용납하지 않음을 언급하며, 그러한 개인이나 집단 사이에는 치열한 경쟁이 있음을 언급하고 있다. ㉡의 뒤에서는 어떠한 경쟁도 폭력을 동반하지 않으나, 오로지 국가만이 정당하다고 간주되는 폭력을 행사함을 언급하고 있다. 따라서 ㉡의 앞뒤 내용이 서로 상반되는 내용이므로, ㉡에는 서로 일치하지 아니하거나 상반되는 사실을 나타내는 두 문장을 이어 줄 때 쓰는 접속 부사인 '하지만'이 들어가야 한다.

12 비문학+어휘 내용 추론, 한자어의 표기 정답 ①

정답 분석

① ㉠, ㉡에 들어갈 알맞은 단어는 ㉠ '用途(용도)', ㉡ '內功(내공)'이다.

- ㉠: 채찍의 쓰임새를 모르면 말을 잘 몰지 못한다는 의미이므로 ㉠에는 '用途(용도)'가 들어가는 것이 적절하다.
  - 用途(용도: 쓸 용, 길 도): 쓰이는 길. 또는 쓰이는 곳

- ㉡: 문맥상 견문을 넓혀 얻은 경험을 자신만의 것으로 만들어 능력을 키우라는 의미이므로 ㉡에는 '內功(내공)'이 들어가는 것이 적절하다.
  - 內功(내공: 안 내, 공 공): 오랜 기간의 경험을 통해 쌓은 능력

오답 분석

㉠ 用度(용도: 쓸 용, 법도 도): 돈이나 물건 혹은 마음 등을 쓰는 형편. 또는 그런 정도나 수량

㉡ 內攻(내공: 안 내, 칠 공): 정신적 결함이나 타격이 겉으로 나타나지 않고 속으로만 퍼짐. 또는 그런 일

13 어휘 한자 성어 정답 ④

정답 분석

④ '경이원지(敬而遠之)'는 '언제나 스승 곁을 지켰다'는 문맥과 어울리지 않는다. 따라서 한자 성어의 쓰임이 옳지 않은 것은 ④이다.

- 경이원지(敬而遠之): 1. 공경하되 가까이하지는 않음 2. 겉으로는 공경하는 체하면서 실제로는 꺼리어 멀리함

오답 분석

① 가담항설(街談巷說): 거리나 항간에 떠도는 소문

② 조변석개(朝變夕改): '아침저녁으로 뜯어고친다'라는 뜻으로, 계획이나 결정 등을 일관성이 없이 자주 고침을 이르는 말

③ 구절양장(九折羊腸): '아홉 번 꼬부라진 양의 창자'라는 뜻으로, 꼬불꼬불하며 험한 산길을 이르는 말

14 비문학 내용 추론 정답 ②

정답 분석

② 제시문의 ㉠과 ㉡에 들어갈 알맞은 말을 고른 것은 ②이다.
- ㉠ 2문단 2~3번째 줄에서 사람은 신과 달리 죽음을 맞이한다는 점을 설명하고 있으므로 ㉠에 들어갈 알맞은 말은 '유한한 시간성'이다.
- ㉡ 1문단의 내용은 논리적 이치에 맞지 않는 표현을 사용하여 '올바르게 사는 것'에 대한 중요성을 강조한 톨스토이의 말이다. 따라서 ㉡에 들어갈 알맞은 말은 '역설적'이다.
  - 역설: 논리적으로는 모순되어 보이나, 그 속에 중요한 진실을 담고 있는 표현
  - 반어: 본래의 뜻과는 상반되는 말을 통해 그 의미를 강화하는 표현

이것도 알면 합격!

'형용사의 관형사형'과 '관형사'의 차이점

형용사의 관형사형	활용하고 서술성을 지니며, 기본형이 존재함 예 • 새로운 옷 (기본형: 새롭다) • 그 사람은 우리와 다른 사람이다. (기본형: 다르다)
관형사	활용하지 않고 서술성이 없으며, 체언을 수식함 예 • 새 옷을 입다. (기본형: 새) • 다른 사람은 다 가고 나만 남았다. (기본형: 다른)

15 비문학 관점과 태도 파악 정답 ③

정답 분석

③ 4문단 끝에서 1~4번째 줄에서 필자는 대학이 우리 사회의 현실과 지나간 역사, 그리고 앞으로 다가올 미래에 대해 고민할 수 있는 공간이 되어야 한다고 이야기한다. 이를 통해 필자는 ③ '대학은 사회 현실에 대해 고민하는 공간이 되어야 한다'라고 생각함을 알 수 있다.

오답 분석

① ④ 제시문에서 확인할 수 없는 내용이다.
② 1문단 1~2번째 줄에서 필자는 이 편지를 읽는 공간이 어디든 상관없다고 말하고 있다. 이는 직업의 경중에 대해 이야기하는 것이 아닌, 편지를 읽는 독자들의 다양한 상황을 존중하고자 하는 필자의 의도가 담겨 있는 것이다.

17 비문학 글의 구조 파악 (문장 배열) 정답 ②

정답 분석

② 논리적 순서에 맞게 나열한 것은 '(나) – (라) – (가) – (다)'이다.

순서	중심 내용	순서 판단의 단서와 근거
(나)	'디스토피아'의 정의	글의 중심 화제인 '디스토피아'의 정의를 제시하고 있음
(라)	'디스토피아'를 주제로 하는 작품들의 특징	(나)에서 설명한 '디스토피아'를 다루는 작품의 특징을 제시하고 있음
(가)	'디스토피아'를 다루는 작품들은 현대 사회에 내재된 위험한 경향을 가장 부정적으로 예측하여 미래 사회에 투영함	• (라)에서 제시한 특징에 대해 부연 설명함 • (라)에서 언급한 '부정적 상황'에 대한 예를 나열함
(다)	'디스토피아'를 주제로 한 작품들이 사람들에게 미치는 영향	지시 표현 '이를 통해': 앞에서 설명한 '디스토피아'를 다루는 작품의 특징으로 인한 결과를 제시하고 있음

16 어법 단어 (품사의 구분) 정답 ②

정답 분석

② 이때 '다른'은 '얼굴이 다르다'와 같이 서술성을 지니고 있으며, '다르고, 다르니' 등으로 활용이 가능하므로 용언 '다르다'의 관형사형이며 품사는 형용사이다. 반면에 ①③④는 서술성이 없고 활용하지 않으며, 각각의 체언 '친구', '구두', '노력'을 수식하고 있으므로 품사는 관형사이다. 따라서 품사가 나머지 셋과 다른 것은 ②이다.

18 문학 표현상의 특징 정답 ④

정답 분석

④ 제시된 작품에서 계절적 배경을 활용한 부분은 확인할 수 없다. 참고로, 대비와 중전의 대사 중 '하루만 못 보아도 삼추(三秋)와 같다'에서 '삼추(三秋)'는 계절적 배경이 아닌 긴 세월을 비유적으로 표현한 부분이며, 이를 통해 세자 대군에 대한 사랑과 안타까움을 보여주고 있다.

오답 분석

① 세자 대군이 볼모로 잡혀 가는 상황에서 자연물인 해와 달이 빛을 잃었다고 표현함으로써 슬픔을 고조시키고 있다.

② '그 모습은 차마 못 볼러라'라는 구절을 통해, 서술자가 작품에 직접 개입하여 인물들이 처한 상황에 심적으로 동조하고 있다.
③ 제시문의 3번째 문장에서 눈물이 피가 될 정도로 슬퍼한다는 표현을 통해 과장법이 사용되었음을 알 수 있으며 이는 이별의 상황에 처한 인물의 슬픔을 드러내고 있다.

이것도 알면 합격!

작자 미상, '임경업전'

1. 주제
   : 임경업 장군의 비극적이고 영웅적인 생애와 병자호란의 패배에 대한 정신적 승리
2. 특징
   (1) 실존 인물을 주인공으로 설정하여 창작됨
   (2) 주인공의 모습이 초현실적인 민족적 영웅으로 부각됨

19 비문학 글의 전략 파악 — 정답 ③

정답 분석
③ 필자는 획일화된 우리나라의 주거 형태를 문제로 삼고 있으나, 주거 형태 획일화 문제의 발생 원인을 사회 구조의 변화에서 찾고 있는 부분은 제시문에서 확인할 수 없다. 따라서 ③은 적절하지 않은 전개 방식이다.

오답 분석
① 과거 우리나라에 다양한 주거 방식이 있었다는 내용을 설명하기 위해 경상도와 전라도, 도시와 논밭, 농사짓는 사람과 글 읽는 사람의 예시를 들어 독자의 이해를 돕고 있다.
② '성냥갑 같은 아파트'라는 비유적인 표현을 통해 아파트로 획일화된 현대의 주거 형태를 비판하고 있다.
④ 다양한 주거 형태를 지녔던 과거에서부터 슬레이트 지붕을 거쳐 아파트로 주거 형태가 획일화되어 가는 과정을 통시적인 관점에서 파악하고 있다.
  - 통시적 관점: 대상의 변천 과정 등을 시간의 흐름을 중심으로 보는 관점

20 비문학 글의 구조 파악 (문단 배열) — 정답 ②

정답 분석
② (나) - (라) - (가) - (다)의 순서가 가장 자연스럽다.

순서	중심 내용	순서 판단의 단서와 근거
(나)	카페인의 효능과 과도한 카페인 섭취 시 초래되는 부작용	글의 화제인 '카페인'에 대해 설명하고 있으므로 글의 서두에 오는 것이 적절함
(라)	카페인의 중독성으로 인하여 나타날 수 있는 금단 현상	접속어 '게다가': (나)에서 언급한 카페인 섭취의 부작용에 이어 또 다른 부작용을 추가로 설명함
(가)	카페인의 부작용을 피할 수 있는 디카페인 커피	접속 표현 '이에 따라': (라)에서 언급한 카페인의 부작용으로 인하여 디카페인 커피 수요가 증가함을 설명함
(다)	디카페인 커피를 만드는 방법	키워드 '물': (가)에서 언급한 '물'을 사용한 카페인 제거 방법에 대해 구체적으로 설명함

21 어법 외래어 표기 — 정답 ①

정답 분석
① 컨텐츠(contents)(×) → 콘텐츠(○): 'contents[kɔntents]'에서 모음 [ɔ]는 'ㅗ'로 적으므로 'contents'는 '콘텐츠'로 표기해야 한다.

오답 분석
② 리더십(leadership): 'leadership[lidərʃip]'에서 모음 앞의 [ʃ]는 뒤따르는 모음 [i]에 따라 '시'로 적으므로 'leadership'은 '리더십'으로 표기한다.
③ 아이섀도(eye shadow): 'eye shadow[ai ʃædou]'에서 중모음 [ou]는 '오'로 적으므로 'eye shadow'는 '아이 섀도'로 표기한다.
④ 리셉션(reception): 'reception[risepʃən]'에서 모음 앞의 [ʃ]는 뒤따르는 모음 [ə]에 따라 '셔'로 적으므로 'reception'은 '리셉션'으로 표기한다.

22 문학 화자의 정서 및 태도 — 정답 ①

정답 분석
① 제시된 작품의 화자는 임이 강을 건넌 후 꽃을 꺾을 것이라는 표현을 통해 임이 다른 여인을 만나는 것에 대한 두려움을 드러내고 있다. 따라서 임의 사랑에 대한 화자의 '믿음'보다는 '불안'이 드러나고 있으므로 옳지 않은 설명은 ①이다.

오답 분석

② 화자는 원망과 질투, 불안과 같은 부정적인 감정을 솔직하게 나타내고 있다.

③ 화자는 떠나는 임에 대한 원망을 애꿎은 사공에게 돌려 표출하고 있다.

④ 화자가 사공을 원망하거나 임이 다른 여인을 만날까 봐 불안해 하는 부분을 통해 임에 대한 화자의 강렬한 애정을 확인할 수 있다.

지문 풀이

> 대동강이 넓은지 몰라서
> 배를 내어놓았느냐, 사공아.
> 네 아내가 바람난 줄도 몰라서
> 가는 배에 (임을) 태웠느냐, 사공아.
> (임은) 대동강 건너편 꽃을
> 배를 타면 꺾을 것입니다.

이것도 알면 합격!

'서경별곡(西京別曲)'

1. 주제: 이별의 정한
2. 특징
   (1) 설의적 표현을 통해 정서를 효과적으로 드러냄
   (2) 상징적 시어를 통해 이별의 상황을 드러냄
   (3) 이별을 적극적으로 거부하는 여인상이 드러남

23 비문학 세부 내용 파악   정답 ②

정답 분석

② (다)의 2~7번째 줄을 통해 엔지니어 출신의 연구자들은 과거와 현재의 기술에서 공통된 요소만 찾고, 현재와 다른 부분은 무시하는 경향이 있었음을 알 수 있다. 따라서 제시문의 내용과 일치하지 않는 것은 ②이다.

오답 분석

① (나)의 끝에서 1~3번째 줄을 통해 기술변화와 기술진보의 차이는 방향성의 유무임을 알 수 있다.

③ (라)의 2~7번째 줄을 통해 기술사학자 집단이 형성됨에 따라 기술은 과학이나 경제에 종속된 것이 아니며 독자적인 특징을 갖는다는 사실이 부각되었음을 알 수 있다.

④ (나)의 1~3번째 줄을 통해 기술혁신은 통상적으로 기술의 개발과 상업화를 포괄하는 개념으로 쓰임을 알 수 있다.

24 비문학 글의 전략 파악   정답 ④

정답 분석

④ (라)에 개념이 적용되는 특정한 상황을 제시하는 부분은 드러나지 않는다.

오답 분석

① (가)는 '기술사' 및 관련 개념의 정의를 밝히고 있다.

② (나)는 기술개발·기술혁신과 기술변화의 차이점, 기술변화와 기술진보의 차이점을 바탕으로 설명하고 있다.

③ (다)는 '필요'와 '과학'을 각각 '발명의 어머니'와 '기술의 아버지'에 빗댄 비유적인 표현을 활용하였다.

25 비문학 세부 내용 파악   정답 ③

정답 분석

③ 2문단 끝에서 3~6번째 줄을 통해 인간은 문학을 통해 자신이 경험해 보지 못한 다른 형태의 정서를 간접적으로 체험할 수 있음을 알 수 있다.

오답 분석

① 2문단 1~6번째 줄에서 아름다운 시는 그것을 향유하지 못하는 자에 대한 부끄러움을, 침통한 시는 인간을 억압하고 불행하게 만드는 것에 대한 자각을 불러일으킨다며, 이를 소위 감동이라고 설명하고 있다. 이를 통해 문학 작품은 우리에게 감동을 불러일으킴을 알 수 있다.

② 2문단 끝에서 1~3번째 줄 내용에 따라, 문학은 억압하지 않으므로 그 원초적 느낌의 단계는 감각적 쾌락을 동반하며, 이는 반성을 통해 인간을 총체적으로 파악할 수 있게 함을 알 수 있다.

④ 1문단 끝에서 1~5번째 줄 내용에 따라, 인간은 문학을 통해 부정적 힘을 인지하고, 이러한 인식은 인간으로 하여금 세계를 개조해야 한다는 당위성을 느끼게 함을 알 수 있다.

제2과목 행정법

01 I 행정법의 일반원칙 정답 ④

정답 분석

④ 청소년유해매체물로 결정·고시된 만화인 사실을 모르고 있던 도서대여업자가 그 고시일로부터 8일 후에 청소년에게 그 만화를 대여한 것을 사유로 그 도서대여업자에게 금 700만원의 과징금이 부과된 경우, 그 도서대여업자에게 청소년유해매체물인 만화를 청소년에게 대여하여서는 아니 된다는 금지의무의 해태를 탓하기는 가혹하므로 그 과징금부과처분은 재량권을 일탈·남용한 것으로서 위법하다(대판 2001.7.27. 99두9490).

선지 분석

① 병의 복무기간은 국방의무의 본질적 내용에 관한 것이어서 이는 반드시 법률로 정하여야 할 입법사항에 속한다(대판 1985.2.28. 85초13).
② LPG는 석유에 비하여 화재 및 폭발의 위험성이 훨씬 커서 주택 및 근린생활시설이 들어설 지역에 LPG충전소의 설치금지는 불가피하다 할 것이고 석유와 LPG의 위와 같은 차이를 고려하여 연구단지 내 녹지구역에 LPG충전소의 설치를 금지한 것은 위와 같은 합리적 이유에 근거한 것이므로 이 사건 시행령 규정이 평등원칙에 위배된다고 볼 수 없다(헌재 2004.7.15. 2001헌마646).
③ 공적 견해표명이 있었는지의 여부를 판단함에 있어서는, 반드시 행정조직상의 형식적인 권한분장에 구애될 것은 아니고, 담당자의 조직상의 지위와 임무, 당해 언동을 하게 된 구체적인 경위 및 그에 대한 상대방의 신뢰가능성에 비추어 실질에 의하여 판단하여야 한다(대판 2008.1.17. 2006두10931).

02 II 행정입법 정답 ②

정답 분석

행정입법에 대한 설명으로 옳은 것은 ㄱ, ㄹ이다.
ㄱ. 법령상 대통령령으로 규정하도록 되어 있는 사항을 부령으로 정하는 경우 그 부령은 무효이다(대판 2006.6.22. 2003두1684 전합).
ㄹ. 헌법이 인정하고 있는 위임입법의 형식은 예시적인 것으로 보아야 할 것이고, 그것은 법률이 행정규칙에 위임하더라도 그 행정규칙은 위임된 사항만을 규율할 수 있으므로, 국회입법의 원칙과 상치되지도 않는다(헌재 2004.10.28. 99헌바91).

선지 분석

ㄴ. 법률이 자치적인 사항을 정관에 위임할 경우 원칙적으로 헌법상의 포괄위임입법금지원칙이 적용되지 않는다. 그러나 자치법적인 사항일지라도 국민의 권리와 의무의 형성에 관한 사항을 비롯하여 국가의 통치조직과 작용에 관한 기본적이고 본질적인 사항은 반드시 국회가 정하여야 할 것이다. 국가유공자단체의 설립에 관한 법률상 각 단체의 대의원의 정수 및 선임방법 등은 국민의 권리와 의무의 형성에 관한 사항이나 국가의 통치조직과 작용에 관한 기본적이고 본질적인 사항이라고 볼 수 없으므로, 법률유보 내지 의회유보의 원칙이 지켜져야 할 영역이라고 할 수 없다(헌재 2006.3.30. 2005헌바31).

ㄷ. 상급행정기관이 하급행정기관에 대하여 업무처리지침이나 법령의 해석적용에 관한 기준을 정하여 발하는 이른바 '행정규칙이나 내부지침'은 일반적으로 행정조직 내부에서만 효력을 가질 뿐 대외적인 구속력을 갖는 것은 아니므로 행정처분이 그에 위반하였다고 하여 그러한 사정만으로 곧바로 위법하게 되는 것은 아니다. 다만, 재량권 행사의 준칙인 행정규칙이 그 정한 바에 따라 되풀이 시행되어 행정관행이 이루어지게 되면 평등의 원칙이나 신뢰보호의 원칙에 따라 행정기관은 그 상대방에 대한 관계에서 그 규칙에 따라야 할 자기구속을 받게 되므로, 이러한 경우에는 특별한 사정이 없는 한 그를 위반하는 처분은 평등의 원칙이나 신뢰보호의 원칙에 위배되어 재량권을 일탈·남용한 위법한 처분이 된다(대판 2009.12.24. 2009두7967).

03 II 인가 정답 ③

정답 분석

③ 행정절차법에는 인가에 대한 명문 규정이 없으며, 인가는 개별법에 따라 규정되고 있다.

선지 분석

① 민법 제45조와 제46조에서 말하는 재단법인의 정관변경 "허가"는 법률상의 표현이 허가로 되어 있기는 하나, 그 성질에 있어 법률행위의 효력을 보충해 주는 것이지 일반적 금지를 해제하는 것이 아니므로, 그 법적 성격은 인가라고 보아야 한다(대판 1996.5.16. 95누4810 전합).
② 인가는 기본행위인 재단법인의 정관변경에 대한 법률상의 효력을 완성시키는 보충행위이다(대판 1996.5.16. 95누4810). 즉, 인가는 법률행위적 행정행위에 속한다.
④ 자동차관리법상 조합 등의 설립인가처분은 시·도지사 등이 자동차관리사업자들의 단체결성행위를 보충하여 그 효력을 완성시키는 처분에 해당한다. 그리고 자동차관리법이 자동차관리사업자들로 하여금 시·도지사 등의 설립인가를 거쳐 조합 등을 설립하도록 한 취지는, 자동차관리사업자들이 공통의 이익을 추구하기 위해 단체를 구성하여 활동할 수 있는 헌법상 결사의 자유를 폭넓게 보장하는 한편, 조합 등이 수행하는 업무의 특수성을 고려하여 공익적 차원에서 최소한의 사전적 규제를 하고자 함에 있다(대판 2015.5.29. 2013두635).

이것도 알면 합격!

인가로 본 경우
- 토지거래허가
- 외국인토지취득허가
- 법인설립 인가
- 사업양도의 인가
- 지방채 기채 승인
- 공공조합정관 승인
- 사립대학설립 인가
- 수도공급규정 인가
- 공기업양도허가
- 임시이사 선임승인

04   Ⅱ 행정지도   정답 ④

정답 분석

④ 행정지도에 따른 행위는 상대방의 자의에 의한 행위라고 볼 수밖에 없다. 따라서 위법한 행정지도에 따른 행위가 당연무효가 되거나 위법성이 조각된다고 할 수 없다.

> **관련 판례**
> 무효인 조례 규정에 터잡은 행정지도에 따라 스스로 납세의무자로 믿고 자진신고 납부하였다 하더라도, 신고행위가 없어 부과처분에 의해 조세채무가 확정된 경우에 조세를 납부한 자와의 균형을 고려하건대, 그 신고행위의 하자가 중대하고 명백한 것이라고 단정할 수 없다(대판 1995.11.28. 95다18185).

선지 분석

① 행정절차법 제54조에 대한 옳은 내용이다.

> 제54조 【비용의 부담】 행정절차에 드는 비용은 행정청이 부담한다. 다만, 당사자 등이 자기를 위하여 스스로 지출한 비용은 그러하지 아니하다.

② 국가배상법이 정한 배상청구의 요건인 '공무원의 직무'에는 권력적 작용만이 아니라 행정지도와 같은 비권력적 작용도 포함되며 단지 행정주체가 사경제주체로서 하는 활동만 제외된다(대판 1998.7.10. 96다38971).

③ 행정지도가 강제성을 띠지 않은 비권력적 작용으로서 행정지도의 한계를 일탈하지 아니하였다면, 그로 인하여 상대방에게 어떤 손해가 발생하였다 하더라도 행정기관은 그에 대한 손해배상책임이 없다(대판 2008.9.25. 2006다18228).

05   Ⅶ 병역법   정답 ③

정답 분석

③ 병역법 제2조 제1항 제10호에 대한 옳은 내용이다.

> 제2조 【정의 등】 ① 이 법에서 사용되는 용어의 뜻은 다음과 같다.
> 10. "사회복무요원"(社會服務要員)이란 다음 각 목의 기관 등의 공익목적 수행에 필요한 사회복지, 보건·의료, 교육·문화, 환경·안전 등의 사회서비스업무 및 행정업무 등의 지원을 위하여 소집되어 공익 분야에 복무하는 사람을 말한다.
> 　가. 국가기관
> 　나. 지방자치단체
> 　다. 공공단체(公共團體)
> 　라. 사회복지사업법 제2조에 따라 설치된 사회복지시설(이하 "사회복지시설"이라 한다)

선지 분석

① "상근예비역"이란 징집에 의하여 현역병으로 입영한 사람이 일정기간을 현역병으로 복무하고 예비역에 편입된 후 지역방위와 이와 관련된 업무를 지원하기 위하여 소집되어 복무하는 사람을 말한다(병역법 제2조 제8호).

② "산업기능요원"이란 산업을 육성하고 지원하기 위하여 제36조에 따라 산업기능요원으로 편입되어 해당 분야에 복무하는 사람을 말한다(병역법 제2조 제17호).

④ "대체복무요원"이란 대체역으로 편입된 사람으로서 대체역의 편입 및 복무 등에 관한 법률에 따른 대체복무기관에 소집되어 공익 분야에 복무하는 사람을 말한다(병역법 제2조 제17의2호).

06   Ⅲ 개인정보 보호법   정답 ②

정답 분석

옳은 것은 ㄱ, ㄴ, ㅁ이다.

ㄱ. 개인정보 보호법 제23조 제1항에 대한 옳은 내용이다.

> 제23조 【민감정보의 처리 제한】 ① 개인정보처리자는 사상·신념, 노동조합·정당의 가입·탈퇴, 정치적 견해, 건강, 성생활 등에 관한 정보, 그 밖에 정보주체의 사생활을 현저히 침해할 우려가 있는 개인정보로서 대통령령으로 정하는 정보(이하 "민감정보"라 한다)를 처리하여서는 아니 된다. 다만, 다음 각 호의 어느 하나에 해당하는 경우에는 그러하지 아니하다.
> 　1. 정보주체에게 제15조 제2항 각 호 또는 제17조 제2항 각 호의 사항을 알리고 다른 개인정보의 처리에 대한 동의와 별도로 동의를 받은 경우 (각 목 생략)
> 　2. 법령에서 민감정보의 처리를 요구하거나 허용하는 경우 (각 목 생략)

ㄴ. 개인정보 보호법 제51조에 대한 옳은 내용이다.

> 제51조 【단체소송의 대상 등】 다음 각 호의 어느 하나에 해당하는 단체는 개인정보처리자가 제49조에 따른 집단분쟁조정을 거부하거나 집단분쟁조정의 결과를 수락하지 아니한 경우에는 법원에 권리침해 행위의 금지·중지를 구하는 소송(이하 "단체소송"이라 한다)을 제기할 수 있다.
> 　1. 소비자기본법 제29조에 따라 공정거래위원회에 등록한 소비자단체로서 다음 각 목의 요건을 모두 갖춘 단체
> 　2. 비영리민간단체 지원법 제2조에 따른 비영리민간단체로서 다음 각 목의 요건을 모두 갖춘 단체

ㅁ. 개인정보 보호법 제55조 제2항에 대한 옳은 내용이다.

> 제55조 【소송허가요건 등】 ② 단체소송을 허가하거나 불허가하는 결정에 대하여는 즉시항고할 수 있다.

선지 분석

ㄷ. 개인정보 보호법은 집단분쟁조정제도에 대한 명문 규정이 있다.

> 개인정보 보호법 제49조 【집단분쟁조정】 ① 국가 및 지방자치단체, 개인정보 보호단체 및 기관, 정보주체, 개인정보처리자는 정보주체의 피해 또는 권리침해가 다수의 정보주체에게 같거나 비슷한 유형으로 발생하는 경우로서 대통령령으로 정하는 사건에 대하여는 분쟁조정위원회에 일괄적인 분쟁조정(이하 "집단분쟁조정"이라 한다)을 의뢰 또는 신청할 수 있다.

ㄹ. 이미 공개된 개인정보를 정보주체의 동의가 있었다고 객관적으로 인정되는 범위 내에서 수집·이용·제공 등 처리를 할 때는 정보주체의 별도의 동의는 불필요하다고 보아야 한다(대판 2016.8.17. 2014다235080).

07 Ⅰ 신뢰보호원칙   정답 ②

정답 분석
② 시의 도시계획과장과 도시계획국장이 도시계획사업의 준공과 동시에 사업부지에 편입한 토지에 대한 완충녹지 지정을 해제함과 아울러 당초의 토지소유자들에게 환매하겠다는 약속을 했음에도, 이를 믿고 토지를 협의매매한 토지소유자의 완충녹지지정해제신청을 거부한 것은, 행정상 신뢰보호의 원칙을 위반하거나 재량권을 일탈·남용한 위법한 처분이다(대판 2008.10.9. 2008두6127).

선지 분석
① 헌법재판소의 위헌결정은 행정청이 개인에 대하여 신뢰의 대상이 되는 공적인 견해를 표명한 것이라고 할 수 없으므로 그 결정에 관련한 개인의 행위에 대하여는 신뢰보호원칙이 적용되지 아니한다(대판 2003.6.27. 2002두6965).
③ 병무청 담당부서의 담당공무원에게 공적 견해의 표명을 구하는 정식의 서면질의 등을 하지 아니한 채 총무과 민원팀장에 불과한 공무원이 민원봉사차원에서 상담에 응하여 안내한 것을 신뢰한 경우, 신뢰보호원칙이 적용되지 아니한다(대판 2003.12.26. 2003두1875).
④ 일반적으로 법률은 현실상황의 변화나 입법정책의 변경 등으로 언제라도 개정될 수 있는 것이다. 특히, 이 사건 법률조항은 직접적인 병력형성에 관한 영역으로서, 입법자가 급변하는 정세에 따라 탄력적으로 그 징집대상자의 범위를 결정함으로써 적정한 군사력을 유지하여야 하는 강력한 공익상 필요가 있기 때문에, 이에 관한 입법자의 입법형성권의 범위가 매우 넓다. 따라서 국민들은 이러한 영역에 관한 법률이 제반 사정에 따라 언제든지 변경될 수 있다는 것을 충분히 예측할 수 있다고 보아야 한다(헌재 2002.11.28. 2002헌바45).

이것도 알면 합격!

신뢰보호원칙의 요건
- 행정청이 개인에 대하여 신뢰의 대상이 되는 공적인 견해표명을 할 것
- 그 견해표명이 정당하다고 신뢰한 데에 대하여 그 개인에게 귀책사유가 없을 것
- 그 개인이 그 견해표명을 신뢰하고 이에 상응하는 어떠한 행위를 할 것
- 공적 견해표명과 사인의 행위에 인과관계가 있을 것
- 행정청이 그 견해표명에 반하는 처분을 함으로써 그 견해표명을 신뢰한 개인의 이익이 침해되는 결과가 초래될 것
- 그 견해표명에 따른 행정처분을 할 경우 이로 인하여 공익 또는 제3자의 정당한 이익을 현저히 해할 우려가 있는 경우가 아닐 것

08 Ⅲ 정보공개법   정답 ①

정답 분석
① 의사결정과정에 제공된 회의관련 자료나 의사결정과정이 기록된 회의록 등은 의사가 결정되거나 의사가 집행된 경우에는 더 이상 의사결정과정에 있는 사항 그 자체라고는 할 수 없으나, 의사결정과정에 있는 사항에 준하는 사항으로서 비공개대상정보에 포함될 수 있다(대판 2003.8.22. 2002두12946).

선지 분석
② "모든 국민은 정보의 공개를 청구할 권리를 가진다."에서 말하는 국민에는 자연인은 물론 법인, 권리능력 없는 사단·재단도 포함되고, 법인, 권리능력 없는 사단·재단 등의 경우에는 설립 목적을 불문한다(대판 2003.12.12. 2003두8050).
③ 정보공개제도는 공공기관이 보유·관리하는 정보를 그 상태대로 공개하는 제도로서 공개를 구하는 정보를 공공기관이 보유·관리하고 있을 상당한 개연성이 있다는 점에 대하여 원칙적으로 공개청구자에게 증명책임이 있다고 할 것이지만, 공개를 구하는 정보를 공공기관이 한때 보유·관리하였으나 후에 그 정보가 담긴 문서 등이 폐기되어 존재하지 않게 된 것이라면 그 정보를 더 이상 보유·관리하고 있지 아니하다는 점에 대한 증명책임은 공공기관에게 있다(대판 2004.12.9. 2003두12707).
④ 법원 이외의 공공기관이 정보공개법 제9조 제1항 제4호에서 정한 '진행 중인 재판에 관련된 정보'에 해당한다는 사유로 정보공개를 거부하기 위하여는 반드시 그 정보가 진행 중인 재판의 소송기록 그 자체에 포함된 내용의 정보일 필요는 없으나, 재판에 관련된 일체의 정보가 그에 해당하는 것은 아니고 진행 중인 재판의 심리 또는 재판결과에 구체적으로 영향을 미칠 위험이 있는 정보에 한정된다고 할 것이다(대판 2011.11.24. 2009두19021).

09 Ⅲ 행정기본법   정답 ①

정답 분석
① 행정기본법에는 행정상 입법예고에 대한 명문 규정이 없으며, 행정절차법에서 정하는 바에 따른다.

> **행정절차법 제3조【적용 범위】** ① 처분, 신고, 확약, 위반사실 등의 공표, 행정계획, 행정상 입법예고, 행정예고 및 행정지도의 절차(이하 "행정절차"라 한다)에 관하여 다른 법률에 특별한 규정이 있는 경우를 제외하고는 이 법에서 정하는 바에 따른다.

선지 분석
② 행정기본법 제17조 제2항에 대한 옳은 내용이다.

> **제17조【부관】** ② 행정청은 처분에 재량이 없는 경우에는 법률에 근거가 있는 경우에 부관을 붙일 수 있다.

③ 행정기본법 제20조에 대한 옳은 내용이다.

> 제20조【자동적 처분】행정청은 법률로 정하는 바에 따라 완전히 자동화된 시스템(인공지능 기술을 적용한 시스템을 포함한다)으로 처분을 할 수 있다. 다만, 처분에 재량이 있는 경우는 그러하지 아니하다.

④ 행정기본법에는 행정상 강제(제30조)를 명문으로 규정하고 있으며, 행정대집행, 이행강제금, 직접강제, 강제징수, 즉시강제에 대한 명문 규정을 두고 있다.

10 Ⅱ 위헌결정의 효력 정답 ④

정답 분석

④ 위헌법률에 기한 행정처분의 집행이나 집행력을 유지하기 위한 행위는 위헌결정의 기속력에 위반되어 허용되지 않는다고 보아야 할 것인데, 그 규정 이외에는 체납부담금을 강제로 징수할 수 있는 다른 법률적 근거가 없으므로, 그 위헌결정 이전에 이미 부담금 부과처분과 압류처분 및 이에 기한 압류등기가 이루어지고 위의 각 처분이 확정되었다고 하여도, 위헌결정 이후에는 별도의 행정처분인 매각처분, 분배처분 등 후속 체납처분절차를 진행할 수 없는 것은 물론이고, 특별한 사정이 없는 한 기존의 압류등기나 교부청구만으로는 다른 사람에 의하여 개시된 경매절차에서 배당을 받을 수도 없다(대판 2002.8.23. 2001두2959).

선지 분석

① 법규명령의 위임근거가 되는 법률에 대하여 위헌결정이 선고되면 그 위임에 근거하여 제정된 법규명령도 원칙적으로 효력을 상실한다(대판 2001.6.12. 2000다18547).

② 헌법재판소의 위헌결정은 행정청이 개인에 대하여 신뢰의 대상이 되는 공적인 견해를 표명한 것이라고 할 수 없으므로, 그 결정에 관련한 개인의 행위에 대하여는 신뢰보호의 원칙이 적용되지 아니한다(대판 2003.6.27. 2002두6965).

③ 헌법재판소의 위헌결정 전에 행정처분의 근거되는 당해 법률이 헌법에 위반된다는 사유는 특별한 사정이 없는 한 그 행정처분의 취소소송의 전제가 될 수 있을 뿐 당연무효사유는 아니다(대판 1994.10.28. 92누9463).

11 Ⅰ 행정법관계의 당사자 정답 ②

정답 분석

② 지방자치단체를 비롯한 공공조합, 영조물법인 등은 행정주체가 될 수도 있지만, 경우에 따라서는 행정객체가 될 수도 있다.

선지 분석

① 농지개량조합의 조직, 재산의 형성·유지 및 그 목적과 활동전반에 나타나는 매우 짙은 공적인 성격을 고려하건대, 이를 공법인이라고 봄이 상당하므로 헌법소원의 청구인적격을 인정할 수 없다(헌재 2000.11.30. 99헌마190).

③ 차량등록의 대행업자, 자동차검사의 대행업자, 자동차견인의 대행업자, 생활폐기물의 수집·운반 및 처리의 대행업자 등은 단순한 집행사무를 행하는 행정의 보조인 내지 행정의 대행인에 불과하고, 스스로 의사를 결정하고 대외적으로 의사를 표시할 권한을 가지는 공무수탁사인이라고 볼 수 없다.

④ 행정절차법 제2조 제1호 나목, 행정소송법 제2조 제2항에 대한 옳은 내용이다.

> 행정절차법 제2조【정의】이 법에서 사용하는 용어의 뜻은 다음과 같다.
> 1. "행정청"이란 다음 각 목의 자를 말한다.
>   가. 행정에 관한 의사를 결정하여 표시하는 국가 또는 지방자치단체의 기관
>   나. 그 밖에 법령 또는 자치법규(이하 "법령 등"이라 한다)에 따라 행정권한을 가지고 있거나 위임 또는 위탁받은 공공단체 또는 그 기관이나 사인(私人)
>
> 행정소송법 제2조【정의】② 이 법을 적용함에 있어서 행정청에는 법령에 의하여 행정권한의 위임 또는 위탁을 받은 행정기관, 공공단체 및 그 기관 또는 사인이 포함된다.

12 Ⅶ 지방자치단체 정답 ③

정답 분석

③ 지방자치단체의 구역에 관하여 구 지방자치법은, 공유수면 관리 및 매립에 관한 법률에 따른 매립지가 속할 지방자치단체는 안전행정부장관이 결정한다고 규정하면서(구법 제4조 제3항), 관계 지방자치단체의 장은 그 결정에 이의가 있으면 결과를 통보받은 날로부터 15일 이내에 대법원에 소송을 제기할 수 있다고 규정하고 있다(구법 제4조 제8항). 따라서 매립지가 속할 지방자치단체를 정하는 결정에 대하여 대법원에 소송을 제기할 수 있는 주체는 관계 지방자치단체의 장일 뿐 지방자치단체가 아니다(대판 2013.11.14. 2010추73).

선지 분석

① 지방자치법 제3조 제1항에 대한 옳은 내용이다.

> 제3조【지방자치단체의 법인격과 관할】① 지방자치단체는 법인으로 한다.

② 지방자치법 제5조 제3항 제1호에 대한 옳은 내용이다.

> 제5조【지방자치단체의 명칭과 구역】③ 다음 각 호의 어느 하나에 해당할 때에는 관계 지방의회의 의견을 들어야 한다. 다만, 주민투표법 제8조에 따라 주민투표를 한 경우에는 그러하지 아니하다.
> 1. 지방자치단체를 폐지하거나 설치하거나 나누거나 합칠 때

④ 국가사무가 지방자치단체의 장에게 위임된 기관위임사무는 원칙적으로 자치조례의 제정범위에 속하지 않는다 할 것이고, 다만 기관위임사무에 있어서도 그에 관한 개별법령에서 일정한 사항을 조례로 정하도록 위임하고 있는 경우에는 위임받은 사항에 관하여 개별법령의 취지에 부합하는 범위 내에서 이른바 위임조례를 정할 수 있다(대판 2000.5.30. 99추85).

13　Ⅲ 청문　　정답 ②

정답 분석

② 청문 주재자는 직권으로 필요한 조사를 할 수 있으며, 당사자 등이 주장하지 않은 사실에 대하여도 조사할 수 있다.

> 행정절차법 제33조【증거조사】① 청문 주재자는 직권으로 또는 당사자의 신청에 따라 필요한 조사를 할 수 있으며, 당사자 등이 주장하지 아니한 사실에 대하여도 조사할 수 있다.

선지 분석

① 행정절차법 제2조 제5호에 대한 옳은 내용이다.

> 제2조【정의】이 법에서 사용하는 용어의 뜻은 다음과 같다.
> 5. "청문"이란 행정청이 어떠한 처분을 하기 전에 당사자 등의 의견을 직접 듣고 증거를 조사하는 절차를 말한다.

③ 행정절차법 제29조 제1항 제2호에 대한 옳은 내용이다.

> 제29조【청문 주재자의 제척·기피·회피】① 청문 주재자가 다음 각 호의 어느 하나에 해당하는 경우에는 청문을 주재할 수 없다.
> 2. 자신이 해당 처분과 관련하여 증언이나 감정(鑑定)을 한 경우

④ 행정절차법 제21조 제2항에 대한 옳은 내용이다.

> 제21조【처분의 사전 통지】② 행정청은 청문을 하려면 청문이 시작되는 날부터 10일 전까지 제1항 각 호의 사항을 당사자 등에게 통지하여야 한다. 이 경우 제1항 제4호부터 제6호까지의 사항은 청문 주재자의 소속·직위 및 성명, 청문의 일시 및 장소, 청문에 응하지 아니하는 경우의 처리방법 등 청문에 필요한 사항으로 갈음한다.

14　Ⅵ 처분성　　정답 ②

정답 분석

② 통고처분은 상대방의 임의의 승복을 그 발효요건으로 하기 때문에 그 자체만으로는 통고이행을 강제하거나 상대방에게 아무런 권리의무를 형성하지 않으므로 행정심판이나 행정소송의 대상으로서의 처분성을 부여할 수 없고, 통고처분에 대하여 이의가 있으면 통고내용을 이행하지 않음으로써 고발되어 형사재판절차에서 통고처분의 위법·부당함을 얼마든지 다툴 수 있기 때문에 관세법 제38조 제3항 제2호가 법관에 의한 재판받을 권리를 침해한다든가 적법절차의 원칙에 저촉된다고 볼 수 없다(헌재 1998.5.28. 96헌바4).

선지 분석

① 어업권면허에 선행하는 우선순위결정은 행정청이 우선권자로 결정된 자의 신청이 있으면 어업권면허처분을 하겠다는 것을 약속하는 행위로서 강학상 확약에 불과하고 행정처분은 아니므로, 우선순위결정에 공정력이나 불가쟁력과 같은 효력은 인정되지 아니한다(대판 1995.1.20. 94누6529).

③ 거부처분의 처분성을 인정하기 위한 전제요건이 되는 신청권의 존부는 구체적 사건에서 신청인이 누구인가를 고려하지 않고 관계 법규의 해석에 의하여 일반 국민에게 그러한 신청권을 인정하고 있는가를 살펴 추상적으로 결정되는 것이고, 신청인이 그 신청에 따른 단순한 응답을 받을 권리를 넘어서 신청의 인용이라는 만족적 결과를 얻을 권리를 의미하는 것은 아니다(대판 1996.6.11. 95누12460).

④ 행정청이 당사자의 신청에 대하여 거부처분을 한 경우에는 거부처분에 대하여 취소소송을 제기하여야 하는 것이지 행정처분의 부존재를 전제로 한 부작위법확인소송을 제기할 수 없다(대판 1992.4.28. 91누8753).

15　Ⅴ 국가배상　　정답 ③

정답 분석

③ 외국인이 피해자인 경우에는 해당 국가와 상호 보증이 있을 때에만 적용한다(국가배상법 제7조).

선지 분석

① 국가배상법 제4조에 대한 옳은 내용이다.

> 제4조【양도 등 금지】생명·신체의 침해로 인한 국가배상을 받을 권리는 양도하거나 압류하지 못한다.

② 국가배상법 제2조 제2항에 대한 옳은 내용이다.

> 제2조【배상책임】② 제1항 본문의 경우에 공무원에게 고의 또는 중대한 과실이 있으면 국가나 지방자치단체는 그 공무원에게 구상할 수 있다.

④ 국가배상법 제8조, 민법 제766조 제1항에 대한 옳은 내용이다.

> 국가배상법 제8조【다른 법률과의 관계】국가나 지방자치단체의 손해배상 책임에 관하여는 이 법에 규정된 사항 외에는 민법에 따른다. 다만, 민법 외의 법률에 다른 규정이 있을 때에는 그 규정에 따른다.
>
> 민법 제766조【손해배상청구권의 소멸시효】① 불법행위로 인한 손해배상의 청구권은 피해자나 그 법정대리인이 그 손해 및 가해자를 안 날로부터 3년간 이를 행사하지 아니하면 시효로 인하여 소멸한다.

관련 판례

국가배상법 제2조 제1항 본문 전단 규정에 따른 배상청구권은 금전의 급부를 목적으로 하는 국가에 대한 권리로서 구 예산회계법 제96조 제2항, 제1항이 적용되므로 이를 5년간 행사하지 아니할 때에는 시효로 인하여 소멸한다(대판 2008.5.29. 2024다33469).

16 Ⅳ 행정의 실효성 확보수단   정답 ①

정답 분석

① 현행 건축법상 위법건축물에 대한 이행강제수단으로 대집행과 이행강제금(제83조 제1항)이 인정되고 있는데, 양 제도는 각각의 장·단점이 있으므로 행정청은 개별사건에 있어서 위반내용, 위반자의 시정의지 등을 감안하여 대집행과 이행강제금을 선택적으로 활용할 수 있으며, 이처럼 그 합리적인 재량에 의해 선택하여 활용하는 이상 중첩적인 제재에 해당한다고 볼 수 없다(헌재 2004.2.26. 2001헌바80).

선지 분석

② 독점규제 및 공정거래에 관한 법률에서 형사처벌과 아울러 과징금의 병과를 예정하고 있더라도 이중처벌금지원칙에 위반된다고 볼 수 없다(헌재 2003.7.24. 2001헌가25).

③ 행정조사기본법 제11조 제2항 제1호에 대한 옳은 내용이다.

> 제11조【현장조사】② 제1항에 따른 현장조사는 해가 뜨기 전이나 해가 진 뒤에는 할 수 없다. 다만, 다음 각 호의 어느 하나에 해당하는 경우에는 그러하지 아니하다.
> 1. 조사대상자(대리인 및 관리책임이 있는 자를 포함한다)가 동의한 경우

④ 행정청이 상대방에게 장차 어떤 처분을 하겠다고 확약 또는 공적인 의사 표명을 하였다고 하더라도, 그 자체에서 상대방으로 하여금 언제까지 처분의 발령을 신청하도록 유효기간을 두었는데도 그 기간 내에 상대방의 신청이 없었다거나 확약 또는 공적인 의사표명이 있은 후에 사실적·법률적 상태가 변경되었다면, 그와 같은 확약 또는 공적인 의사표명은 행정청의 별다른 의사표시를 기다리지 않고 실효된다(대판 1996.8.20. 95누10877).

17 Ⅵ 행정심판법   정답 ④

정답 분석

④ 심판청구는 처분의 효력이나 그 집행 또는 절차의 속행에 영향을 주지 않는다.

> 행정심판법 제30조【집행정지】① 심판청구는 처분의 효력이나 그 집행 또는 절차의 속행(續行)에 영향을 주지 아니한다.

선지 분석

① 행정심판법 제2조 제2호에 대한 옳은 내용이다.

> 제2조【정의】이 법에서 사용하는 용어의 뜻은 다음과 같다.
> 2. '부작위'란 행정청이 당사자의 신청에 대하여 상당한 기간 내에 일정한 처분을 하여야 할 법률상 의무가 있는데도 처분을 하지 아니하는 것을 말한다.

② 행정심판법 제3조 제2항에 대한 옳은 내용이다.

> 제3조【행정심판의 대상】② 대통령의 처분 또는 부작위에 대하여는 다른 법률에서 행정심판을 청구할 수 있도록 정한 경우 외에는 행정심판을 청구할 수 없다.

③ 행정심판법 제47조 제1항(불고불리의 원칙)·제2항(불이익변경금지의 원칙)에 대한 옳은 내용이다.

> 제47조【재결의 범위】① 위원회는 심판청구의 대상이 되는 처분 또는 부작위 외의 사항에 대하여는 재결하지 못한다.
> ② 위원회는 심판청구의 대상이 되는 처분보다 청구인에게 불리한 재결을 하지 못한다.

18 Ⅵ 항고소송의 대상   정답 ④

정답 분석

④ 각 군 참모총장이 '군인 명예전역수당 지급대상자 결정절차'에서 국방부장관에게 수당지급대상자를 추천하거나 신청자 중 일부를 추천하지 않는 행위는 항고소송의 대상이 되는 처분이 아니다(대판 2009.12.10. 2009두14231).

선지 분석

① 병무청장이 병역법 제81조의2 제1항에 따라 병역의무 기피자의 인적사항 등을 인터넷 홈페이지에 게시하는 등의 방법으로 공개한 경우 병무청장의 공개결정을 항고소송의 대상이 되는 행정처분으로 보아야 한다(대판 2019.6.27. 2018두49130).

② 당연퇴직의 인사발령은 법률상 당연히 발생하는 퇴직사유를 공적으로 확인하여 알려주는 이른바 관념의 통지에 불과하고 공무원의 신분을 상실시키는 새로운 형성적 행위가 아니므로 행정소송의 대상이 되는 독립한 행정처분이라고 할 수 없다(대판 1995.11.14. 95누2036).

③ 세무조사결정은 납세의무자의 권리·의무에 직접 영향을 미치는 공권력의 행사에 따른 행정작용으로서 항고소송의 대상이 된다(대판 2011.3.10. 2009두23617·23624).

19 Ⅱ 행정규칙   정답 ①

정답 분석

① 상위법령이나 법의 일반원칙에 반하는 행정규칙은 당연무효가 되며, 행정내부적 효력도 인정되지 않는다.

> **관련 판례**
> 행정규칙의 내용이 상위법령이나 법의 일반원칙에 반하는 것이라면 법치국가원리에서 파생되는 법질서의 통일성과 모순금지원칙에 따라 그것은 법질서상 당연무효이고, 행정내부적 효력도 인정될 수 없다(대판 2020.5.28. 2017두66541).

선지 분석

② 한국수력원자력 주식회사가 자신의 '공급자관리지침'에 근거하여 등록된 공급업체에 대하여 하는 '등록취소 및 그에 따른 일정 기간의 거래제한조치'는 행정청이 행하는 구체적 사실에 관한 법집행으로서의 공권력의 행사인 '처분'에 해당한다(대판 2020.5.28. 2017두66541).

③ 계약당사자 사이에서 계약의 적정한 이행을 위하여 일정한 계약상 의무를 위반하는 경우 계약해지, 위약벌이나 손해배상액 약정, 장래 일정 기간의 거래제한 등의 제재조치를 약정하는 것은 상위법령과 법의 일반원칙에 위배되지 않는 범위에서 허용되며, 그러한 계약에 따른 제재조치는 법령에 근거한 공권력의 행사로서의 제재처분과는 법적 성질을 달리한다(대판 2020.5.28. 2017두66541).

④ 공공기관의 운영에 관한 법률(이하 '공공기관운영법'이라 한다)이나 그 하위법령은 공기업이 거래상대방 업체에 대하여 공공기관운영법 제39조 제2항 및 공기업·준정부기관 계약사무규칙 제15조에서 정한 범위를 뛰어넘어 추가적인 제재조치를 취할 수 있도록 위임한 바 없다. 따라서 한국수력원자력 주식회사가 조달하는 기자재, 용역 및 정비공사, 기기수리의 공급자에 대한 관리업무 절차를 규정함을 목적으로 제정·운용하고 있는 '공급자관리지침' 중 등록취소 및 그에 따른 일정 기간의 거래제한조치에 관한 규정들은 공공기관으로서 행정청에 해당하는 한국수력원자력 주식회사가 상위법령의 구체적 위임 없이 정한 것이어서 대외적 구속력이 없는 행정규칙이다(대판 2020.5.28. 2017두66541).

20 Ⅵ 행정심판의 재결   정답 ③

정답 분석

행정심판법 제45조 【재결 기간】 ① 재결은 제23조에 따라 피청구인 또는 위원회가 심판청구서를 받은 날부터 (60일) 이내에 하여야 한다. 다만, 부득이한 사정이 있는 경우에는 위원장이 직권으로 (30일)을 연장할 수 있다.
② 위원장은 제1항 단서에 따라 재결 기간을 연장할 경우에는 재결 기간이 끝나기 (7일) 전까지 당사자에게 알려야 한다.

21 Ⅱ 행정행위의 효력   정답 ④

정답 분석

④ 행정처분이 취소되면 그 소급효에 의하여 처음부터 그 처분이 없었던 것과 같은 효과를 발생하게 되는바, 행정청이 의료법인의 이사에 대한 이사취임승인취소처분(제1처분)을 직권으로 취소(제2처분)한 경우에는 그로 인하여 이사가 소급하여 이사로서의 지위를 회복하게 되고, 그 결과 위 제1처분과 제2처분 사이에 법원에 의하여 선임결정된 임시이사들의 지위는 법원의 해임결정이 없더라도 당연히 소멸된다(대판 1997.1.21. 96누3401).

선지 분석

① 수익적 행정처분에 있어서는 법령에 특별한 근거규정이 없다고 하더라도 그 부관으로서 부담을 붙일 수 있고, 그와 같은 부담은 행정청이 행정처분을 하면서 일방적으로 부가할 수도 있지만 부담을 부가하기 이전에 상대방과 협의하여 부담의 내용을 협약의 형식으로 미리 정한 다음 행정처분을 하면서 이를 부가할 수도 있다(대판 2009.2.12. 2005다65500).

② 농지처분의무통지는 단순한 관념의 통지에 불과하다고 볼 수는 없고, 상대방인 농지소유자의 의무에 직접 관계되는 독립한 행정처분으로서 항고소송의 대상이 된다(대판 2003.11.14. 2001두8742).

③ 민사소송에 있어서 어느 행정처분의 당연무효 여부가 선결문제로 되는 때에는 이를 판단하여 당연무효임을 전제로 판결할 수 있고 반드시 행정소송 등의 절차에 의하여 그 취소나 무효확인을 받아야 하는 것은 아니다(대판 2010.4.8. 2009다90092).

22 Ⅴ 국가배상법 제2조   정답 ①

정답 분석

① 국가배상법이 정한 배상청구의 요건인 '공무원의 직무'에는 권력적 작용만이 아니라 행정지도와 같은 비권력적 작용도 포함되며 단지 행정주체가 사경제주체로서 하는 활동만 제외된다(대판 1998.7.10. 96다38971).

선지 분석

② 공무원의 직무집행상의 과실이라 함은 공무원이 그 직무를 수행함에 있어 당해직무를 담당하는 평균인이 보통(통상) 갖추어야 할 주의의무를 게을리한 것을 말하는 것이다(대판 1987.9.22. 87다카1164).

③ 국가배상법 제2조 소정의 '공무원'이라 함은 국가공무원법이나 지방공무원법에 의하여 공무원으로서의 신분을 가진 자에 국한하지 않고, 널리 공무를 위탁받아 실질적으로 공무에 종사하고 있는 일체의 자를 가리키는 것으로서, 공무의 위탁이 일시적이고 한정적인 사항에 관한 활동을 위한 것이어도 달리 볼 것은 아니다(대판 2001.1.5. 98다39060).

④ 국가배상책임에 있어서 공무원의 가해행위는 '법령에 위반한' 것이어야 하고, 법령 위반이라 함은 엄격한 의미의 법령 위반뿐만 아니라 인권존중, 권력남용금지, 신의성실, 공서양속 등의 위반도 포함하여 널리 그 행위가 객관적인 정당성을 결여하고 있음을 의미한다고 할 것이다(대판 2009.12.24. 2009다70180).

23 Ⅱ 행정행위의 무효, 취소   정답 ③

정답 분석
③ 도시계획의 수립에 있어서 도시계획법 제16조의2 소정의 공청회를 열지 아니하고 공공용지의 취득 및 손실보상에 관한 특례법 제8조 소정의 이주대책을 수립하지 아니하였더라도 이는 절차상의 위법으로서 취소사유에 불과하고 그 하자가 도시계획결정 또는 도시계획사업시행인가를 무효라고 할 수 있을 정도로 중대하고 명백하다고는 할 수 없다(대판 1990.1.23. 87누947).

선지 분석
① 행정처분의 취소의 효과는 행정처분이 있었던 때에 소급하는 것이나 취소되기까지의 기득권을 침해할 수 없는 것이 원칙이다(대결 1962.3.8. 4294민상1263).
② 선행 도시계획결정의 폐지 부분은 권한 없는 자에 의하여 행해진 것으로서 무효이고, 같은 대상지역에 대하여 선행 도시계획결정이 적법하게 폐지되지 아니한 상태에서 그 위에 다시 한 후행 도시계획결정 역시 위법하고, 그 하자는 중대하고도 명백하여 다른 특별한 사정이 없는 한 무효라고 보아야 한다(대판 2000.9.8. 99두11257).
④ 구 국가를 당사자로 하는 계약에 관한 법률상의 요건과 절차를 거치지 않고 체결한 국가와 사인간의 사법상 계약의 효력은 무효이다(대판 2005.5.27. 2004다30811).

24 Ⅳ 이행강제금   정답 ③

정답 분석
③ 건축법 제108조, 제110조에 의한 형사처벌의 대상이 되는 행위와 이 사건 법률조항에 따라 이행강제금이 부과되는 행위는 기초적 사실관계가 동일한 행위가 아니라 할 것이므로 이런 점에서도 이 사건 법률조항이 헌법 제13조 제1항의 이중처벌금지의 원칙에 위반되지 아니한다(헌재 2011.10.25. 2009헌바140).

선지 분석
① 현행 건축법상 위법건축물에 대한 이행강제수단으로 대집행과 이행강제금이 인정되고 있는데, 양 제도는 각각의 장단점이 있으므로 행정청은 개별사건에 있어서 위반내용, 위반자의 시정의지 등을 감안하여 대집행과 이행강제금을 선택적으로 활용할 수 있으며, 이처럼 그 합리적인 재량에 의해 선택하여 활용하는 이상 중첩적인 제재에 해당한다고 볼 수 없다(헌재 2004.2.26. 2001헌바80).
② 이행강제금도 행정상 강제집행의 수단이므로 법적 근거가 요구된다. 이에 대한 일반법은 행정기본법 제30조, 제31조가 있고, 개별법은 건축법 등에 이행강제금제도(1년에 2회 범위 내), 농지법(매년 1회), 대덕연구개발특구 등의 육성에 관한 특별법, 부동산실권리자명의 등기에 관한 법률, 독점규제 및 공정거래에 관한 법률, 장사(葬事) 등에 관한 법률 등이 있다.
④ 이행강제금은 대체적 작위의무의 위반에 대하여도 부과될 수 있다(헌재 2004.2.26. 2001헌바80).

25 Ⅶ 공무원법   정답 ①

정답 분석
옳은 것은 ㄱ, ㄷ이고, 옳지 않은 것은 ㄴ, ㄹ이다.

ㄱ. [O] 국가공무원법과 지방공무원법은 모두 경력직공무원과 특수경력직공무원으로 양분하여 구분하는 것으로 규정하고 있다.

이것도 알면 합격!

공무원의 구분

국가공무원법 제2조	지방공무원법 제2조
• 경력직공무원: 일반직공무원, 특정직공무원	
• 특수경력직공무원: 정무직공무원, 별정직공무원	

ㄴ. [X] 지방공무원법상 임용권자는 지방자치단체의 장 및 지방의회의 의장이다. 인사혁신처장은 국가공무원법상 행정부의 인사행정을 관장한다.

지방공무원법 제6조【임용권자】 ① 지방자치단체의 장[특별시·광역시·특별자치시·도 또는 특별자치도(이하 "시·도"라 한다)의 교육감을 포함한다. 이하 같다] 및 지방의회의 의장[시·도의회의 의장 및 시·군·구(자치구를 말한다. 이하 같다)의회의 의장을 말한다. 이하 같다]은 이 법에서 정하는 바에 따라 그 소속 공무원의 임명·휴직·면직과 징계를 하는 권한(이하 "임용권"이라 한다)을 가진다.

국가공무원법 제6조【중앙인사관장기관】 ① 인사행정에 관한 기본 정책의 수립과 이 법의 시행·운영에 관한 사무는 다음 각 호의 구분에 따라 관장(管掌)한다.
5. 행정부는 인사혁신처장

ㄷ. [O] 국가공무원법 제15조, 지방공무원법 제20조에 대한 옳은 내용이다.

국가공무원법 제15조【결정의 효력】 제14조에 따른 소청심사위원회의 결정은 처분 행정청을 기속(羈束)한다.

지방공무원법 제20조【결정의 효력】 제19조에 따른 심사위원회의 결정은 처분행정청을 기속(羈束)한다.

ㄹ. [X] 지방공무원이 본인의 의사에 반한 불리한 처분에 대하여 행정소송을 제기하려는 경우, 지방공무원법상 심사위원회의 심사·결정을 생략할 수 없고, 반드시 거쳐야 소 제기가 가능하다.

국가공무원법 제16조【행정소송과의 관계】 ① 제75조에 따른 처분, 그 밖에 본인의 의사에 반한 불리한 처분이나 부작위(不作爲)에 관한 행정소송은 소청심사위원회의 심사·결정을 거치지 아니하면 제기할 수 없다.

지방공무원법 제20조의2【행정소송과의 관계】 제67조에 따른 처분, 그 밖에 본인의 의사에 반한 불리한 처분이나 부작위에 관한 행정소송은 심사위원회의 심사·결정을 거치지 아니하면 제기할 수 없다.

제3과목 경영학

01 Ⅰ 경영학의 발전과정 정답 ②

선지 분석
ㄴ. 테일러(Taylor)는 노동의 과학화를 목적으로 하고, 페이욜(Fayol)은 경영의 과학화를 목적으로 한다.
ㄹ. 호손연구는 '조명실험 → 계전기 조립작업장 실험 → 면접연구 → 배전기 전선작업장 실험'의 순으로 진행되었다.

이것도 알면 합격!

테일러(Taylor)의 과학적 관리법	• 각 과업을 수행하는 최선의 방법을 찾아 작업자의 생산성을 향상시키기 위한 과학적 관리법은 동작연구와 시간연구, 차별적 성과급제, 기획부제도, 직능별 직장제도, 작업지도표제도 등을 그 주요내용으로 한다. • 노동생산성 향상에 따라 작업자는 고임금을 받게 되는 동시에 경영자는 일정 금액에 대한 생산량 증가에 따른 저노무비의 혜택을 받게 되는 고임금 저노무비(high wage, low labor cost)의 원칙에 근거하고 있으며, 테일러는 이를 통해 노사 간 공존공영이 실현될 수 있다고 생각하였다. • 그러나 이러한 과학적 관리법은 인간적 측면을 경시하고 인간노동을 기계시하고 있으며, 공장생산 노무관리에 지나지 않는 한계점을 보이고 있다. 또한, 과업의 설정과정이 시간연구자의 주관에 의하여 설정될 수 있으며, 금전적인 유인에 의한 능률의 논리만을 강조하였다.
베버(Weber)의 관료제	• 명령, 복종, 합법적 권위(규범), 문서에 기반을 둔 이상적인 조직의 형태를 말한다. • 규범의 명확화, 노동의 분화, 역량 및 전문성에 근거한 인사, 공과 사의 구분(소유권의 분리), 계층의 원칙, 문서화 등의 특성을 가진다. • 전문화를 통해 효율을 올릴 수 있으며, 직위에 대한 책임과 권한이 명시되어 있기 때문에 명령계통이 체계적으로 이루어져 있고, 예측가능성과 안정성을 제공해준다. • 개인적인 성장을 막고 계층구조로 이루어져 있기 때문에 쌍방향의 의사소통을 어렵게 만든다.

02 Ⅰ 기업 정답 ②

정답 분석
ESG 경영은 지속가능한 발전을 위한 기업과 투자자의 사회적 책임이 중요해지면서 등장한 개념으로 환경(environment), 사회(social), 지배구조(governance)와 관련되어 있다. 또한, 단순히 재무적 성과만 가지고 판단하는 것이 아니라 비재무적인 가치들도 중요하고, 투자자들의 장기적 수익을 추구한다.

03 Ⅰ 조직화 정답 ②

정답 분석
프로세스 조직은 리엔지니어링(reengineering)에 의해 고객입장에서 기존의 업무처리절차를 재설계하여 획기적인 경영성과를 도모하도록 설계된 조직이다.

이것도 알면 합격!

네트워크 조직은 전통적인 조직의 핵심요소는 간직하고 있으나 일부 전통적인 조직의 경계와 구조가 없는 조직을 말한다. 즉, 기존의 전통적인 계층형 조직과 비교되는 개념으로 조직의 위계적 서열과는 관계없이 조직구성원 개개인의 전문적 지식과 자율권을 기초로 하는 연결 조직이다. 개인의 능력을 최대로 발휘하게 하고, 여러 기능과 사업부문 간에 의사소통을 활성화하기 위한 신축적인 조직 운영방식이다. 네트워크 조직에서 조직의 경계와 구조를 발견하기 어려운 이유는 조직의 구성요소들이 물리적으로 연결되어 있는 것이 아니라, 가상공간을 통해 연결되어 있기 때문이며, 이러한 이유로 가상조직(virtual organization)이라고도 한다. 따라서 네트워크 조직은 조직의 개념에 최근 급격하게 발달하고 있는 컴퓨터, 정보통신 등 정보기술을 적용함에 따라 전통적인 의미에서의 조직의 경계와 구조가 허물어져 도입된 개념이라고 할 수 있다. 조직의 규모와 상관없이 전 세계에서 인력과 자원의 획득이 가능하기 때문에 특정한 활동을 낮은 비용으로 수행할 수 있는 외부 기업들을 확보함으로써 생산비를 감소시킬 수 있고 소비자의 요구변화에 신속하고 유연하게 대응할 수 있지만, 협력업체와의 관계 유지 및 갈등 해결에 많은 시간이 소요되고 조직구성원의 충성심과 기업문화가 약하다. 즉 네트워크 조직은 전략적 제휴나 아웃소싱과 관련되어 있다.

04 Ⅰ 전략통제 정답 ②

정답 분석
고객 관점의 성과측정지표에는 고객만족도, 시장점유율, 고객수익성 등이 있고, 학습과 성장 관점의 성과측정지표에는 직원숙련도, 직원만족, 자발적 이직률, 정보획득 가능성, 연구개발 등이 있다.

이것도 알면 합격!

재무적 관점	주주에게 어떻게 보일 것인가를 중요시하는 관점으로서 전략을 실행하여 영업이익이나 순이익 등과 같은 재무성과가 얼마나 개선되었는지를 측정하는 것이다. 재무적 관점은 성과측정지표로 영업이익, 투자수익률, 잔여이익, 경제적 부가가치, 판매성장, 현금흐름 등을 사용한다.
고객 관점	고객에게 어떻게 보일 것인가를 중요시하는 관점으로서 전략을 실행하여 고객과 관련된 성과가 얼마나 개선되었는지를 측정하는 것이다. 고객 관점은 성과측정지표로 고객만족도, 시장점유율, 고객수익성 등을 사용한다.

내부프로세스 관점	주주나 고객을 만족시키기 위해 어떤 내부프로세스가 탁월해야 하는지를 중요시하는 관점으로서 전략을 실행하여 기업내부에 가치를 창출할 수 있는 프로세스가 얼마나 개선되었는지를 측정하는 것이다. 내부프로세스 관점은 성과측정지표로 경영시스템(관리비, 제안건수), 제품개발, 생산, 품질, 적송, 사후 서비스, 정보기술 등을 사용한다.
학습과 성장 관점	비전을 달성하기 위해 변화하고 개선하는 능력을 어떤 방법으로 길러야 하는지를 중요시하는 관점으로써 전략을 실행하여 장기적인 성장과 발전을 위해 인적자원과 정보시스템 및 조직의 절차 등이 얼마나 개선되었는지를 측정하는 것이다. 학습과 성장 관점은 성과측정지표로 직원숙련도, 직원만족, 자발적 이직률, 정보획득 가능성, 연구개발(R&D) 등을 사용한다.

이타주의	직무상 필수적이지는 않지만, 한 구성원이 조직 내 업무나 문제에 대하여 다른 구성원들을 도와주려는 직접적이고 자발적인 조직 내 행동을 의미한다.
예의	직무수행과 관련하여 타인들과의 사이에서 발생하는 문제나 갈등을 미리 막으려고 노력하는 행동을 의미한다.
성실성(양심)	조직에서 요구하는 최저수준 이상의 역할을 수행하는 것을 의미한다. 성실성은 조직구성원들이 갈등상황에 처했을 때 더욱 나타나기 쉬운 것으로 알려져 있다.
시민의식	조직에서 불의를 참지 못하고 조직을 긍정적으로 변화시키는 적극적 행동을 하는 것을 의미한다.
스포츠맨십	조직 내에서 어떠한 갈등이나 문제가 발생하더라도 그에 대하여 불평이나 비난을 하는 대신에 가능하면 조직생활의 고충이나 불편함을 스스로 해결하려는 행동을 의미한다.

05 Ⅰ 경영혁신   정답 ③

정답 분석

프로슈머(prosumer)는 기업의 생산자(producer)와 소비자(consumer)를 합성한 말이다. 소비자가 소비는 물론 제품개발, 유통과정에까지 직접 관여하여 해당 제품의 생산단계부터 유통에 이르기까지 소비자의 권리를 행사한다. 즉 시장에 나온 물건을 선택하여 소비하는 수동적인 소비자가 아니라 자신의 취향에 맞는 물건을 스스로 창조해나가는 능동적 소비자의 개념에 가깝다고 할 수 있다. 그리고 경쟁자가 없는 미개척의 새로운 시장인 블루오션에 존재하는 소비자는 블루슈머(bluesumer)이다.

06 Ⅱ 태도 / 동기부여   정답 ①

정답 분석

조직시민행동의 구성요소 중 이타주의와 예의는 조직 내 다른 구성원을 지향하는 구성요소에 해당하고, 성실성(양심), 시민의식, 스포츠맨십은 행동의 대상이 조직을 지향하는 구성요소에 해당한다.

> **이것도 알면 합격!**
>
> 조직시민행동이란 조직구성원들이 조직 내에서 급여나 상여금 등의 공식적 보상을 받지 않더라도 조직의 발전을 위해서 희생하고 자발적으로 일을 하거나 다른 구성원들을 돕는 행동 및 조직 내의 갈등을 줄이려는 자발적 행동들을 의미한다. 즉 조직구성원 스스로가 조직을 위해 행하는 자발적인 행동으로, 직무기술서에 열거된 핵심적인 과업 이상으로 조직의 효율성 증진에 기여하는 행동을 말한다. 이러한 조직시민행동은 크게 이타주의(altruism), 성실성 또는 양심(conscientiousness), 시민의식(civil virtue), 예의(courtesy), 스포츠맨십(sportsmanship)의 구성요소를 가진다. 이들 다섯 가지 구성요소 중 이타주의와 예의는 조직 내 다른 구성원을 지향하므로 '조직시민행동-개인(OCB-I)'이라고 부르고, 성실성(양심), 시민의식, 스포츠맨십은 행동의 대상이 조직을 지향하기 때문에 '조직시민행동-조직(OCB-O)'이라고 부른다.

07 Ⅱ 집단행동   정답 ④

선지 분석

① 집단은 각 개인의 기여를 중시하지만, 팀은 구성원의 기여와 공동의 노력을 동시에 중시한다.
② 툭크만(Tuckman)은 집단발달단계가 '형성기 → 격동기 → 규범기 → 성과수행기 → 해체기'의 순으로 이루어진다고 하였다.
③ 다른 집단과의 경쟁이 존재하면 사회적 태만은 감소한다.

08 Ⅱ 리더십   정답 ④

정답 분석

블레이크(Blake)와 모튼(Mouton)은 리더십의 유형을 '생산에 대한 관심'과 '인간에 대한 관심'이라는 기준에 따라 총 81가지의 리더십 유형을 정의하였는데, (1,9)를 'country club형 리더'라고 구분하였다. 'country club형 리더'는 부하 직원에 대한 관심은 아주 높고 조직 내 인간관계에는 많은 관심을 기울이지만 생산에는 별로 관심이 없는 유형이다.

09 Ⅲ 확보관리   정답 ②

정답 분석

ㄷ. 조직의 입장에서 볼 때 선발비율(총지원자 수에 대한 채용인원수의 비율)이 너무 높아 1.0에 가까워지면 선발의 의미가 상실되고, 선발비율이 매우 낮은 경우에는 지원자를 선택할 폭은 넓겠지만 선발비용이 상대적으로 많이 발생하게 된다. 따라서 동일한 수준의 타당도를 가진 선발도구는 선발비율에 따라 그 합리성의 정도가 달라진다.

선지 분석

ㄴ. 특정 선발도구의 타당도가 매우 높은 것으로 판명되었으나 이 선발도구의 도입에 엄청난 비용을 지불해야 하는 경우에 기업은 효과측면을 고려하지 않을 수 없다. 선발도구의 효과는 선발이 잘못 되었을 때 발생하는 이직비용 관점에서 우선 생각할 수 있다. 이러한 분석의 방법을 비용편익분석(cost-benefit analysis)이라고 한다.

ㄹ. 선발비율이 매우 낮을 경우 비교적 우수한 지원자들이 선발되므로 선발된 자들의 보다 높은 직무성과를 기대할 수 있다. 따라서 선발도구의 타당도가 낮을 경우 선발비율을 낮추고 해당 선발도구의 유효성을 높이는 노력이 요구된다.

10 Ⅲ 교육훈련과 경력개발 정답 ①

정답 분석
조직사회화는 종업원이 조직에 입사하기 전부터 시작된다.

이것도 알면 합격!

조직사회화는 개인이 조직에서의 역할을 수행하고 조직구성원으로서 참여하는 데 필요한 가치, 능력, 기대되는 행동, 사회지식 등을 알게 하는 과정을 말한다. 조직은 신입사원이 직무를 수행하고 조직에 적응하는 것을 도와주어야 하고, 신입사원이 조직의 철학을 수용하도록 만들어야 하며 이를 위해 신입사원을 새로운 작업환경에 사회화시켜야 한다. 사회화는 본질적으로 개인의 역할이 새롭게 바뀌는 학습과정이기 때문에 개인의 동기, 직무만족, 조직몰입에 긍정적인 영향을 미치게 되고, 이를 통해 개인과 조직의 성과가 증가하고 종업원의 이직률이 낮아지게 된다. 이러한 조직사회화는 선행사회화(조직진입 전 사회화), 입사(조직과의 대면), 변화와 획득(조직에 정착)의 순서로 이루어진다.

11 Ⅲ 인사평가 정답 ④

정답 분석
인사평가의 방법 중 후광효과(halo effect)의 발생이 가능한 가장 대표적인 방법들은 평정척도법과 자율서술법이다.

평정척도법	피평가자의 자질을 직무수행상 과업달성의 정도에 따라 사전에 마련된 평정척도를 근거로 평가자가 평가하는 방법을 의미한다. 즉, 피평가자의 능력, 개인적 특성, 성과 등을 평가하기 위해 평가요소를 제시하고 이에 대해 단계별 차등을 두어 평가하는 방법으로 가장 널리 사용되는 인사평가기법 중의 하나이다. 평정척도법은 대인비교법의 약점을 보완하기 위해 개발된 것이며, 대인비교법에서는 평가요소별 피평가자의 서열을 매기지만 평정척도법에서는 등급을 매기기 때문에 보다 구체적인 평가정보를 제공해 준다. 그러나 평정척도법은 관대화경향, 중심화경향, 가혹화경향, 후광효과 등의 오류가 발생할 가능성이 있다.
자율서술법	피평가자 자신이 작성한 자기신고서를 활용하여 평가하는 방법을 의미한다. 최근에 많은 기업들이 도입하고 있지만 주관적인 특성과 신뢰성에 대한 의문이 제기되고 있는 방법이다. 자기신고서를 활용하여 평가하기 때문에 피평가자를 가장 자세히 설명할 수 있는 방법이기는 하지만 자기신고서의 서술방법에 따라 평가내용이 차이가 날 수 있기 때문에 피평가자 간의 비교가 쉽지 않다. 이를 오류로 표현하면 후광효과가 된다.

12 Ⅲ 보상관리 정답 ①

선지 분석
② 내부공정성은 임금체계에 반영되고, 외부공정성은 임금수준에 반영된다.
③ 생산성과 수익성은 기업의 지불능력을 판단할 수 있는 지표이고, 종업원의 생계비를 측정하는 지표에는 이론생계비와 실태생계비가 있다.
④ 능률적인 작업과 낭비제거를 유도하기 위해 재료비와 노무비의 절감액을 분배하는 제도는 카이저 플랜이다.

이것도 알면 합격!

테일러식 복률성과급	과학적으로 결정된 표준과업량을 기준으로 하여 두 종류의 임률을 제시한다. 정해진 기준에 따라 표준과업량을 달성한 인적자원에게는 훨씬 유리한 임률을 적용한다.
메릭식 복률성과급	테일러식 복률성과급의 결점을 보완할 목적으로 세 종류의 임률을 제시한다. 미숙련자에게도 쉽게 달성할 수 있는 중간임률을 두어 인적자원들의 동기부여를 통해 생산성의 증가를 달성하고자 하는 제도라고 할 수 있다.
리틀식 복률성과급	메릭식 복률성과급의 결점을 보완할 목적으로 네 종류의 임률을 제시한다. 표준과업을 110% 이상 초과달성한 고도숙련자에게 더 큰 동기부여를 주도록 높은 임률을 제공하는 제도이다.
맨체스터 플랜	미숙련 노동자들에게 예정된 성과를 올리지 못하더라도 최저생활을 보장해 주기 위하여 작업성과의 일정한 범위까지는 보장된 임금을 지급하는 제도이다. 따라서 고정급과 변동급이 결합된 형태라고 할 수 있다.

13 Ⅳ 서비스 운영관리 정답 ④

정답 분석

서비스-공정 매트릭스는 서비스를 분류하기 위해 슈메너(Schmenner)가 1986년에 제안한 모형으로 서비스를 관여(또는 상호작용)와 개별화(또는 고객화) 정도라는 측면과 노동집약정도라는 측면의 두 가지 기준을 사용하여 서비스 공장, 서비스 숍, 대량 서비스, 전문서비스의 4가지 유형으로 구분하였다. 따라서 개별화 정도가 높은 서비스 조직은 서비스의 차별화에 중점을 두어야 한다.

14 Ⅳ 재고관리 정답 ②

정답 분석

② ABC 재고통제시스템은 각 재고품목별로 그 가치나 중요성이 동일하지 않다는 점에서 출발하여 각 재고품목의 중요성 측정기준(재고가액)에 의하여 재고품목을 3가지로 차별화하여 고가품목에 통제능력을 많이 배분하는 재고통제시스템을 말한다. 따라서 ABC 재고통제시스템에 의해 A 그룹으로 분류되는 재고품목은 재고부족관련비용 및 유지비용이 높고, C 그룹으로 분류되는 재고품목은 재고부족관련비용 및 유지비용이 낮기 때문에 옳은 설명이다.

선지 분석

① 고정주문주기 모형(P 시스템)이 고정주문량 모형(Q 시스템)보다 더 많은 안전재고를 요구한다.
③ 고정주문량 모형은 연속조사를 실시하고, 고정주문주기 모형은 주기조사를 실시한다.
④ 경제적 생산량 모형은 수요가 일정하며, 생산하고자 하는 양이 점진적으로 생산되어 재고가 보충된다는 가정을 두고 있다.

15 Ⅳ 품질경영 정답 ②

선지 분석

ㄴ. 공통원인은 통제가 불가능하고 불가피한 변동의 원인이기 때문에 관리가 불가능하지만, 이상원인은 변동원인이 추적가능하고 통제할 수 있기 때문에 관리를 통해 산출물의 변동을 줄일 수 있다. 즉, 이상원인이 관리대상 원인이 된다.
ㅁ. 품질비용에 대한 관점은 크게 두 가지 관점으로 나누어 볼 수 있다. 전통적인 관점에 의하면, 기업은 실패비용과 예방 및 평가비용 사이의 균형을 꾀한다. 즉, 적정한 품질수준을 유지하는 것이 품질비용을 최소화시킬 수 있다고 생각하였다. 그러나 현대적인 관점에서는 결함의 근본원인을 제거하는데 초점을 맞춘다면 품질비용은 결국 감소하게 된다는 견해를 가지고 있으며 결국 불량률 0%의 수준이 기업의 품질비용을 최소화시킬 수 있다고 주장한다.

16 Ⅳ 적시생산시스템과 공급사슬관리 정답 ④

정답 분석

적시생산시스템(JIT) 또는 린 생산시스템은 필요한 자재를 원하는 수준의 품질로 필요한 수량만큼 원하는 시점에서 조달하는 적시공급에 의한 생산방식을 말한다. 적시생산시스템은 대량생산방식으로 표현되는 포드 시스템의 단점을 보완한 방법이라고 할 수 있으며, 도요타 시스템(Toyota system), 무재고 시스템, 풀(pull) 시스템, 간반(kanban) 시스템, 안돈(andon) 시스템의 개념들이 포함되어 있다. 따라서 적시생산시스템의 성공적 도입을 위해서는 제조준비시간의 충분한 감소가 먼저 이루어져야 한다. 즉 로트 크기를 줄이는 것이 효과가 있기 위해서는 제조준비시간을 줄여야 한다.

17 Ⅴ 마케팅조사 정답 ④

정답 분석

눈덩이 표본추출은 조사자가 적절하다고 판단하는 조사대상자들을 선정한 다음에 그들로 하여금 또 다른 조사대상자들을 추천하도록 하는 방법이다. 이러한 표본추출은 조사자가 모집단 구성원들 중 극소수 이외에는 누가 표본으로 적절한지를 판단할 수 없는 경우에 사용될 수 있다는 장점이 있지만, 연속적 추천에 의해 선정된 조사대상자들 간에는 동질성이 높을 수 있으나 모집단과는 매우 다른 특성을 가질 수 있다는 단점이 있다.

이것도 알면 합격!

무작위 표본추출	표본목록(난수표) 등을 이용하여 각 표본이 동일 발생확률로 선택될 수 있도록 표본을 추출하는 방법이다. 이러한 표본추출은 모집단의 구성요소들이 표본으로 선정될 확률이 동일하기 때문에 표본오차가 작고 신뢰성이 우수하여 통계적 효율성이 높은 것이 장점이지만, 모집단이 클 경우 상대적으로 비용이 많이 들어가는 단점이 있다.
층화표본 추출	표본을 모집단에서 직접 선정하는 것이 아니라 규모, 지역, 성별, 나이 등과 같이 동질성을 갖고 있는 여러 하위집단에서 공평하게 표본을 추출하는 방법이다. 이러한 표본추출은 무작위표본추출에 비하여 통계적 효율성이 높은 편이지만, 변수선택에 따른 하위집단의 구분(층화)을 잘못할 경우 신뢰도가 낮아질 수 있다.
군집표본 추출	모집단을 다수의 소집단으로 구분한 후 그 집단 자체를 모두 표본으로 선정하거나 그 중 일부를 표본으로 선정하는 방법이다. 이러한 표본추출은 표본추출에 소요되는 비용이 저렴한 것이 장점이지만, 통계적 효율성이 상대적으로 떨어지는 단점이 있다.
편의표본 추출	조사자가 중요하다고 생각되는 표본을 임의대로 추출하는 방법을 말한다. 이러한 표본추출은 조사비용이 저렴한 것이 장점이지만, 모집단의 대표성이 높지 않다는 단점이 있다. 주로 실제 조사연구보다는 설문지를 사전에 검사하거나 탐색적인 예비조사를 위해 사용된다.

판단표본 추출	조사자가 모집단과 그 요소에 대한 자신의 지식, 조사목적의 특성 등에 기초하여 조사에 가장 적합하다고 판단한 특정 집단을 표본으로 선정하는 방법을 말한다.
할당표본 추출	일정한 기준을 가지고 사전에 이미 결정되어 있는 백분율 또는 표본수와 일치하도록 표본을 추출하는 방법을 말한다. 이는 비확률적 표본추출방법 중 가장 정교한 방법이다. 모집단을 일정한 기준에 따라 여러 하위집단으로 구분한다는 점에서는 층화표본추출과 유사하지만 조사자의 주관에 따라 그 기준이 설정된다는 점에서 차이가 있다. 이러한 표본추출은 자료수집비용이 저렴하고 대표성이 높다는 것이 장점이지만, 모집단 분류에 있어 조사자의 편견이 개입되기 쉽고 오차의 발생가능성이 높은 단점이 있다.

18 Ⅴ 소비자행동분석 정답 ④

선지 분석

① 고객들이 신제품을 구매하거나 여러 대체품들에 대한 사전지식이 없고 각 대체품들의 평가기준을 모르는 상황에서 발생하는 소비자행동은 포괄적 문제해결이다. 일상적 문제해결은 고객들이 동일제품을 반복구매하여 그 제품에 대한 상당한 경험을 가지고 있고 제품의 성능에 대해 매우 만족하고 있을 때 일어난다.
② 관성적 구매행동은 제품사용경험이 있는 저관여 소비자가 복잡한 의사결정을 피하기 위해 동일한 브랜드를 반복구매하는 것이다.
③ 고관여에서는 확장된 문제해결을 하고, 저관여에서는 축소된 문제해결을 한다.

19 Ⅴ 가격 정답 ①

정답 분석

ㄷ와 ㄹ은 시장침투 가격정책(penetration pricing)의 사용이 가능한 경우이다.

이것도 알면 합격!

스키밍 가격전략 (초기 고가 전략)	신제품 도입초기에 고가격으로 시장에 진입하여 가격에 비교적 둔감한 고소득층의 혁신층(innovators)과 조기수용층(early adopters)을 흡수하고, 점점 가격을 낮추어 중산층과 저소득층까지 공략하는 가격전략을 말한다. 단기간에 많은 이익을 실현하여 초기 투자비를 회수할 목적이거나 아직 경쟁기업이 없는 경우 또는 수요의 가격탄력도가 낮은 경우에 적합한 전략이다.
시장침투 가격전략 (초기 저가 전략)	신제품 도입초기에 저가격을 설정하여 신속히 시장에 침투한 후 인지도가 높아지면 가격을 높게 설정하는 가격전략을 말한다. 저렴한 가격으로 시장성장을 촉진하거나 원가우위로 경쟁기업의 진입을 지연시키고자 할 때 또는 수요의 가격탄력도가 높은 경우에 적합한 전략이다.

20 Ⅴ 촉진 정답 ④

정답 분석

티저광고(teaser advertisement)에 대한 설명이다.

이것도 알면 합격!

- 부정적 광고 : 부정적이거나 금기시되는 소재를 활용하여 시각적·감정적 충격을 주어 특정 대상에 대해 부정적 느낌이나 정보를 전달하는 광고이다.
- 역광고 : 소비자가 자신의 요구를 네트워크에 입력하면 거꾸로 재화나 서비스 공급자가 이를 확인하고 소비자에게 접촉하는 광고이다. 인터넷의 발달로 가능해진 광고의 형태이다.
- 인포머셜(informercial) : 정보(information)와 광고(commercial)의 합성어로 제품이나 점포에 대한 상세한 정보를 제공하여 소비자의 이해를 돕는 광고기법으로 광고라는 느낌을 최소화하는 방법이다.

21 Ⅵ 재무관리의 기초개념 정답 ④

정답 분석

미래의 이익은 자기자본 제공자(주주)에게는 배당금이 지급되고, 타인자본 제공자(채권자)에게는 원금과 이자가 지급된다.

22 Ⅵ 재무비율분석 정답 ②

정답 분석

유동비율은 유동자산을 유동부채로 나눈 것이기 때문에 유동비율을 증가시키기 위해서는 유동자산을 증가시키거나 유동부채를 감소시키면 된다. 따라서 노후화된 차량(비유동자산)을 매각하면 현금(유동자산)이 유입되어 유동비율이 높아진다.

23 Ⅵ 파생상품 정답 ④

정답 분석
옵션은 권리만 있고 의무는 없으므로 매입자는 해당 옵션을 매도한 사람에게 일정한 대가(프리미엄)를 지불하여야 한다. 단, 옵션 매도자는 옵션 매수자로부터 일정한 대가를 받았기 때문에 옵션 매수자의 권리행사에 반드시 응해야 할 의무가 있다.

24 Ⅵ 재무제표 정답 ③

정답 분석
이자보상배율은 영업이익을 이자비용으로 나누어 계산하고, 매출액순이익률은 당기순이익을 매출액으로 나누어 계산하며, 유동비율은 유동자산을 유동부채로 나누어 계산한다. 따라서 재무상태표를 통해 유동비율을 분석할 수 있지만, 이자보상배율이나 매출액순이익률은 분석할 수 없다.

25 Ⅵ 재무제표 정답 ④

정답 분석
주식발행초과금, 감자차익, 자기주식처분이익 등은 자본잉여금에 해당하고, 자기주식, 주식할인발행차금, 감자차손, 자기주식처분손실 등은 자본조정에 해당한다. 그리고 법정적립금, 임의적립금, 미처분이익잉여금 등은 이익잉여금에 해당한다.

제2회 실전모의고사

❯ 셀프 체크

권장 풀이 시간	75분(OMR 표기 시간 포함)
실제 풀이 시간	___시 ___분 ~ ___시 ___분
맞힌 답의 개수	___개 / 75개

❯ 정답

제1과목 국어

01	②	06	③	11	①	16	④	21	②
02	④	07	④	12	①	17	④	22	②
03	②	08	④	13	③	18	①	23	③
04	③	09	④	14	②	19	②	24	②
05	②	10	③	15	④	20	②	25	③

제2과목 행정법

01	①	06	①	11	④	16	②	21	②
02	④	07	③	12	③	17	③	22	③
03	②	08	④	13	②	18	①	23	④
04	③	09	①	14	③	19	②	24	①
05	②	10	①	15	④	20	②	25	④

제3과목 경영학

01	②	06	④	11	④	16	①	21	②
02	①	07	③	12	④	17	②	22	②
03	③	08	④	13	③	18	②	23	④
04	②	09	②	14	①	19	③	24	②
05	④	10	①	15	①	20	①	25	①

❯ 취약 단원 분석표

제1과목 국어

단원	맞힌 답의 개수
어법	/ 10
비문학	/ 4
문학	/ 7
어휘	/ 3
혼합	/ 1
TOTAL	/ 25

제2과목 행정법

단원	맞힌 답의 개수
Ⅰ 일반론	/ 3
Ⅱ 행정작용	/ 7
Ⅲ 행정과정	/ 3
Ⅳ 실효성 확보수단	/ 2
Ⅴ 손해전보	/ 2
Ⅵ 행정쟁송	/ 4
Ⅶ 행정법각론	/ 4
TOTAL	/ 25

제3과목 경영학

단원	맞힌 답의 개수
Ⅰ 경영학 입문	/ 4
Ⅱ 조직행동론	/ 4
Ⅲ 인적자원관리	/ 3
Ⅳ 생산운영관리	/ 5
Ⅴ 마케팅	/ 5
Ⅵ 재무관리 · 회계학 · 경영정보시스템	/ 4
TOTAL	/ 25

제1과목 국어

01 어법 표준어 사정 원칙 (표준어의 구분) 정답 ②

정답 분석
② 잊으려야(○): '-(으)려야'는 '-(으)려고 하여야'가 줄어든 표준어이므로, 어간 '잊-'에 '-으려야'가 결합된 '잊으려야'가 적절하게 쓰였다.

오답 분석
①③④ '-(으)ㄹ려야/-(으)ㄹ래야'는 '-(으)려야'의 비표준어이다.
① 싫어할래야(×) → 싫어하려야(○): '-ㄹ래야'는 '-려야'의 비표준어이므로 '싫어하다'의 어간 '싫어하-'에 '-려야'가 결합된 '싫어하려야'로 쓰는 것이 적절하다.
③ 살려야(×) → 사려야(○): '-ㄹ려야'는 '-려야'의 비표준어이므로 '사다'의 어간 '사-'에 '-려야'가 결합된 '사려야'로 쓰는 것이 적절하다.
④ 뗄래야(×) → 떼려야(○): '-ㄹ래야'는 '-려야'의 비표준어이므로 '떼다'의 어간 '떼-'에 '-려야'가 결합된 '떼려야'로 쓰는 것이 적절하다.

02 어법 한글 맞춤법 (띄어쓰기) 정답 ④

정답 분석
④ 부재∨중(×) → 부재중(○): '부재중(不在中)'은 한 단어이므로 붙여 써야 한다. 따라서 답은 ④이다.

오답 분석
① 제1∨연구실(○): '그 숫자에 해당되는 차례'의 뜻을 더하는 '제-'는 접두사이므로, '제1'과 같이 뒤의 말에 붙여 쓴다. 그리고 수 관형사 뒤에 명사가 결합하여 차례를 나타내는 경우에는 '제1'과 '연구실'을 띄어 쓰거나 붙여 쓸 수 있다.
② 본바(○): 이때 '바'는 뒤 절에서 어떤 사실을 말하기 위하여 그 사실이 있게 된 것과 관련된 과거의 어떤 상황을 미리 제시하는 데 쓰는 연결 어미 '-ㄴ바'의 일부이므로 붙여 쓴다.
③ • 반년∨동안(○): '반년'은 한 단어이므로 붙여 쓰며, '동안'은 명사이므로 앞말과 띄어 쓴다.
• 괄목할∨만한(○): '괄목하다'와 같이 본용언이 파생어인 경우 보조 용언 '만한'과 띄어 쓴다. 참고로, 본용언이 합성어나 파생어라도 그 활용형이 2음절인 경우 본용언과 보조 용언을 붙여 쓸 수 있다.

이것도 알면 합격!

'중'이 앞말에 붙어 한 단어로 굳어진 예

| 그중 총망중 허공중 은연중 한밤중 야밤중 무의식중 |
| 밤중 부지중 무망중 무심중 부재중 무언중 부지불식중 |

03 어법 말소리 (음운의 변동) 정답 ②

정답 분석
② '낮 한때[낟한때 → 나탄때]'에는 '낮'의 받침 'ㅈ'이 [ㄷ]으로 바뀌는 음절의 끝소리 규칙(㉠ 대치)과 'ㄷ'이 'ㅎ'과 만나 [ㅌ]으로 발음되는 자음 축약(㉢ 축약)이 나타나므로 답은 ②이다.

04 어휘 혼동하기 쉬운 어휘 정답 ③

정답 분석
③ ③에 쓰인 '받히다'는 '받다'의 피동사로, '머리나 뿔 등에 세차게 부딪히다'를 의미하므로 쓰임이 옳다.

오답 분석
① 받혔다(×) → 밭쳤다(○): '구멍이 뚫린 물건 위에 국수나 야채 등을 올려 물기를 빼다'를 뜻할 때에는 '밭치다'를 써야 한다.
② 받혀서(×) → 받쳐서(○): '화 등의 심리적 작용이 강하게 일어나다'를 뜻할 때에는 '받치다'를 써야 한다.
④ 받혀서(×) → 받쳐서(○): '단단한 곳에 닿아 몸의 일부분이 아프게 느껴지다'를 뜻할 때에는 '받치다'를 써야 한다.

05 어법 한글 맞춤법 (맞춤법에 맞는 표기) 정답 ②

정답 분석
② 성실잖다(×) → 성실찮다(○): '-하지' 뒤에 '않-'이 어울려 '-찮-'이 될 경우에는 준 대로 적으므로 '성실하지 않다'의 준말은 '성실찮다'이다.

오답 분석
① 잗주름(○): '잘- + 주름'이 결합한 말로, 끝소리가 'ㄹ'인 말이 다른 말과 결합할 때 'ㄹ'이 [ㄷ]으로 소리 나는 것은 'ㄷ'으로 적으므로 '잗주름'은 맞춤법에 맞는 표기이다.
③ 회상컨대(○): '회상하건대'의 준말로, 어간의 끝음절 '하'의 'ㅏ'가 줄고 'ㅎ'이 다음 음절의 첫소리 'ㄱ'과 어울려 거센소리 'ㅋ'이 되므로 '회상컨대'는 맞춤법에 맞는 표기이다.
④ 개의치(○): '개의하지'의 준말로, 어간의 끝음절 '하'의 'ㅏ'가 줄고 'ㅎ'이 다음 음절의 첫소리 'ㅈ'과 어울려 거센소리 'ㅊ'이 되므로 '개의치'는 맞춤법에 맞는 표기이다.

06 문학　표현상의 특징과 효과　　정답 ③

[정답 분석]

③ 15행에서 시각적 대상인 '노란 달'이 '향기롭게 출렁이고'라고 후각화하여 표현함으로써 생명력이 넘치는 '아마존 강'의 아름다운 이미지를 효과적으로 형상화하고 있다. 따라서 제시된 작품의 특징으로 가장 적절한 것은 ③이다.

[오답 분석]

① 13행에서 '여름밤'이라는 계절적 배경을 제시하고 있으나, 이는 생명력을 상실한 도시의 부정적 이미지를 나타내는 시어일 뿐이므로 계절적 배경을 제시하여 시상을 전환하고 있다는 설명은 적절하지 않다. 참고로, 제시된 작품은 14행에서 시상이 전환되고 있는데, 1~13행까지는 황폐화된 도시의 모습을, 14~16행에서 아름다운 아마존 강의 모습을 제시하여 생명력 회복에 대한 주제 의식을 드러내고 있다.

② 제시된 작품은 도시를 '아마존 수족관'에, 현대인을 '열대어'에 비유하여 생명력을 상실한 도시와 그 속에서 하나의 상품으로 전락해 버린 현대인들의 삶에 대한 비판 의식을 드러내고 있다. 하지만 현대인들의 이기심에 대한 비판은 확인할 수 없으므로 적절하지 않다.

④ 11행 '열대어들은 수족관 속에서 목마르다'에 역설적인 표현이 활용되었으나 이는 원시 자연에 대한 갈증과 결핍을 드러낼 뿐, 현실을 극복하고자 하는 의지는 드러나지 않으므로 적절하지 않다.

07 어법　한글 맞춤법, 단어 (단어의 형성)　　정답 ④

[정답 분석]

④ '무녀리'는 '문[門] + 열- + -이'의 구조로, 제19항의 '다만'에 해당하는 단어이다. '무녀리'는 동사 '열다'의 어간 '열-'에 '-이'가 붙어서 명사로 바뀐 말로, 어간의 본래 뜻과 멀어졌으므로 원형을 밝혀 적지 않고 '무녀리'로 표기한다.
- 무녀리: 1. 한 태에 낳은 여러 마리 새끼 가운데 가장 먼저 나온 새끼 2. 말이나 행동이 좀 모자란 듯이 보이는 사람을 비유적으로 이르는 말

[오답 분석]

① 앎: 동사 '알다'의 어간 '알-'에 '-ㅁ'이 붙어서 명사가 된 단어이므로 어간의 원형을 밝혀 '앎'으로 적는다.

② 작히: 형용사 '작다'의 어간 '작-'에 '-히'가 붙어서 부사가 된 단어이므로 어간의 원형을 밝혀 '작히'로 적는다.

③ 쓰레기: 동사 '쓸다'의 어간 '쓸-'에 '-이'나 '-음' 이외의 모음으로 시작된 접미사 '-에기'가 붙어 명사가 된 단어이므로, [붙임]에 따라 어간의 원형을 밝혀 적지 않고 '쓰레기'로 적는다.

08 문학　작품의 종합적 감상 (시)　　정답 ④

[정답 분석]

④ '실개천'과 '얼룩백이 황소'는 토속적 정감을 주는 시어로, 평화롭고 한가로운 고향 마을의 모습을 드러낸다. 하지만 '함부로 쏜 화살'은 향토적 소재가 아닌, 유년 시절 화자의 순수하고 맑은 동심을 드러내는 소재로 볼 수 있다. 따라서 적절하지 않은 것은 ④이다.

[오답 분석]

① '사철 발 벗은 아내', '초라한 지붕'과 같은 소재를 통해 화자의 가난했던 유년 시절을 짐작할 수 있다. 또한 화자는 각 연에서 '실개천', '얼룩백이 황소'(1연), '늙은 아버지'(2연), '내 마음'(3연), '어린 누이와 아내'(4연), '가족의 단란한 모습'(5연)에 대한 그리움을 드러내고 있으며 후렴구를 통해 그 당시를 그리워한다는 것을 알 수 있다.

② 각 연의 끝에 후렴구 '그곳이 차마 꿈엔들 잊힐 리야'가 반복적으로 제시됨으로써, 화자의 회상 속에 떠오른 고향의 정경에 대한 화자의 정서를 집약적으로 드러내고 있다. 따라서 화자의 고향에 대한 그리움의 정서를 환기한다는 설명은 적절하다.

③ '해설피 금빛 게으른 울음'과 '밤바람 소리 말을 달리고'는 모두 청각을 시각화한 공감각적 표현으로, 동일한 감각적 심상이 사용되었다.

[이것도 알면 **합격!**]

정지용, '향수'에서 후렴구의 기능
1. 연 구분 및 시 전체에 통일성을 부여함
2. 운율감을 형성함
3. 고향에 대한 그리움의 정서를 환기함

09 어법　한글 맞춤법 (맞춤법에 맞는 표기)　　정답 ④

[정답 분석]

④ 불어서(○): 동사 '붇다'의 어간 '붇-'에 어미 '-어서'가 결합한 것으로, 받침 'ㄷ'이 모음으로 시작하는 어미 앞에서 'ㄹ'로 변하므로 ('ㄷ' 불규칙 활용) '불어서'는 어법에 맞는 표기이다.
- 붇다: 1. 물에 젖어서 부피가 커지다. 2. 분량이나 수효가 많아지다. 3. 살이 찌다.

[오답 분석]

① 깨우쳤다(×) → 깨쳤다(○): 누나가 다른 사람에 의해서가 아닌 스스로 한글을 깨달은 것이므로 '일의 이치 등을 깨달아 알다'라는 뜻의 '깨치다'를 써야 한다. 참고로, '깨우치다'는 '깨달아 알게 하다'를 뜻한다.

② 껍질채(×) → 껍질째(○): 문맥상 사과는 껍질까지 전부 먹는 것이 좋다는 의미이므로 '그대로' 또는 '전부'의 뜻을 더하는 접미사 '-째'를 써야 한다. 참고로, '-채'는 '구분된 건물 단위'의 뜻을 더하는 접미사이다.

③ 합격율(×) → 합격률(○): '률(率)'은 단어의 첫머리에 올 때는 두음 법칙에 따라 '율'로 적어야 하지만, 단어의 첫머리 이외의 경우에는 본음대로 적어야 하므로 두음 법칙이 적용되지 않은 '합격률'로 써야 한다.

🚩 이것도 알면 합격!

한자음 '랴, 려, 례, 료, 류, 리'의 표기
1. 단어의 첫머리에 오는 경우: 두음 법칙에 따라 '야, 여, 예, 요, 유, 이'로 적음
   예) 양심(良心), 이발(理髮)
2. 단어의 첫머리 이외에 오는 경우: 본음대로 적음
   예) 쌍룡(雙龍), 혼례(婚禮)
3. 모음이나 'ㄴ' 받침 뒤에 이어지는 '렬, 률'의 경우: '열, 율'로 적음
   예) 실패율(失敗率), 백분율(百分率)

---

10 비문학 세부 내용 파악   정답 ③

정답 분석

③ 1문단을 통해 매체 종류의 확대와 다양한 정보에 대한 접근성 증대가 이루어짐을 확인할 수 있을 뿐, 이로 인해 독자들이 혼란을 겪게 되었다는 내용은 제시문에서 확인할 수 없다. 따라서 적절하지 않은 것은 ③이다.

오답 분석

① 1문단을 통해 대량 출판, 도서관 및 서점의 증가, 다양한 매체의 등장으로 오늘날 정보 습득 방법이 변화하였음을 알 수 있다.
② 2문단 끝에서 1~4번째 줄을 통해 오늘날의 독서 대중이 취향과 필요에 따라 인문 과학 서적, 자기 계발서, 가벼운 읽을거리 등 여러 종류의 책을 폭넓게 읽는다는 것을 알 수 있다. 이는 대중들이 접하는 독서 종류가 확대되었음을 의미한다.
④ 3문단 끝에서 2~3번째 줄을 통해 독서 대중의 다양한 요구에 따라 글의 소재가 매우 다양해진 것을 확인할 수 있다.

---

11 어휘 한자 성어   정답 ①

정답 분석

① 제시문은 취업 준비생들이 취업에 실패하여 재능을 발휘할 시기를 얻지 못한 채 한탄하고 있다는 내용이므로 문맥상 괄호 안에 들어갈 한자 성어로 적절한 것은 ① '비육지탄(髀肉之歎)'이다.
- 비육지탄(髀肉之歎): 재능을 발휘할 때를 얻지 못하여 헛되이 세월만 보내는 것을 한탄함을 이르는 말

오답 분석

② 서리지탄(黍離之歎): '나라가 멸망하여 옛 궁궐 터에는 기장만이 무성한 것을 탄식한다'라는 뜻으로, 세상의 영고성쇠가 무상함을 탄식하며 이르는 말
③ 맥수지탄(麥秀之歎): 고국의 멸망을 한탄함을 이르는 말
④ 연홍지탄(燕鴻之歎): '여름새인 제비가 남쪽에서 날아와 여름을 보내고 가을에 다시 남쪽으로 날아가고 겨울새인 기러기는 북쪽에서 날아와 겨울을 보내고 다시 북쪽으로 날아가서 서로 만나지 못하여 탄식한다'라는 뜻으로, 길이 어긋나서 서로 만나지 못하여 탄식함을 이르는 말

---

12 문학 작품의 내용 파악   정답 ①

정답 분석

① 김 진사가 '허 판서의 주선으로 과천 현감을 할 테지'라고 말하며 채봉을 허 판서의 첩으로 들이기 위해 아내를 회유하는 부분에서 자신의 벼슬을 얻기 위해 채봉을 첩으로 보내려고 함을 알 수 있다.

오답 분석

② 김 진사가 채봉을 못마땅해 하는 부분은 확인할 수 없다.
③ 채봉은 아버지(김 진사)의 질문에 '닭의 입(여염집 부인)'이 될지라도 소의 뒤(재상의 소실)가 되는 것은 원하지 않는다고 답하며 자신의 생각을 밝히고 있을 뿐, 아버지를 비판하는 부분은 확인할 수 없다.
④ 이씨 부인은 김 진사의 제안에 처음에는 반대하였으나, 허 판서를 통해 벼슬을 얻게 될 수 있다는 말을 듣고 채봉을 허 판서의 첩으로 보내는 것에 회유되었다.

🚩 이것도 알면 합격!

작자 미상, '채봉감별곡'의 주제와 특징
1. 주제: 권세에 굽히지 않는 진실한 사랑
2. 특징
   (1) 주체적이고 적극적으로 행동하는 근대적 여성이 주인공으로 등장함
   (2) 사실적이고 현실적인 내용을 바탕으로 사건을 전개함
   (3) 매관매직이 성행했던 조선 말기 사회상을 반영함

---

13 어휘 한자어 (한자어의 표기)   정답 ③

정답 분석

③ ⓒ 樣相(모양 양, 서로 상)(×) → 表象(겉 표, 코끼리 상)(○): '추상적이거나 드러나지 아니한 것을 구체적인 형상으로 드러내어 나타냄'을 뜻하는 '표상'은 '表象'으로 표기한다.
- 樣相(양상): 사물이나 현상의 모양이나 상태

오답 분석

① ⓐ 現象(현상: 나타날 현, 코끼리 상)(○): 인간이 지각할 수 있는, 사물의 모양과 상태
② ⓑ 意志(의지: 뜻 의, 뜻 지)(○): 어떠한 일을 이루고자 하는 마음
④ ⓓ 認識(인식: 알 인, 알 식)(○): 사물을 분별하고 판단하여 앎

14 비문학 세부 내용 파악   정답 ②

정답 분석
② 2문단 끝에서 1~5번째 줄을 통해 돌멩이는 물자체인 동시에 현상이지만, 그 의지는 인식에 이르지 못하는 것을 알 수 있다.

오답 분석
① 3문단 끝에서 2~4번째 줄을 통해 '의지로서의 세계'는 시간과 공간의 형태에 종속되어 있지 않은 주관적 세계이고 단일체임을 알 수 있다.
③ 3문단 3~4번째 줄을 통해 돌멩이 내부에 있는 의지와 나의 내부에 있는 의지가 동일함을 알 수 있다.
④ 2문단 1~3번째 줄을 통해 나와 돌멩이의 차이점은 자신을 의지와 표상으로 알고 있는지의 여부라는 것을 알 수 있다.

15 문학+어휘   주제 및 중심 내용 파악, 한자 성어, 속담   정답 ④

정답 분석
④ 화자는 죽은 제갈공명과 발을 잘린 손빈의 고사를 인용하면서, 비록 몸은 늙었으나 왜적들을 물리칠 수 있다는 결의와 의지를 보여 주고 있다. 따라서 제시된 부분의 주제로 가장 적절한 것은 ④이다.
- 고목에도 꽃을 피운다: '몸은 늙었어도 계속 나라와 사회의 중요한 사람으로서 값있게 삶'을 비유적으로 이르는 말

오답 분석
① 九死一生(구사일생): '아홉 번 죽을 뻔하다 한 번 살아난다'라는 뜻으로, 죽을 고비를 여러 차례 넘기고 겨우 살아남을 이르는 말
② 물 건너온 범: 한풀 꺾인 사람을 비유적으로 이르는 말
③ 矯角殺牛(교각살우): '소의 뿔을 바로잡으려다가 소를 죽인다'라는 뜻으로, 잘못된 점을 고치려다가 그 방법이나 정도가 지나쳐 오히려 일을 그르침을 이르는 말

지문 풀이

분하게 여기는 마음을 이기지 못하는 장한 기운은 늙으면서 더욱 씩씩하다마는, 보잘것없는 이 몸이 병중에 들었으니, 분함을 씻고 가슴에 맺힌 원한을 풀어 버리기가 어려울 듯하건마는, 그러나 죽은 제갈공명도 산 중달을 멀리 쫓았고, 발이 없는 손빈도 (몸 성한) 방연을 잡았거늘, 하물며 이 몸은 손과 발이 성하고 목숨이 이어 있으니, 쥐나 개와 같은 왜적을 조금인들 두려워하겠는가? 나는 듯이 빠른 배에 달려들어 선봉을 휘몰아치면서, 구시월 서릿바람에 낙엽 지듯 헤치리라. 칠종칠금(제갈량이 맹획을 마음대로 놓았다 잡은 일)을 우리인들 못할 리가 있겠는가? 벌레처럼 꾸물대는 저 섬나라 오랑캐들아, 얼른 항복하여 용서를 빌려무나. 항복하는 자는 죽이지 않으니, 너희들을 구태여 모조리 다 죽이랴?

이것도 알면 합격!

박인로, '선상탄'
1. 주제: 전쟁의 아픔을 딛고 태평성대를 누리고 싶은 마음
2. 특징
   (1) 왜구에 대한 적개심을 직접적으로 드러냄
   (2) 나라에 대한 충성과 걱정이 가득한 장수의 풍모가 드러남
   (3) 예스러운 한자어와 고사의 인용이 많으며, 〈태평사(太平詞)〉와 함께 전쟁 가사의 대표작으로 꼽힘

16 비문학 논지 전개 방식   정답 ④

정답 분석
④ 〈보기〉에서 '항성년과 회귀년의 차이 발생(결과)'은 '춘분 때 지구 위치의 변화(원인)'때문이라고 설명하고 있다. 이는 특정 결과에 대한 원인을 분석하여 설명하는 방식이므로 '인과'에 해당한다.

오답 분석
① 비교: 사물의 비슷한 점을 밝혀내어 설명하는 방식
② 정의: 용어의 뜻을 분명하게 규정하는 방식
③ 분석: 하나의 관념이나 대상을 그 구성 요소로 나누어 진술하는 방식

이것도 알면 합격!

논지 전개 방식의 종류

1. 정태적 범주: 시간의 흐름을 배제한 논지 전개 방식

정의	용어의 뜻을 분명하게 규정하는 방식 예 초는 불빛을 내는 데 쓰는 물건이다.
비교	사물의 비슷한 점을 밝혀내어 설명하는 방식 예 야구는 축구처럼 운동이며 공을 가지고 하는 종목이다.
대조	사물의 차이점을 밝혀내어 설명하는 방식 예 동사는 주어의 동작을, 형용사는 주어의 성질을 나타낸다.

분류 · 구분	어떤 대상이나 생각을 비슷한 특성에 따라 나눠 진술하는 논지 전개 방식. '분류'는 하위 항목을 상위 항목으로 묶어 나가는 것이며, '구분'은 상위 항목을 하위 항목으로 나누는 것임 예 • 시, 소설, 희곡, 수필은 모두 문학 장르에 속한다. • 소프트웨어는 저작권과 소유권, 사용권을 어떻게 규정하느냐에 따라 상업용 소프트웨어, 셰어웨어, 프리웨어, 공용 소프트웨어로 나뉜다.
분석	하나의 관념이나 대상을 그 구성 요소로 나누어 진술하는 방식 예 식물은 뿌리, 줄기, 잎, 꽃으로 구성되어 있다.
유추	친숙한 대상의 특징을 제시하고 이와 일부 속성이 일치하는 다른 대상도 그러한 특징을 가질 것이라고 비교하여 설명하는 방식 예 척박한 환경에서는 몇몇 특별한 종들만이 득세한다는 점에서 자연 생태계와 우리 사회는 닮았다.
예시	사례를 들어 추상적 원리, 법칙, 진술을 구체화하는 논지 전개 방식 예 나는 산, 강, 바다, 호수, 들판 등 우리 국토의 모든 것을 사랑한다.
인용	남의 말이나 글을 빌려 쓰는 논지 전개 방식 예 이순신 장군은 "나의 죽음을 적에게 알리지 마라."라는 말을 남겼다.
묘사	대상을 그림 그리듯이 구체적으로 진술하는 방식 예 친구의 얼굴은 달걀형이고 귀가 크며 곱슬머리이다.
비유	어떤 현상이나 사물을 직접 설명하지 않고 다른 비슷한 현상이나 사물에 빗대어 간접적으로 설명하는 진술 방식 예 언어도 인류처럼 생로병사의 고정을 겪는다.

2. 동태적 범주: 시간의 흐름을 전제로 하는 논지 전개 방식

서사	일정한 시간 내에 일어나는 일련의 행동이나, 시간의 흐름에 따라 전개되는 사건에 초점을 두고 진술하는 방식 예 나는 살금살금 발소리를 죽여 가며 창가로 다가가서, 누군지 모를 여학생의 팔을 살짝 꼬집었다. 그러고는 얼른 창문에 바짝 붙어 섰다.
과정	어떤 목표나 결과를 가져오게 한 일련의 행동, 변화, 기능, 단계, 작용에 초점을 두고 진술하는 방식 예 아기가 점점 자라면 연골이 골화 작용을 통해서 계속해서 단단한 뼈로 대체된다. 이러한 성장은 모든 뼈의 끝 부분에서 이루어지며, 한번 단단해지기 시작한 뼈는 만20세 가량까지 계속해서 자라게 된다.
인과	원인과 결과에 초점을 두는 논지 전개 방식 예 성장이 둔화된 이유는 일자리가 늘지 않았기 때문이다.

17 어법 문장 (피동 표현과 사동 표현) 정답 ④

정답 분석
④ 밤을 하얗게 샌다(×) → 새운다(○): '한숨도 자지 않고 밤을 지내다'를 뜻하는 말은 '새우다'이다. '새다'는 '날이 밝아 오다'를 뜻하는 말로 목적어를 취하지 않는 자동사이다.

오답 분석
① 뿔에 받혔다(○): 문맥상 피동의 의미가 되어야 하므로 '받다'에 피동 접미사 '-히-'가 결합한 '받히다'가 옳게 쓰였다.
② 모래에 묻혔다(○): 문맥상 피동의 의미가 되어야 하므로 '묻다'에 피동 접미사 '-히-'가 결합한 '묻히다'가 옳게 쓰였다.
③ 짐을 지운다(○): 문맥상 사동의 의미가 되어야 하므로 '지다'에 사동 접미사 '-우-'가 결합한 '지우다'가 옳게 쓰였다.

🖊 이것도 알면 **합격!**

피동 표현과 사동 표현

구분	개념	실현 방법
피동 표현	주어가 다른 힘에 의해서 동작을 당하는 것을 표현하는 방법	• 어근에 피동 접미사 '-이-, -히-, -리-, -기-'나 '-되다'가 붙은 피동사를 사용하는 방법 • 피동 표현 '-어지다, -게 되다'를 사용하는 방법
사동 표현	주어가 남에게 동작을 하도록 시키는 것을 표현하는 방법	• 어근에 사동 접미사 '-이-, -히-, -리-, -기-, -우-, -구-, -추-'가 붙은 사동사를 사용하는 방법 • 사동 표현 '-게 하다'를 사용하는 방법

18 비문학 주제 및 중심 내용 파악 정답 ①

정답 분석
① 제시문은 벽과 기둥을 빗물로부터 보호하고 계절마다 실내 일조량을 조절하는 처마의 기능에 대해 설명하고 있다. 따라서 제시문의 화제로 가장 적절한 것은 ①이다.

19 어법 한글 맞춤법 (사이시옷의 표기) 정답 ②

정답 분석
② '툇마루'는 2-(2)에 해당하는 예시이므로 ②의 설명은 적절하지 않다. '툇마루[퇸ː마루/퉨ː마루]'는 '퇴(退)+마루'가 결합한 순우리말과 한자어로 된 합성어로, 앞말이 모음 'ㅚ'로 끝나고 뒷말의 첫소리 'ㅁ' 앞에서 'ㄴ' 소리가 덧나므로 사이시옷을 받쳐 적는다.

[오답 분석]

① '배냇짓[배ː내짇/배ː낻찓]'은 '배내+짓'이 결합된 순우리말로 된 합성어로, 앞말이 모음 'ㅐ'로 끝나고 뒷말의 첫소리 'ㅈ'이 된소리 [ㅉ]으로 발음되므로 사이시옷을 받쳐 적는다.
③ '텃세[터쎄/턷쎄]'는 '터+세(貰)'가 결합된 순우리말과 한자어로 된 합성어로, 앞말이 모음 'ㅓ'로 끝나고 뒷말의 첫소리 'ㅅ'이 된소리 [ㅆ]으로 발음되므로 사이시옷을 받쳐 적는다.
④ '횟수(回數)'는 두 음절로 된 한자어이지만 사이시옷을 받쳐 적는 예외적인 단어이다.

[이것도 알면 합격!]

사이시옷의 표기

1. 사이시옷이 쓰이는 조건
   (1) 순우리말로 된 합성어로서 앞말이 모음으로 끝난 경우
       ① 뒷말의 첫소리가 된소리로 나는 것
          예 고랫재[고래째/고랟째], 귓밥[귀빱/귇빱]
       ② 뒷말의 첫소리 'ㄴ, ㅁ' 앞에서 [ㄴ] 소리가 덧나는 것
          예 멧나물[멘나물], 아랫니[아랜니], 텃마당[턴마당]
       ③ 뒷말의 첫소리 모음 앞에서 [ㄴㄴ] 소리가 덧나는 것
          예 도리깻열[도리깬녈], 뒷윷[뒨ː눋], 두렛일[두렌닐]
   (2) 순우리말과 한자어로 된 합성어로서 앞말이 모음으로 끝난 경우
       ① 뒷말의 첫소리가 된소리로 나는 것
          예 귓병(-病)[귀뼝/귇뼝], 머릿방(-房)[머리빵/머릳빵]
       ② 뒷말의 첫소리 'ㄴ, ㅁ' 앞에서 [ㄴ] 소리가 덧나는 것
          예 곗날(契-)[곈ː날/겐ː날], 제삿날(祭祀-)[제ː산날]
       ③ 뒷말의 첫소리 모음 앞에서 [ㄴㄴ] 소리가 덧나는 것
          예 사삿일(私私-)[사산닐], 가욋일(加外-)[가왼닐/가웬닐]

2. 사이시옷이 쓰이지 않는 조건
   (1) 사잇소리 현상이 일어나지 않는 경우
       예 머리말[머리말], 예사말[예ː사말]
   (2) 뒷말이 된소리나 거센소리로 시작하는 경우
       예 뒤뜰, 뒤꿈치, 위쪽, 뒤편, 뒤통수, 뒤처리, 위층
   (3) 외래어가 결합된 합성어의 경우
       예 핑크빛, 피자집
   (4) 한자로만 이루어진 단어의 경우
       단 아래의 6개 단어는 예외로서 사이시옷을 받쳐 적음

곳간(庫間)	셋방(貰房)	숫자(數字)
찻간(車間)	툇간(退間)	횟수(回數)

---

20 문학 표현상의 특징과 효과 정답 ②

[정답 분석]

② 제시된 작품은 반어적 어조를 사용하고 있지 않으므로 ②는 작품에 대한 설명으로 적절하지 않다.

[오답 분석]

① 의문형 종결 어미 '-ㄴ가/-는가'를 반복적으로 사용함으로써 시적 화자가 민족 분단의 상황에서 느끼는 안타까움을 드러내고 있다.
③ '산과 산이 ~ 항시 어두움', '지금도 나무 하나 ~ 못할 광장', '정맥이 끊어진 채' 등에서 비유적 표현을 사용하여 남북이 대치하고 있는 한 민족의 비극적 상황을 드러내고 있다.
④ 1연과 5연에서 동일한 시구를 반복하는 수미상관의 구조를 통해 민족 분단의 비극적 상황에 대한 비판과 분단 상황에 대한 극복 의지를 강조하고 있다.

---

21 어법 표준 언어 예절 정답 ②

[정답 분석]

② 할머니, 어머니가 진지 잡수시라고 하셨습니다(○): 압존법에 따라 부모를 조부모님께 말할 때에는 '할머니, 어머니가 진지 잡수시라고 하였습니다'처럼 부모를 높이지 않는 것이 원칙이다. 그러나 오늘날에는 현실 언어생활을 고려하여, 부모의 윗사람에게 부모를 높여 말할 수도 있다. 따라서 ②는 경어법이 바르게 사용된 예이다.

[오답 분석]

① 볼일이 계시다(×) → 볼일이 있으시다(○): '볼일'은 높임의 대상인 '아버지'와 관련된 간접 높임의 대상이므로 직접 높임 표현인 '계시다'를 쓰는 것은 적절하지 않으며, 서술어 '있다'에 주체 높임 선어말 어미 '-(으)시-'를 붙여 '있으시다'로 고쳐 쓰는 것이 적절하다.
③ 오시랍니다(×) → 오시라고 하십니다/오시라십니다(○): 문장의 주체인 '대리님'과 청자인 '부장님' 모두 화자인 '평사원'에게 윗사람이므로 '오다'와 '합니다'에 높임법을 적용하여 '오시라고 하십니다' 또는 '오시라십니다'로 고쳐 쓰는 것이 적절하다. 참고로 압존법은 사적인 관계에서는 적용되지만 직장에서 사용하는 것은 어색하다.
④ 여쭈어봐요(×) → 물어봐요(○): 문장의 객체이자 화자인 '저'는 동일 인물이므로, 높임의 뜻이 없는 '묻다'를 써야 한다. 아랫사람이 자신에게 물었다고 해서 객체를 높이는 특수 어휘 '여쭈다'를 쓰는 것은 잘못된 표현이다.

[이것도 알면 합격!]

압존법
문장의 주체가 화자보다는 높지만 청자보다는 낮은 경우, 청자보다 낮춰 말하기 위해 주체를 높이지 않는 어법
예 할아버지, 아버지가 아직 안 왔습니다.

---

22 문학 작품의 종합적 감상 (소설) 정답 ②

[정답 분석]

② 조 씨는 임 소저를 몰아내고자 하는 자신의 뜻을 이루기 위해 춘에게 매일 참소하지만 춘이 우유부단한 태도를 보이자 '상공이 한 추부(얼굴이 못생긴 여자)를 저어(두려워)하여 장중(손아귀 안)에 있는 일

을 결단치 못하니 첩은 그윽히 상공을 위하여 애석히 여기나이다'와 같이 자존심을 건드리는 말로 춘을 자극하고 있다. 따라서 제시된 작품에 대한 이해로 가장 적절한 것은 ②이다.

오답 분석
① 춘의 첫 번째 말에서 춘이 임 소저를 내쳤을 때 형옥에게 비난받을 것에 대해 두려워하고 있음을 알 수 있다. 그러나 이후 이어지는 7번째 줄의 조 씨의 말에서 형옥과 한림이 동일 인물이자 춘의 동생임을 알 수 있다.
③ 끝에서 5~6번째 줄을 통해 한림은 춘의 흉계를 알지 못한 채 자신의 생각을 솔직하게 말했음을 알 수 있다.
④ '한림'의 마지막 대사를 통해 여자의 투기는 칠거지악 중의 으뜸이며, 따라서 무제가 아내를 내쫓은 행동은 정당하다고 말한다. 이를 통해 '한림'이 가부장제를 오히려 옹호하는 인물임을 알 수 있다.
- 칠거지악(七去之惡): 예전에, 아내를 내쫓을 수 있는 이유가 되었던 일곱 가지 허물

이것도 알면 합격!

조성기, '창선감의록' 작품 분석
1. 갈래: 가정 소설, 도덕 소설
2. 제재: 일부다처제와 대가족 제도 아래 가문 구성원들의 갈등과 화해
3. 주제: 권선징악과 충효 사상의 고취
4. 특징
   (1) 유교 이념을 바탕으로 교훈적인 주제 의식을 지님
   (2) 인물들의 개성을 부각하고 구성을 치밀하게 하여 소설적 흥미를 고조시킴

23 문학 시어의 의미   정답 ③

정답 분석
③ ㉠에는 '믈', ㉡에는 '바회'가 들어가는 것이 적절하다.
- ㉠: ㉠ 앞에서 깨끗하지만 자주 검게 변하는 '구룸(구름)'과 소리가 맑지만 자주 그치는 '바람(바람)'을 노래하고 있다. 따라서 ㉠에는 '구룸', '바람'과 대비하여 깨끗하면서 그치지 않는 속성을 지닌 '믈(물)'이 들어가는 것이 적절하다.
- ㉡: ㉡ 앞에서 쉽게 지는 '곶(꽃)'과 누렇게 변하는 '플(풀)'을 노래하고 있다. 따라서 ㉡에는 '곶', '플'과 대비하여 변치 않는 속성을 지닌 '바회(바위)'가 들어가는 것이 적절하다.

지문 풀이

> 구름의 빛깔이 깨끗하다고 하나 검기를 자주 한다.
> 바람 소리 맑다고 하나 그칠 때가 많도다.
> 깨끗하고도 그칠 때가 없는 것은 ㉠물뿐인가 하노라.
> 꽃은 무슨 일로 피자마자 곧 져 버리고,
> 풀은 어찌하여 푸르러지자마자 곧 누른 빛을 띠는가?
> 아마도 변치 않는 것은 ㉡바위뿐인가 하노라.

이것도 알면 합격!

윤선도, '오우가'
1. 갈래: 연시조 (전 6수)
2. 주제: 수(水)·석(石)·송(松)·죽(竹)·월(月)을 다섯 벗으로 삼아 자연을 예찬함
3. 특징
   (1) 자연물을 의인화하여 자연물의 속성을 찬미함
   (2) 아름다운 우리말을 잘 구현하여 감각적으로 표현함

24 문학 작품의 종합적 감상 (시)   정답 ②

정답 분석
② 화자는 3연 1, 2행에서 지나온 삶을 되돌아본 결과 자신의 삶은 허무함으로 차 있었다고 인정하고 있으므로 적절한 것은 ②이다. 참고로, 3연 2행 '허나' 이후에는 시상이 전환되어 지난 삶은 허무하였으나 현실에 저항하며 자신의 순수한 마음을 지킬 것이라는 의지를 드러낸다.

오답 분석
① 1연 1행에서 화자는 부정적 현실에 대한 저항 의지인 '독(毒)'을 품고 살아왔음을 알 수 있다. 또한 1연의 3행과 2연에서 '벗'은 '독(毒)'을 품고 살아가는 화자에게 독을 버리라고 충고하며 현실에 순응하는 태도를 보이고 있으나, 현실 순응적 태도에 '벗'이 회의감을 느끼지는 않으므로 ①은 적절하지 않다.
③ 3연에서 화자는 '이리', '승냥이'와 같은 위협적인 세력에 '막음(죽는) 날'까지 저항하여 자신의 순수한 마음인 '외로운 혼(魂)'을 지키겠다는 의지를 드러내고 있다. 그러나 '내 가슴에 독(毒)을 찬 지 오래로다.', '아!'처럼 감탄형 어미와 감탄사를 통해 감정을 직설적으로 표출하고 있으므로 ③은 적절하지 않다.
④ 3연 3~4행에서 화자는 자유가 억압당한 부정적 현실에서 본인을 포함한 조국이 찢기고 할퀴는 착취 속에 살아가고 있음에 울분을 느끼고 있으나, 조국의 앞날을 걱정하는 부분은 찾을 수 없으므로 ④는 적절하지 않다.

이것도 알면 합격!

김영랑, '독을 차고'의 주제와 구성
1. 주제: 일제 강점기 현실에 대한 저항 의지와 자신의 순수한 마음을 지키겠다는 의지
2. 구성

1연	독을 차고 현실 저항적 태도로 사는 '나'의 모습
2연	허무주의적이며 현실 순응적인 태도를 가진 '벗'의 충고
3연	독을 차고 살아갈 수밖에 없는 '나'의 비참한 현실
4연	독을 차고 살아가려는 '나'의 굳건한 의지

25 어법 국어의 로마자 표기   정답 ③

정답 분석

③ 로마자 표기가 바른 것으로 짝 지어진 것은 ③이다.
- ⓒ 울릉 Ulleung(○): '울릉'은 [울릉]으로 소리 나며, 'ㄹㄹ'은 'll'로 적으므로 'Ulleung'은 바른 표기이다.
- ⓓ 울진 Uljin(○): '울진'은 [울찐]으로 소리 나며, 된소리되기의 결과는 로마자 표기에 반영하지 않으므로 'Uljin'은 바른 표기이다.
- ⓐ 볶음밥 bokkeumbap(○): '볶음밥'은 [보끔밥]으로 소리 나며, [ㄲ]은 'kk'로 적으므로, 'bokkeumbap'은 바른 표기이다.

오답 분석

- ㉠ 월곶 Weolgot(✕) → Wolgot(○): '월곶'은 [월곧]으로 소리 나며, 이중 모음 'ㅝ'는 'wo'로 적으므로 'Wolgot'으로 표기해야 한다.
- ㉡ 호법 Hobeop(○): '호법'은 [호ː법]으로 소리 나며, 로마자 표기에서 'ㅂ'은 모음 앞에서 'b'로, 어말에서는 'p'로 적으므로 'Hobeop'은 바른 표기이다.
- ㉣ 만리포 Mannipo(✕) → Mallipo(○): '만리포'는 'ㄹ'의 앞에서 'ㄴ'이 [ㄹ]로 발음되는 유음화 현상으로 인해 [말리포]로 소리 나며, 자음 동화의 결과는 로마자 표기에 반영하므로 'Mallipo'로 표기해야 한다.
- ㉥ 좋고 jokho(✕) → joko(○): '좋고'는 [조코]로 소리 나며, 'ㄱ'과 'ㅎ'이 만나 [ㅋ]로 축약되는 거센소리되기 현상이 나타난다. 체언이 아닌 단어에서 일어난 자음 축약의 결과는 로마자 표기에 반영하므로 'joko'로 표기해야 한다.
- ㉦ 법흥사 Beopeungsa(✕) → Beopheungsa(○): '법흥사'는 'ㅂ'과 'ㅎ'이 만나 [ㅍ]으로 축약되어 [버풍사]로 발음된다. 이때 체언에서 'ㅂ' 뒤에 이어지는 'ㅎ'은 밝혀 적으므로 'Beopheungsa'로 표기해야 한다.

제2과목 행정법

01 Ⅲ 행정절차법 정답 ①

정답 분석

옳은 것은 ㄱ, ㄷ이고, 옳지 않은 것은 ㄴ, ㄹ이다.

ㄱ. [○] 행정절차법 제22조 제2항 제3호에 대한 옳은 내용이다.

> 제22조【의견 청취】② 행정청이 처분을 할 때 다음 각 호의 어느 하나에 해당하는 경우에는 공청회를 개최한다.
> 1. 다른 법령 등에서 공청회를 개최하도록 규정하고 있는 경우
> 2. 해당 처분의 영향이 광범위하여 널리 의견을 수렴할 필요가 있다고 행정청이 인정하는 경우
> 3. 국민생활에 큰 영향을 미치는 처분으로서 대통령령으로 정하는 처분에 대하여 대통령령으로 정하는 수 이상의 당사자 등이 공청회 개최를 요구하는 경우

ㄴ. [×] 행정절차법은 감사원이 감사위원회의의 결정을 거쳐 행하는 사항에 대하여는 적용하지 아니한다.

> 행정절차법 제3조【적용 범위】② 이 법은 다음 각 호의 어느 하나에 해당하는 사항에 대하여는 적용하지 아니한다.
> 5. 감사원이 감사위원회의의 결정을 거쳐 행하는 사항

ㄷ. [○] 행정절차법 제15조 제1항에 대한 옳은 내용이다.

> 제15조【송달의 효력 발생】① 송달은 다른 법령 등에 특별한 규정이 있는 경우를 제외하고는 해당 문서가 송달받을 자에게 도달됨으로써 그 효력이 발생한다.

ㄹ. [×] 의견제출은 청문이나 공청회에 해당하지 아니하는 절차를 말한다.

> 행정절차법 제2조【정의】이 법에서 사용하는 용어의 뜻은 다음과 같다.
> 7. "의견제출"이란 행정청이 어떠한 행정작용을 하기 전에 당사자 등이 의견을 제시하는 절차로서 청문이나 공청회에 해당하지 아니하는 절차를 말한다.

02 Ⅵ 부작위위법확인소송 정답 ④

정답 분석

④ 부작위위법확인의 소는 부작위상태가 계속되는 한 그 위법의 확인을 구할 이익이 있다고 보아야 하므로 원칙적으로 제소기간의 제한을 받지 않으나, 행정소송법 제38조 제2항이 제소기간을 규정한 같은 법 제20조를 부작위위법확인소송에 준용하고 있는 점에 비추어 보면, 행정심판 등 전심절차를 거친 경우에는 행정소송법 제20조가 정한 제소기간 내에 부작위위법확인의 소를 제기하여야 할 것이다(대판 2009.7.23. 2008두10560).

선지 분석

① 행정소송은 구체적 사건에 대한 법률상 분쟁을 법에 의하여 해결함으로써 법적 안정을 기하자는 것이므로 부작위위법확인소송의 대상이 될 수 있는 것은 구체적 권리의무에 관한 분쟁이어야 하고 추상적인 법령에 관하여 제정의 여부 등은 그 자체로서 국민의 구체적인 권리의무에 직접적 변동을 초래하는 것이 아니어서 그 소송의 대상이 될 수 없다(대판 1992.5.8. 91누11261).

② 부작위위법확인의 소에 있어 당사자가 행정청에 대하여 어떠한 행정행위를 하여 줄 것을 요구할 수 있는 법규상 또는 조리상 권리를 갖고 있지 아니한 경우에는 원고적격이 없거나 항고소송의 대상인 위법한 부작위가 있다고 볼 수 없어 그 부작위위법확인의 소는 부적법하다(대판 1999.12.7. 97누17568).

③ 행정소송법 제28조 제1항, 제38조 제2항에 대한 옳은 내용이다.

> 제28조【사정판결】① 원고의 청구가 이유 있다고 인정하는 경우에도 처분 등을 취소하는 것이 현저히 공공복리에 적합하지 아니하다고 인정하는 때에는 법원은 원고의 청구를 기각할 수 있다. 이 경우 법원은 그 판결의 주문에서 그 처분 등이 위법함을 명시하여야 한다.
> 제38조【준용 규정】② 제9조, 제10조, 제13조 내지 제19조, 제20조, 제25조 내지 제27조, 제29조 내지 제31조, 제33조 및 제34조의 규정은 부작위위법확인소송의 경우에 준용한다.

03 Ⅱ 행정행위의 효력 정답 ②

정답 분석

- 행정행위에 하자가 중대·명백하여 당연무효인 경우를 제외하고는 권한 있는 기관에 의하여 취소될 때까지는 잠정적으로 유효한 것으로 보아 누구든지 구속하여 그 효력을 부인하지 못하는 힘을 (**공정력**)이라 한다.
- 하자 있는 행정행위라도 쟁송제기기간이 경과하거나 쟁송수단을 다 거친 경우에는 상대방 또는 이해관계인이 더 이상 그 효력을 다투지 못하는 것을 (**불가쟁력**)이라고 한다.

04 Ⅱ 기속행위와 재량행위 정답 ③

정답 분석

③ 어느 행정행위가 기속행위인지 재량행위인지 나아가 재량행위라고 할지라도 기속재량행위인지 또는 자유재량에 속하는 것인지의 여부는 이를 일률적으로 규정지을 수는 없는 것이고, 당해 처분의 근거가 된 규정의 형식이나 체제 또는 문언에 따라 개별적으로 판단하여야 한다(대판 1995.12.12. 94누12302).

선지 분석

① 행정청은 재량권 행사의 기준으로 행정규칙을 정할 수 있으며, 이를 재량준칙이라 한다.

이것도 알면 합격!

행정규칙의 종류

구분 방식	종류
내용	• 조직규칙 • 근무규칙(행위통제규칙) • 영조물규칙 • 재량준칙(재량권의 행사 기준) • 규범해석규칙 • 법률대위규칙 • 법령보충규칙
형식	• 훈령(훈령, 지시, 예규, 일일명령) • 고시

② 재량행위에 대한 사법심사에 있어서는 행정청의 재량에 기한 공익판단의 여지를 감안하여 법원은 독자의 결론을 도출함이 없이 당해 행위에 재량권의 일탈·남용이 있는지 여부만을 심사하게 되고, 이러한 재량권의 일탈·남용 여부에 대한 심사는 사실오인, 비례·평등의 원칙 위배 등을 그 판단 대상으로 한다(대판 2010.9.9. 2010다39413).

④ 기속행위 내지 기속적 재량행위 행정처분에 부담인 부관을 붙인 경우 일반적으로 그 부관은 무효라 할 것이고 그 부관의 무효화에 의하여 본체인 행정처분 자체의 효력에도 영향이 있게 될 수는 있지만, 그러한 사유는 그 처분을 받은 사람이 그 부담의 이행으로서의 증여의 의사표시를 하게 된 동기 내지 연유로 작용하였을 뿐이므로 취소 사유가 될 수 있음은 별론으로 하여도 그 의사표시 자체를 당연히 무효화하는 것은 아니다(대판 1998.12.22. 98다51305).

05 Ⅶ 군사행정   정답 ②

정답 분석

② 육군3사관학교를 졸업한 사람과 병역법에 따른 학생군사교육단 사관후보생과정 출신 장교는 단기복무 장교로 규정되어 있다.

군인사법 제6조 【복무의 구분】 ③ 단기복무 장교는 다음 각 호의 어느 하나에 해당하는 사람으로 한다.
1. 육군3사관학교나 국군간호사관학교를 졸업한 사람
1의2. 국방첨단과학기술사관학교를 졸업한 사람
2. 사관후보생과정 출신 장교
3. 병역법 제57조 제2항에 따른 학생군사교육단 사관후보생과정 출신 장교
3의2. 예비역 장교로서 전역 당시의 계급에 재임용된 중위 이상의 장교
4. 제2항의 장기복무 장교에 속하지 아니하는 장교

선지 분석

① 군인이 상관의 지시나 명령에 대하여 재판청구권을 행사하는 경우에 그것이 위법·위헌인 지시와 명령을 시정하려는 데 목적이 있을 뿐, 군 내부의 상명하복관계를 파괴하고 명령불복종 수단으로서 재판청구권의 외형만을 빌리거나 그 밖에 다른 불순한 의도가 있지 않다면, 정당한 기본권의 행사이므로 군인의 복종의무를 위반하였다고 볼 수 없다(대판 2018.3.22. 2012두26401 전합).

③ 군인사법은 국가공무원법에 대한 특례를 규정하고 있으며, 일반법보다는 특별법이 우선 적용된다.

군인사법 제1조 【목적】 이 법은 군인의 책임 및 직무의 중요성과 신분 및 근무조건의 특수성을 고려하여 그 임용, 복무, 교육훈련, 사기 및 신분보장 등에 관하여 국가공무원법에 대한 특례를 규정함을 목적으로 한다.

④ 군인사법 제8조 제1항에 대한 옳은 내용이다.

제8조 【현역정년】 ① 현역에서 복무할 정년(停年)은 다음 각 호와 같다. 다만, 전시·사변 등의 국가비상시에는 예외로 한다. (각 호 생략)

06 Ⅱ 허가   정답 ①

정답 분석

① 허가는 허가요건에 해당하면 반드시 허가를 부여해야 할 기속을 받는 점에서 일반적으로 기속행위의 성질을 갖는다. 따라서 관계법규에서 정하는 제한사유 이외의 사유를 들어 허가신청을 거부할 수 없다. 예외적으로 허가의 요건이 불확정개념으로 규정된 경우나 공익적 요구에 의한 이익형량이 요구되는 예외적 승인의 경우에는 재량이 인정될 수 있다.

선지 분석

② 허가는 원칙적으로 행위의 적법요건이지 유효요건은 아니므로 무허가행위로 한 행위는 특별한 규정이 없는 한 행정벌이나 강제집행의 대상이 될 뿐 사법상 효력에는 영향이 없어 유효하다.

③ 분배신청을 한 바 없고 분배받은 사실조차 알지 못하고 있는 자에 대한 농지분배는 허무인에게 분배한 것이나 다름이 없는 당연무효의 처분이라고 할 것이다(대판 1970.10.23. 70다1750).

④ 허가는 자연적 자유를 회복시켜주는 명령적 행정행위에 해당하고, 새로운 권리를 창설하는 형성적 행정행위는 특허에 해당한다. 참고로 기존에는 허가를 명령적 행정행위로 보는 견해가 일반적이었지만, 최근 유력설은 허가가 단순히 자연적 자유의 회복에 그치는 것이 아니라 헌법상의 자유권을 회복시켜 주는 형성적 행정행위의 성질을 함께 가지고 있다고 보고 있다.

이것도 알면 합격!

허가로 본 경우

- 일반적인 건축허가
- 영업허가
- 도로사용허가
- 의사면허
- 자동차운전면허
- 주류판매업면허
- 차량검사합격처분
- 담배소매인 지정
- 통행금지의 해제

07 III 행정절차법   정답 ③

정답 분석
③ 행정청은 처분을 하는 때에는 원칙적으로 당사자에게 근거와 이유를 제시하여야 한다(행정절차법 제23조 제1항). 당사자가 신청하는 허가 등을 거부하는 처분을 하면서 당사자가 그 근거를 알 수 있을 정도로 이유를 제시한 경우에는 처분의 근거와 이유를 구체적으로 명시하지 않았더라도 그로 말미암아 그 처분이 위법하다고 볼 수는 없다(대판 2017.8.29. 2016두44186).

선지 분석
① 행정절차법 제17조 제8항에 대한 옳은 내용이다.

> 제17조【처분의 신청】⑧ 신청인은 처분이 있기 전에는 그 신청의 내용을 보완·변경하거나 취하(取下)할 수 있다. 다만, 다른 법령 등에 특별한 규정이 있거나 그 신청의 성질상 보완·변경하거나 취하할 수 없는 경우에는 그러하지 아니하다.

② 행정절차법 제17조 제7항에 대한 옳은 내용이다.

> 제17조【처분의 신청】⑦ 행정청은 신청인의 편의를 위하여 다른 행정청에 신청을 접수하게 할 수 있다. 이 경우 행정청은 다른 행정청에 접수할 수 있는 신청의 종류를 미리 정하여 공시하여야 한다.

④ 행정절차법 제27조 제4항에 대한 옳은 내용이다.

> 제27조【의견제출】④ 당사자 등이 정당한 이유 없이 의견제출 기한까지 의견제출을 하지 아니한 경우에는 의견이 없는 것으로 본다.

08 VI 취소소송   정답 ④

정답 분석
④ 국적법상 귀화불허가처분이나 출입국관리법상 체류자격변경 불허가처분, 강제퇴거명령 등을 다투는 외국인은 대한민국에 적법하게 입국하여 상당한 기간을 체류한 사람이므로, 이미 대한민국과의 실질적 관련성 내지 대한민국에서 법적으로 보호가치 있는 이해관계를 형성한 경우이어서, 해당 처분의 취소를 구할 법률상 이익이 인정된다고 보아야 한다(대판 2018.5.15. 2014두42506).

선지 분석
① 행정소송법 제10조 제2항에 대한 옳은 내용이다.

> 제10조【관련청구소송의 이송 및 병합】② 취소소송에는 사실심의 변론종결시까지 관련청구소송을 병합하거나 피고 외의 자를 상대로 한 관련청구소송을 취소소송이 계속된 법원에 병합하여 제기할 수 있다.

② 대집행계고처분 취소소송의 변론종결 전에 대집행영장에 의한 통지절차를 거쳐 사실행위로서 대집행의 실행이 완료된 경우에는 행위가 위법한 것이라는 이유로 손해배상이나 원상회복 등을 청구하는 것은 별론으로 하고 처분의 취소를 구할 법률상 이익은 없다(대판 1993.6.8. 93누6164).

③ 행정소송법 제23조 제1항에 대한 옳은 내용이다.

> 제23조【집행정지】① 취소소송의 제기는 처분 등의 효력이나 그 집행 또는 절차의 속행에 영향을 주지 아니한다.

09 IV 행정상 강제징수   정답 ①

정답 분석
① 국세 및 국세의 징수에 관하여는 국세징수법보다 국세기본법이 우선하는 것을 원칙으로 한다.

> 국세기본법 제3조【세법 등과의 관계】① 국세에 관하여 세법에 별도의 규정이 있는 경우를 제외하고는 이 법에서 정하는 바에 따른다.
>
> 국세징수법 제4조【다른 법률과의 관계】국세의 징수에 관하여 국세기본법이나 다른 세법에 특별한 규정이 있는 경우를 제외하고는 이 법에서 정하는 바에 따른다.

선지 분석
② 행정청이 행정대집행법 제3조 제1항에 의한 대집행계고를 함에 있어서는 의무자가 스스로 이행하지 아니하는 경우에 대집행할 행위의 내용 및 범위가 구체적으로 특정되어야 하나, 그 행위의 내용 및 범위는 반드시 대집행계고서에 의하여서만 특정되어야 하는 것이 아니고, 계고처분 전후에 송달된 문서나 기타 사정을 종합하여 행위의 내용이 특정되거나 실제건물의 위치, 구조, 평수 등을 계고서의 표시와 대조·검토하여 대집행의무자가 그 이행의무의 범위를 알 수 있을 정도로 하면 족하다(대판 1996.10.11. 96누8086).

③ 건축법 제78조에 의한 무허가 건축행위에 대한 형사처벌과 건축법 제83조 제1항에 의한 시정명령 위반에 대한 이행강제금의 부과는 그 처벌 내지 제재대상이 되는 기본적 사실관계로서의 행위를 달리하며, 또한 그 보호법익과 목적에서도 차이가 있으므로 헌법 제13조 제1항이 금지하는 이중처벌에 해당한다고 할 수 없다(헌재 2004.2.26. 2001헌바80 등).

④ 과세관청이 체납처분으로서 행하는 공매는 우월한 공권력의 행사로서 행정소송의 대상이 되는 공법상의 행정처분이며, 공매에 의하여 재산을 매수한 자는 그 공매처분이 취소된 경우에 그 취소처분의 위법을 주장하여 행정소송을 제기할 법률상 이익이 있다(대판 1984.9.25. 84누201).

10 VII 지방자치   정답 ①

정답 분석
① 지방자치법 제13조에서 정한 지방자치단체의 사무 범위는 열거적 규정이 아닌 예시적 규정에 해당한다.

> 지방자치법 제13조【지방자치단체의 사무 범위】② 제1항에 따른 지방자치단체의 사무를 예시하면 다음 각 호와 같다. 다만, 법률에 이와 다른 규정이 있으면 그러하지 아니하다.
> 1. 지방자치단체의 구역, 조직, 행정관리 등

2. 주민의 복지증진
3. 농림·수산·상공업 등 산업 진흥
4. 지역개발과 자연환경보전 및 생활환경시설의 설치·관리
5. 교육·체육·문화·예술의 진흥
6. 지역민방위 및 지방소방
7. 국제교류 및 협력

선지 분석

② 지방자치법 제39조에 대한 옳은 내용이다.

> 제39조【의원의 임기】지방의회의원의 임기는 4년으로 한다.

③ 조례 제정권의 범위를 벗어나 국가사무를 대상으로 한 무효인 서울특별시행정권한위임조례의 규정에 근거하여 구청장이 건설업영업정지처분을 한 경우, 그 처분은 결과적으로 적법한 위임 없이 권한 없는 자에 의하여 행하여진 것과 마찬가지가 되어 그 하자가 중대하나, 지방자치단체의 사무에 관한 조례와 규칙은 조례가 보다 상위규범이라고 할 수 있고, 또한 헌법 제107조 제2항의 "규칙"에는 지방자치단체의 조례와 규칙이 모두 포함되는 등 이른바 규칙의 개념이 경우에 따라 상이하게 해석되는 점 등에 비추어 보면 위 처분의 위임 과정의 하자가 객관적으로 명백한 것이라고 할 수 없으므로 이로 인한 하자는 결국 당연무효사유는 아니라고 봄이 상당하다(대판 1995.7.11. 94누4615 전합).

④ 헌법 제117조 제1항은 지방자치단체에 포괄적인 자치권을 보장하고 있으므로, 자치사무와 관련한 조례에 대한 법률의 위임은 법규명령에 대한 법률의 위임과 같이 구체적으로 범위를 정하여서 할 엄격성이 반드시 요구되지는 않는다. 법률이 주민의 권리의무에 관한 사항에 관하여 구체적으로 범위를 정하지 않은 채 조례로 정하도록 포괄적으로 위임한 경우에도 지방자치단체는 법령에 위반되지 않는 범위 내에서 각 지역의 실정에 맞게 주민의 권리의무에 관한 사항을 조례로 제정할 수 있다(대판 2019.10.17. 2018두40744).

11 Ⅰ 행정상 법률관계   정답 ④

정답 분석

④ 행정청이 어느 법률관계나 사실관계에 대하여 어느 법률의 규정을 적용하여 행정처분을 한 경우에 그 법률관계나 사실관계에 대하여는 그 법률의 규정을 적용할 수 없다는 법리가 명백히 밝혀져 그 해석에 다툼의 여지가 없음에도 불구하고 행정청이 위 규정을 적용하여 처분을 한 때에는 그 하자가 중대하고도 명백하다고 할 것이나, 그 법률관계나 사실관계에 대하여 그 법률의 규정을 적용할 수 없다는 법리가 명백히 밝혀지지 아니하여 그 해석에 다툼의 여지가 있는 때에는 행정관청이 이를 잘못 해석하여 행정처분을 하였더라도 이는 그 처분 요건사실을 오인한 것에 불과하여 그 하자가 명백하다고 할 수 없는 것이다(대판 2004.10.15. 2002다68485).

선지 분석

① 도시 및 주거환경정비법상 행정주체인 주택재건축정비사업조합을 상대로 관리처분계획안에 대한 조합 총회결의의 효력 등을 다투는 소송은 행정처분에 이르는 절차적 요건의 존부나 효력 유무에 관한 소송으로서 그 소송결과에 따라 행정처분의 위법 여부에 직접 영향을 미치는 공법상 법률관계에 관한 것이므로, 이는 행정소송법상의 당사자소송에 해당한다(대판 2009.9.17. 2007다2428).

② 행정절차법은 공법(公法)상 행정절차에 적용되므로, 사법(私法)관계에는 적용되지 아니한다.

③ 구 국유재산법 제51조 제1항·제4항·제5항에 의한 변상금 부과·징수권은 민사상 부당이득반환청구권과 법적 성질을 달리하므로, 국가는 무단점유자를 상대로 변상금 부과·징수권의 행사와 별도로 국유재산의 소유자로서 민사상 부당이득반환청구의 소를 제기할 수 있다(대판 2014.7.16. 2011다76402).

12 Ⅱ 법률행위적 행정행위   정답 ③

정답 분석

③ 사회복지법인의 정관변경의 허가에 대한 법적 성격은 '인가'라고 보아야 한다. 인가는 법률행위적 행정행위에 속하며, 법률행위적 행정행위에는 부관을 붙일 수 있다.

> **관련 판례**
> 1. 민법 제45조와 제46조에서 말하는 재단법인의 정관변경 "허가"는 법률상의 표현이 허가로 되어 있기는 하나, 그 성질에 있어 법률행위의 효력을 보충해 주는 것이지 일반적 금지를 해제하는 것이 아니므로, 그 법적 성격은 인가라고 보아야 한다(대판 1996.5.16. 95누4810 전합).
> 2. 사회복지법인의 정관변경을 허가할 것인지의 여부는 주무관청의 정책적 판단에 따른 재량에 맡겨져 있다고 할 것이고, 주무관청이 정관변경허가를 함에 있어서는 비례의 원칙 및 평등의 원칙에 적합하고 행정처분의 본질적 효력을 해하지 않는 한도 내에서 부관을 붙일 수 있다(대판 2002.9.24. 2000두5661).

선지 분석

① 국유재산 등의 관리청이 하는 행정재산의 사용·수익에 대한 허가는 순전히 사경제주체로서 행하는 사법상의 행위가 아니라 관리청이 공권력을 가진 우월적 지위에서 행하는 행정처분으로서 특정인에게 행정재산을 사용할 수 있는 권리를 설정하여 주는 강학상 특허에 해당한다(대판 2006.3.9. 2004다31074).

② 통지와 공증은 준법률행위적 행정행위에 속한다.

이것도 알면 합격!

법률행위적 행정행위와 준법률행위적 행정행위의 종류

법률행위적 행정행위	• 명령적 행위: 하명, 허가, 면제 • 형성적 행위: 특허, 인가, 대리
준법률행위적 행정행위	확인, 공증, 통지, 수리

④ 친일반민족행위자 재산의 국가귀속에 관한 특별법 제3조 제1항 본문, 제9조 규정들의 취지와 내용에 비추어 보면, 같은 법 제2조 제2호에 정한 친일재산은 친일반민족행위자재산조사위원회가 국가귀속결정을 하여야 비로소 국가의 소유로 되는 것이 아니라 특별법의 시행에 따라 그 취득·증여 등 원인행위시에 소급하여 당연히 국가의 소유로 되고, 위 위원회의 국가귀속결정은 당해 재산이 친일재산에 해당한다는 사실을 확인하는 이른바 준법률행위적 행정행위의 성격을 가진다(대판 2008.11.13. 2008두13491).

13 Ⅱ 행정입법   정답 ②

정답 분석
② 조례의 제정권자인 지방의회는 선거를 통해서 그 지역적인 민주적 정당성을 지니고 있는 주민의 대표기관이고 헌법이 지방자치단체에 포괄적인 자치권을 보장하고 있는 취지로 볼 때, 조례에 대한 법률의 위임은 법규명령에 대한 법률의 위임과 같이 반드시 구체적으로 범위를 정하여 할 필요가 없으며 포괄적인 것으로 족하다(헌재 1995.4.20. 92헌마264·279).

선지 분석
① 법률의 시행령이나 시행규칙은 그 법률에 의한 위임이 없으면 개인의 권리·의무에 관한 내용을 변경·보충하거나 법률에 규정되지 아니한 새로운 내용을 정할 수는 없지만, 법률의 시행령이나 시행규칙의 내용이 모법의 입법취지 및 관련 조항 전체를 유기적·체계적으로 살펴 보아 모법의 해석상 가능한 것을 명시한 것에 지나지 아니하거나 모법 조항의 취지에 근거하여 이를 구체화하기 위한 것인 때에는 모법의 규율 범위를 벗어난 것으로 볼 수 없으므로, 모법에 이에 관하여 직접 위임하는 규정을 두지 않았다고 하더라도 이를 무효라고 볼 수는 없다(대판 2009.6.11. 2008두13637).

③ 산업재해보상보험법 시행령 [별표 3] '업무상 질병에 대한 구체적인 인정기준'은 '뇌혈관 질병 또는 심장 질병', '근골격계 질병'의 업무상 질병 인정 여부 결정에 필요한 사항은 고용노동부장관이 정하여 고시하도록 위임하고 있다(제1호 다목, 제2호 마목). 위임근거인 산업재해보상보험법 시행령 [별표 3] '업무상 질병에 대한 구체적인 인정 기준'이 예시적 규정에 불과한 이상, 그 위임에 따른 고용노동부 고시가 대외적으로 국민과 법원을 구속하는 효력이 있는 규범이라고 볼 수는 없고, 상급행정기관이자 감독기관인 고용노동부장관이 그 지도·감독 아래 있는 근로복지공단에 대하여 행정내부적으로 업무처리지침이나 법령의 해석·적용 기준을 정해주는 '행정규칙'이라고 보아야 한다(대판 2020.12.24. 2020두39297).

> **관련 판례**
> 위와 같은 작성요령은 법률의 위임을 받은 것이기는 하나 법인세의 부과징수라는 행정적 편의를 도모하기 위한 절차적 규정으로서 단순히 행정규칙의 성질을 가지는 데 불과하여 과세관청이나 일반국민을 기속하는 것이 아니다(대판 2003.9.5. 2001두403).

④ 재량준칙이 정한 바에 따라 되풀이 시행되어 행정관행이 이루어지게 되면 평등의 원칙이나 신뢰보호의 원칙에 따라 행정청은 상대방에 대한 관계에서 그 규칙에 따라야 할 자기구속을 받게 되므로, 이러한 경우에는 특별한 사정이 없는 한 그에 반하는 처분은 평등의 원칙이나 신뢰보호의 원칙에 어긋나 재량권을 일탈·남용한 위법한 처분이 된다(대판 2014.11.27. 2013두18964).

14 Ⅳ 행정질서벌   정답 ③

정답 분석
③ 신분이 없는 자가 가담한 때에는 신분이 없는 자에 대하여도 질서위반행위가 성립한다.

> **질서위반행위규제법 제12조【다수인의 질서위반행위 가담】**
> ② 신분에 의하여 성립하는 질서위반행위에 신분이 없는 자가 가담한 때에는 신분이 없는 자에 대하여도 질서위반행위가 성립한다.

선지 분석
① 질서위반행위규제법 제7조에 대한 옳은 내용이다.

> **제7조【고의 또는 과실】** 고의 또는 과실이 없는 질서위반행위는 과태료를 부과하지 아니한다.

② 질서위반행위규제법 제38조 제1항에 대한 옳은 내용이다.

> **제38조【항고】** ① 당사자와 검사는 과태료 재판에 대하여 즉시항고를 할 수 있다. 이 경우 항고는 집행정지의 효력이 있다.

④ 질서위반행위규제법 제3조 제2항에 대한 옳은 내용이다.

> **제3조【법 적용의 시간적 범위】** ② 질서위반행위 후 법률이 변경되어 그 행위가 질서위반행위에 해당하지 아니하게 되거나 과태료가 변경되기 전의 법률보다 가볍게 된 때에는 법률에 특별한 규정이 없는 한 변경된 법률을 적용한다.

15 Ⅴ 행정상 손실보상   정답 ④

정답 분석
④ 배제하지 아니한 가격으로 평가하여야 한다.

> **관련 판례**
> 토지수용으로 인한 손실보상액을 산정함에 있어서 당해 공공사업의 시행을 직접 목적으로 하는 계획의 승인·고시로 인한 가격변동은 이를 고려함이 없이 수용재결 당시의 가격을 기준으로 하여 적정가격을 정하여야 하나, 당해 공공사업과는 관계없는 다른 사업의 시행으로 인한 개발이익은 이를 배제하지 아니한 가격으로 평가하여야 한다(대판 1999.1.15. 98두8896).

선지 분석
① 손실보상에 관한 일반법은 없고, 공익사업을 위한 토지 등의 취득 및 보상에 관한 법률 등 개별법으로만 존재한다.

② '부동산 가격공시 및 감정평가에 관한 법률'(2007.4.27. 법률 제8409호로 개정된 것) 제9조 제1항 제1호가 개별공시지가가 아닌 표준지공시지가를 기준으로 보상액을 산정하도록 한 것은 개발이익이 배제된 수용 당시 피수용 재산의 객관적인 재산가치를 가장 정당하게 보상하는 것이라고 할 것이므로, 헌법 제23조 제3항에 위반된다고 할 수 없다(헌재 2011.8.30. 2009헌바245).

③ 공공사업의 시행으로 인하여 그러한 손실이 발생하리라는 것을 쉽게 예견할 수 있고 그 손실의 범위도 구체적으로 이를 특정할 수 있는 경우라면 그 손실의 보상에 관하여 공공용지의 취득 및 손실보상에 관한 특례법 시행규칙의 관련 규정 등을 유추적용할 수 있다고 해석함이 상당하다(대판 1999.10.8. 99다27231).

16 II 준법률행위적 행정행위   정답 ②

정답 분석

② 주한 미군에 근무하면서 특수업무를 수행하는 한국인 군무원에 대한 주한 미군측의 고용해제 통보 후 국방부장관이 행한 직권면직의 인사발령은 관념의 통지에 해당한다. 관념의 통지는 준법률행위적 행정행위에 해당한다.

> **관련 판례**
>
> 특수업무를 수행하는 한국인 군무원으로서 다른 일반군속과는 달리 정원이 별도로 관리되고 임용 즉시 휴직한 후 주한 미군측에 파견되어 … 군무원인사법으로 전면 개정된 후에는 주한 미군측 고용기간을 임기로 한 번역군무원에 임용된 것으로 간주되었는데 주한 미군측에서 위 군무원을 고용해제하자 그 통보를 받은 국방부장관이 위 군무원에 대하여 직권면직의 인사발령을 하였다면, 위 군무원은 군무원관계를 소멸시키기 위한 임면권자의 별도 행정처분을 요하지 아니하고 임기만료로 당연퇴직하였고, 위 직권면직의 인사발령은 그 문언상의 표현에도 불구하고 법률상 당연히 발생한 퇴직의 사유 및 시기를 공적으로 확인하여 알려주는 이른바 관념의 통지에 불과할 뿐 군무원의 신분을 상실시키는 새로운 형성적 행위가 아니므로 항고소송의 대상이 되는 행정처분이라고 할 수 없다(대판 1997.11.11. 97누1990).

선지 분석

① 여객자동차운수사업 면허는 사인에게 공공사업의 운영권을 설정하여 주는 행정행위로서 강학상 특허기업 특허에 해당한다. 특허는 법률행위적 행정행위에 속한다.

> **관련 판례**
>
> 국가나 지방자치단체는 수도·전기·가스·교통(운송) 등 국민의 일상생활에 필수적인 재화와 서비스를 제공하는 공공사업을 스스로 혹은 공기업을 통하여 운영할 수도 있고, 사인에게 그 사업에 관한 운영권을 설정해 줌으로써 운영하게 할 수도 있다. 이처럼 사인에게 공공사업의 운영권을 설정하여 주는 행정행위를 강학상 특허기업 특허라고 한다.
> 여객자동차 운수사업법은 일반택시운송사업을 운영하려면 국토교통부장관으로부터 면허를 받도록 규정하고 있다. 여객자동차 운수사업 면허는, 한편으로는 사업자의 자격·조건이나 영업 수행방식 등에 관하여 강한 규제를 하면서도, 다른 한편으로는 진입 규제, 세제 혜택, 보조금 지원 등의 방법으로 사업자들 상호 간의 과도한 경쟁을 제한하고 사업자를 지원하기 위하여, 공공성이 강한 운수사업 사업자에게 특별한 법적 지위를 창설해주는 설권적 행정행위로서, 앞서 본 바와 같은 특허기업 특허에 해당한다(대판 2019.4.18. 2016다2451 전합).

③ 민법 제45조와 제46조에서 말하는 재단법인의 정관변경 "허가"는 법률상의 표현이 허가로 되어 있기는 하나, 그 성질에 있어 **법률행위의 효력을 보충해 주는 것이지 일반적 금지를 해제하는 것이 아니므로, 그 법적 성격은 인가**라고 보아야 한다(대판 1996.5.16. 95누4810 전합). 이와 같은 인가는 법률행위적 행정행위에 속한다.

④ 미성년자에 대한 음주판매금지는 부작위를 명하는 하명에 해당하며, 법률행위적 행정행위에 속한다.

17 VII 공무원 징계   정답 ③

정답 분석

③ 근로기준법 등의 입법 취지, 지방공무원법과 지방공무원 징계 및 소청규정의 여러 규정에 비추어 볼 때, 채용계약상 특별한 약정이 없는 한, 지방계약직공무원에 대하여 지방공무원법, 지방공무원 징계 및 소청규정에 정한 징계절차에 의하지 않고서는 보수를 삭감할 수 없다고 봄이 상당하다(대판 2008.6.12. 2006두16328).

선지 분석

① 국가공무원법 제63조에 규정된 품위유지의무란 공무원이 직무의 내외를 불문하고, 국민의 수임자로서의 직책을 맡아 수행해 나가기에 손색이 없는 인품에 걸맞게 본인은 물론 공직사회에 대한 국민의 신뢰를 실추시킬 우려가 있는 행위를 하지 않아야 할 의무라고 해석할 수 있고, 이러한 품위유지의무 위반에 대하여 징계권자는 재량권의 남용에 해당하지 않는 범위에서 징계권을 행사할 수 있다(대판 2017.11.9. 2017두47472).

② 공무원이 한 사직 의사표시의 철회나 취소는 그에 터잡은 의원면직처분이 있을 때까지 할 수 있는 것이고, 일단 면직처분이 있고 난 이후에는 철회나 취소할 여지가 없다(대판 2001.8.24. 99두9971).

④ 국가공무원법 제33조 제8호에 대한 옳은 내용이다.

> 제33조【결격사유】다음 각 호의 어느 하나에 해당하는 자는 공무원으로 임용될 수 없다.
> 8. 징계로 해임처분을 받은 때부터 3년이 지나지 아니한 자

이것도 알면 합격!

공무원법상 징계의 종류

국가공무원법 제79조	지방공무원법 제79조
파면 > 해임 > 강등 > 정직 > 감봉 > 견책	

18 V 국가배상법 제5조   정답 ①

정답 분석

옳은 것은 ㄱ, ㄴ이다.

ㄱ. 100년 발생빈도의 강우량을 기준으로 책정된 계획홍수위를 초과하여 600년 또는 1,000년 발생빈도의 강우량에 의한 하천의 범람은 예측가능성 및 회피가능성이 없는 불가항력적인 재해로서 그 영조물의 관리청에게 책임을 물을 수 없다(대판 2003.10.23. 2001다48057).

ㄴ. 고등학교 3학년 학생이 교사의 단속을 피해 담배를 피우기 위하여 3층 건물 화장실 밖의 난간을 지나다가 실족하여 사망한 경우, 학교 관리자에게 그와 같은 이례적인 사고가 있을 것을 예상하여 복도나 화장실 창문에 난간으로의 출입을 막기 위하여 출입금지장치나 추락 위험을 알리는 경고표지판을 설치할 의무가 있다고 볼 수는 없으므로 학교시설의 설치·관리상의 하자가 없다(대판 1997.5.16. 96다54102).

선지 분석

ㄷ. 국가배상법 제5조 소정의 공공의 영조물이란 공유나 사유임을 불문하고 행정주체에 의하여 특정 공공의 목적에 공여된 유체물 또는 물적 설비를 의미하므로 사실상 군민의 통행에 제공되고 있던 도로 옆의 암벽으로부터 떨어진 낙석에 맞아 소외인이 사망하는 사고가 발생하였다고 하여도 동 사고지점 도로가 피고 군에 의하여 노선 인정 기타 공용개시가 없었으면 이를 영조물이라 할 수 없다(대판 1981.7.7. 80다2478).

ㄹ. '영조물 설치 또는 하자'에 관한 제3자의 수인한도의 기준을 결정함에 있어서는 일반적으로 침해되는 권리나 이익의 성질과 침해의 정도뿐만 아니라 침해행위가 갖는 공공성의 내용과 정도, 그 지역환경의 특수성, 공법적인 규제에 의하여 확보하려는 환경기준, 침해를 방지 또는 경감시키거나 손해를 회피할 방안의 유무 및 그 난이 정도 등 여러 사정을 종합적으로 고려하여 구체적 사건에 따라 개별적으로 결정하여야 한다(대판 2005.1.27. 2003다49566).

이것도 알면 합격!

영조물 인정 여부

인정한 경우	부정한 경우
• 철도건널목의 자동경보기, 교통신호기 • 도로상의 맨홀, 공중변소, 상하수도 • 저수지, 홍수조절용 다목적댐 • 정부청사, 관용자동차, 여의도광장 • 군견, 경찰견, 경찰마 • 도로, 육교, 하천, 제방	• 국유림 등 국유일반재산 • 폐천부지 • 공용지정을 갖추지 못한 도로 • 형체적 요소를 갖추지 못한 옹벽

19 Ⅰ 행정법의 법원   정답 ②

정답 분석

② 상급행정기관이 하급행정기관에 대하여 법령의 수권 없이 행정조직 내부사항에 대하여 발하는 명령으로서, 법원성에 대해서는 긍정설과 부정설의 대립이 있다. 다만, 행정규칙이 법규성을 가지는 경우에는 법원성을 인정할 수 있다.

선지 분석

① 행정관습법의 효력에 대해서 개폐적 효력설과 보충적 효력설의 대립이 있으나, 행정의 성문법주의 원칙상 성문법이 없는 경우에만 관습법이 보충적으로 적용된다는 보충적 효력설이 통설·판례이다.

> **관련 판례**
> 민법 제1조의 관습법은 법원으로서의 보충적 효력을 인정하는 데 반하여, … 관습법의 제정법에 대한 열후적, 보충적 성격에 비추어 그와 같은 관습법의 효력을 인정하는 것은 관습법의 법원으로서의 효력을 정한 위 민법 제1조의 취지에 어긋나는 것이라고 할 것이다(대판 1983.6.14. 80다3231).

③ 합헌적 법률해석을 포함하는 법령의 해석·적용권한은 대법원을 최고법원으로 하는 법원에 전속하는 것이며, 헌법재판소가 법률의 위헌 여부를 판단하기 위하여 불가피하게 법원의 최종적인 법률해석에 앞서 법령을 해석하거나 그 적용범위를 판단하더라도 헌법재판소의 법률해석에 대법원이나 각급 법원이 구속되는 것은 아니다(대판 2009.2.12. 2004두10289).

④ 남북 사이의 화해와 불가침 및 교류협력에 관한 합의서는 남북관계가 '나라와 나라 사이의 관계가 아닌 통일을 지향하는 과정에서 잠정적으로 형성되는 특수관계'임을 전제로, 조국의 평화적 통일을 이룩해야 할 공동의 정치적 책무를 지는 남북한 당국이 특수관계인 남북관계에 관하여 채택한 합의문서로서, 남북한 당국이 각기 정치적인 책임을 지고 상호간에 그 성의 있는 이행을 약속한 것이기는 하나 법적 구속력이 있는 것은 아니어서 이를 국가간의 조약 또는 이에 준하는 것으로 볼 수 없고, 따라서 국내법과 동일한 효력이 인정되는 것도 아니다(대판 1999.7.23. 98두14525).

20 Ⅲ 정보공개법   정답 ②

정답 분석

② 공공기관은 정보공개의 청구를 받으면 그 청구를 받은 날부터 10일 이내에 공개 여부를 결정하여야 한다.

> **공공기관의 정보공개에 관한 법률 제11조【정보공개 여부의 결정】**
> ① 공공기관은 제10조에 따라 정보공개의 청구를 받으면 그 청구를 받은 날부터 10일 이내에 공개 여부를 결정하여야 한다.

선지 분석

① 공공기관의 정보공개에 관한 법률 제4조 제3항에 대한 옳은 내용이다.

> **제4조【적용 범위】** ③ 국가안전보장에 관련되는 정보 및 보안 업무를 관장하는 기관에서 국가안전보장과 관련된 정보의 분석을 목적으로 수집하거나 작성한 정보에 대해서는 이 법을 적용하지 아니한다. 다만, 제8조 제1항에 따른 정보목록의 작성·비치 및 공개에 대해서는 그러하지 아니한다.

③ 공공기관의 정보공개에 관한 법률 제21조 제1항에 대한 옳은 내용이다.

> **제21조【제3자의 비공개 요청 등】** ① 제11조 제3항에 따라 공개 청구된 사실을 통지받은 제3자는 그 통지를 받은 날부터 3일 이내에 해당 공공기관에 대하여 자신과 관련된 정보를 공개하지 아니할 것을 요청할 수 있다.

④ 공공기관의 정보공개에 관한 법률 제9조 제1항 제6호 라목에 대한 옳은 내용이다.

> **제9조【비공개 대상 정보】** ① 공공기관이 보유·관리하는 정보는 공개 대상이 된다. 다만, 다음 각 호의 어느 하나에 해당하는 정보는 공개하지 아니할 수 있다.
> 6. 해당 정보에 포함되어 있는 성명·주민등록번호 등 개인정보 보호법 제2조 제1호에 따른 개인정보로서 공개될 경우 사생활의 비밀 또는 자유를 침해할 우려가 있다고 인정되는 정보. 다만, 다음 각 목에 열거한 사항은 제외한다.
> 라. 직무를 수행한 공무원의 성명·직위

21 　Ⅵ 행정심판위원회　　　정답 ②

정답 분석

② 국가정보원장의 행정청 또는 그 소속 행정청의 처분 또는 부작위에 대한 행정심판의 청구에 대하여는 행정청에 두는 행정심판위원회에서 심리·재결한다(행정심판법 제6조 제1항 제1호).

선지 분석

① 광역시장의 행정청의 처분 또는 부작위에 대한 심판청구에 대하여는 부패방지 및 국민권익위원회의 설치와 운영에 관한 법률에 따른 국민권익위원회에 두는 중앙행정심판위원회에서 심리·재결한다(행정심판법 제2항 제2호).

③ 국회사무총장의 행정청 또는 그 소속 행정청의 처분 또는 부작위에 대한 행정심판의 청구에 대하여는 행정청에 두는 행정심판위원회에서 심리·재결한다(행정심판법 제1항 제2호).

④ 감사원의 행정청 또는 그 소속 행정청의 처분 또는 부작위에 대한 행정심판의 청구에 대하여는 행정청에 두는 행정심판위원회에서 심리·재결한다(행정심판법 제1항 제1호).

> 행정심판법 제6조【행정심판위원회의 설치】① 다음 각 호의 행정청 또는 그 소속 행정청(행정기관의 계층구조와 관계없이 그 감독을 받거나 위탁을 받은 모든 행정청을 말하되, 위탁을 받은 행정청은 그 위탁받은 사무에 관하여는 위탁한 행정청의 소속 행정청으로 본다. 이하 같다)의 처분 또는 부작위에 대한 행정심판의 청구(이하 "심판청구"라 한다)에 대하여는 다음 각 호의 행정청에 두는 행정심판위원회에서 심리·재결한다.
> 1. 감사원, 국가정보원장, 그 밖에 대통령령으로 정하는 대통령 소속기관의 장
> 2. 국회사무총장·법원행정처장·헌법재판소사무처장 및 중앙선거관리위원회사무총장
> ② 다음 각 호의 행정청의 처분 또는 부작위에 대한 심판청구에 대하여는 부패방지 및 국민권익위원회의 설치와 운영에 관한 법률에 따른 국민권익위원회(이하 "국민권익위원회"라 한다)에 두는 중앙행정심판위원회에서 심리·재결한다.
> 2. 특별시장·광역시장·특별자치시장·도지사·특별자치도지사(특별시·광역시·특별자치시·도 또는 특별자치도의 교육감을 포함한다. 이하 "시·도지사"라 한다) 또는 특별시·광역시·특별자치시·도·특별자치도(이하 "시·도"라 한다)의 의회(의장, 위원회의 위원장, 사무처장 등 의회 소속 모든 행정청을 포함한다)

22 　Ⅶ 환매권　　　정답 ③

정답 분석

③ 공용수용에서 수용된 토지가 당해 공익사업에 필요 없게 되거나 이용되지 아니하였을 경우 피수용자에게 발생하는 환매권은 통지 여부에 상관없이 법률의 규정에 의하여 일정한 기간이 도과하면 당연히 소멸하는 것으로서, 비록 이 사건 헌법소원심판에서 피청구인이 환매권발생을 통지하지 아니한 부작위의 위헌확인 결정이 있다 하더라도 권리가 회복되거나 행사기간이 연장될 수 없다(헌재 2006.5.23. 2006헌마527).

선지 분석

① 공익사업을 위한 토지 등의 취득 및 보상에 관한 법률 제91조 제2항에 대한 옳은 내용이다.

> 제91조【환매권】② 취득일부터 5년 이내에 취득한 토지의 전부를 해당 사업에 이용하지 아니하였을 때에는 제1항을 준용한다. 이 경우 환매권은 취득일부터 6년 이내에 행사하여야 한다.

② 공익사업을 위한 토지 등의 취득 및 보상에 관한 법률 제92조 제2항에 대한 옳은 내용이다.

> 제92조【환매권의 통지 등】② 환매권자는 제1항에 따른 통지를 받은 날 또는 공고를 한 날부터 6개월이 지난 후에는 제91조 제1항 및 제2항에도 불구하고 환매권을 행사하지 못한다.

④ 공공용지의 취득 및 손실보상에 관한 특례법 제9조 제5항에 의하여 준용되는 토지수용법 제72조 제1항이 환매할 토지가 생겼을 때에는 기업자(사업시행자)가 지체 없이 이를 원소유자 등에게 통지하거나 공고하도록 규정한 취지는 원래 공적인 부담의 최소한성의 요청과 비자발적으로 소유권을 상실한 원소유자를 보호할 필요성 및 공평의 원칙 등 환매권을 규정한 입법이유에 비추어 공익목적에 필요 없게 된 토지가 있을 때에는 먼저 원소유자에게 그 사실을 알려 주어 환매할 것인지 여부를 최고하도록 함으로써 법률상 당연히 인정되는 환매권 행사의 실효성을 보장하기 위한 것이라고 할 것이므로 위 규정은 단순한 선언적인 것이 아니라 기업자(사업시행자)의 법적인 의무를 정한 것이라고 보아야 할 것이다(대판 2000.11.14. 99다45864).

23 　Ⅱ 행정행위의 효력　　　정답 ④

정답 분석

④ 행정처분이나 행정심판 재결이 불복기간의 경과로 인하여 확정될 경우 확정력은 처분으로 인하여 법률상 이익을 침해받은 자가 처분이나 재결의 효력을 더 이상 다툴 수 없다는 의미일 뿐 판결에 있어서와 같은 기판력이 인정되는 것은 아니어서 처분의 기초가 된 사실관계나 법률적 판단이 확정되고 당사자들이나 법원이 이에 기속되어 모순되는 주장이나 판단을 할 수 없게 되는 것은 아니다(대판 1993.4.13. 92누17181).

선지 분석

① 물품세 과세대상이 아닌 것을 세무공무원이 직무상 과실로 과세대상으로 오인하여 과세처분을 행함으로 인하여 손해가 발생된 경우에는, 동 과세처분이 취소되지 아니하였다 하더라도, 국가는 이로 인한 손해를 배상할 책임이 있다(대판 1979.4.10. 79다262).

② 과세처분의 하자가 단지 취소할 수 있는 정도에 불과할 때에는 과세관청이 이를 스스로 취소하거나 항고소송절차에 의하여 취소되지 않는 한 그로 인한 조세의 납부가 부당이득이 된다고 할 수 없다(대판 1994.11.11. 94다28000).

③ 대통령이 담화를 발표하고 이에 따라 국방부장관이 삼청교육 관련 피해자들에게 그 피해를 보상하겠다고 공고하고 피해신고까지 받음으로써, 상대방은 그 약속이 이행될 것에 대한 강한 신뢰를 가지게 되고, 이러한 신뢰는 단순한 사실상의 기대를 넘어 법적으로 보호받아야 할 이익이라고 보아야 할 것이다(대판 2003.11.28. 2002다72156).

24 　Ⅵ 행정소송의 종류　정답 ①

정답 분석

① 주민소송은 2005.1.27. 법률 제7362호로 개정된 지방자치법에서 지방자치단체의 주민이 해당 지방자치단체의 위법한 '재산의 취득·관리·처분' 등을 시정하여 줄 것을 법원에 청구함으로써 주민참여를 확대하여 지방행정의 책임성을 높이려는 목적에서 도입된 제도로서, 행정소송법상 민중소송에 해당한다. 민중소송이란 "국가 또는 공공단체의 기관이 법률에 위반되는 행위를 한 때에 직접 자기의 법률상 이익과 관계없이 그 시정을 구하기 위하여 제기하는 소송"으로서 "법률이 정한 경우에 법률에 정한 자에 한하여" 제기할 수 있다는 점에서(행정소송법 제3조 제3호, 제45조), 처분의 취소를 구할 법률상 이익이 있는 자가 제기할 수 있는 항고소송과 구별된다(행정소송법 제3조 제1호, 제12조, 대판 2019.10.17. 2018두104).

선지 분석

② 공무원연금관리공단이 퇴직연금 중 일부 금액에 대하여 지급거부의 의사표시를 하였다고 하더라도 그 의사표시는 퇴직연금청구권을 형성·확정하는 행정처분이 아니라 공법상의 법률관계의 한쪽 당사자로서 그 지급의무의 존부 및 범위에 관하여 나름대로의 사실상·법률상 의견을 밝힌 것에 불과하다고 할 것이어서 이를 행정처분이라고 볼 수는 없고, 그리고 이러한 미지급 퇴직연금에 대한 지급청구권은 공법상 권리로서 그 지급을 구하는 소송은 공법상의 법률관계에 관한 소송인 공법상 당사자소송에 해당한다(대판 2004.12.24. 2003두15195).

③ 공직선거법 제222조와 제224조에서 규정하고 있는 선거소송은 집합적 행위로서의 선거에 관한 쟁송으로서 선거라는 일련의 과정에서 선거에 관한 규정을 위반한 사실이 있고, 그로써 선거의 결과에 영향을 미쳤다고 인정하는 때에 선거의 전부나 일부를 무효로 하는 소송이다. 이는 선거를 적법하게 시행하고 그 결과를 적정하게 결정하도록 함을 목적으로 하므로, 행정소송법 제3조 제3호에서 규정한 민중소송, 즉 국가 또는 공공단체의 기관이 법률을 위반한 행위를 한 때에 직접 자기의 법률상 이익과 관계없이 그 시정을 구하기 위하여 제기하는 소송에 해당한다(대판 2016.11.24. 2016수64).

④ 지방의회와 지방자치단체장의 분쟁은 행정소송법 제3조 제4호 단서의 예외에 해당하지 않으므로, 기관소송에 해당한다.

> **행정소송법 제3조【행정소송의 종류】** 행정소송은 다음의 네 가지로 구분한다.
> 4. 기관소송: 국가 또는 공공단체의 기관 상호간에 있어서의 권한의 존부 또는 그 행사에 관한 다툼이 있을 때에 이에 대하여 제기하는 소송. 다만, 헌법재판소법 제2조의 규정에 의하여 헌법재판소의 관장사항으로 되는 소송은 제외한다.
>
> **헌법재판소법 제2조【관장사항】** 헌법재판소는 다음 각 호의 사항을 관장한다.
> 4. 국가기관 상호간, 국가기관과 지방자치단체간 및 지방자치단체 상호간의 권한쟁의에 관한 심판

25 　Ⅰ 행정법의 일반원칙　정답 ④

정답 분석

④ 구 자원의 절약과 재활용촉진에 관한 법률 시행령(2007.3.27. 대통령령 제19971호로 개정되기 전의 것) 제11조 [별표 2] 제7호에서 플라스틱제품의 수입업자가 부담하는 폐기물부담금의 산출기준을 아무런 제한 없이 그 수입가만을 기준으로 한 것은, 합성수지 투입량을 기준으로 한 제조업자에 비하여 과도하게 차등을 둔 것으로서 합리적 이유 없는 차별에 해당하므로, 위 조항 중 '수입의 경우 수입가의 0.7%' 부분은 헌법상 평등원칙을 위반한 입법으로서 무효이다(대판 2008.11.20. 2007두8287 전합).

선지 분석

① 고속국도 관리청이 고속도로 부지와 접도구역에 송유관 매설을 허가하면서 상대방과 체결한 협약에 따라 송유관 시설을 이전하게 될 경우 그 비용을 상대방에게 부담하도록 하였고, 그 후 도로법 시행규칙이 개정되어 접도구역에는 관리청의 허가 없이도 송유관을 매설할 수 있게 된 사안에서, 위 협약이 효력을 상실하지 않을 뿐만 아니라 위 협약에 포함된 부관이 부당결부금지의 원칙에도 반하지 않는다(대판 2009.2.12. 2005다65500).

② 산업기능요원과 공익근무요원은 그 제도의 취지, 직무의 성격과 내용 등에 있어 상당한 차이가 있는바, 산업기능요원은 공익근무요원과 달리 자신의 자율적 의사에 따라 그 복무를 선택하고, 그 복무관계는 공무수행관계로 보지 아니하며, 사기업체에서 자유로운 근무환경에서 근무하면서 자신의 전공과 기술을 활용할 수 있고 상당한 보수를 지급받는다. 이 사건 법령조항들이 군 복무기간의 유형과 내용에 따라 공무원 재직기간 산입 여부를 달리 보아 산업기능요원의 복무기간을 공무원 재직기간에 산입하지 않는 것은 합리적 차별이라고 할 것이므로, 산업기능요원의 평등권을 침해하지 않는다(헌재 2012.8.23. 2010헌마328).

③ 행정행위를 한 처분청은 그 행위에 하자가 있는 경우에는 별도의 법적 근거가 없더라도 스스로 이를 취소할 수 있고, 다만 수익적 행정처분을 취소할 때에는 이를 취소하여야 할 공익상의 필요와 그 취소로 인하여 당사자가 입게 될 기득권과 신뢰보호 및 법률생활 안정의 침해 등 불이익을 비교·교량한 후 공익상의 필요가 당사자가 입을 불이익을 정당화할 만큼 강한 경우에 한하여 취소할 수 있다(대판 2008.11.13. 2008두8628).

제3과목　경영학

01　Ⅰ　경영의 구성요소와 원리　정답 ②

선지 분석
① 미시적 환경은 기업이 속한 산업의 주요 구성요소를 말하고, 기업이 속한 산업 밖에서 발생하여 기업활동에 영향을 미치는 요인은 거시적 환경이다.
③ 환경불확실성의 원천 중 환경복잡성은 조직이 관리해야 하는 특수하고 일반적인 영향력의 강도, 수, 상호결합성에 대한 함수이고, 과업환경이나 일반환경이 얼마나 변화하는가에 대한 함수는 환경동태성이다.
④ 외부환경 중 직접적으로 영향을 미치는 환경은 과업환경이고, 간접적으로 영향을 미치는 환경은 일반환경이다.

02　Ⅰ　경영학의 발전과정　정답 ①

정답 분석
상황적합이론은 상황변수, 조직특성변수, 조직유효성변수로 구성되어 있다. 조직규모, 환경, 기술, 조직전략은 상황변수에 해당하지만, 조직구조는 조직특성변수에 해당한다.

이것도 알면 합격!

모든 환경이나 상황에 적용할 수 있는 유일최선의 관리방식은 존재할 수 없다. 따라서 환경이나 상황이 바뀌게 되면 유효한 관리방식이 달라져야 하며, 환경이나 조건이 다르면 유효한 조직도 달라져야 한다. 이러한 입장을 취하고 있는 이론을 총칭하여 상황적합이론(contingency theory)이라고 한다. 즉 기업이 처한 상황이 각각 다르기 때문에 그 결과가 다르고, 어떤 상황에서 가장 효과적인 방법이 다른 상황에서는 전혀 다른 결과를 가져올 수 있다는 것이다. 따라서 조직은 상황에 따라 다른 원칙을 적용해야 한다는 것이다. 이러한 상황적합이론은 상황변수, 조직특성변수, 조직유효성변수로 구성되어 있다. 대표적인 상황변수에는 조직규모, 환경, 기술, 조직전략 등이 있고, 조직특성변수에는 조직구조가 대표적이다. 또한, 조직유효성변수에는 직무만족, 직무성과, 조직몰입, 조직시민행동 등이 있다.

03　Ⅰ　기업집단화　정답 ③

선지 분석
① 아웃사이더(outsider)는 협정에 참여하지 않는 기업을 의미하기 때문에 아웃사이더가 많을수록 카르텔은 효과적이지 못하다.
② 콘체른은 수평적 결합과 수직적 결합을 통해 결합이 이루어지고, 카르텔은 수평적 결합을 통해 결합이 이루어진다.
④ 백기사는 방어전략에 해당하고, 흑기사는 공격전략에 해당한다.

이것도 알면 합격!

전환우선주	다른 종류의 주식으로 전환할 수 있는 권리가 부여된 우선주이다. 발행은 우선주의 형태지만 일정 기간이 지난 후 보통주로 전환할 수 있는 주식이다.
상환우선주	특정기간(통상 5년)동안 우선주의 성격을 가지고 있다가 기간이 만료되면 발행회사에서 이를 되사서 소각을 하도록 한 주식을 말한다.
전환사채	사채로서 발행되었지만 일정기간 경과 뒤 소유자의 청구에 의하여 주식으로 전환할 수 있는 사채이다.
신주인수권부사채	발행회사의 주식을 매입할 수 있는 권리가 부여된 사채이다.

04　Ⅰ　전략분석 / 전략수립　정답 ②

정답 분석
ㄱ은 본원적 전략에 대한 내용이고, ㄷ은 가치사슬분석에 대한 내용으로 마이클 포터(M. Poter)가 주장한 내용이다. ㄴ은 VRIO 분석에 해당하는 설명으로 바니(Barney)가 고안한 분석도구이고, ㄹ은 마일즈와 스노우(Miles & Snow)의 전략유형에 대한 설명이다.

05　Ⅱ　지각　정답 ④

정답 분석
어떤 대상(개인)으로부터 얻은 일부 정보가 다른 부분의 여러 정보들을 해석할 때 영향을 미치는 것을 후광효과(halo effect)라고 한다. 상동적 태도는 지각자가 피지각자를 지각함에 있어 피지각자가 속한 집단의 특성이 영향을 미치는 오류이다.

이것도 알면 합격!

지각정보 처리 과정	선택 (selection)	지각자가 관심이 있는 것은 지각을 하고 관심 밖에 있는 것은 지각하지 않는 것을 말한다. 개인은 가만히 있어도 수많은 자극에 노출되지만 모든 사람이 모든 자극을 똑같이 지각하지 않고 관심이 있는 일부의 자극에 주의를 기울이게 되며, 이처럼 개인에게 필요한 자극만을 받아들이는 경향을 선택적 지각(selective perception)이라고 한다. 이러한 선택적 지각은 의사소통의 과정에서 부분적 정보만을 받아들여 오류를 유발시키기도 한다.

조직화 (organization)		지각이 된 대상이 분리된 형태로 존재할 수 없기 때문에 하나의 형태로 만들어 가는 과정으로 이미지를 형성하는 과정이라고 할 수 있다. 조직화의 과정을 게슈탈트 과정(Gestalt process)이라고도 하는데, 여기서 게슈탈트(Gestalt)는 형태라는 뜻을 가진 독일어이다. 이러한 조직화의 형태에는 집단화(범주화), 폐쇄화, 단순화, 전경-배경의 원리 등이 있다.
해석 (interpretation)		조직화된 지각에 대한 판단의 결과를 말한다. 이러한 해석은 주관적이기 때문에 판단과정이 쉽게 왜곡될 수 있으며, 이로 인해 지각오류가 발생한다.
켈리(Kelly)의 입방체 이론		개인행동의 원인을 동료구성원, 과업, 시간의 세 가지 차원으로 분류하고 각각의 차원에 대한 귀인 정도를 합의성(일치성), 특이성, 일관성의 세 가지 판단기준에 의해 결정한다. 일반적으로 개인은 지각과정에서 높은 합의성(일치성), 높은 특이성, 낮은 일관성을 지각할수록 외적 환경요인에 귀인하는 경향을 보이며, 낮은 합의성(일치성), 낮은 특이성, 높은 일관성을 지각할수록 내적 환경요인에 귀인하는 경향을 보인다.

귀인의 판단기준	외적귀인	내적귀인
합의성 (성과와 동료구성원)	높음	낮음
특이성(성과와 과업)	높음	낮음
일관성(성과와 시간)	낮음	높음

06　Ⅱ　성격 / 태도　　정답 ④

정답 분석
내재론자는 자신이 자신의 운명을 통제한다고 믿는 사람이고, 외재론자는 자신에게 일어난 운명이 외부의 요인에 의하여 결정된다고 믿는 사람이다. 따라서 내재론자는 참여적 관리스타일이 적합하고, 외재론자는 지시적 관리스타일이 적합하기 때문에 옳은 설명이다.

선지 분석
① 태도는 인지적 요소, 정서적 요소, 행동적 요소로 구성되어 있다.
② 성격유형 중 A형은 B형보다 업무처리속도가 빠르고 인내심이 부족한 편이다.
③ 조직몰입 중 지속적 몰입은 조직에 잔류하고자 하는 의도를 의미한다. 규범적 몰입은 조직에 대해서 가지는 도덕적 또는 윤리적 의무감으로 조직에 남고자 하는 것을 의미한다.

07　Ⅱ　의사소통과 집단의사결정　　정답 ③

정답 분석
공식적 의사소통의 유형에는 원형, 수레바퀴형, 사슬형, Y형, 완전연결형 등이 있다. 이에 반해, 비공식적 의사소통은 그레이프바인(grapevine)이라고도 하며, 정보유통경로에 따라 단순형(일방형), 한담형(잡담형), 확률형, 군집형으로 구분할 수 있다.

08　Ⅱ　리더십　　정답 ④

정답 분석
타인을 위한 봉사에 초점을 두고, 부하와 고객을 우선으로 그들의 욕구를 만족시키기 위해 헌신하는 리더십은 서번트 리더십(servant leadership)이다. 수퍼 리더십(super leadership)은 지시와 통제에 의해서가 아니라 부하가 자발적으로 리더십을 발휘하도록 여건을 조성하는 리더십을 의미한다. 즉, 부하를 셀프리더(self leader)로 만들어 주는 리더십으로 부하의 주체적 존재를 인정하고 그 역량발휘를 지원한다.

09　Ⅲ　확보관리　　정답 ②

선지 분석
① 인적자원의 수요예측기법 중 자격요건분석기법은 단기적 예측에 적합하고, 시나리오기법은 장기적 예측에 적합하다.
③ 선발비율은 지원자 가운데 최종 선발된 인원의 비율을 말하고, 지원자들이 모집과 선발의 각 단계에서 어떻게 인원이 선택되고 축소되는지를 보여주는 비율은 산출비율이다.
④ 시험-재시험법, 대체형식법 등은 신뢰도 분석방법에 해당한다.

10　Ⅲ　교육훈련과 경력개발　　정답 ①

정답 분석
개인이 조직에서 경험하는 직무들이 수평적 뿐만 아니라 수직적으로도 배열되어 있는 경력경로를 네트워크 경력경로라고 하고, 이중 경력경로는 기술직종 종사자들이 어느 정도 직무경험을 쌓았을 때 관리직종으로 보내지 않고 계속 기술직종에 머물게 함으로써 그들의 기술분야 전문성을 높이게 하는 것이다.

이것도 알면 합격!

경력경로는 인적자원이 조직에서 여러 종류의 직무를 수행함으로써 경력을 쌓게 될 때 수행할 직무들의 배열이다. 이러한 경력경로는 네트워크 경력경로와 이중 경력경로 외에 전통적 경력경로, 프로티안 경력경로 등의 형태가 있다.

전통적 경력경로	개인이 경험하는 조직 내 직무들이 수직적으로 배열되어 있는 경우이다. 즉, 개인이 특정 직무를 몇 년간 수행한 후에 개인은 유사한 수준의 다른 직무를 수행하는 것이 아니라 상위 수준의 직무를 수행하는 것이다. 해당 직급 내 하나의 직무만 수행한 후 승진하는 경우이다.
프로티안 경력경로	과거의 경력경로는 오직 상위직급으로 가기 위한 수직선 모양이었지만, 오늘날에는 부서 간의 경계도 무너지고 개인의 직무도 경계 없이 다양한 경력을 쌓는 것이 중요하기 때문에 경력경로도 수평선 또는 곡선이 많으며, 수직사다리가 아닌 수평사다리 모양으로 변하고 있다. 이러한 경력경로의 새로운 추세로 등장한 것이 프로티안 경력경로(Protean career path) 또는 무경계 경력경로(boundaryless career path)이다. 이는 자신의 경력을 현재 소속된 한 조직으로 제한하지 않고 여러 조직으로 이동하면서 경력을 쌓는 것을 의미한다. 지속적인 학습이나 구체적인 직무에 대한 수행능력보다 전반적인 적응력을 강조하고 고용안정보다는 고용가능성을 강조한다. 이를 통해 직무에 대한 열린 시각과 기업의 종업원의 관계에 대한 새로운 시각을 제공하며, 경력의 공간을 확대할 수 있다.

11 Ⅲ 보상관리   정답 ④

정답 분석
임금수준의 조정방법 중 승급은 임금곡선상의 상향이동을 의미하고, 베이스 업은 임금곡선 자체의 상향이동을 의미한다.

12 Ⅳ 배치설계   정답 ④

정답 분석
다품종 소량생산의 경우 제품별 배치를 채택하면 잉여생산능력이 발생하여 비효율적이다.

이것도 알면 합격!

경쟁우선순위

공정별 배치	유사한 기능을 수행하는 기계나 장비 또는 부서들을 한 곳에 묶어 배치하는 형태를 말한다. 공정별 배치는 작업기능의 종류에 따라 공정(기계와 인원)들을 분류하고, 같은 종류의 작업기능을 갖는 공정들을 한 곳에 모아 배치하는 형태이기 때문에 기능별 배치(functional layout)라고도 한다. 소량생산, 제품의 다양성 등이 필요한 유연흐름전략을 사용하는 기업에서는 공정을 중심으로 인력 및 장비 등의 자원을 편성하게 되며, 많은 종류의 제품을 생산하거나 다양한 고객에게 서비스를 제공하기 위해 동일한 작업을 수행해야 하는 경우가 일반적이기 때문에 다품종 소량생산의 형태에 적합하다. 또한, 공정별 배치에서는 일반적으로 범용기계설비가 사용된다. 종합병원이나 테마파크(theme park)의 배치설계가 가장 대표적인 공정별 배치의 예이다.
제품별 배치	제품의 유형에 곤계없이 제품이 만들어지는 생산순서에 따라서 기계 및 설비를 배열하는 배치형태를 말하며, 자재의 흐름은 공정별 배치와는 달리 일직선의 형태를 보이는 것이 일반적이다. 반복적이고 연속적인 생산이 필요한 라인흐름전략을 사용하는 기업에서는 특정 제품에 자원을 전담시키게 되며, 제품의 작업순서에 따라 기계설비를 배치하는 형태를 취하게 된다. 따라서 단일품종의 대량생산, 연속적 생산에서와 같이 제품의 표준화 정도가 높은 경우에 많이 이용되는 배치형태로 자본집약적인 전용 설비를 사용하게 된다. 자동차 생산라인의 배치설계가 가장 대표적인 제품별 배치의 예이다.
다수기계 보유방식 (OWMM)	한 작업자가 여러 대의 기계를 동시에 운영하여 흐름 생산을 달성하고자 하는 방식을 말하는데, U자형 배치라고도 한다. 다수기계보유 작업방식을 도입하면 노동력 절감뿐만 아니라 자재가 대기상태로 묶여 있지 않고 다음 공정으로 이동하기 때문에 재고감소효과도 있다.
집단가공법 (GT)	유사한 특성을 지닌 제품이나 부품을 크기, 모양, 필요작업, 경로상의 유사점, 수요 등의 요인에 기초하여 하나의 군(family)으로 분류하고 이를 생산하는 기계의 군을 별도로 운영하는 것을 말한다. 즉, GT는 특정부품군의 생산에 필요한 기계들을 모아 가공진행순으로 배치한 것인데, GT의 기법은 공정별 배치를 기본으로 하고 일부를 제품별 배치를 적용한 형태라고 할 수 있으며, 제품별 배치를 적용한 작업장을 GT 셀(cell)이라고 한다. GT를 적용함으로써 얻게 되는 장점으로는 작업준비시간의 감소, 자동화의 기회 증대, 재공품 재고의 감축, 자재 이동의 감소 등의 효과가 있지만, 부품 분류에 따른 업무가 증가할 수 있으며, 기계설비의 중복투자가 발생하고 기계설비의 전용에 어려움이 생길 수 있다.
위치고정형 배치	제품(재공품)이 한 위치에 고정되어 있고 작업자와 장비가 제품이 있는 위치로 이동하여 작업을 수행하게 되며, 제품의 이동횟수를 최소화하기 위한 배치형태를 말한다. 비행기, 선박, 열차 등의 생산 및 댐 건설과 같이 중간제품 또는 제품의 이동이 어려운 제품생산에 활용되는 배치형태이다.

13 Ⅳ 생산능력과 입지 정답 ③

선지 분석
① 재화를 생산하는 생산시스템은 산출척도로 생산능력을 측정하고, 서비스를 생산하는 생산시스템은 투입척도로 생산능력을 측정한다.
② 생산능력 이용률은 '실제생산능력/최대(설계)생산능력'으로 정의할 수 있다. 따라서 설계생산능력이 커지면 생산능력 이용률은 감소한다. 추가로 생산능력 효율성은 '실제생산능력/유효생산능력'으로 정의할 수 있다.
④ 수요의 변동이 작은 경우와 미래의 수요가 확실한 경우에는 기업의 입장에서 작은 초과생산능력을 가져가는 것이 바람직하다.

14 Ⅳ 수요예측 정답 ①

정답 분석
누적예측오차는 오차를 단순히 합한 것이기 때문에 '20-20+30+10'을 계산한 40이다. 그런데, 누적예측오차가 양의 값을 가지면 과소예측을 판단하고 음의 값을 가지면 과대예측을 판단하기 때문에 해당 문제는 수요예측이 과대예측이 아니라 과소예측되어 있다.

15 Ⅳ 품질경영 정답 ①

정답 분석
관리도(control chart)는 현재 프로세스의 상태에 대한 정보를 제공해 주지만, 불량발생의 원인에 대해서는 어떠한 정보도 제공해 주지 못한다.

이것도 알면 합격!
관리도는 관측값이 정상적인지, 비정상적인지를 결정하기 위해서 표본으로부터 얻어낸 품질측정값을 시간의 순서에 따라 표시하는 도표를 의미한다. 이러한 관리도는 관리상한선(upper control line, UCL), 관리하한선(lower control line, LCL), 명목값(nominal value) 또는 중심선(center line)으로 구성된다. 관리상한선에서 관리하한선을 뺀 값을 규격범위라고 하고, 규격중심에서 규격한계(관리상한선 또는 관리하한선)까지의 거리를 규격한계의 폭이라고 한다.

16 Ⅳ 적시생산시스템과 공급사슬관리 정답 ①

정답 분석
채찍효과는 정확한 수요예측, 공급사슬 구성요소들 간의 정보공유, 리드타임의 감소 등을 통해 감소시킬 수 있다.

17 Ⅴ 마케팅의 기초개념 정답 ②

정답 분석
산업재 시장에서의 수요는 소비재 시장보다 더 비탄력적이다. 즉 수요가 단기적 가격변화에 덜 영향을 받는다.

18 Ⅴ 소비자행동분석 정답 ②

정답 분석
②번은 저관여에 대한 설명이고, 나머지는 고관여에 대한 설명이다.

이것도 알면 합격!
관여도는 소비자가 특정 제품에 대해 가지는 중요성, 관심도와 자신과 관련되었다고 지각하는 정도를 의미한다. 따라서 관여도는 상대적이고 주관적인 개념이며, 소비자의 구매의사결정과정이나 정보처리과정에 큰 영향을 미친다. 그 강도에 따라 고관여와 저관여로 구분할 수 있다.

고관여	소비자가 특정 제품의 구매를 중요시하여 오랜 시간 동안 생각하고 정보를 수집하여 구매과정에 깊이 관여하는 경우를 의미한다. 일반적으로 제품의 가격이 비싸며, 고관여하에서의 의사결정은 확장된 문제해결과정으로 의사결정의 모든 단계가 포함된다.
저관여	소비자가 특정 제품의 구매에 대한 중요도가 낮은 경우를 의미한다. 일반적으로 값이 싸고, 잘못 구매했을 때 위험이 작은 제품의 구매 시에 나타나는 것으로 구매정보처리과정이 간단하고 신속하다. 저관여하의 의사결정은 축소된 문제해결과정으로 의사결정의 단계가 생략될 수 있다.

19 Ⅴ 기타 마케팅전략 정답 ③

정답 분석
수요상황별 마케팅전략은 수요확대, 수요안정화, 수요축소의 목적을 가지고 있다. 수요확대를 목적으로 하는 전략에는 전환마케팅, 개발마케팅, 자극마케팅, 재마케팅 등이 있고, 수요안정화를 목적으로 하는 전략에는 동시마케팅과 유지마케팅이 있다. 마지막으로, 수요축소를 목적으로 하는 전략에는 역마케팅과 대항마케팅이 있다.

20 Ⅴ 제품 정답 ①

선지 분석
② 신제품 수용과정은 '인지, 관심, 평가, 시용구매, 수용'의 순서를 따른다.

③ 로저스(Rogers)에 따르면 제품의 수용속도가 가장 빠른 소비자층은 혁신수용층이고, 혁신수용층은 전체 소비자 중에 2.5%의 비중을 차지한다.
④ 제품범주 내에서 새로운 형태, 색상, 크기, 원료, 향 등의 신제품에 기존상표를 함께 사용하는 상표개발전략은 라인(계열)확장이다.

이것도 알면 합격!

상표확장(brand extension) 또는 카테고리확장(category extension)이란 현재의 상표를 새로운 제품범주의 신제품으로 확장하는 것을 말한다. 상표확장은 신제품이 출시되자마자 바로 소비자가 인지하고 빠르게 수용할 수 있으며 새로운 상표를 도입 및 구축하는 데 드는 광고비용을 절약하게 해주는 장점이 있다. 그러나 기존 제품과 일관성이 없는 지나친 상표확장은 핵심상표 이미지를 희석시킬 수 있으며, 확장제품이 시장에서 실패할 경우에는 같은 상표를 사용하는 다른 제품에도 부정적 영향을 줄 수 있다.

21 Ⅴ 유통   정답 ②

선지 분석

① 상인도매상은 제품에 대한 소유권을 가지고, 대리점과 브로커는 제품에 대한 소유권을 가지지 않는다.
③ 집중적 유통경로전략 또는 개방적 유통경로전략은 편의품의 경우에 많이 활용된다.
④ 도매상후원 자발적 연쇄점, 소매상 협동조합 등, 프랜차이즈 조직 등은 계약형 VMS에 해당한다.

이것도 알면 합격!

시간효용은 소비자들이 원하는 시간에 제품을 구매할 수 있게 함으로써 발생되며, 장소효용은 소비자들이 원하는 장소에서 손쉽게 제품을 구입할 수 있을 때 창출된다. 소유효용은 최종소비자가 제품을 쉽게 소유할 수 있도록 함으로써 창출된다. 이러한 소유효용의 가장 대표적인 예로는 자동차 할부가 있다.

22 Ⅵ 자본예산   정답 ②

정답 분석

독립적인 투자안인 경우에 순현재가치법과 내부수익률법에 의한 투자의 사결정은 항상 일치하지만, 상호배타적인 투자안인 경우에는 일치하지 않을 수 있다.

이것도 알면 합격!

일반적인 투자안은 초기에 현금유출이 발생하고 이후에 현금유입이 발생한다. 따라서 동일한 금액을 현재가치로 환산(할인)하면 현금유입액이 현금유출액보다 금액이 더 작아지게 된다. 이 때문에 할인회수기간법은 회수기간법에 비해 회수기간이 더 길게 된다.

23 Ⅵ 재무비율분석   정답 ④

정답 분석

주가수익비율(PER)은 주가를 주당(순)이익으로 나누어 계산한다. 따라서 주가는 주당(순)이익과 PER의 곱으로 계산할 수 있기 때문에 ㈜경영 주식의 적정주가는 8,000원이 된다.

24 Ⅵ 회계학의 기초개념   정답 ③

정답 분석

수익은 주주와의 거래(자본거래)로 인한 자본의 증가가 포함되지 않는다.

이것도 알면 합격!

수익	기업의 경영활동(재화의 판매, 용역의 제공 등)으로 인한 자산의 증가 또는 부채의 감소에 따른 자본의 증가를 말한다. 단, 주주와의 거래(자본거래)로 인한 자본의 증가는 제외한다.
비용	기업의 경영활동으로 인한 자산의 감소 또는 부채의 증가에 따른 자본의 감소를 말한다. 단, 주주와의 거래(자본거래)로 인한 자본의 감소는 제외한다.

25 Ⅵ 재무제표   정답 ①

정답 분석

자산을 취득하여 사용하는 중에도 그 자산과 관련하여 여러 형태의 비용이 발생할 수 있기 때문에 자산의 취득과 지출의 발생이 반드시 일치해야 하는 것은 아니다. 어떤 비용은 그 지출의 효익이 지출한 연도에 끝나는 경우도 있고, 그 지출의 효익이 장래의 일정기간에 걸쳐서 계속되는 지출도 있다. 이러한 지출에 대하여 자본(자산)화할 것인지 또는 비용화할 것인지에 따라 자본적 지출과 수익적 지출로 구분할 수 있다.

이것도 알면 합격!

자본적 지출	자산의 용역잠재력을 현저히 증가시키는 지출로서 지출한 연도의 비용을 보고하지 않고 자본화, 즉 자산계정에 기록하여 그 자산의 내용연수 동안 각 회계기간에 걸쳐 원가배분(감가상각)을 하여야 한다.
수익적 지출	용역잠재력을 증가시키지 못한 경우로써 단지 당기의 회계기간에 대하여만 효익을 주는 지출을 말한다. 따라서 수익적 지출은 발생한 시점에 비용으로 처리한다.

제3회 실전모의고사

▶ 셀프 체크

권장 풀이 시간	75분(OMR 표기 시간 포함)
실제 풀이 시간	___시 ___분 ~ ___시 ___분
맞힌 답의 개수	___개 / 75개

▶ 정답

제1과목 국어

01	②	06	①	11	③	16	③	21	①
02	③	07	④	12	④	17	①	22	②
03	②	08	①	13	④	18	②	23	②
04	①	09	①	14	③	19	①	24	④
05	③	10	②	15	①	20	①	25	③

제2과목 행정법

01	④	06	①	11	③	16	②	21	①
02	①	07	③	12	①	17	③	22	③
03	②	08	②	13	③	18	④	23	④
04	④	09	②	14	①	19	①	24	①
05	④	10	③	15	③	20	②	25	④

제3과목 경영학

01	④	06	②	11	②	16	③	21	②
02	④	07	③	12	②	17	①	22	②
03	④	08	④	13	②	18	③	23	④
04	②	09	④	14	④	19	①	24	③
05	①	10	③	15	②	20	①	25	④

▶ 취약 단원 분석표

제1과목 국어

단원	맞힌 답의 개수
어법	/ 7
비문학	/ 7
문학	/ 6
어휘	/ 4
혼합	/ 1
TOTAL	/ 25

제2과목 행정법

단원	맞힌 답의 개수
Ⅰ 일반론	/ 3
Ⅱ 행정작용	/ 7
Ⅲ 행정과정	/ 3
Ⅳ 실효성 확보수단	/ 2
Ⅴ 손해전보	/ 3
Ⅵ 행정쟁송	/ 5
Ⅶ 행정법각론	/ 2
TOTAL	/ 25

제3과목 경영학

단원	맞힌 답의 개수
Ⅰ 경영학 입문	/ 5
Ⅱ 조직행동론	/ 3
Ⅲ 인적자원관리	/ 4
Ⅳ 생산운영관리	/ 4
Ⅴ 마케팅	/ 5
Ⅵ 재무관리 · 회계학 · 경영정보시스템	/ 4
TOTAL	/ 25

제1과목 국어

01 어휘 | 혼동하기 쉬운 어휘 | 정답 ②

정답 분석
② 제쳤다(○): 문맥상 '거치적거리지 않게 처리하다'를 뜻하는 '제치다'가 들어가야 하므로 단어의 표기가 옳은 것은 ②이다. '뒤로 기울게 하다' 또는 '안쪽이 겉으로 나오게 하다'를 뜻하는 '젖히다'와 혼동하지 않도록 주의한다.

오답 분석
① 삭힌다(×) → 삭인다(○): '긴장이나 화를 풀어 마음을 가라앉히다'를 뜻하는 어휘는 '삭이다'이다. '삭히다'는 '김치나 젓갈 등의 음식물을 발효시켜 맛이 들게 하다'를 뜻한다.
③ 안성마춤(×) → 안성맞춤(○): '조건이나 상황이 어떤 경우나 계제에 잘 어울림'을 뜻하는 어휘는 '안성맞춤'이다. 참고로, 이때 '맞춤'은 '맞추다'에서 파생된 단어이므로 '안성맞춤'으로 적어야 한다.
④ 해꼬지(×) → 해코지(○): '남을 해치고자 하는 짓'을 뜻하는 어휘는 '해코지'이다.

02 어법 | 단어 (품사의 구분) | 정답 ③

정답 분석
③ 관형사는 조사와 결합할 수 없으며, 부사는 격 조사와는 결합할 수 없으나 보조사와는 결합할 수 있다. 따라서 설명이 옳지 않은 것은 ③이다.
예 · 부사 '빨리'와 보조사 '도'의 결합: 빨리도 간다. (○)
  · 부사 '빨리'와 격 조사 '가'의 결합: 빨리가 간다. (×)

오답 분석
② 부사는 주로 문장이나 용언을 수식하지만, '오직, 바로, 다만, 제일, 가장, 단지'와 같은 특정 부사는 체언을 수식할 수 있다.
예 · 그건 바로 너
  · 나에겐 오직 그녀뿐

03 어휘 | 한자 성어 | 정답 ②

정답 분석
② 제시문은 중소기업이 어려워지면서 협력 업체인 대기업 또한 성과가 저조해진 상황을 설명하고 있다. 따라서 '서로 이해관계가 밀접한 사이에 어느 한쪽이 망하면 다른 한쪽도 그 영향을 받아 온전하기 어려움'을 이르는 말인 ② '순망치한(脣亡齒寒)'이 제시된 상황을 가장 가깝게 표현한 한자 성어이다.

오답 분석
① 귤화위지(橘化爲枳): '회남의 귤을 회북에 옮겨 심으면 탱자가 된다'라는 뜻으로, 환경에 따라 사람이나 사물의 성질이 변함을 이르는 말
③ 욕속부달(欲速不達): 일을 빨리하려고 하면 도리어 이루지 못함
④ 각자무치(角者無齒): '뿔이 있는 짐승은 이가 없다'라는 뜻으로, 한 사람이 여러 가지 재주나 복을 다 가질 수 없다는 말

04 어법 | 국어의 로마자 표기 | 정답 ①

정답 분석
① 신문로[신문노] Sinmunno(○): '로'의 초성 'ㄹ'이 '문'의 받침 'ㄴ'의 영향으로 [ㄴ]으로 발음되는 자음 동화(유음화의 예외)가 일어난다. 자음 동화의 결과는 로마자 표기에 반영하므로 'Sinmunno'로 표기한다.

오답 분석
② 한계령[한계령/한게령] Hangeryeong(×) → Hangyeryeong(○): '예, 례' 이외의 'ㅖ'는 [ㅔ]로도 발음할 수 있지만 로마자 표기는 'ye'로 한다.
③ 송정리[송정니] Songjeong-li(×) → Songjeong-ri(○): 행정 구역 단위 '리'는 'ri'로 표기하며, 그 앞에는 붙임표(-)를 쓴다. 이때 붙임표 앞뒤에서 일어나는 음운 변화는 로마자 표기에 반영하지 않는다.
④ 쌍문동[쌍문동] Ssangmoon-dong(×) → Ssangmun-dong(○): 국어의 로마자 표기법상 자음 'ㅆ'은 'ss'로 표기하며, 모음 'ㅜ'는 'u'로 표기한다.

05 어휘 | 혼동하기 쉬운 어휘 | 정답 ③

정답 분석
③ '슬며시 힘을 주는 모양'이라는 뜻을 나타내는 말인 '지그시'와 '참을성 있게 끈지게'라는 뜻을 나타내는 말인 '지긋이'의 쓰임이 모두 옳으므로 답은 ③이다.

오답 분석
① · 냄비째 들고 먹는다(○): '그대로', 또는 '전부'의 뜻을 더하는 접미사 '째'의 쓰임이 적절하다.
  · 잘난 채를 하였다(×) → 잘난 체를 하였다(○): '그럴듯하게 꾸미는 거짓 태도나 모양'을 뜻할 때는 '체'를 써야 한다.
② · 꽃을 한 알음 사가곤 한다(×) → 꽃을 한 아름 사가곤 한다(○): '두 팔을 둥글게 모아 만든 둘레 안에 들 만한 분량을 세는 단위'를 뜻할 때는 '아름'을 써야 한다.
  · 서로 아름이 있는 사이다(×) → 서로 알음이 있는 사이다(○): '사람끼리 서로 아는 일'을 뜻할 때는 '알음'을 써야 한다.
④ · 극심한 반대에 부딪쳤다(○): '예상치 못한 일이나 상황 등에 직면하다'를 강조하여 이르는 말인 '부딪치다'의 쓰임이 적절하다. 참고로, '어려운 문제나 반대에 직면하다'를 뜻하는 말인 '부닥치다'도 쓸 수 있다.

- 당사자와 부닥쳐서(×) → 당사자와 부딪쳐서(○): '일이나 업무 관계에 있는 사람을 문제 해결을 위하여 만나다'를 뜻할 때는 '부딪치다'를 써야 한다.

06 어법 한글 맞춤법 (준말) 정답 ①

정답 분석
① '야위었다'의 어간 끝소리 'ㅟ'와 선어말 어미 '-었-'은 줄여 쓸 수 없으므로 정답은 ①이다.

오답 분석
② 가리어진 → 가려진(○): 모음 'ㅣ' 뒤에 '-어'가 와서 'ㅕ'로 줄 적에는 준 대로 적으므로 '가리어진'은 '가려진'으로 줄여 쓸 수 있다.
③ 아니어요 → 아녀요(○): 용언 '아니다'의 어간에 '-어요'가 결합하는 경우, '아니어요'를 '아녀요'로 줄여 쓸 수 있다. 참고로, '아니에요'는 '아네요'로 줄여 쓸 수 있다.
④ 싸움하며 → 쌈하며(○): '싸움하다'의 준말 '쌈하다'가 사전에 등재된 표준어이므로 '싸움하며'는 '쌈하며'로 줄여 쓸 수 있다.

07 어법 한글 맞춤법 (띄어쓰기) 정답 ④

정답 분석
④ 밥∨먹듯∨하다가(○): 이때 '듯'은 연결 어미 '-듯이'의 준말이므로 '먹다'의 어간 '먹-'과 붙여 쓰고, 동사 '하다'와는 띄어 쓴다.

오답 분석
① 해질무렵이(×) → 해∨질∨무렵이(○): '해지다'는 사전에 등재되지 않은 단어이므로 '해'와 '질'은 서로 띄어 쓰며, '무렵'은 '대략 어떤 시기와 일치하는 즈음'을 뜻하는 의존 명사이므로 앞말과 띄어 쓴다.
② 회복될∨지는(×) → 회복될지는(○): 이때 '지'는 어미 '-ㄹ지'의 일부이므로 앞말과 붙여 쓴다.
③ 준비하는데에(×) → 준비하는∨데에(○): 이때 '데'는 '일'이나 '것'의 뜻을 나타내는 의존 명사이므로 앞말과 띄어 쓴다.

08 어휘 한자어 (한자어의 표기) 정답 ①

정답 분석
① 밑줄 친 부분의 한자가 바르게 연결된 것은 ① '形式 – 觀照 – 體驗 – 題材'이다.
- 形式(모양 형, 법 식): 일을 할 때의 일정한 절차나 양식 또는 한 무리의 사물을 특징짓는 데에 공통적으로 갖춘 모양
- 觀照(볼 관, 비칠 조): 고요한 마음으로 사물이나 현상을 관찰하거나 비추어 봄
- 體驗(몸 체, 시험 험): 자기가 몸소 겪음. 또는 그런 경험

- 題材(제목 제, 재목 재): 예술 작품이나 학술 연구의 바탕이 되는 재료

오답 분석
- 型式(모형 형, 법 식): 자동차, 기구 등의 구조나 외형의 특징을 이루는 형태
- 造(지을 조)
- 險(험할 험)
- 製材(지을 제, 재목 재): 베어 낸 나무로 재목(材木)을 만듦

09 비문학 주제 및 중심 내용 파악 정답 ①

정답 분석
① 제시문은 완전 경쟁 시장이 이상적인 경쟁 형태임을 밝히고, 이후 독점화되어 있는 시장에서는 상품 생산량이 최적 수준에 이르지 못해 사회 후생이 줄어들어 사회적 손실로 이어짐을 밝히고 있다. 따라서 제시문의 중심 내용으로 가장 적절한 것은 ①이다.

10 어법 단어 (형태소의 구분) 정답 ②

정답 분석
② 의존 형태소이면서 실질 형태소인 것은 용언의 어간이다. 제시된 문장에서 용언의 어간은 동사 '먹다'의 어간 '먹-'과 보조 동사 '보았다'의 어간 '보-'이므로 답은 ②이다.
- 그 / 는 / 밥 / 을 / 먹- / -어 / 보- / -았- / -다

오답 분석
① '는, 을'은 각각 보조사와 목적격 조사로, 모두 의존 형태소이자 형식 형태소인 조사이다.
③ '그'는 대명사이고 '밥'은 명사로, 모두 자립 형태소이자 실질 형태소이다.
④ '-어, -았-, -다'는 모두 어미로, 의존 형태소이자 형식 형태소이다.

이것도 알면 합격!

형태소의 종류

구분	종류	예 하늘이 매우 맑다
자립성의 유무에 따라	자립 형태소 (홀로 쓰일 수 있는 형태소)	하늘, 매우
	의존 형태소 (홀로 쓰일 수 없는 형태소)	이, 맑-, -다
의미의 유형에 따라	실질 형태소 (실질적인 뜻을 가진 형태소)	하늘, 매우, 맑-
	형식 형태소 (문법적인 뜻을 가진 형태소)	이, -다

11 문학+어휘 인물의 심리 및 태도, 속담 정답 ③

정답 분석
③ ⑤ '신기료 장수'는 경제적으로 어려움을 겪다가 미국 장교의 통역을 도와주어 새로운 일거리를 구하게 되었다. 따라서 고생하던 ⑤ '신기료 장수'에게 좋은 기회가 온 상황이므로 관련된 속담으로 적절한 것은 ③이다.
- 개똥밭에 이슬 내릴 때가 있다: 몹시 고생을 하는 삶도 좋은 운수가 터질 날이 있다는 말

오답 분석
① 구슬 없는 용: 쓸모없고 보람 없게 된 처지를 비유적으로 이르는 말
② 개구리 낯짝에 물 붓기: '물에 사는 개구리의 낯에 물을 끼얹어 보았자 개구리가 놀랄 일이 아니다'라는 뜻으로, 어떤 자극을 주어도 그 자극이 조금도 먹혀들지 아니하거나 어떤 처사를 당하여도 태연함을 이르는 말
④ 산 밖에 난 범이요 물 밖에 난 고기라: 1. '범이 자기의 터전인 산에서 나와 옴짝달싹 못 하게 되고 물고기가 물 밖으로 나와 옴짝달싹 못하게 되었다'라는 뜻으로, 의지할 곳을 잃어 옴짝달싹 못 하게 됨을 비유적으로 이르는 말 2. 자기 능력을 발휘할 수 없는 처지에 빠짐을 비유적으로 이르는 말

12 어법 올바른 문장 표현 정답 ④

정답 분석
④ 경제적 교류와 협력은(○): 접속 조사 '와'를 중심으로 '경제적 교류'와 '(경제적) 협력'이 대등하게 연결되어 있다. 이때 '협력' 앞의 '경제적'은 중복되는 성분이어서 생략된 것이며, 전체 문장에서 주어, 부사어, 서술어의 호응이 적절하므로 ④는 문장 성분의 연결이 자연스럽다.

오답 분석
① 너는 반드시 약속을 어겨서는 안 된다(×) → 너는 절대로 약속을 어겨서는 안 된다(○): 부사어 '반드시'와 서술어 '안 되다'의 호응이 자연스럽지 않다. '반드시'는 당위의 서술어와 주로 호응하므로 부정의 서술어와 주로 쓰이는 부사어인 '절대로', '결코'로 고쳐 써야 한다.
② 작품에 손을 대거나 파손하는 행위를(×) → 작품에 손을 대거나 작품을 파손하는 행위를(○): 서술어 '파손하다'와 호응하는 목적어가 생략되어 있으므로 적절한 목적어를 넣어야 한다.
③ 가로등은 환하게 밝혀 준다(×) → 가로등은 골목길을 환하게 밝혀 준다(○): '밝히다'는 목적어를 필요로 하는 사동사이므로 서술어 '밝혀 준다'에 호응하는 적절한 목적어를 넣어야 한다.

13 비문학 글의 구조 파악 (문단 배열) 정답 ④

정답 분석
④ 〈보기〉는 검시실에서 단종 수술을 받은 환우가 쓴 시를 소개하고 있다. 따라서 검시실이 단종 수술을 하던 곳임을 설명하는 (라) 단락 뒤에 들어가는 것이 적절하다.

14 문학 시어의 의미 정답 ③

정답 분석
③ ⓒ '즌 디'는 '진 곳(위험한 곳)'을 뜻하므로 의미가 적절하지 않은 것은 ③이다.

지문 풀이
> 달님이시여, 높이높이 돋으시어
> 아! 멀리멀리 비치시라.
> 시장에 가 계신가요?
> 아! 진 곳을 디딜까 두려워라.
> 어느 것이나 다 놓아 버리십시오.
> 아! 내(임) 가는 그 길 저물까 두려워라.
> – 어느 행상인의 아내, '정읍사'

이것도 알면 합격!

어느 행상인의 아내, '정읍사'의 주제와 특징

1. 주제: 남편(행상인)의 안전을 기원하는 여인의 마음
2. 특징
   (1) 음악에 맞추기 위한 후렴구(여음구)를 사용함
   (2) 시조와 유사한 형식이 나타남
       (후렴구를 제외하고 3장 6구 형태)

15 어법 문장 부호 정답 ①

정답 분석
① 제목이나 표어에는 마침표를 쓰지 않음이 원칙이고, 꼭 필요하다고 판단될 때에 예외적으로 마침표를 쓸 수 있다.
   예 꺼진 불도 다시 보자 (원칙) / 꺼진 불도 다시 보자. (허용)

오답 분석

② 우리말 표기와 원어 표기를 아울러 보일 때는 소괄호(( ))를 쓴다. 참고로, 고유어에 대응하는 한자어를 함께 보일 때에는 대괄호([ ])를 쓴다.

예 • 기호(嗜好), 커피(coffee)
   • 낱말[單語], 손발[手足]

③ 한 문장 안에 몇 개의 독립적인 물음이 이어질 때는 각 물음의 뒤에 물음표를 쓰며, 몇 개의 선택적인 물음이 이어질 때는 맨 끝의 물음에만 물음표를 쓴다.

예 • 그는 몇 살이니? 어디에 사니? 무슨 일을 하니?
   • 그녀는 대학생이냐, 회사원이냐?

④ 차례대로 이어지는 내용을 하나로 묶어 열거할 때 각 어구 사이에는 붙임표(–)를 쓰며, 단순히 열거만 하고자 할 때는 쉼표(,)를 쓸 수도 있다.

예 • 멀리뛰기는 도움닫기-도약-공중 자세-착지의 순서로 이루어진다.
   • 이 논문은 서론, 본론, 결론을 통일성 있게 쓴 글이다.

이것도 알면 합격!

김종길, '성탄제'

1. 주제: 아버지의 따뜻하고 순수한 사랑에 대한 그리움
2. 특징
   (1) 선명한 색채 대비를 통해 이미지를 형상화함
   (2) 상징적인 시어를 활용하여 시상을 압축적으로 표현함
   (3) 과거와 현재, 시골과 도시라는 대칭 구조가 나타남

---

16 문학 시어 및 시구의 의미 정답 ③

정답 분석

③ 제시된 작품에서 '그 옛날의 것'은 '눈'을 의미하며 화자가 아버지의 사랑을 느꼈던 어린 시절을 되돌아보게 하는 회상의 매개체이다. 따라서 ③은 '아버지의 사랑'을 의미하는 것이 아니다.

오답 분석

①②④ 열병으로 고통스러워하던 어린 시절의 화자에게 아버지가 보여준 헌신적인 사랑을 의미하는 시어 및 시구이다.

---

17 문학 표현상의 특징 정답 ①

정답 분석

① '눈을 헤치고 따 오신 / 그 붉은 산수유 열매'에는 '눈(흰색)'과 '산수유(붉은색)'의 선명한 색채 대비를 통해 아버지의 헌신적인 사랑을 강조하는 표현 방법이 쓰이고 있다. 이와 동일한 표현 방법이 쓰인 것은 ①로, '어두운 방 안(검은색)'과 '바알간 숯불(붉은색)'의 색채 대비를 통해 생명이 꺼져 가는 암울한 이미지와 생명을 지키는 따뜻한 이미지를 함께 형상화하고 있다.

오답 분석

③ '나는 한 마리 어린 짐승'에서는 원관념인 화자를 보조 관념인 '짐승'으로 표현한 은유법이 사용되었고, '서느런 옷자락'에는 촉각적 심상이 사용되었다.

---

18 비문학 내용 추론 정답 ②

정답 분석

② 빈칸에 들어갈 말로 적절한 것은 ②이다.

㉠ 과학 기술: 1문단 끝에서 1~6번째 줄을 통해, 기술사회에서 떠오른 다양한 문제들이 '과학 기술'과 관련된 것임을 확인할 수 있다. 따라서 ㉠에 들어갈 말로 적절한 것은 '과학 기술'이다.

㉡ 야기: 과학 기술이 급속도로 발전함에 따라 다양한 문제들이 일어나고 있음을 설명하는 문장이므로 ㉡에 들어갈 말로 적절한 것은 '야기'이다.

• 야기: 일이나 사건 등을 끌어 일으킴
• 촉진: 다그쳐 빨리 나아가게 함

㉢ 그러나: ㉢의 앞에서는 과학 기술의 발전이 시민사회에 영향을 미친다고 밝히는 반면, ㉢ 뒤의 문장에서는 과학 기술과 관련된 사회적 쟁점에 대한 의사결정에 정작 일반 시민은 참여하기 어렵다고 설명하고 있다. 따라서 ㉢에는 앞의 내용과 뒤의 내용이 상반될 때 사용하는 접속 부사 '그러나'가 들어가는 것이 적절하다.

㉣ 난해함: ㉣이 포함된 문장에서 과학 기술과 관련된 문제는 사회의 다른 영역과 달리 복잡하고 해결하기 어렵다는 점을 설명하고 있다. 따라서 ㉣에 들어갈 말로 적절한 것은 '난해함'이다.

• 난해함: 풀거나 해결하기 어려움
• 명료함: 뚜렷하고 분명함

---

19 비문학 주제 및 중심 내용 파악 정답 ①

정답 분석

① 1문단에서는 산조의 특징을 언급하고, 2문단에서는 산조의 형식을 설명하고 있다. 따라서 제시문의 중심 내용으로 가장 적절한 것은 ①이다.

• 산조의 특징: 악기의 특성을 살려 흥겹고 자유롭게 연주함, 큰 제약이 없이 자유로운 음악, 서민들의 삶의 애환이나 사랑의 감정을 녹여 냄
• 산조의 형식: 산조의 가락은 장단을 갖추고 있음, 3~6개 장단 구성의 악장으로 구분됨, 장구 반주가 뒤따름

오답 분석

② 2문단에 산조의 '장단 구성'이 언급되어 있지만, 이는 제시문의 부분적인 내용이므로 글의 중심 내용으로 적절하지 않다.

③ 산조의 개념과 형식을 설명하기 위해 악기(장구)와 연주 방식(악기의 특성을 한껏 살려 흥겹고 자유롭게 연주)을 언급한 것이므로 글의 중심 내용으로 적절하지 않다.

④ 산조에 서민들의 애환이 담겨 있다는 내용이 드러나기는 하지만, 이는 산조의 특징 중 하나일 뿐 글의 중심 내용으로 보기 어렵다.

20 비문학 세부 내용 파악 정답 ①

정답 분석

① 1~2번째 줄에서 인쇄 매체가 독자의 생리적 상황에 맞춰 친절하게 대해 주지는 않다는 사실을 확인할 수 있다. 그러나 이것이 곧 '독자의 생리적 상황'이 '인쇄 매체의 불친절'의 원인이라는 것을 의미하는 것이 아니므로 ①은 적절하지 않은 설명이다.

오답 분석

② 3~6번째 줄을 통해 인쇄 매체는 독자가 기억해야 하거나 잊었을 부분이라도 반드시 활자의 크기나 모양을 달리하거나 반복하여 상기시켜 주지 않는다는 것을 알 수 있으므로 ②는 적절한 설명이다.

③ 끝에서 1~3번째 줄을 통해 말의 경중을 가리거나 흐름을 파악하는 등 인쇄 매체를 이해하는 것은 독자의 몫임을 알 수 있으므로 ③은 적절한 설명이다.

④ 6~7번째 줄을 통해 인쇄 매체는 독자의 현실적 지력을 감안하지 않고 이상적 지력에 호소하는 것임을 알 수 있으므로 ④는 적절한 설명이다.

21 문학 작품의 내용 파악 정답 ①

정답 분석

① ㉠ '교두 각시'는 반박을 하기 위해 양각(兩脚)을 빠르게 놀려 달려와 자신의 공을 내세우고 있으나 반박의 대상은 ㉡ '세요 각시'가 아닌 '척 부인'이므로 ㉠ '교두 각시'가 ㉡ '세요 각시'의 말을 반박한다는 ①의 설명은 적절하지 않다.

오답 분석

② ㉡ '세요 각시'는 '척 부인'이 재고 ㉠ '교두 각시'가 베어 내도 자신이 없으면 공이 없을 것이라고 이야기하며 '척 부인'과 ㉠ '교두 각시'의 공을 폄하하고 있다.

③ ㉢ '청홍 각시'는 남의 공은 인정하지 않고 자신의 공만 내세우는 ㉡ '세요 각시'의 말을 듣고 얼굴이 붉으락푸르락해진다. 이를 통해 ㉢ '청홍 각시'가 자신의 공만 내세우는 ㉡ '세요 각시'에게 화를 내고 있음을 알 수 있다.

④ ㉣ '감토 할미'는 아가씨가 바느질을 할 때 손부리가 아프지 않도록 도와준다고 말하고 있다. 이를 통해 ㉣ '감토 할미'는 아가씨가 바늘을 상징하는 ㉡ '세요 각시'를 사용할 때 다치지 않도록 도와준다는 것을 강조하고 있음을 알 수 있다.

22 비문학 글의 구조 파악 (접속어의 사용) 정답 ②

정답 분석

② ㉠ ~ ㉢안에 들어갈 말은 순서대로 '그래서 – 한편 – 그런데'이므로 답은 ②이다.

- ㉠ 그래서: ㉠의 앞에서 중세 유럽에는 특별한 식품 보존 기술이 없었음을 언급하며, ㉠의 뒤에서 이로 인해 사람들이 흔히 먹는 돼지고기를 보존·요리하기 위해 향신료가 필요했음을 설명하고 있다. 따라서 ㉠에는 인과의 접속어 '그래서' 또는 '그러므로'가 들어가는 것이 적절하다.

- ㉡ 한편: ㉡의 앞에서 향신료를 이용하면 고기의 부패 방지뿐만 아니라 맛도 더 좋게 만들 수 있음을 설명하고 있으며, ㉡의 뒤에서는 앞의 내용과 달리 향신료가 약으로도 사용된 경우를 제시하고 있다. 따라서 ㉡에는 전환의 접속어 '한편'이 들어가는 것이 적절하다.

- ㉢ 그런데: ㉢의 앞에서 유럽에 흑사병이 창궐했을 당시 향신료가 약으로 사용되었음을 언급하고, 유럽에서 향신료가 많이 필요했던 것과는 다르게 ㉢의 뒤에서 향신료가 유럽이 아닌 다른 일부 지역에만 생산되어 유럽에서 높은 가격으로 거래되었음을 설명하고 있다. 따라서 ㉢에는 전환의 접속어 '그런데'가 들어가는 것이 적절하다.

23 비문학 관점과 태도 파악 정답 ②

정답 분석

② (나)의 끝에서 1~3번째 줄을 통해 필자는 어떤 행위를 할 수 있는 절차적 지식을 갖는 것은 훈련을 통해 가능하다고 하였다. 이때 (가)의 끝에서 3~4번째 줄을 통해 '절차적 지식'은 능력의 소유를 의미함을 알 수 있으므로 ②의 추론은 적절하다.

오답 분석

① (가)를 통해서 자전거를 탈 줄 아는 것은 능력을 소유하는 절차적 지식임을 알 수 있으며, (나)의 4~6번째 줄에서 자전거 타는 절차적 지식을 습득하는 것은 아무 정보 없이도 습득이 가능함을 알 수 있으므로 적절하지 않다.

③ (나)의 1~4번째 줄을 통해 특정한 대상(자전거, 빵)에 대한 정보를 많이 갖고 있다고 해서 그와 관련된 행위(자전거 타기, 제빵)를 할 수 있는 것이 아니며, 특정한 행위(자전거 타기, 제빵)를 하기 위해 관련된 대상(자전거, 빵)에 대한 정보를 가지고 있지 않아도 됨을 알 수 있으므로 적절하지 않다.

④ (나)의 끝에서 4~8번째 줄을 통해 특정 행위에 대한 정보를 알고 있는 사람이라도, 실제 그 행동이 익숙해지면 그 정보를 의식하지 않음을 알 수 있으므로 적절하지 않다.

24 문학 작품의 종합적 감상 (시) 정답 ④

정답 분석

④ 제시된 작품은 윤동주의 '참회록'으로, 화자는 일제 강점기 암울한 현실 속에서 무기력하게 살아 온 것에 대한 부끄러움과 성찰에 대한 내용을 스스로 묻고 답하는 형식으로 고백하고 있다.

오답 분석

① '과거 → 현재(2연) → 미래(3연)'의 시간 흐름에 따라 시상이 전개되고 있다.

② 참회의 매개체인 '구리거울'이 역사적 유물이라는 점을 통해 성찰의 범위가 개인을 넘어 민족 공동체와 역사에 대한 성찰로까지 확장되고 있음을 알 수 있다.

③ 5연의 '어느 운석(隕石) 밑으로 홀로 걸어가는 / 슬픈 사람의 뒷모양'에서 자기희생적 이미지를 확인할 수 있으며, 이때 '운석(隕石)'은 죽음을 의미하므로 화자의 체념적인 태도가 아니라 비극적인 삶을 암시하고 있다.

25 문학 시어의 의미 정답 ③

정답 분석

③ 3연의 '부끄런 고백'은 역사적 현실에 대해 적극적으로 대응하지 못하고 소극적인 고백을 했던 화자의 자책감이 드러나는 시어이다. 따라서 '부끄런 고백'은 치욕스러운 현실에 적극적으로 대응하지 못했던 현재의 삶에 대한 참회를 의미하므로 정답은 ③이다.

이것도 알면 합격!

윤동주, '참회록'

1. 주제: 자기 성찰을 통한 현실 극복 의지
2. 특징
(1) 과거에서 미래로의 시간의 흐름에 따라 시상이 전개됨
(2) '거울'을 매개로 치열한 자기 성찰의 모습을 보여 줌
3. 시어의 의미

시어	의미
파란 녹	역사의 쇠망과 망국의 치욕
구리거울	자아 성찰의 매개체
그 어느 즐거운 날	광복의 날(밝은 미래)
밤	암담한 현실, 일제 강점기
운석	죽음
슬픈 사람의 뒷모양	잘못된 역사를 극복하고 진실된 모습을 찾고자 하는 화자의 모습

제2과목 행정법

01 Ⅰ 사인의 공법행위 정답 ④

정답 분석
④ 민법의 법률행위에 관한 규정은 행위의 격식화를 특색으로 하는 공법행위에 당연히 타당하다고 말할 수 없으므로 공법행위인 영업재개업신고에 민법 제107조는 적용될 수 없다(대판 1978.7.25. 76누276).

선지 분석
① 사인의 공법행위는 공법관계에서 공법적 효과의 발생을 목적으로 하는 모든 사인의 행위로서 법적 행위라는 점에서 사실행위인 공법상 사실행위와 구별된다.

② 사인의 공법행위는 행위의 효과를 기준으로 자기완결적(자체완성적) 공법행위와 행위요건적(행정요건적) 공법행위로 나눌 수 있다. 자기완결적 공법행위는 사인의 행위 자체만으로도 일정한 법적 효과를 가져오는 행위(예 투표 등)를 말하고, 행위요건적 공법행위는 사인의 행위가 특정한 행위의 전제요건을 구성하는 행위(예 신청, 동의 등)를 말한다.

③ 공무원이 한 사직 의사표시의 철회나 취소는 그에 터잡은 의원면직처분이 있을 때까지 할 수 있는 것이고, 일단 면직처분이 있고 난 이후에는 철회나 취소할 여지가 없다(대판 2001.8.24. 99두9971).

이것도 알면 합격!

자기완결적 신고와 행위요건적 신고

구분	자기완결적 신고	행위요건적 신고
내용	해당 행위 자체만으로 법적 효과 발생	행정주체가 행하는 공법행위의 요건에 불과함
성질	본래적 의미의 신고	완화된 허가제의 성질
효력발생시기	신고서가 도달한 때	행정기관이 수리한 때
수리여부	수리를 요하지 않는 신고	수리를 요하는 신고
수리거부	처분성 × (단, 예외 있음)	처분성 ○
신고필증	단순한 사실적 의미	법적 의미
명문규정	행정절차법 제40조	행정기본법 제34조

02 Ⅰ 행정법의 일반원칙 정답 ①

정답 분석
ㄱ. 비례의 원칙(과잉금지의 원칙)에 대한 내용이다.

> **관련 판례**
> 과잉금지의 원칙이라 함은 국민의 기본권을 제한함에 있어서 국가작용의 한계를 명시한 것으로서 목적의 정당성, 방법의 적정성, 피해의 최소성, 법익의 균형성 등을 의미하며 그 어느 하나에라도 저촉이 되면 위헌이 된다는 헌법상의 원칙을 말한다(헌재 1997.3.27. 95헌가17).

ㄴ. 부당결부금지의 원칙에 대한 내용이다.

> **관련 판례**
> 인천시장은 원고에게 주택사업계획승인을 하게 됨을 기화로 그 주택사업과는 아무런 관련이 없는 토지인 위 2,791㎡를 기부채납하도록 하는 부관을 위 주택사업계획승인에 붙인 사실이 인정되므로, 위 부관은 부당결부금지의 원칙에 위반되어 위법하다고 할 것이다(대판 1997.3.11. 96다49650).

> 행정기본법 제13조【부당결부금지의 원칙】행정청은 행정작용을 할 때 상대방에게 해당 행정작용과 실질적인 관련이 없는 의무를 부과해서는 아니 된다.

03 Ⅵ 행정소송 정답 ②

정답 분석
② 부작위법확인소송의 대상이 될 수 있는 것은 구체적 권리의무에 관한 분쟁이어야 하고 추상적인 법령에 관하여 제정의 여부 등은 그 자체로서 국민의 구체적인 권리의무에 직접적 변동을 초래하는 것이 아니어서 행정소송의 대상이 될 수 없다(대판 1992.5.8. 91누11261).

선지 분석
① 행정소송법 제8조 제2항에 대한 옳은 내용이다.

> 제8조【법적용례】② 행정소송에 관하여 이 법에 특별한 규정이 없는 사항에 대하여는 법원조직법과 민사소송법 및 민사집행법의 규정을 준용한다.

③ 행정소송에서 기록상 자료가 나타나 있다면 당사자가 주장하지 않았더라도 판단할 수 있고, 당사자가 제출한 소송자료에 의하여 법원이 처분의 적법 여부에 관한 합리적인 의심을 품을 수 있음에도 단지 구체적 사실에 관한 주장을 하지 아니하였다는 이유만으로 당사자에게 석명을 하거나 직권으로 심리 판단하지 아니함으로써 구체적 타당성이 없는 판결을 하는 것은 행정소송법 제26조의 규정과 행정소송의 특수성에 반하므로 허용될 수 없다(대판 2006.9.22. 2006두7430).

④ 행정심판법 제50조의2 제4항에 대한 옳은 내용이다.

> 제50조의2【위원회의 간접강제】④ 청구인은 제1항 또는 제2항에 따른 결정에 불복하는 경우 그 결정에 대하여 행정소송을 제기할 수 있다.

04 Ⅱ 행정행위의 철회   정답 ④

정답 분석

④ 일반적으로 처분이 주체·내용·절차와 형식의 요건을 모두 갖추고 외부에 표시된 경우에는 처분의 존재가 인정된다. 행정의사가 외부에 표시되어 행정청이 자유롭게 취소·철회할 수 없는 구속을 받게 되는 시점에 처분이 성립하고, 그 성립 여부는 행정청이 행정의사를 공식적인 방법으로 외부에 표시하였는지를 기준으로 판단해야 한다(대판 2019.7.11. 2017두38874).

선지 분석

① 상대방 있는 행정처분은 특별한 규정이 없는 한 의사표시에 관한 일반법리에 따라 상대방에게 고지되어야 효력이 발생하고, 상대방 있는 행정처분이 상대방에게 고지되지 아니한 경우에는 상대방이 다른 경로를 통해 행정처분의 내용을 알게 되었다고 하더라도 행정처분의 효력이 발생한다고 볼 수 없다(대판 2019.8.9. 2019두38656).

② 인가처분을 함에 있어 위와 같은 철회사유를 인가조건으로 부가하면서 비록 철회권 유보라고 명시하지 아니한 채 조건불이행시 인가를 취소할 수 있다는 기재를 하였다 하더라도 위 인가조건의 전체적 의미는 인가처분에 대한 철회권을 유보한 것이라고 봄이 상당하다(대판 2003.5.30. 2003다6422).

③ 국유 일반재산 임대계약의 취소는 사법관계에 해당하므로 강학상 행정행위의 철회에 해당한다고 볼 수 없다.

이것도 알면 합격!

행정행위의 철회

권한행사자	처분청
사유	새로운 사정변경
대상	완전 유효한 행정행위
절차	특별한 절차 없음
효과	장래효
손실보상	원칙적 손실보상

05 Ⅶ 국유재산   정답 ④

정답 분석

④ 행정재산은 민법 제245조에도 불구하고 시효취득의 대상이 되지 아니한다.

국유재산법 제7조【국유재산의 보호】② 행정재산은 민법 제245조에도 불구하고 시효취득의 대상이 되지 아니한다.

민법 제245조【점유로 인한 부동산소유권의 취득기간】① 20년간 소유의 의사로 평온, 공연하게 부동산을 점유하는 자는 등기함으로써 그 소유권을 취득한다.
② 부동산의 소유자로 등기한 자가 10년간 소유의 의사로 평온, 공연하게 선의이며 과실 없이 그 부동산을 점유한 때에는 소유권을 취득한다.

선지 분석

① 국유재산의 관리청이 그 무단점유자에 대하여 하는 변상금부과처분은 순전히 사경제주체로서 행하는 사법상의 법률행위라 할 수 없고 이는 관리청이 공권력을 가진 우월적 지위에서 행한 것으로서 행정소송의 대상이 되는 행정처분이라고 보아야 한다(대판 1988.2.23. 87누1046).

② 국유재산법 제3조 제1호·제3호에 대한 옳은 내용이다.

제3조【국유재산 관리·처분의 기본원칙】국가는 국유재산을 관리·처분할 때에는 다음 각 호의 원칙을 지켜야 한다.
1. 국가전체의 이익에 부합되도록 할 것
2. 취득과 처분이 균형을 이룰 것
3. 공공가치와 활용가치를 고려할 것
3의2. 경제적 비용을 고려할 것
4. 투명하고 효율적인 절차를 따를 것

③ 국유재산법 제11조에 대한 옳은 내용이다.

제11조【사권 설정의 제한】① 사권(私權)이 설정된 재산은 그 사권이 소멸된 후가 아니면 국유재산으로 취득하지 못한다. 다만, 판결에 따라 취득하는 경우에는 그러하지 아니하다.
② 국유재산에는 사권을 설정하지 못한다. 다만, 일반재산에 대하여 대통령령으로 정하는 경우에는 그러하지 아니하다.

06 Ⅲ 행정절차법   정답 ①

정답 분석

① 행정절차법 제40조 제3항에 대한 옳은 내용이다.

제40조【신고】③ 행정청은 제2항 각 호의 요건을 갖추지 못한 신고서가 제출된 경우에는 지체 없이 상당한 기간을 정하여 신고인에게 보완을 요구하여야 한다.

선지 분석

② 행정절차법에는 정보통신망을 이용한 송달에 대해서도 규정하고 있다.

행정절차법 제14조【송달】① 송달은 우편, 교부 또는 정보통신망 이용 등의 방법으로 하되, 송달받을 자(대표자 또는 대리인을 포함한다. 이하 같다)의 주소·거소(居所)·영업소·사무소 또는 전자우편주소(이하 "주소등"이라 한다)로 한다. 다만, 송달받을 자가 동의하는 경우에는 그를 만나는 장소에서 송달할 수 있다.

③ 행정청은 법령상 청문실시의 사유가 있는 경우에도 당사자가 의견진술의 기회를 포기한다는 뜻을 명백히 표시한 경우에는 의견청취를 하지 않을 수 있다.

행정절차법 제22조【의견청취】④ 제1항부터 제3항까지의 규정에도 불구하고 제21조 제4항 각 호의 어느 하나에 해당하는 경우와 당사자가 의견진술의 기회를 포기한다는 뜻을 명백히 표시한 경우에는 의견청취를 하지 아니할 수 있다.

④ 해당 처분의 성질상 의견청취가 현저히 곤란하거나 명백히 불필요하다고 인정될 만한 상당한 이유가 있는 경우에는 사전 통지 및 의견청취절차를 거치지 아니할 수 있다.

> 행정절차법 제21조【처분의 사전 통지】④ 다음 각 호의 어느 하나에 해당하는 경우에는 제1항에 따른 통지를 하지 아니할 수 있다.
> 1. 공공의 안전 또는 복리를 위하여 긴급히 처분을 할 필요가 있는 경우
> 2. 법령 등에서 요구된 자격이 없거나 없어지게 되면 반드시 일정한 처분을 하여야 하는 경우에 그 자격이 없거나 없어지게 된 사실이 법원의 재판 등에 의하여 객관적으로 증명된 경우
> 3. 해당 처분의 성질상 의견청취가 현저히 곤란하거나 명백히 불필요하다고 인정될 만한 상당한 이유가 있는 경우

> 1. 정보주체에게 제15조 제2항 각 호 또는 제17조 제2항 각 호의 사항을 알리고 다른 개인정보의 처리에 대한 동의와 별도로 동의를 받은 경우
> 2. 법령에서 구체적으로 고유식별정보의 처리를 요구하거나 허용하는 경우

선지 분석

① 출입국관리법에 따른 외국인등록번호는 고유식별정보에 해당한다.

> 개인정보 보호법 시행령 제19조【고유식별정보의 범위】법 제24조 제1항 각 호 외의 부분에서 "대통령령으로 정하는 정보"란 다음 각 호의 어느 하나에 해당하는 정보를 말한다. 다만, 공공기관이 법 제18조 제2항 제5호부터 제9호까지의 규정에 따라 다음 각 호의 어느 하나에 해당하는 정보를 처리하는 경우의 해당 정보는 제외한다.
> 1. 주민등록법 제7조의2 제1항에 따른 주민등록번호
> 2. 여권법 제7조 제1항 제1호에 따른 여권번호
> 3. 도로교통법 제80조에 따른 운전면허의 면허번호
> 4. 출입국관리법 제31조 제5항에 따른 외국인등록번호

③ 민간에 의하여 처리되는 정보도 개인정보 보호대상이 된다.

> 개인정보 보호법 제2조【정의】이 법에서 사용하는 용어의 뜻은 다음과 같다.
> 5. "개인정보처리자"란 업무를 목적으로 개인정보파일을 운용하기 위하여 스스로 또는 다른 사람을 통하여 개인정보를 처리하는 공공기관, 법인, 단체 및 개인 등을 말한다.

④ 개인정보처리자가 고의, 과실이 없음을 입증하여야 한다.

> 개인정보 보호법 제39조【손해배상책임】① 정보주체는 개인정보처리자가 이 법을 위반한 행위로 손해를 입으면 개인정보처리자에게 손해배상을 청구할 수 있다. 이 경우 그 개인정보처리자는 고의 또는 과실이 없음을 입증하지 아니하면 책임을 면할 수 없다.

07 Ⅱ 행정지도   정답 ③

정답 분석

③ 행정기관은 행정지도의 상대방이 행정지도에 따르지 아니하였다는 것을 이유로 불이익한 조치를 하여서는 아니 된다(행정절차법 제48조 제2항).

선지 분석

① 행정절차법 제50조에 대한 옳은 내용이다.

> 제50조【의견제출】행정지도의 상대방은 해당 행정지도의 방식·내용 등에 관하여 행정기관에 의견제출을 할 수 있다.

② 행정절차법 제49조 제1항에 대한 옳은 내용이다.

> 제49조【행정지도의 방식】① 행정지도를 하는 자는 그 상대방에게 그 행정지도의 취지 및 내용과 신분을 밝혀야 한다.

④ 행정절차법 제51조에 대한 옳은 내용이다.

> 제51조【다수인을 대상으로 하는 행정지도】행정기관이 같은 행정목적을 실현하기 위하여 많은 상대방에게 행정지도를 하려는 경우에는 특별한 사정이 없으면 행정지도에 공통적인 내용이 되는 사항을 공표하여야 한다.

08 Ⅲ 개인정보 보호법   정답 ②

정답 분석

② 개인정보 보호법 제24조 제1항에 대한 옳은 내용이다.

> 제24조【고유식별정보의 처리 제한】① 개인정보처리자는 다음 각 호의 경우를 제외하고는 법령에 따라 개인을 고유하게 구별하기 위하여 부여된 식별정보로서 대통령령으로 정하는 정보(이하 "고유식별정보"라 한다)를 처리할 수 없다.

09 Ⅵ 당사자소송   정답 ②

정답 분석

② 국토의 계획 및 이용에 관한 법률 제130조 제3항에서 정한 토지의 소유자·점유자 또는 관리인(이하 '소유자 등'이라 한다)이 사업시행자의 일시 사용에 대하여 정당한 사유 없이 동의를 거부하는 경우, 사업시행자는 해당 토지의 소유자 등을 상대로 동의의 의사표시를 구하는 소를 제기할 수 있다. 이와 같은 토지의 일시 사용에 대한 동의의 의사표시를 할 의무는 '국토의 계획 및 이용에 관한 법률'에서 특별히 인정한 공법상의 의무이므로, 그 의무의 존부를 다투는 소송은 '공법상의 법률관계에 관한 소송으로서 그 법률관계의 한쪽 당사자를 피고로 하는 소송', 즉 행정소송법 제3조 제2호에서 규정한 당사자소송이라고 보아야 한다(대판 2019.9.9. 2016다262550).

선지 분석

① 고용보험 및 산업재해보상보험의 보험료징수 등에 관한 법률 제4조, 제16조의2, 제17조, 제19조, 제23조의 각 규정에 의하여, 사업주가 당연가입자가 되는 고용보험 및 산재보험에서 보험료 납부의무 부존재확인의 소는 공법상의 법률관계 자체를 다투는 소송으로서 공법상 당사자소송이다(대판 2016.10.13. 2016다221658).

③ 명예퇴직한 법관이 미지급 명예퇴직수당액에 대하여 가지는 권리는 명예퇴직수당 지급대상자 결정절차를 거쳐 명예퇴직수당규칙에 의하여 확정된 공법상 법률관계에 관한 권리로서, 그 지급을 구하는 소송은 행정소송법의 당사자소송에 해당하며, 그 법률관계의 당사자인 국가를 상대로 제기하여야 한다(대판 2016.5.24. 2013두14863).

④ 구 공익사업을 위한 토지 등의 취득 및 보상에 관한 법률 제91조에 규정된 환매권은 상대방에 대한 의사표시를 요하는 형성권의 일종으로서 재판상이든 재판 외이든 위 규정에 따른 기간 내에 행사하면 매매의 효력이 생기는바, 이러한 환매권의 존부에 관한 확인을 구하는 소송 및 구 공익사업법 제91조 제4항에 따라 환매금액의 증감을 구하는 소송 역시 민사소송에 해당한다(대판 2013.2.28. 2010두22368).

10 Ⅶ 공무원 권리 정답 ③

정답 분석

③ 공무원연금법이나 근로자퇴직급여 보장법에서 정한 퇴직급여는 적법한 공무원으로서의 신분을 취득하거나 근로고용관계가 성립하여 근무하다가 퇴직하는 경우에 지급되는 것이다. 임용 당시 공무원 임용결격사유가 있었다면, 비록 국가의 과실에 의하여 임용결격자임을 밝혀내지 못하였다 하더라도 임용행위는 당연무효로 보아야 하고, 당연무효인 임용행위에 의하여 공무원의 신분을 취득한다거나 근로고용관계가 성립할 수는 없다. 따라서 임용결격자가 공무원으로 임용되어 사실상 근무하여 왔다 하더라도 적법한 공무원으로서의 신분을 취득하지 못한 자로서는 공무원연금법이나 근로자퇴직급여 보장법에서 정한 퇴직급여를 청구할 수 없다. 나아가 이와 같은 법리는 임용결격사유로 인하여 임용행위가 당연무효인 경우뿐만 아니라 임용행위의 하자로 임용행위가 취소되어 소급적으로 지위를 상실한 경우에도 마찬가지로 적용된다(대판 2017.5.11. 2012다200486).

선지 분석

① 국가공무원법 제68조에 대한 옳은 내용이다.

> 제68조 【의사에 반한 신분 조치】 공무원은 형의 선고, 징계처분 또는 이 법에서 정하는 사유에 따르지 아니하고는 본인의 의사에 반하여 휴직·강임 또는 면직을 당하지 아니한다. 다만, 1급 공무원과 제23조에 따라 배정된 직무등급이 가장 높은 등급의 직위에 임용된 고위공무원단에 속하는 공무원은 그러하지 아니하다.

② 국가공무원법 제16조 제1항에 대한 옳은 내용이다.

> 제16조 【행정소송과의 관계】 ① 제75조에 따른 처분, 그 밖에 본인의 의사에 반한 불리한 처분이나 부작위(不作爲)에 관한 행정소송은 소청심사위원회의 심사·결정을 거치지 아니하면 제기할 수 없다.

④ 국가공무원법 제73조에 대한 옳은 내용이다.

> 제73조 【휴직의 효력】 ① 휴직 중인 공무원은 신분은 보유하나 직무에 종사하지 못한다.
> ② 휴직 기간 중 그 사유가 없어지면 30일 이내에 임용권자 또는 임용제청권자에게 신고하여야 하며, 임용권자는 지체 없이 복직을 명하여야 한다.
> ③ 휴직 기간이 끝난 공무원이 30일 이내에 복귀 신고를 하면 당연히 복직된다.

11 Ⅱ 행정기본법 정답 ③

정답 분석

ㄱ. 첫날에 산입하지 아니한다.

> 행정기본법 제7조 【법령등 시행일의 기간 계산】 법령 등(훈령·예규·고시·지침 등을 포함한다. 이하 이 조에서 같다)의 시행일을 정하거나 계산할 때에는 다음 각 호의 기준에 따른다.
> 2. 법령 등을 공포한 날부터 일정 기간이 경과한 날부터 시행하는 경우 법령 등을 공포한 날을 첫날에 산입하지 아니한다.

ㄴ. 첫날에 산입한다.

> 행정기본법 제6조 【행정에 관한 기간의 계산】 ② 법령 등 또는 처분에서 국민의 권익을 제한하거나 의무를 부과하는 경우 권익이 제한되거나 의무가 지속되는 기간의 계산은 다음 각 호의 기준에 따른다. 다만, 다음 각 호의 기준에 따르는 것이 국민에게 불리한 경우에는 그러하지 아니하다.
> 1. 기간을 일, 주, 월 또는 연으로 정한 경우에는 기간의 첫날을 산입한다.

12 Ⅵ 원고적격 정답 ①

정답 분석

① 한의사 면허는 경찰금지를 해제하는 명령적 행위(강학상 허가)에 해당하고, 한약조제시험을 통하여 약사에게 한약조제권을 인정함으로써 한의사들의 영업상 이익이 감소되었다고 하더라도 이러한 이익은 사실상의 이익에 불과하고 약사법이나 의료법 등의 법률에 의하여 보호되는 이익이라고는 볼 수 없으므로, 한의사들이 한약조제시험을 통하여 한약조제권을 인정받은 약사들에 대한 합격처분의 무효확인을 구하는 당해 소는 원고적격이 없는 자들이 제기한 소로서 부적법하다(대판 1998.3.10. 97누4289).

선지 분석

② 국민권익위원회가 소방청장에게 인사와 관련하여 부당한 지시를 한 사실이 인정된다며 이를 취소할 것을 요구하기로 의결하고 그 내용을 통지하자 소방청장이 국민권익위원회 조치요구의 취소를 구하는 소송을 제기한 사안에서, 처분성이 인정되는 국민권익위원회의 조치요구에 불복하고자 하는 소방청장으로서는 조치요구의 취소를 구하는 항고소송을 제기하는 것이 유효·적절한 수단으로 볼 수 있으므로 소방청장이 예외적으로 당사자능력과 원고적격을 가진다(대판 2018. 8.1. 2014두35379).

③ 국립공원 집단시설지구개발사업으로 인하여 직접적이고 중대한 환경피해를 입으리라고 예상되는 환경영향평가대상지역 안의 주민들이 누리고 있는 환경상의 이익이 위 변경승인처분으로 인하여 침해되거나 침해될 우려가 있는 경우에는 그 주민들에게 위 변경승인처분과 그 변경승인처분의 취소를 구하는 행정심판청구를 각하한 재결의 취소를 구할 원고적격이 있다고 보아야 한다(대판 2001.7.27. 99두2970).

④ 광업권설정허가처분의 근거 법규 또는 관련 법규의 취지는 광업권설정허가처분과 그에 따른 광산 개발과 관련된 후속 절차로 인하여 직접적이고 중대한 재산상·환경상 피해가 예상되는 토지나 건축물의 소유자나 점유자 또는 이해관계인 및 주민들이 전과 비교하여 수인한도를 넘는 재산상·환경상 침해를 받지 아니한 채 토지나 건축물 등을 보유하며 쾌적하게 생활할 수 있는 개별적 이익까지도 보호하려는 데 있으므로, 광업권설정허가처분과 그에 따른 광산 개발로 인하여 재산상·환경상 이익의 침해를 받거나 받을 우려가 있는 토지나 건축물의 소유자와 점유자 또는 이해관계인 및 주민들은 그 처분 전과 비교하여 수인한도를 넘는 재산상·환경상 이익의 침해를 받거나 받을 우려가 있다는 것을 증명함으로써 그 처분의 취소를 구할 원고적격을 인정받을 수 있다(대판 2008.9.11. 2006두7577).

13 Ⅴ 행정상 손실보상 정답 ③

정답 분석

③ 헌법 제23조 제3항은 정당한 보상을 전제로 하여 재산권의 수용 등에 관한 가능성을 규정하고 있지만, 재산권 수용의 주체를 한정하지 않고 있다. 위 헌법조항의 핵심은 당해 수용이 공공필요에 부합하는가, 정당한 보상이 지급되고 있는가 여부 등에 있는 것이지, 그 수용의 주체가 국가인지 민간기업인지 여부에 달려 있다고 볼 수 없다. 또한 국가 등의 공적 기관이 직접 수용의 주체가 되는 것이든 그러한 공적 기관의 최종적인 허부판단과 승인결정하에 민간기업이 수용의 주체가 되는 것이든, 양자 사이에 공공필요에 대한 판단과 수용의 범위에 있어서 본질적인 차이를 가져올 것으로 보이지 않는다. 따라서 위 수용 등의 주체를 국가 등의 공적 기관에 한정하여 해석할 이유가 없다(헌재 2009.9.24. 2007헌바114).

선지 분석

① 구체적인 이익만이 헌법상 재산권 보장의 대상이 된다.

> **관련 판례**
> 헌법 제23조 제1항 및 제13조 제2항에 의하여 보호되는 재산권은 사적 유용성 및 그에 대한 원칙적 처분권을 내포하는 재산가치 있는 구체적 권리이므로 구체적인 권리가 아닌 단순한 이익이나 재화의 획득에 관한 기회 등은 재산권 보장의 대상이 아니라 할 것인바, … 약사의 한약조제권이란 그것이 타인에 의하여 침해되었을 때 방해를 배제하거나 원상회복 내지 손해배상을 청구할 수 있는 권리가 아니라 법률에 의하여 약사의 지위에서 인정되는 하나의 권능에 불과하고, 더욱이 의약품을 판매하여 얻게 되는 이익 역시 장래의 불확실한 기대이익에 불과한 것이므로, 구 약사법상 약사에게 인정된 한약조제권은 위 헌법 조항들이 말하는 재산권의 범위에 속하지 아니한다(헌재 1997.11.27. 97헌바10).

② 헌법 제23조 제3항은 "공공필요에 의한 재산권의 수용·사용 또는 제한 및 그에 대한 보상은 법률로써 하되, 정당한 보상을 지급하여야 한다."라고 규정하고 있는바, 이 헌법의 규정은 보상청구권의 근거에 관하여서 뿐만 아니라 보상의 기준과 방법에 관하여서도 법률에 유보하고 있는 것으로 보아야 할 것이다(대판 2005.7.29. 2003두2311).

④ 징발법 제20조에 대한 옳은 내용이다.

> 제20조【보상 제외】 징발물이 국유재산 또는 공유재산인 경우에는 제19조에도 불구하고 보상을 하지 아니한다.

14 Ⅵ 행정심판의 재결 정답 ①

정답 분석

① 심판청구에 대한 재결이 있는 경우 그 재결 및 동일한 처분 또는 부작위에 대하여 다시 행정심판을 청구할 수 없다.

> 행정심판법 제51조【행정심판 재청구의 금지】 심판청구에 대한 재결이 있으면 그 재결 및 같은 처분 또는 부작위에 대하여 다시 행정심판을 청구할 수 없다.

선지 분석

② 행정심판법 제47조 제2항에 대한 옳은 내용이다.

> 제47조【재결의 범위】 ② 위원회는 심판청구의 대상이 되는 처분보다 청구인에게 불리한 재결을 하지 못한다.

③ 행정심판법 제47조 제1항에 대한 옳은 내용이다.

> 제47조【재결의 범위】 ① 위원회는 심판청구의 대상이 되는 처분 또는 부작위 외의 사항에 대하여는 재결하지 못한다.

④ 행정심판법 제49조 제2항에 대한 옳은 내용이다.

> 제49조【재결의 기속력 등】 ② 재결에 의하여 취소되거나 무효 또는 부존재로 확인되는 처분이 당사자의 신청을 거부하는 것을 내용으로 하는 경우에는 그 처분을 한 행정청은 재결의 취지에 따라 다시 이전의 신청에 대한 처분을 하여야 한다.

15 Ⅵ 항고소송의 대상   정답 ③

정답 분석
③ 건축주 등은 신고제하에서도 건축신고가 반려될 경우 당해 건축물의 건축을 개시하면 시정명령, 이행강제금, 벌금의 대상이 되거나 당해 건축물을 사용하여 행할 행위의 허가가 거부될 우려가 있어 불안정한 지위에 놓이게 된다. 따라서 건축신고 반려행위가 이루어진 단계에서 당사자로 하여금 반려행위의 적법성을 다투어 그 법적 불안을 해소한 다음 건축행위에 나아가도록 함으로써 장차 있을지도 모르는 위험에서 미리 벗어날 수 있도록 길을 열어 주고, 위법한 건축물의 양산과 그 철거를 둘러싼 분쟁을 조기에 근본적으로 해결할 수 있게 하는 것이 법치행정의 원리에 부합한다. 그러므로 건축신고 반려행위는 항고소송의 대상이 된다고 보는 것이 옳다(대판 2010.11.18. 2010두7321).

선지 분석
① 공정거래위원회의 '표준약관 사용권장행위'는 그 통지를 받은 해당 사업자 등에게 표준약관과 다른 약관을 사용할 경우 표준약관과 다르게 정한 주요내용을 고객이 알기 쉽게 표시하여야 할 의무를 부과하고, 그 불이행에 대해서는 과태료에 처하도록 되어 있으므로, 이는 사업자 등의 권리·의무에 직접 영향을 미치는 행정처분으로서 항고소송의 대상이 된다(대판 2010.10.14. 2008두23184).

② 세무당국이 소외 회사에 대하여 원고와의 주류거래를 일정기간 중지하여 줄 것을 요청한 행위는 권고 내지 협조를 요청하는 권고적 성격의 행위로서 소외 회사나 원고의 법률상의 지위에 직접적인 법률상의 변동을 가져오는 행정처분이라고 볼 수 없는 것이므로 항고소송의 대상이 될 수 없다(대판 1980.10.27. 80누395).

④ 조례가 집행행위의 개입 없이도 그 자체로서 직접 국민의 구체적인 권리·의무나 법적 이익에 영향을 미치는 등의 법률상 효과를 발생하는 경우 그 조례는 항고소송의 대상이 되는 행정처분에 해당한다(대판 1996.9.20. 95누8003).

관련 판례
환지의 권리자로서는 사업시행자에 대하여 환지등기의 촉탁에 관한 조리상의 신청권이 있다고 할 것이고, 그러한 권리자로부터 그 신청을 받은 행정청으로서는 상당한 기간 내에 그 신청을 인용하는 적극적 처분을 하거나 각하 또는 기각하는 등의 소극적 처분을 하여야 할 법률상의 응답의무가 있다고 할 것이며, 행정청이 위와 같은 권리자의 신청에 대하여 아무런 적극적 또는 소극적 처분을 하지 않고 있다면 그러한 행정청의 부작위는 그 자체로 위법하다고 할 것이고, 구체적으로 그 신청이 인용될 수 있는지 여부는 소극적 처분에 대한 항고소송의 본안에서 판단하여야 할 사항이라고 할 것이다(대판 2005.4.29. 2003두3284).

④ 행정청의 재량에는 재량행위뿐만 아니라 그러한 재량행위를 하기 위하여 필요한 기준을 정하는 것도 포함되므로, 특별한 사정이 없는 한 행정청의 의사는 가능한 존중되어야 한다. 그러나 이미 설정된 재량기준을 구체적으로 적용함에 있어서 행정청이 명백하게 잘못 적용한 경우에는 재량권 남용에 해당하게 된다.

관련 판례
자동차운수사업법에 의한 개인택시운송사업면허는 특정인에게 특정한 권리나 이익을 부여하는 행정행위로서 법령에 특별한 규정이 없는 한 재량행위이고, 그 면허를 위하여 필요한 기준을 정하는 것도 역시 행정청의 재량에 속하는 것이므로 그 설정된 기준이 객관적이고 합리적이 아니라거나 타당하지 않다고 볼 만한 다른 특별한 사정이 없는 이상 행정청의 의사는 가능한 존중되어야 하나, 행정청이 어떤 면허신청에 대하여 이미 설정된 면허기준을 구체적으로 적용함에 있어서 그 해석상 당해 신청이 면허발급의 우선순위에 해당함이 명백함에도 불구하고 이를 제외시켜 면허거부처분을 하였다면, 특별한 사정이 없는 한, 그 거부처분은 재량권을 남용한 위법한 처분이다(대판 1997.9.26. 97누8878).

16 Ⅱ 재량행위   정답 ②

정답 분석
② 학생에 대한 징계권의 발동이나 징계의 양정이 징계권자의 교육적 재량에 맡겨져 있다 할지라도 법원이 심리한 결과 그 징계처분에 위법 사유가 있다고 판단되는 경우에는 이를 취소할 수 있는 것이고, 징계처분이 교육적 재량행위라는 이유만으로 사법심사의 대상에서 당연히 제외되는 것은 아니다(대판 1991.11.22. 91누2144).

선지 분석
① 부담부 행정처분에 있어서 처분의 상대방이 부담(의무)을 이행하지 아니한 경우에 처분행정청으로서는 이를 들어 당해 처분을 취소(철회)할 수 있는 것이다(대판 1989.10.24. 89누2431).

③ 법규상·조리상 신청권에 근거한 신청인 경우, 행정청은 신청에 따른 행정행위가 기속행위인지 재량행위인지 상관없이 그 신청에 대한 응답의무가 있다.

17 Ⅳ 행정조사   정답 ③

정답 분석
옳은 것은 ㄱ, ㄷ, ㄹ이고, 옳지 않은 것은 ㄴ이다.

ㄱ. [○] 행정조사기본법 제12조 제2항에 대한 옳은 내용이다.

제12조 【시료채취】 ② 행정기관의 장은 제1항에 따른 시료채취로 조사대상자에게 손실을 입힌 때에는 대통령령으로 정하는 절차와 방법에 따라 그 손실을 보상하여야 한다.

ㄴ. [×] 행정절차법에 행정조사절차에 대한 규정이 없다.

행정절차법 제3조 【적용범위】 ① 처분, 신고, 확약, 위반사실 등의 공표, 행정계획, 행정상 입법예고, 행정예고 및 행정지도의 절차(이하 "행정절차"라 한다)에 관하여 다른 법률에 특별한 규정이 있는 경우를 제외하고는 이 법에서 정하는 바에 따른다.

ㄷ. [O] 우편물 통관검사절차에서 이루어지는 우편물의 개봉, 시료채취, 성분분석 등의 검사는 수출입물품에 대한 적정한 통관 등을 목적으로 한 행정조사의 성격을 가지는 것으로서 수사기관의 강제처분이라고 할 수 없으므로, 압수·수색영장 없이 우편물의 개봉, 시료채취, 성분분석 등 검사가 진행되었다 하더라도 특별한 사정이 없는 한 위법하다고 볼 수 없다(대판 2013.9.26. 2013도7718).

ㄹ. [O] 부과처분을 위한 과세관청의 질문조사권이 행해지는 세무조사결정이 있는 경우 납세의무자는 세무공무원의 과세자료 수집을 위한 질문에 대답하고 검사를 수인하여야 할 법적 의무를 부담하게 되는 점 등을 종합하면, 세무조사결정은 납세의무자의 권리·의무에 직접 영향을 미치는 공권력의 행사에 따른 행정작용으로서 항고소송의 대상이 된다(대판 2011.3.10. 2009두23617).

18 Ⅱ 행정규칙   정답 ④

정답 분석

옳은 것은 3개(ㄱ, ㄴ, ㄷ)이다.

ㄱ. 상급행정기관이 소속 공무원이나 하급행정기관에 대하여 세부적인 업무처리절차나 법령의 해석·적용 기준을 정해 주는 '행정규칙'은 상위법령의 구체적 위임이 있지 않는 한 행정조직 내부에서만 효력을 가질 뿐 대외적으로 국민이나 법원을 구속하는 효력이 없다. 다만, 행정규칙이 이를 정한 행정기관의 재량에 속하는 사항에 관한 것인 때에는 그 규정 내용이 객관적 합리성을 결여하였다는 등의 특별한 사정이 없는 한 법원은 이를 존중하는 것이 바람직하다. 그러나 행정규칙의 내용이 상위법령에 반하는 것이라면 법치국가원리에서 파생되는 법질서의 통일성과 모순금지 원칙에 따라 그것은 법질서상 당연무효이고, 행정내부적 효력도 인정될 수 없다. 이러한 경우 법원은 해당 행정규칙이 법질서상 부존재하는 것으로 취급하여 행정기관이 한 조치의 당부를 상위법령의 규정과 입법 목적 등에 따라서 판단하여야 한다(대판 2019.10.31. 2013두20011).

ㄴ. 행정규칙은 일반적으로 행정조직 내부에서만 효력을 가지는 것이나, 행정규칙이 법령의 규정에 의하여 행정관청에 법령의 구체적 내용을 보충할 권한을 부여한 경우나 재량권행사의 준칙인 규칙이 그 정한 바에 따라 되풀이 시행되어 행정관행이 이룩되게 되면, 평등의 원칙이나 신뢰보호의 원칙에 따라 행정기관은 그 상대방에 대한 관계에서 그 규칙에 따라야 할 자기구속을 당하게 되는 경우에는 대외적인 구속력을 가지게 되는바, 이러한 경우에는 헌법소원의 대상이 될 수도 있다(헌재 2001.5.31. 99헌마413).

ㄷ. 법령상의 어떤 용어가 별도의 법률상의 의미를 가지지 않으면서 일반적으로 통용되는 의미를 가지고 있다면, 상위규범에 그 용어의 의미에 관한 별도의 정의규정을 두고 있지 않고 권한을 위임받은 하위규범에서 그 용어의 사용기준을 정하고 있다 하더라도 하위규범이 상위규범에서 위임한 한계를 벗어났다고 볼 수 없으며, 행정규칙에서 사용하는 개념이 달리 해석할 여지가 있다 하더라도 행정청이 수권의 범위 내에서 법령이 위임한 취지 및 형평과 비례의 원칙에 기초하여 합목적적으로 기준을 설정하여 그 개념을 해석·적용하고 있다면, 개념이 달리 해석할 여지가 있다는 것만으로 이를 사용한 행정규칙이 법령의 위임 한계를 벗어났다고는 할 수 없다(대판 2008.4.10. 2007두4841).

19 Ⅱ 공법상 계약   정답 ②

정답 분석

② 중소기업기술정보진흥원장이 甲 주식회사와 중소기업 정보화지원사업 지원대상인 사업의 지원에 관한 협약을 체결하였는데, 협약이 甲 회사에 책임이 있는 사업실패로 해지되었다는 이유로 협약에서 정한 대로 지급받은 정부지원금을 반환할 것을 통보한 사안에서, 협약의 해지 및 그에 따른 환수통보는 공법상 계약에 따라 행정청이 대등한 당사자의 지위에서 하는 의사표시로 보아야 하고, 이를 행정청이 우월한 지위에서 행하는 공권력의 행사로서 행정처분에 해당한다고 볼 수는 없다(대판 2015.8.27. 2015두41449).

선지 분석

① 계약직공무원에 대한 채용계약해지의 의사표시에서 행정처분과 같이 행정절차법에 의하여 근거와 이유를 제시하여야 하는 것은 아니다.

> [관련 판례]
> 계약직공무원에 관한 현행 법령의 규정에 비추어 볼 때, 계약직공무원 채용계약해지의 의사표시는 일반공무원에 대한 징계처분과는 달라서 항고소송의 대상이 되는 처분 등의 성격을 가진 것으로 인정되지 아니하고, 일정한 사유가 있을 때에 국가 또는 지방자치단체가 채용계약 관계의 한쪽 당사자로서 대등한 지위에서 행하는 의사표시로 취급되는 것으로 이해되므로, 이를 징계해고 등에서와 같이 그 징계사유에 한하여 효력유무를 판단하여야 하거나, 행정처분과 같이 행정절차법에 의하여 근거와 이유를 제시하여야 하는 것은 아니다(대판 2002.11.26. 2002두5948).

③ 행정기본법 제27조【공법상 계약의 체결】① 행정청은 법령등을 위반하지 아니하는 범위에서 행정목적을 달성하기 위하여 필요한 경우에는 공법상 법률관계에 관한 계약(이하 "공법상 계약"이라 한다)을 체결할 수 있다. 이 경우 계약의 목적 및 내용을 명확하게 적은 계약서를 작성하여야 한다.

④ 확약, 행정계획의 확정절차, 공법상 계약, 행정상 강제집행, 즉시강제, 행정조사절차, 제3자에 대한 사전통지, 행정절차 하자의 치유와 치유시기, 부당결부금지원칙, 수리를 요하는 신고, 사인의 공법행위에 대한 일반 규정 등은 행정절차법에 규정이 없다.

20 Ⅴ 국가배상   정답 ②

정답 분석

② 국가배상법상 손해배상과 민법상 손해배상 모두 청구할 수 없다.

> 국가배상법 제2조【배상책임】① 국가나 지방자치단체는 공무원 또는 공무를 위탁받은 사인(이하 "공무원"이라 한다)이 직무를 집행하면서 고의 또는 과실로 법령을 위반하여 타인에게 손해를 입히거나, 자동차손해배상 보장법에 따라 손해배상의 책임이 있을 때에는 이 법에 따라 그 손해를 배상하여야 한다. 다만, 군인·군무원·경찰공무원 또는 예비군대원이 전투·훈련 등 직무집행과 관련하여 전사·순직하거나 공상을 입은 경우에 본인이나 그 유족이 다른 법령에 따라 재해보상금·유족연금·상이연금 등의 보상을 지급받을 수 있을 때에는 이 법 및 민법에 따른 손해배상을 청구할 수 없다.

선지 분석

① 국가배상법 제3조의2 제1항에 대한 옳은 내용이다.

> **제3조의2 【공제액】** ① 제2조 제1항을 적용할 때 피해자가 손해를 입은 동시에 이익을 얻은 경우에는 손해배상액에서 그 이익에 상당하는 금액을 빼야 한다.

③ 불법행위로 영업을 중단한 자가 영업 중단에 따른 손해배상을 구하는 경우 영업을 중단하지 않았으면 얻었을 순이익과 이와 별도로 영업 중단과 상관없이 불가피하게 지출해야 하는 비용도 특별한 사정이 없는 한 손해배상의 범위에 포함될 수 있다. 위와 같은 순이익과 비용의 배상을 인정하는 것은 이중배상에 해당하지 않는다(대판 2018.9.13. 2016다35802).

④ 어떠한 행정처분이 위법하다고 할지라도 그 자체만으로 곧바로 그 행정처분이 공무원의 고의 또는 과실로 인한 불법행위를 구성한다고 단정할 수는 없고, 공무원의 고의 또는 과실의 유무에 대하여는 별도의 판단을 요한다고 할 것이다(대판 2004.6.11. 2002다31018).

21 Ⅲ 정보공개법 정답 ①

정답 분석

옳은 것은 ㄱ, ㄴ이다.

ㄱ. 정보공개청구권은 법률상 보호되는 구체적인 권리이므로 청구인이 공공기관에 대하여 정보공개를 청구하였다가 거부처분을 받은 것 자체가 법률상 이익의 침해에 해당한다(대판 2003.12.12. 2003두8050).

ㄴ. 청구인에게는 특정한 공개방법을 지정하여 정보공개를 청구할 수 있는 법령상 신청권이 있다. 따라서 공공기관이 공개청구의 대상이 된 정보를 공개는 하되, 청구인이 신청한 공개방법 이외의 방법으로 공개하기로 하는 결정을 하였다면, 이는 정보공개청구 중 정보공개방법에 관한 부분에 대하여 일부 거부처분을 한 것이고, 청구인은 그에 대하여 항고소송으로 다툴 수 있다(대판 2016.11.10. 2016두44674).

선지 분석

ㄷ. 공개청구의 대상이 되는 정보가 이미 다른 사람에게 공개되어 널리 알려져 있다거나 인터넷 등을 통하여 공개되어 인터넷검색 등을 통하여 쉽게 알 수 있다는 사정만으로는 소의 이익이 없다거나 비공개결정이 정당화 될 수 없다(대판 2010.12.23. 2008두13101).

ㄹ. 방송법이라는 특별법에 의하여 설립 운영되는 한국방송공사(KBS)는 공공기관의 정보공개에 관한 법률 시행령 제2조 제4호의 특별법에 의하여 설립된 특수법인으로서 정보공개의무가 있는 공공기관의 정보공개에 관한 법률 제2조 제3호의 '공공기관'에 해당한다고 판단한 원심판결을 수긍한 사례이다(대판 2010.12.23. 2008두13101).

22 Ⅳ 행정의 실효성 확보수단 정답 ③

정답 분석

③ 공무원들이 위법건축물임을 알지 못하여 공사 도중에 시정명령이 내려지지 않아 위법건축물이 완공되었다 하더라도, 공공복리의 증진이라는 위 목적의 달성을 위해서는 완공 후에라도 위법건축물임을 알게 된 이상 시정명령을 할 수 있다(대결 2002.8.16. 2002마1022).

선지 분석

① 행정대집행법상 건물철거의무는 제1차 철거명령 및 계고처분으로서 발생하였고 제2차, 제3차의 계고처분은 새로운 철거의무를 부과한 것이 아니고, 다만 대집행기한의 연기통지에 불과하므로 행정처분이 아니다(대판 1994.10.28. 94누5144).

② 명도의무는 그것을 강제적으로 실현하면서 직접적인 실력행사가 필요한 것이지 대체적 작위의무라고 볼 수 없으므로 특별한 사정이 없는 한 행정대집행법에 의한 대집행의 대상이 될 수 있는 것이 아니다(대판 2005.8.19. 2004다2809).

④ 변형된 과징금은 영업정지 등에 갈음하여 부과하는 것이다. 따라서 동일한 위반사유에 대하여 과징금과 영업정지를 병과할 수는 없다. 다만, 과징금을 부과할 것인지 영업정지처분을 할 것인지는 보통 행정청의 재량이다(대판 2006.5.12. 2004두12315).

23 Ⅰ 개인적 공권 정답 ④

정답 분석

④ 검사의 임용 여부는 임용권자의 자유재량에 속하는 사항이나, 임용권자가 동일한 검사신규임용의 기회에 원고를 비롯한 다수의 검사 지원자들로부터 임용 신청을 받아 전형을 거쳐 자체에서 정한 임용기준에 따라 이들 일부만을 선정하여 검사로 임용하는 경우에 있어서 법령상 검사임용 신청 및 그 처리의 제도에 관한 명문 규정이 없다고 하여도 조리상 임용권자는 임용신청자들에게 전형의 결과인 임용 여부의 응답을 해줄 의무가 있다고 할 것이며, 응답할 것인지 여부조차도 임용권자의 편의재량사항이라고는 할 수 없다(대판 1991.2.12. 90누5825).

선지 분석

① 개인적 공권은 법률의 규정에 의한 경우뿐만 아니라 헌법상 기본권, 공법상 계약, 관습법, 법규명령, 행정행위에 근거하여 성립할 수도 있다.

② 행정소송에 있어서 소권은 개인의 국가에 대한 공권이므로 당사자의 합의로써 이를 포기할 수 없다(대판 1995.9.15. 94누4455).

③ 서울특별시의 "철거민에 대한 시영아파트 특별분양 개선지침"은 서울특별시 내부에 있어서의 행정지침에 불과하며, 그 지침 소정의 사람에게 공법상의 분양신청권이 부여되는 것은 아니므로 시영아파트 분양불허의 의사표시는 항고소송의 대상이 되는 행정처분으로 볼 수 없다(대판 1991.11.26. 91누3352).

24 II 행정행위의 부관   정답 ①

정답 분석

① 어업에 관한 허가 또는 신고의 경우 그 유효기간이 경과하면 그 허가나 신고의 효력이 당연히 소멸하며, 재차 허가를 받거나 신고를 하더라도 허가나 신고의 기간만 갱신되어 종전의 어업허가나 신고의 효력 또는 성질이 계속된다고 볼 수 없고 새로운 허가내지 신고로서의 효력이 발생한다(대판 2019.4.11. 2018다284400).

선지 분석

② 건축허가를 하면서 일정 토지를 기부채납하도록 하는 내용의 허가조건은 부관을 붙일 수 없는 기속행위 내지 기속적 재량행위인 건축허가에 붙인 부담이거나 또는 법령상 아무런 근거가 없는 부관이어서 무효이다(대판 1995.6.13. 94다56883).

③ 수익적 행정처분에 있어서는 법령에 특별한 근거규정이 없다고 하더라도 그 부관으로서 부담을 붙일 수 있고, 그와 같은 부담은 행정청이 행정처분을 하면서 일방적으로 부가할 수도 있지만 부담을 부가하기 이전에 상대방과 협의하여 부담의 내용을 협약의 형식으로 미리 정한 다음 행정처분을 하면서 이를 부가할 수도 있다(대판 2009.2.12. 2005다65500).

④ 부관은 면허 발급 당시에 붙이는 것뿐만 아니라 면허 발급 이후에 붙이는 것도 법률에 명문의 규정이 있거나 변경이 미리 유보되어 있는 경우 또는 상대방의 동의가 있는 경우 등에는 특별한 사정이 없는 한 허용된다(대판 2016.11.24. 2016두45020).

25 V 국가배상   정답 ④

정답 분석

④ 위험지역으로 이주하여 들어가서 거주하는 주민이 그 위험 존재를 인식하면서 그로 인한 피해를 용인하며 접근한 것 등과 같은 특별한 사정이 있다면 가해자의 면책이 인정되는 경우도 있을 수 있다.

> **관련 판례**
> 소음 등을 포함한 공해 등의 위험지역으로 이주하여 들어가서 거주하는 경우와 같이 위험의 존재를 인식하면서 그로 인한 피해를 용인하며 접근한 것으로 볼 수 있는 경우에 그 피해가 직접 생명이나 신체에 관련된 것이 아니라 정신적 고통이나 생활방해의 정도에 그치고, 그 침해행위에 상당한 고도의 공공성이 인정되는 때에는 위험에 접근한 후 실제로 입은 피해 정도가 위험에 접근할 당시에 인식하고 있었던 위험의 정도를 초과하는 것이거나 위험에 접근한 후에 그 위험이 특별히 증대하였다는 등의 특별한 사정이 없는 한 가해자의 면책을 인정하여야 하는 경우도 있을 수 있을 것이나, 일반인이 공해 등의 위험지역으로 이주하여 거주하는 경우라고 하더라도 위험에 접근할 당시에 그러한 위험이 문제가 되고 있지 아니하였고, 그러한 위험이 존재하는 사실을 정확하게 알 수 없었으며, 그 밖에 위험에 접근하게 된 경위와 동기 등의 여러 가지 사정을 종합하여 그와 같은 위험의 존재를 인식하면서 굳이 위험으로 인한 피해를 용인하였다고 볼 수 없는 경우에는 그 책임이 감면되지 아니한다고 봄이 상당하다(대판 2004.3.12. 2002다14242).

선지 분석

① 국가나 지방자치단체는 공공의 영조물의 설치나 관리에 하자가 있는 경우 국가배상법상 손해배상책임이 있으며, 국가안보를 위한 고도의 공익성을 가진 시설이라 하여도 국가배상법상 면책되는 것은 아니다.

> **관련 판례**
> 매향리 사격장이 국가안보를 위하여 고도의 공익성을 가진 시설이지만 … 미국 공군이 2000.8.18. 사격훈련 방법을 변경할 때까지 원고들의 피해를 줄이기 위한 노력을 충분히 하지 아니한 점 등에 비추어 볼 때, 2000.8.18. 이전까지 매향리 사격장에서 발생하는 소음 등으로 인하여 원고들이 입은 피해는 사회생활상 통상 참을 수 있는 정도를 넘는 것이므로 매향리 사격장의 설치 또는 관리에 하자가 있었다고 보아야 하고, 따라서 피고는 대한민국과 아메리카합중국간의 상호방위조약 제4조에 의한 시설과 구역 및 대한민국에서의 합중국군대의 지위에 관한 협정의 시행에 관한 민사특별법 제2조 제2항, 국가배상법 제5조 제1항에 따라 원고들이 입은 손해를 배상할 책임이 있다고 판단하였다(대판 2004.3.12. 2002다14242).

② 국가배상법 제5조 제1항에 정하여진 '영조물의 설치 또는 관리의 하자'라 함은 공공의 목적에 공여된 영조물이 그 용도에 따라 갖추어야 할 안전성을 갖추지 못한 상태에 있음을 말하고, 안전성을 갖추지 못한 상태, 즉 타인에게 위해를 끼칠 위험성이 있는 상태라 함은 당해 영조물을 구성하는 물적 시설 그 자체에 있는 물리적·외형적 흠결이나 불비로 인하여 그 이용자에게 위해를 끼칠 위험성이 있는 경우뿐만 아니라, 그 영조물이 공공의 목적에 이용됨에 있어 그 이용상태 및 정도가 일정한 한도를 초과하여 제3자에게 사회통념상 수인할 것이 기대되는 한도를 넘는 피해를 입히는 경우까지 포함된다고 보아야 한다(대판 2005.1.27. 2003다49566).

③ 수인한도의 기준을 결정함에 있어서는 일반적으로 침해되는 권리나 이익의 성질과 침해의 정도뿐만 아니라 침해행위가 갖는 공공성의 내용과 정도, 그 지역환경의 특수성, 공법적인 규제에 의하여 확보하려는 환경기준, 침해를 방지 또는 경감시키거나 손해를 회피할 방안의 유무 및 그 난이 정도 등 여러 사정을 종합적으로 고려하여 구체적 사건에 따라 개별적으로 결정하여야 할 것이다(대판 2005.1.27. 2003다49566).

제3과목 경영학

01 Ⅰ 경영의 구성요소와 원리 정답 ④

선지 분석

① 재화는 생산시점과 소비시점이 일치할 필요가 없기 때문에 분리성의 특징을 가지고, 서비스는 생산시점과 소비시점이 일치해야 하기 때문에 비분리성의 특징을 가진다.
② 재화는 재고로 보유할 수 있기 때문에 지속성의 특징을 가지고, 서비스는 재고로 보유할 수 없기 때문에 소멸성의 특징을 가진다.
③ 재화는 자본집약적이고, 서비스는 노동집약적이다.

02 Ⅰ 경영학의 발전과정 정답 ④

정답 분석

① 상황적합이론은 상황변수, 조직특성변수, 조직유효성변수로 구성되어 있다. 조직규모, 환경, 기술, 조직전략은 상황변수에 해당하지만, 조직구조는 조직특성변수에 해당한다.

선지 분석

ㄱ, ㄷ. 길브레스(Gilbreth) 부부와 관련된 내용이다.
ㄴ. 포드(Ford)와 관련된 내용이다.

03 Ⅰ 기업집단화 정답 ④

정답 분석

백지위임장 투쟁은 인수기업이 사용가능한 공격전략이고, 나머지는 피인수기업이 사용가능한 방어전략이다.

이것도 알면 합격!

경쟁우선순위

독소조항	적대적 M&A가 성사되는 경우에 인수자가 매우 불리한 상황에 처할 수 있도록 하는 규정이나 계약을 말한다. 그 예로서, 기존 주주들에게 적대적 M&A가 성사되는 경우에 새 기업 주식의 상당량을 할인된 가격에 매입할 수 있는 권리를 부여하는 규정을 두는 것이나, 채권자에게 기업이 인수되는 경우 만기일 이전에 고액의 현금상환을 청구할 수 있는 채권을 발행하는 것 등을 들 수 있다. 대표적인 독소증권에는 상환우선주, 전환우선주, 신주인수권부사채, 전환사채 등이 있다.
역공개매수	인수기업이 인수대상기업의 주식에 대해 공개매수를 하는 경우에, 이에 맞서 인수대상기업이 인수기업의 주식에 대한 공개매수를 하여 정면대결을 펼치는 전략을 말하는데, 이를 팩맨 방어(pac-man defense)라고도 한다. 이는 상호보유주식에 대하여 의결권이 제한되는 상법규정을 이용하는 방법이다.
자사주 매입	적대적 M&A의 대상이 되는 기업이 자기주식을 취득함으로써 적대적 M&A를 방어할 수 있다. 적대적 M&A를 시도하려는 기업으로 하여금 인수대상기업의 주식확보를 어렵게 하고 발행주식수도 감소되어 자연히 대주주의 지분을 상승시키는 효과를 얻을 수 있으며, 인수대상기업의 주식매수 수요가 증가됨으로써 주가를 상승시켜 매수비용을 증가시키기도 한다.
백지위임장 투쟁	주주총회에서 현 경영진에 반대하는 주주들의 의결권을 위임받아 인수대상기업의 지배력을 획득하는 방법을 말한다. 이러한 위임장투쟁을 이용하면 합병이나 취득에 비해 훨씬 경제적으로 지배력을 획득할 수 있다.

04 Ⅰ 조직화 정답 ②

정답 분석

행렬조직의 구성원은 적어도 두 개 이상의 공식적인 집단에 동시에 속하기 때문에 보고해야 하는 상급자도 둘 이상이 된다. 따라서 명령일원화의 원칙을 적용하는 것이 쉽지 않다.

이것도 알면 합격!

행렬조직은 기능에 의하여 편성된 조직과, 목표에 의하여 편성된 조직을 결합하여 두 조직형태의 장점을 살리려는 조직구조의 형태를 말하는데, 일반적으로 기능별 조직 또는 부문별 조직형태에 프로젝트팀 조직을 결합시킨 형태로 많이 운영된다. 또한, 행렬 조직은 복잡하고 급변하는 환경상황에서도 성장을 추구하려는 조직에서 주로 응용되는 조직유형이다. 따라서 행렬 조직은 효율성과 유연성을 동시에 추구할 수 있는 장점을 가진다. 그러나 조직구성원은 적어도 두 개 이상의 공식적인 집단에 동시에 속하기 때문에 보고해야 하는 상급자도 둘 이상이 되며, 이러한 이유에서 역할갈등(다각적 역할기대)이 발생할 수 있다.

05 　Ⅰ　전략실행　　　　　　　　　　정답 ①

선지 분석

② GE 매트릭스에서 원(circle)의 크기는 해당 사업부가 속한 산업의 크기를 의미한다.
③ BCG 매트릭스에서 자금흐름(cash flow)은 현금젖소(cash cow)에서 가장 긍정적이다.
④ GE 매트릭스는 자금흐름보다는 투자수익률(ROI)을 더 중시한다.

06 　Ⅱ　성격　　　　　　　　　　정답 ②

정답 분석

긍정심리자본은 자기효능감, 희망, 낙관주의, 복원력의 4가지 구성요소를 가지고, 조직시민행동은 이타주의, 예의, 성실성, 시민의식, 스포츠맨십의 5가지 구성요소를 가진다.

07 　Ⅱ　동기부여　　　　　　　　　정답 ③

선지 분석

ㄱ. 매슬로우(Maslow)의 욕구단계이론에서 4번째 단계에 해당하는 욕구는 자존(존경)욕구이다.
ㄹ. 브룸(Vroom)의 기대이론은 과정이론에 해당하고, 동기부여의 강도를 기대, 수단성, 유의성의 곱으로 설명하였다.

08 　Ⅱ　의사결정　　　　　　　　　정답 ④

정답 분석

모두 옳은 설명이다. 특히, 명목집단법은 구성원들이 대면하기 때문에 델파이법에 비해 의사소통에 소요되는 시간이 상대적으로 짧아 최종의사결정에 도달하는데 걸리는 시간이 짧다. 그리고 집단양극화가 발생하면 집단응집성이 낮아지기 때문에 집단사고가 발생할 가능성이 감소한다.

09 　Ⅲ　인적자원관리의 변화와 전략적 인적자원관리　정답 ④

정답 분석

직무분석은 직무를 분석하여 직무담당자의 자질을 명확히 하려는 것이다. 따라서 직무담당자의 평가를 위한 것은 아니며, 직무담당자의 평가는 인사평가에서 하게 된다.

10 　Ⅲ　교육훈련과 경력개발　　　　정답 ③

정답 분석

ㄱ과 ㅁ는 인간적 능력을 배양하기 위한 교육훈련방법이고, ㄴ, ㄷ, ㄹ은 개념적(의사결정) 능력을 배양하기 위한 교육훈련방법이다.

이것도 알면 합격!

개념적(의사결정) 능력을 배양하기 위한 교육훈련방법	인 바스켓 교육훈련, 비즈니스 게임, 사례연구 등
인간적 능력을 배양하기 위한 교육훈련방법	역할연기법, 행동모형법, 상호교류분석법 등
기술적(전문적) 능력을 배양하기 위한 교육훈련방법	대역법, 청년중역회의법 등

11 　Ⅲ　보상관리　　　　　　　　　정답 ②

선지 분석

① 직무급은 해당기업에 존재하는 직무를 평가해 직무들의 상대적인 가치에 따라 임금을 결정하는 임금제도이다.
③ 임금관리의 외적공정성을 확보하기 위해서는 동일한 직무에 대한 경쟁사의 임금수준을 조사할 필요가 있다.
④ 성과급은 생산성을 제고하지만 근로자의 수입을 불안정하게 할 요소가 있다.

12 　Ⅲ　인적자원의 유지　　　　　　정답 ③

정답 분석

주로 숙련공들의 기술이 필수적으로 요구되던 종래의 생산방식 하에서 숙련노동자가 조직을 통해 노동시장을 배타적으로 독점하여 교섭력을 높이는 것을 주목적으로 하는 것은 직종별 노동조합이다. 산업별 노동조합은 직종이나 계층에 관계없이 동일산업에 종사하는 노동자가 조직하는 노동조합을 말한다. 즉, 하나의 산업 전체 노동자가 일시에 파업을 하여 노동을 중지시키는 것이 교섭상 유리한 방법이 됨에 따라 노동조합도 같은 산업 내의 전체 노동자를 단위로 조직하게 된 것이 산업별 노동조합이다.

> 이것도 알면 **합격!**

오픈 숍 (open shop)	조합원이나 비조합원이나 모두 고용할 수 있으며 조합가입이 고용조건이 아닌 제도이다. 노동자는 고용을 위해 노동조합에 가입하지 않아도 무방하기 때문에 노동조합의 가입은 노동자의 개인의지에 맡겨져 있다. 또한, 노동조합원이었던 노동자가 노동조합을 탈퇴하거나 제명되어도 고용을 유지할 수 있다.
클로즈드 숍 (closed shop)	사용자가 노동자를 고용함에 있어서 반드시 노동조합원 중에서 선발해야 하는 제도이다. 기업에 속해 있는 노동자 전체가 노동조합에 가입해야 할 의무를 가지게 되는 것으로 노동조합의 가입이 고용의 전제조건이 되는 가장 강력한 제도이다.
유니온 숍 (union shop)	사용자가 노동자를 고용할 때 자유로운 고용이 허락되지만, 일단 고용된 후에는 노동조합의 가입을 의무화하는 제도이다. 따라서 고용 후에 노동조합을 탈퇴하거나 제명되면 고용을 유지할 수 없다.
유지 숍 (maintenance shop)	고용이 되면 일정기간 동안 노동조합원의 자격을 유지해야 하는 제도이다.
우선 숍 (preferential shop)	고용에 있어서 노동조합원에게 우선권을 부여하는 제도이다.
에이전시 숍 (agency shop)	노동조합원뿐만 아니라 노동조합원이 아닌 노동자에게도 노동조합의 조합회비를 징수하는 제도이다. 일반적으로 노동자에게 일일이 조합회비를 징수하는 것이 쉽지 않기 때문에 조합회비를 급여에서 일괄공제하는 체크오프 시스템(check-off system)을 활용한다.

13 Ⅳ 경쟁우선순위 / 흐름전략 정답 ②

[정답 분석]

적시인도는 고객이 원하는 시점에 제품을 전달하는 능력을 말한다. 일반적으로 적시인도는 약속된 납품시간(납기)을 엄수하는 빈도를 의미하고, 소비자와 약속한 납기에 제품을 인도하는 비율로 측정하기 때문에 옳은 설명이다.

[선지 분석]

① 라인흐름전략은 일관된 품질을 강조하고, 유연흐름전략은 고성능 설계를 강조한다.
③ 수량유연성은 기업이 가지고 있는 초과생산능력이나 재고를 통해 달성가능하다.
④ 라인흐름전략은 인도시간이 짧고, 유연흐름전략은 인도시간이 길다.

14 Ⅳ 공정설계 정답 ④

[정답 분석]

제품-공정행렬(product-process matrix)은 헤이즈와 휠라이트(Hayes & Wheelwright)가 공정과 제품 간의 관계를 행렬의 형태로 표현한 것을 말한다. 행렬상의 제품 측면에는 좌측에서 우측으로 제품수명주기가 전개되고, 제품구조는 개별 제품의 소량생산으로부터 표준제품의 대량생산으로 이동한다. 행렬상의 공정 측면에는 공정의 형태가 개별작업(job shop)으로부터 연속공정으로 전개되는데, 공정은 행렬 상단의 유동적이고 신축적인 공정으로부터 하단의 효율적이고 표준된 공정으로 이동한다. 기업들은 경쟁업체와 차별화하기 위해서 행렬의 대각선으로부터 이탈하는 전략을 추진하는 것이 가능하고, 대각선으로부터 멀리 이탈할수록 차별화의 정도를 크게 할 수 있지만 그 성공여부는 기업의 경쟁능력에 따라 크게 달라질 수 있다. 그러나 일반적으로 제품-공정행렬의 우측상단과 좌측하단 모서리 부분에 해당하는 경우는 없다.

15 Ⅳ 수요예측 정답 ②

[선지 분석]

① 수요의 시계열 특성은 수평, 추세, 주기변화, 확률적 변동이 있는데, 수평, 추세, 주기변화는 예측이 가능하지만 확률적 변동은 예측이 불가능하다.
③ 누적예측오차가 양(+)의 값을 가지면 수요예측기법의 과소예측을 의미하고, 누적예측오차가 음(−)의 값을 가지면 수요예측기법의 과대예측을 의미한다.
④ 복수기법을 통해 얻은 개별 수요예측값들을 평균하여 최종 예측값을 결정하는 방법은 조합예측이다. 초점예측은 개별 기법에 의하여 도출된 수요예측값들 중에서 가장 최선의 예측값을 최종 예측값으로 선택하는 방법이다.

16 Ⅳ 품질경영 정답 ③

[정답 분석]

국제품질표준에는 다양한 표준들이 있는데, 그 중에 ISO 26000은 기업의 사회적 책임을 인증범위로 하는 국제품질표준이기 때문에 옳은 설명이다.

[선지 분석]

① 예방원가, 평가원가, 실패원가 중 그 크기가 가장 큰 것은 실패원가이다.
② 공통원인에 의한 산출물 변동은 줄일 수 없지만, 이상원인에 의한 산출물 변동은 줄일 수 있다.
④ 싱고시스템(Shingo system)은 종업원의 실수에 기인한 오류발생으로부터 종업원을 예방하는 특별한 도구이자 체크리스트인 포카요케(poka-yoke)를 사용하여 결함을 예방하기 위한 시스템을 말한다. 품질향상 및 공정개선의 방법을 연구하기 위해 주기적으로 모임을 가지는 다수 근로자들로 구성된 소집단은 품질분임조이다.

이것도 알면 합격!

ISO 9000	1987년에 제정되어 100개국 이상에서 사용되고 있는 품질 프로그램의 문서화에 대한 표준을 의미한다. 그 인증과정은 기업이 자격을 가진 외부 심사관에게 자료를 제시하여 이 표준에 대한 인증을 획득하게 되고, 인증이 되면 기업의 이름이 이 목록에 추가되고 고객들로 하여금 어떤 기업이 어떤 수준의 품질수준으로 인증되었는지에 대한 정보를 제공하게 된다. ISO 9000의 인증이 제품의 실제 품질에 대해서는 아무런 시사점이 없으나, 그 기업이 자신이 주장하는 품질에 대해 입증할 자료를 제시할 수 있다는 측면에서 객관성 확보의 측면이 강하다고 할 수 있다.
ISO 14000	원재료의 사용과 유해물질의 생성, 처리, 폐기를 지속적으로 요구하는 표준이며, 환경성과 측면에서 성과를 지속적으로 개선하는 계획을 수립할 것을 요구한다. 이는 환경경영시스템, 환경성과평가, 환경용어, 수명주기평가 등으로 구성되어 있다.
ISO 27000	기업의 정보보안 시스템을 인증범위로 하는 국제 품질표준이다.
ISO 31000	기업의 위험관리를 인증범위로 하는 국제품질표준이다.

17 소비자행동분석 정답 ①

정답 분석

정보를 획득하는 정보원천에는 개인적 원천, 상업적 원천, 공공적 원천, 경험적 원천 등이 있다. 개인적 원천에는 가족, 친구, 이웃, 친지들이 있고, 상업적 원천에는 광고, 판촉사원, 중간상, 포장, 진열 등이 있으며, 공공적 원천에는 신문기사나 방송의 뉴스가 있고, 경험적 원천에는 시용구매, 제품의 직접사용 등이 있다.

이것도 알면 합격!

소비자들이 외부의 정보를 획득하는 정보원천은 기업제공 정보원천, 소비자 정보원천, 중립적 정보원천 등으로도 구분할 수 있다. 기업제공 정보원천에는 광고, 판매원, 포장과 매장 내의 정보 등이 있으며, 소비자 정보원천에는 가족, 친지, 친구 등의 주변사람으로부터 얻게 되는 구전정보 등이 있다. 중립적 정보원천에는 소비자보호원과 같은 공공기관이나 언론기관의 발행물 등이 있다.

18 제품 정답 ③

정답 분석

제품속성과 직접 관련된 연상에는 제품범주, 유형적 제품속성, 지각된 품질 등이 있고, 제품속성과 직접 관련이 없는 연상에는 브랜드 퍼스낼리티, 사용자, 제품용도, 원산지 등이 있다.

19 가격 정답 ①

선지 분석

ㄷ. 포획(종속)제품 가격전략은 주제품의 판매보다 주제품과 관련된 종속제품의 판매가 주된 목적인 제품의 가격전략을 말한다. 주제품 판매 시 추가하여 제공되는 사양제품의 판매가격을 책정하는 가격전략은 사양제품 가격전략이다.

ㄹ. 가격차별이 성공하기 위해서는 불완전경쟁시장이면서 차익거래가 발생하지 않아야 한다.

이것도 알면 합격!

탄력가격 전략 또는 가격차별은 다수의 시장을 대상으로 하는 경우에 세분화된 시장별로 수요의 가격탄력도가 상이하여 시장에 따라 상이한 가격을 설정하는 가격 전략으로, 특정 소비자나 시기 등에 따라 할인 또는 할증을 적용하는 가격 전략이다. 이러한 가격차별이 성공하기 위해서는 다음과 같은 조건이 충족되어야 한다.
- 상이한 소비자 집단 또는 시장 자체가 존재해야 한다.
- 불완전경쟁시장이어야 한다.
- 각 시장에서 수요탄력성이 서로 달라야 한다.
- 차익거래가 발생하지 않도록 해당 기업이 상이한 소비자 집단이나 시장을 구분하여 분리시킬 수 있어야 한다.
- 가격차별 전략을 수행하기 위해 시장을 분리하는 데 드는 비용보다 시장을 분리했을 때 얻게 되는 수입이 더 커야 한다.

20 촉진 정답 ①

정답 분석

구매의사결정과정 중 '정보탐색'의 과정에서는 광고와 PR이 바람직하고, '구매행동'의 과정에서는 인적판매와 판매촉진이 바람직하다.

이것도 알면 합격!

기업은 촉진활동을 효율적으로 수행하기 위하여 촉진수단 중 하나 또는 그 이상을 적절히 활용하게 되는데, 이러한 촉진수단은 다양한 요인의 영향을 받게 된다.

촉진대상 제품의 유형	촉진수단은 제품의 유형 또는 성격에 따라 달라질 수 있다. 특히 소비재와 산업재의 경우 그 촉진수단은 분명하게 달라진다. 최종 소비를 목적으로 하는 소비재는 다양한 촉진수단 중 광고의 중요성이 더 크며, 중간 소비를 목적으로 하는 산업재의 경우에는 인적판매와 같은 촉진수단이 더 중요해지게 된다. 즉, 촉진대상 제품의 유형이 소비재에 가까울수록 광고의 중요성이 더 커지고, 산업재에 가까울수록 인적판매의 중요성이 더 커지게 된다.
구매의사 결정과정	소비자는 일반적인 절차에 따라 제품구매의사결정 과정을 수행하게 된다. 이러한 과정은 간단하게 '정보 탐색'의 과정과 '구매 행동'의 과정으로 구분할 수 있는데, '정보 탐색'의 과정에서는 광고나 PR이 바람직한 촉진수단이 되고, '구매 행동'의 과정에서는 인적판매나 판매촉진이 가장 바람직한 촉진수단이 된다.
제품수명주기	촉진대상 제품의 수명주기에 따라 효율적인 촉진수단이 달라질 수 있다. 도입기와 성장기에 있는 제품은 일반적으로 신규 구매자를 통한 시장점유율 확대가 목적이기 때문에 광고나 홍보 및 PR이 적합한 촉진수단이 되며, 성숙기에서는 기존 구매자를 대상으로 한 판매촉진이 적합한 촉진수단이 된다. 쇠퇴기에서는 판매촉진을 지속적으로 실시하되, 광고는 소비자들이 기억을 상기할 정도로만 실시하면 된다.
푸시(push) 전략과 풀(pull) 전략	푸시 전략은 제조업자가 최종소비자에게 직접 촉진활동을 하지 않고 유통업자를 통해 촉진하는 방법으로 주로 유통업자의 힘이 강하고 제조업자의 브랜드 인지도가 낮은 경우에 사용하게 되며, 인적판매나 중간상 판매촉진이 적합한 촉진수단이 될 수 있다. 풀 전략은 제조업자가 최종소비자에게 촉진활동을 함으로써 소비자가 자사제품을 찾도록 하는 전략으로 브랜드 인지도가 높은 기업이 주로 사용하며, 광고가 주요한 촉진수단이 될 것이다.

21 Ⅴ 고객관계관리와 고객경험관리 정답 ②

정답 분석

일반적으로 데이터베이스 마케팅은 고객관계관리를 달성하기 위한 하위 개념 또는 수단으로 이해되며, 직접 마케팅을 수행하기 위한 필수조건이기도 하다.

이것도 알면 합격!

고객관계관리(CRM)는 신규고객 확보, 기존고객 유지 및 고객수익성의 증대를 위하여 지속적인 의사소통을 통해 고객행동을 이해하고 영향을 주기 위한 광범위한 접근을 말하며, 관계마케팅(relationship marketing)이라고도 한다. 즉, 고객에 대한 매우 구체적인 정보를 바탕으로 고객 개개인에게 적합한 차별적인 재화 및 서비스를 제공함으로써 고객과의 개인적 관계를 지속적으로 유지하고 새롭게 변화시키려는 일련의 경영활동이다. 고객관계관리는 과거 대중마케팅에서 지향하고 있는 불특정 다수인을 대상으로 하는 마케팅 노력이 아닌 고객 개개인을 대상으로 하는 일대일(개인화) 마케팅을 지향하는 개념이다. 이는 쌍방향적이면서도 개인적인 의사소통이 필수적이며, 개별고객에 대한 상세한 데이터베이스의 구축이 있어야 비로소 가능하다.

22 Ⅵ 재무관리의 기초개념 정답 ②

정답 분석

해당 문제에서 배당금은 연금에 해당하고, 이론적 주가는 영구연금의 현재가치를 의미한다고 할 수 있다. 연금이 매년 일정한 비율로 성장하는 경우의 현재가치는 연금액을 (할인율-성장률)로 나누어 계산한다. 그런데 여기서 연금액은 미래의 연금액이기 때문에 현재 3,000원의 배당금이 10% 성장한 3,300원이 연금액이 된다. 따라서 해당 주식의 이론적 주가는 '3,000원×(1+10%)/(20%-10%)'을 계산한 33,000원이다.

23 Ⅵ 자본의 조달 정답 ④

정답 분석

약형 효율적 시장에서 강형 효율적 시장으로 갈수록 더 효율적인 시장이다. 따라서 강형 효율적 시장가설이 성립하는 경우에는 준강형 및 약형 효율적 시장가설은 당연히 성립하고, 준강형 효율적 시장가설이 성립하는 경우에는 약형 효율적 시장가설이 당연히 성립한다.

이것도 알면 합격!

약형 효율적 시장가설	현재의 주가가 과거의 주가움직임이나 거래량과 같은 역사적 정보를 완전히 반영하고 있다는 가설이다. 따라서 과거의 역사적 정보를 이용한 투자 전략으로는 비정상적인 초과수익을 실현하지 못한다.
준강형 효율적 시장가설	자본시장에서 형성되는 주가는 과거의 역사적 정보뿐만 아니라 공개적으로 이용가능한 모든 정보를 완전히 반영하고 있다는 가설이다. 따라서 과거의 역사적 정보나 공개적으로 이용가능한 정보를 이용하여 비정상적인 초과수익을 실현하지 못한다.
강형 효율적 시장가설	주가는 역사적 정보와 공개적으로 이용가능한 정보뿐만 아니라 미공개된 내부정보까지 완전히 반영하고 있다는 가설이다. 따라서 투자자는 어떠한 정보를 이용하더라도 비정상적인 초과수익을 실현하지 못한다.

24 Ⅵ 재무제표 정답 ③

선지 분석

① 미수금은 상거래 이외의 거래에서 발생한 채권이다. 상거래에서 발생한 채권은 매출채권이다.
② 상품, 원재료 등 재고자산의 구입을 위하여 먼저 지급한 계약금은 선급금이다.
④ 상품 등을 판매하기로 하고 미리 수취한 금액은 선수금이다.

25 Ⅵ 회계학의 기초개념 정답 ④

정답 분석

해당 거래는 현금(자산)이 205,000원 증가하고, 대여금(자산)이 200,000원 감소하고 이자수익이 5,000원 발생한 거래에 해당한다. 따라서 총자산이 증가하고 수익이 발생한 거래이다. 그런데, 주어진 보기에 자산의 증가가 없기 때문에 수익의 발생이 정답이 된다.

이것도 알면 합격!

자산	기업이 현재 보유하고 있는 경제적 자원, 즉 재산을 말한다. 현금, 상품, 비품, 건물, 토지 등의 재화와 매출채권, 대여금 등의 채권으로 구성된다.
부채	기업이 미래에 상대방에게 일정한 금액을 갚아야 할 빚이나 의무를 말한다.
자본	기업이 현재 보유하고 있는 자산 중에서 순수한 기업의 몫을 말한다.

제4회 실전모의고사

셀프 체크

권장 풀이 시간	75분(OMR 표기 시간 포함)
실제 풀이 시간	___시 ___분 ~ ___시 ___분
맞힌 답의 개수	___개 / 75개

정답

제1과목 국어

01	③	06	③	11	④	16	③	21	②
02	④	07	②	12	②	17	④	22	③
03	②	08	③	13	③	18	④	23	②
04	④	09	②	14	④	19	④	24	④
05	④	10	③	15	③	20	②	25	④

제2과목 행정법

01	③	06	②	11	①	16	④	21	②
02	③	07	①	12	③	17	①	22	②
03	④	08	④	13	①	18	④	23	①
04	①	09	③	14	④	19	③	24	②
05	④	10	②	15	②	20	③	25	②

제3과목 경영학

01	③	06	②	11	②	16	③	21	②
02	①	07	②	12	①	17	②	22	④
03	③	08	④	13	④	18	④	23	②
04	③	09	④	14	①	19	④	24	③
05	②	10	②	15	③	20	③	25	②

취약 단원 분석표

제1과목 국어

단원	맞힌 답의 개수
어법	/ 6
비문학	/ 7
문학	/ 8
어휘	/ 3
혼합	/ 1
TOTAL	/ 25

제2과목 행정법

단원	맞힌 답의 개수
I 일반론	/ 3
II 행정작용	/ 7
III 행정과정	/ 3
IV 실효성 확보수단	/ 2
V 손해전보	/ 2
VI 행정쟁송	/ 4
VII 행정법각론	/ 4
TOTAL	/ 25

제3과목 경영학

단원	맞힌 답의 개수
I 경영학 입문	/ 5
II 조직행동론	/ 4
III 인적자원관리	/ 3
IV 생산운영관리	/ 4
V 마케팅	/ 4
VI 재무관리 · 회계학 · 경영정보시스템	/ 5
TOTAL	/ 25

제1과목 국어

01 비문학+어휘 | 내용 추론, 한자어 | 정답 ③

정답 분석

③ 괄호의 앞뒤 내용을 통해 국한문 혼용체는 그 당시 사회에서 널리 쓰이는 문체였으며, 교육을 받은 계층이 아니면 국한문 혼용체를 읽기 어렵기 때문에 문맹률이 높았다는 것을 알 수 있다. 따라서 문맥상 괄호 안에 들어갈 말로 적절한 것은 ③ '지배적(支配的)'임을 추론할 수 있다.

- 지배적(支配的): 매우 우세하거나 주도적인 것

오답 분석

① 자의적(恣意的): 일정한 질서를 무시하고 제멋대로 하는 것
② 배타적(排他的): 남을 배척하는 것
④ 부수적(附隨的): 주된 것이나 기본적인 것에 붙어서 따르는 것

02 비문학 | 주제 및 중심 내용 파악 | 정답 ④

정답 분석

④ 1문단에서 외국인들 특히 일본인들이 당파성은 한국의 민족성이며, 당파성을 원인으로 하여 한국 민족은 자립할 수 없다고 주장함을 알 수 있다. 2문단에서는 우리나라의 역사 속 당쟁이 한국 민족의 선천적 성격(민족성)에서 비롯된 것이 아니라, 그저 각 민족이 처한 역사적·사회적인 특수한 조건에 따른 역사적 산물임을 설명하고 있다. 따라서 제시문의 제목으로 가장 적절한 것은 ④ '한국사의 당쟁에 대한 잘못된 인식과 왜곡된 민족성'이다.

오답 분석

① 1문단에서 외국인들이 한국의 타율성에 대해서 주장하였음은 알 수 있으나 이는 부분적인 내용이므로 제시문 전체를 포괄하는 제목으로 적절하지 않다.

- 타율성: 자신의 의지와 관계없이 정하여진 원칙이나 규율에 따라 움직이는 성질

② ③ 한국 현대 사회에서 일어난 일들, 역사 속 당쟁 등 한국에서 일어나는 역사적 사실과 민족적 당파성이 관계가 있다는 것은 외국인들의 주장이므로 제시문에서 주장하고 있는 내용과 상반된 내용이다. 따라서 제시문의 제목으로 적절하지 않다.

03 어법 | 표준 발음법 | 정답 ②

정답 분석

② 결막염[결마겸](×) → [결망념](○): '결막+염'이 결합한 합성어로, 앞말이 자음으로 끝나고 뒷말의 첫소리가 모음 '여'이므로 'ㄴ'이 첨가된다. 이후 첨가된 'ㄴ'으로 인해 '막'의 받침 'ㄱ'이 [ㅇ]으로 발음되므로(비음화) '결막염'의 표준 발음은 [결망념]이다.

오답 분석

① 학생증[학쌩쯩](○): '학'의 받침 'ㄱ' 뒤에 이어지는 'ㅅ'은 된소리 [ㅆ]으로 발음되며, '증'은 한자어에서의 수의적 경음화에 의해 [쯩]으로 발음된다.

③ 생산량[생산냥](○): '생산량'은 'ㄴ'과 'ㄹ'이 만날 때 유음화가 일어나지 않고 'ㄹ'이 [ㄴ]으로 발음되는 단어이다.

④ 겉핥고[거탈꼬](○): '겉'의 받침 'ㅌ'은 음절의 끝소리 규칙으로 인해 대표음 [ㄷ]으로 발음되고 이어지는 'ㅎ'와 결합하여 [ㅌ]으로 발음된다(축약). 그리고 겹받침 'ㄾ' 뒤에 결합되는 어미의 첫소리 'ㄱ'은 된소리로 발음된다.

04 어휘 | 한자 성어 | 정답 ④

정답 분석

④ 문맥상 길손이는 어른들에게 집안을 이끌어 나갈 기둥 또는 인재라는 칭찬을 들었다고 보는 것이 자연스럽다. 따라서 괄호 안에는 '기둥과 들보로 쓸 만한 재목'을 뜻하는 ④ '棟梁之材(동량지재)'가 들어가는 것이 적절하다.

- 棟梁之材(동량지재): '마룻대와 들보로 쓸 만한 재목'이라는 뜻으로, 집안이나 나라를 떠받치는 중대한 일을 맡을 만한 인재를 이르는 말

오답 분석

① 井底之蛙(정저지와): '우물 안의 개구리'라는 뜻으로, 소견이 매우 좁거나 안목이 낮음을 이르는 말

② 嘗糞之徒(상분지도): 대변이라도 맛볼 듯이 부끄러움을 돌아보지 않고 몹시 아첨하는 사람을 낮잡아 이르는 말

③ 膠柱鼓瑟(교주고슬): '아교풀로 비파나 거문고의 기러기발을 붙여 놓으면 음조를 바꿀 수 없다'라는 뜻으로, 고지식하여 조금도 융통성이 없음을 이르는 말

05 비문학 | 내용 추론 | 정답 ④

정답 분석

④ 전문가의 말을 통해 기업은 사람들의 소비 생활을 이끄는 방안으로 '단수 가격 전략'을 활용하고 있음을 알 수 있다. 이는 실제로는 100원 차이더라도 훨씬 저렴하다고 느끼게 만듦으로써 소비를 유도하는 전략에 해당하는 것이다. 따라서 이러한 전문가의 대답을 이끌어내기 위한 적절한 질문은 기업의 소비 유발 전략을 묻고 있는 ④이다.

오답 분석

① 전문가는 사람들이 합리적으로 소비 생활을 한다고 쉽게 착각한다는 것을 이야기하고 있으나 이는 '단수 가격 전략'을 설명하기에 앞서, 실생활에서 볼 수 있는 기업의 판매 전략 효과를 언급하여 흥미를 유발하기 위함일 뿐이다. 또한 소비자들의 소비가 합리적인지에 대한 전문가의 구체적 답변은 확인할 수 없으므로 ①은 기자의 질문으로 적절하지 않다.

06 어법 말소리 (국어의 음운 체계) 정답 ③

정답 분석

③ '입천장소리(구개음)'이면서 '울림소리'인 것은 'ㅇ'이므로 답은 ③이다.

오답 분석

① 'ㄱ'은 '입천장소리(구개음)'이면서 '안울림소리'이다.
②④ 'ㄴ'과 'ㄹ'은 '잇몸소리(치조음)'이면서 '울림소리'이다.

이것도 알면 합격!

국어의 자음 체계

조음 방법		조음 위치	양순음	치조음	경구개음	연구개음	후음
안울림 소리	파열음	예사소리	ㅂ	ㄷ		ㄱ	
		된소리	ㅃ	ㄸ		ㄲ	
		거센소리	ㅍ	ㅌ		ㅋ	
	파찰음	예사소리			ㅈ		
		된소리			ㅉ		
		거센소리			ㅊ		
	마찰음	예사소리		ㅅ			ㅎ
		된소리		ㅆ			
울림 소리	비음		ㅁ	ㄴ		ㅇ	
	유음			ㄹ			

07 어법 한글 맞춤법 (띄어쓰기) 정답 ②

정답 분석

② 띄어쓰기가 옳은 문장은 ②이다.
- 다∨써∨버려서(○): '다'는 부사이므로 뒷말과 띄어 쓰며, 본용언 '써'와 보조 용언 '버려서'는 띄어 쓰는 것이 원칙이나, 붙여 쓰는 것도 허용된다.
- 만∨원은커녕∨천∨원도(○): '원'은 단위를 나타내는 의존 명사이므로 앞말과 띄어 쓰고, '은커녕'은 하나의 조사이므로 붙여 쓴다.

오답 분석

① • 얼마∨어치(×) → 얼마어치(○): '-어치'는 '그 값에 해당하는 분량'의 뜻을 더하는 접미사이므로 앞말과 붙여 쓴다.
  • 물어보았다(○): '물어보다'는 한 단어이므로 서로 붙여 쓴다.
③ • 십∨년∨간(×) → 십∨년간(○): 이때 '년'은 단위를 나타내는 의존 명사이므로 앞말과 띄어 쓰고 '-간'은 '동안'의 뜻을 더하는 접미사이므로 앞말에 붙여 쓴다.
  • 같이한(○): '같이하다'가 '경험이나 생활 등을 얼마 동안 더불어 하다'를 뜻할 때에는 한 단어이므로 서로 붙여 쓴다.
④ • 다∨하고(×) → 다하고(○): '다하다'가 '어떤 일을 위하여 힘, 마음 등을 모두 들이다'를 뜻할 때에는 한 단어이므로 서로 붙여 쓴다.
  • 문제없을(○): '문제없다'는 한 단어이므로 서로 붙여 쓴다.

08 비문학 주제 및 중심 내용 파악 정답 ③

정답 분석

③ 제시문은 올바른 양치질을 하지 않아 잇몸 내 세균이 발생하면 이로 인해 다른 질환이 발병될 확률이 높음을 언급하며, 평소에 바른 양치질 습관을 통해 건강을 지켜야 함을 이야기하고 있으므로 글의 중심 내용으로 가장 적절한 것은 ③이다.

09 어법 문장 (높임 표현) 정답 ②

정답 분석

② ②는 주체 높임법이 쓰였으나, ①③④는 객체 높임법이 쓰였으므로 높임법의 쓰임이 다른 것은 ②이다. ②는 서술의 주체인 '과장님'을 높이기 위해 주격 조사 '께서'와 주체 높임 선어말 어미 '-시-'를 사용하였다.

오답 분석

① 서술의 객체인 '할머니'를 높이기 위해 특수 어휘 '뵙다'를 사용하였다.
③ 서술의 객체인 '선생님'을 높이기 위해 부사격 조사 '께'와 특수 어휘 '여쭈어보다'를 사용하였다.
④ 서술의 객체인 '어머니'를 높이기 위해 특수 어휘 '드리다'를 사용하였다.

이것도 알면 합격!

주체 높임법과 객체 높임법

주체 높임법		서술상의 주체가 화자보다 나이가 많거나 사회적 지위가 높을 때 서술의 주체를 높이는 표현
	직접 높임	주체를 직접적으로 높이는 방법 예 • 아버지께서 노하셨나 보다. • 할머니께서 집에 계신다.
	간접 높임	주체를 간접적으로 높이는 방법으로, 주체의 신체 부분이나 생활에 필수적인 사물, 개인적인 소유물과 같이 주체와 관련된 것을 높임 예 • 곧 선생님의 말씀이 있으시겠습니다. • 할머니께서는 손가락이 아프시다. • 사장님, 시간 좀 있으십니까?
객체 높임법		목적어나 부사어가 지시하는 대상인 서술의 객체를 높이는 표현 예 • 나는 아버지를 모시고 집으로 왔다. • 나는 어머니께 용돈을 드렸다.

10 어법 외래어 표기 정답 ③

정답 분석
③ 챔피언십(○): 'championship[tʃæmpiənʃip]'에서 [ə]는 '어'로 적고 [ʃ]는 이어지는 [i]와 함께 '시'로 적으므로 '챔피언십'은 옳은 표기이다.

오답 분석
① 매니아(×) → 마니아(○): 'mania[meiniə]'는 관용에 따라 '마니아'로 표기한다.
② 팡파레(×) → 팡파르(○): 프랑스어 'fanfare[fɑf a:r]'에서 어말의 [r]은 '르'로 적으므로 '팡파르'로 표기한다.
④ 프리젠테이션(×) → 프레젠테이션(○): 'presentation[prezənteiʃən]'에서 [e]는 'ㅔ'로 적으므로 '프레젠테이션'으로 표기한다.

11 어휘 혼동하기 쉬운 어휘 정답 ④

정답 분석
④ 손실을 부동산을 매각함으로써 보존하였다(×) → 손실을 부동산을 매각함으로써 보전하였다(○): 문맥상 '부족한 부분을 보태어 채우다'를 뜻하는 '보전하다'를 쓰는 것이 적절하다.
• 보존하다: 잘 보호하고 간수하여 남기다.

오답 분석
① 여느: 그 밖의 예사로운. 또는 다른 보통의
② 단근질: 불에 달군 쇠로 몸을 지지는 일
③ 등쌀: 몹시 귀찮게 구는 짓

12 어휘 한자어 (한자어의 표기) 정답 ②

정답 분석
② 한자 표기가 옳은 것은 '알선(斡旋)'이다.
• 알선(斡旋: 돌 알, 돌 선): 남의 일이 잘되도록 주선하는 일

오답 분석
① 균열(龜烈: 터질 균, 매울 열)(×) → 균열(龜裂: 터질 균, 찢을 열)(○): 거북의 등에 있는 무늬처럼 갈라져 터짐
③ 석별(蓆別: 자리 석, 나눌 별)(×) → 석별(惜別: 아낄 석, 나눌 별)(○): 서로 애틋하게 이별함. 또는 그런 이별
④ 도탄(道炭: 길 도, 숯 탄)(×) → 도탄(塗炭: 칠할 도, 숯 탄)(○): '진구렁에 빠지고 숯불에 탄다'라는 뜻으로, 몹시 곤궁하여 고통스러운 지경을 이르는 말

13 문학 화자의 정서 및 태도 정답 ③

정답 분석
③ 제시된 작품과 ③ 모두 자연의 섭리에 순응하며 질서와 조화에 따라 자연스럽게 살아가는 삶을 추구하고 있다. 따라서 글의 내용에 가장 부합하는 시조는 ③이다.

오답 분석
① 농민을 시적 화자로 내세워 농사의 고달픔과 휴식의 기쁨을 나타내고 있다.
② '여울물'에 슬픈 감정을 의탁하여 단종을 향한 충의를 드러내고 있다.
④ '백구'를 의인화하여 자연에 묻혀 살고 싶은 심정을 드러내고 있다.

지문 풀이

①땀은 떨어질 대로 떨어지고 볕은 쬘 대로 쬔다.
맑은 바람에 옷깃을 열고 긴 휘파람을 멋들어지게 불 때,
어디서 길 가는 손님이 아는 듯이 멈춰 서 있는가.   – 위백규
②간밤에 울며 흐르던 여울, 슬피 울어 흘렀는데.
이제야 생각해 보니 임이 울면서 물을 보냈구나.
저 물이 거슬러 흐르고자 하는데 나도 울면서 가리라.   – 원호
③푸른 산도 저절로 (된 것이며) 푸른 물도 저절로 (된 것이다.)
(이처럼) 산과 물이 자연 그대로이니 그 속에서 자란 나도 역시 자연 그대로이다.
자연 속에서 저절로 자란 몸이니. 이제 늙는 것도 자연의 순리에 따라가리라.
                                              – 송시열
④(한가롭게 노니는) 갈매기야 말 좀 물어 보자. (너를 해치지 않으니) 놀라지 말려무나.
경치가 좋기로 이름난 곳이 어디어디 벌려 있더냐?
나에게 자세히 말해 주면 너와 거기에 가서 함께 놀리라.
                                              – 김천택

이것도 알면 합격!

이규보, '괴토실설'의 주제와 특징

1. 주제: 자연의 질서를 따르며 살아가는 삶을 추구
2. 특징
   (1) 자연 친화적 가치관이 드러남
   (2) 일상에서 겪은 일화를 바탕으로 주제를 전달함

14 비문학 글의 전략 파악 정답 ④

정답 분석
④ 2문단에서 필자는 사회적 위기의식을 유발하는 문제를 열거하고, 이러한 문제들로 인해 인간 존재에 대한 물음이 생겨난다고 설명하고 있다. 하지만 이러한 문제에 대한 해결 방안을 제시하고 있지는 않으므로 답은 ④이다.

오답 분석

① 5문단에서 과학에 대한 '막스 셸러'의 의견을 인용하여 과학적 방법은 인간을 이해하기에 한계가 있다는 필자의 주장을 뒷받침하고 있다.

② 1문단 3~7번째 줄에서 '인간이란 무엇인가?'라는 물음이 생겨나는 순간들을 예로 들어 독자의 이해를 돕고 있다.

③ 1문단 1번째 줄에서 '인간이란 무엇인가?'라는 질문을 통해 '인간의 존재 해명'이라는 화제를 제시하여 독자들의 관심을 끌어오고 있다.

이것도 알면 합격!

김시습, '만복사저포기'의 주제와 특징

1. 주제: 삶과 죽음을 뛰어넘는 남녀 간의 지극한 사랑
2. 특징
   (1) 만남, 사랑, 이별의 순서로 사건이 전개되고 비극적 결말을 맞이함
   (2) 한문 문어체를 사용하였으며, 사물을 미화하여 표현함
   (3) 중간에 시를 삽입하여 인물의 정서를 전달함

15 비문학 세부 내용 파악 정답 ③

정답 분석

③ 제시문의 마지막 문단을 통해 과학적 방법만으로는 인간을 이해하는 데에 한계가 있으므로 철학적 인간학이 필요할 것이라는 추론은 가능할 수 있으나, 제시문에서 정확히 언급된 바는 없다. 또한 인간 존재에 대한 해답은 제시문을 통해 확인할 수 없으므로 답은 ③이다.

오답 분석

① 3문단 5~6번째 줄을 통해 확인할 수 있다.

② 1문단과 2문단의 내용을 통해 개인적 차원이나 사회적·범지구적 차원에서 위기의식을 느낄 때 인간 존재에 대한 물음이 생긴다는 것을 확인할 수 있다.

④ 3문단 끝에서 1~4번째 줄을 통해 확인할 수 있다.

17 문학 인물의 심리 및 태도 정답 ④

정답 분석

④ '현'은 '연호'에게 총을 쏘고 난 뒤 '연호'를 가여워한다. 이어서 '현'은 인간은 죄인이라는 말의 의미를 생각하는데, 이는 자신이 '연호'를 살인하게 된 것에 대해 죄의식을 느끼고 있기 때문이다. 따라서 ④는 제시된 작품의 내용과 부합하지 않는다.

오답 분석

① '현'의 소총과 '연호'의 권총에서 동시에 불이 튀었다는 부분을 통해 알 수 있다.

② 끝에서 5~9번째 줄에서 '현'은 죽음의 위기 앞에서 소극적이고 순응적으로 살아온 자신의 삼십 년의 삶을 회고하고 있다.

③ 1~5번째 줄에서 '고 노인'은 자신의 죽음을 받아들이며 손자인 '현'에게 살아야 한다고 당부하는데, 이를 통해 자신의 생존보다 '현'의 안위를 걱정하고 있음을 알 수 있다.

이것도 알면 합격!

선우휘, '불꽃'의 전체 줄거리

현은 인민재판 중에 난동을 피운 후 동굴로 피신하여 지난날을 회고한다. 현의 아버지는 현이 태어나기 전에 3·1 운동을 하다가 경찰의 총을 맞고 동굴로 피신했다가 숨을 거둔다. 할아버지의 지극한 관심을 받으며 자란 현은 일본 유학을 다녀온 뒤 학도병으로 중국 전선으로 끌려갔다가 탈영하여 공산당 단체에 들어간다. 공산당 단체의 이중성에 반감을 느낀 현은 해방이 된 후 고향으로 돌아와 교사로 근무하나, 교장과의 갈등으로 인해 학교를 그만두게 된다. 월북했다가 공산주의자가 되어 6·25 전쟁 때 돌아온 친구 연호는 마을에서 인민재판을 벌이고, 이에 분노한 현은 연호를 구타한 뒤 총을 빼앗아 동굴로 피신한다. 연호는 현의 할아버지를 인질로 삼아 현의 투항을 종용하고, 현에게 살아야 한다고 외치던 할아버지는 연호가 쏜 총에 맞게 된다. 현은 연호에게 총을 쏘고, 현 역시 총에 맞아 의식이 희미해져 가는 속에서도 살아야 한다는 의지를 드러낸다.

16 문학 내용 추리 정답 ③

정답 분석

③ 새벽에 여인과 함께 마을을 지나가자 개가 짖고 사람들은 여인을 보지 못하고 있다. 이를 통해, 여인이 이 세상 사람이 아님을 짐작할 수 있다.

오답 분석

① 산 사람인 양생이 죽은 사람인 여인을 만나고 있으므로 둘의 만남은 비현실적이다.

② 작품 전체에는 불교적 윤회 사상이 드러나 있으나 제시된 부분에는 윤회 사상과 관련된 내용이 드러나 있지 않으므로 추리하기 어렵다.

④ 양생과 여인의 인연이 꿈속에서 벌어진 일이라고 추리할 수 있는 근거는 나타나지 않는다.

18 어법 표준어 사정 원칙 (표준어의 구분) 정답 ④

정답 분석

④ 안절부절못하다(○): '안절부절못하다'는 '마음이 초조하고 불안하여 어찌할 바를 모르다'를 뜻하는 표준어이다. 참고로 '안절부절하다'는 비표준어이다.

오답 분석

① 덩쿨(×) → 넝쿨/덩굴(○): '덩쿨'은 표준어 '넝쿨'과 '덩굴'의 잘못된 표기이다.

② 여지껏(×) → 여태껏/이제껏/입때껏(○): '여지껏'은 '여태껏'의 잘못된 표기이다. 참고로, '이제껏', '입때껏'도 표준어이다.

③ 떨어먹다(×) → 털어먹다(○): '떨어먹다'는 '털어먹다'의 잘못된 표기이다.
- 털어먹다: 재산이나 돈을 함부로 써서 몽땅 없애다.

19 문학 시어 및 시구의 의미 정답 ④

정답 분석

④ 5연의 '외로된사업(事業)'은 분열된 자아인 거울 속의 '나'가 현실적 자아인 거울 밖의 '나'를 배제한 채 행하는 혼자만의 일을 의미한다. 이로 미루어 보아 ② '외로된사업(事業)에골몰할게요'는 현실적 자아의 의지에서 완전히 벗어난 내면적 자아의 독립적인 행동이며, 이는 곧 화자의 자아 분열이 심각한 상태에 이르렀음을 의미하는 시구이다.

오답 분석

① 1연의 ③ '거울속에는소리가없소'의 거울은 현실과 달리 소리가 없는 조용한 세상이므로 현실과 단절된 세계임을 알 수 있다. 즉, 화자는 현실과 거울 속의 세계를 분리해서 인식하고 있으며 거울 속의 세계는 화자의 분열된 자의식의 세계를 의미한다.

② 3연에서 화자는 거울 속의 '나(분열된 자아)'와의 화해를 위해 악수를 시도하지만 거울 속의 '나'는 왼손잡이이기 때문에 실패하게 된다. 즉 ⓒ '내악수(握手)'에서 악수를 시도하는 행위는 분열된 두 자아 간의 화해의 시도를 의미한다.

③ ⓒ '거울이아니었던들내가어찌거울속의나를만나보기만이라도했겠소'에서 화자는 '거울'이 아니었다면 거울 속의 나와 거울 밖의 나가 만날 수조차 없었다고 이야기하고 있다. 즉 3연은 거울 속의 나와 거울 밖의 나를 차단하는 동시에 매개하는 거울의 이중성이 드러나는 부분으로, ⓒ의 '거울'은 분열된 두 자아들 간의 매개체 역할을 하고 있다.

20 문학 내용 추리 정답 ②

정답 분석

② 성이 '麴(누룩 국)'이고, 이름이 '醇(전국술 순)'이라는 점과, 그의 성품이 크고 깊어 맑았다는 점, 사람들에게 기운을 더해 주었다는 점, 일좌가 (같은 자리에 있는 사람들) 모두 절도했다는(몸을 가누지 못했다는) 점을 통해 '술'을 의인화하고 있음을 알 수 있다. 참고로, '출렁대고 넘실거림이 ~ 흐리지 않으며'는 술잔에 담긴 술의 모습을 묘사한 표현이다.

21 비문학 주제 및 중심 내용 파악 정답 ②

정답 분석

② 1문단은 인간관계에서 신뢰감은 유능성, 호의성, 성실성과 관련하여 형성됨을 말하고 있으며, 2~4문단에서는 이러한 요소와 관련하여 신뢰감을 형성하는 말과 행동에 대해서 구체적으로 설명하고 있다. 따라서 윗글의 주제로 적절한 것은 ② '신뢰감을 형성할 수 있는 말과 행동을 해야 한다'이다.

오답 분석

① 1문단 3~4번째 줄에서 호의성이 신뢰감 형성의 한 가지 요소임은 언급하고 있으나, 제시문 전체를 포괄하는 주제로 볼 수 없다.

③ 제시문에서 확인할 수 없는 내용이다.

④ 2문단 2~5번째 줄에서 교육이나 모임, 행사와 같은 곳에서 만난 사람들에게 짧은 시간 동안 신뢰감을 형성하지 못하면 인간관계가 이어지지 못한다는 점을 설명하고 있으나, 제시문 전체를 포괄하는 주제로 볼 수 없다.

22 문학 서술상의 특징 정답 ③

정답 분석

③ 부인은 공자가 어리고 어리석어 세상에 내보내지 않으려 하고 있다. 따라서 공자의 무능함을 자신의 탓으로 돌리며 반박하고 있는 것이 아니므로 답은 ③이다.

오답 분석

① 대사는 중국의 고사를 인용하여 공자의 목숨이 하늘에 달려 있으니 공자가 세상 밖으로 나가는 것에 대해 걱정하지 말라며 부인을 설득하고 있다.

② 대사는 설의법을 통해 '공자를 세상에 내보내야 한다'라는 자신의 주장을 강하게 드러내고 있다.

④ 부인은 아들(공자)을 타국으로 보낸 후 의지할 곳 없이 지내게 될 자신의 상황을 '사고무친(四顧無親)한 곳'이라고 언급하며 이에 대한 우려를 드러내고 있다.
- 사고무친(四顧無親): 의지할 만한 사람이 아무도 없음

23 문학 인물의 심리 및 태도 정답 ②

정답 분석

② 제시된 작품은 정한숙의 '이어도'로, 이때 '그물'은 아버지가 배의 주인에게 빌린 물건이며 식구의 생계가 걸린 중요한 물건이다. 따라서 ③은 살길을 찾기 위해 생계 수단인 '그물'을 자르는 것에 대한 죄송스러움과 죄책감으로 인한 '나'의 행동으로 볼 수 있다.

이것도 알면 **합격!**

정한숙, '이어도'의 줄거리

'나'와 순복이, 상운이는 한 마을에서 같은 해 같은 날에 태어난 친구이다. 어린 시절 셋은 이어도를 찾아 나섰다가 표류한 적이 있는데, 다른 배의 도움으로 집에 돌아오지만 그때의 기억을 잊지 못하고 살아간다. 그날의 일 이후 '나'는 '이어도'의 환상을 쫓으며 사는 사람이 되었다. 순복이도 '나'와 같은 환상에 사로잡히지만, 그는 곧 '이어도'가 현실이 아니라는 사실을 깨닫고 길자와 결혼하여 가정생활 속에서 이어도의 꿈을 실현시키고자 한다. 그러나 6·25 전쟁이 나고 세 친구의 운명은 어두워진다. 상운이는 전사하고 '나'와 순복이는 귀향한다. 순복이는 행방이 묘연해진 아내를 찾아 다른 지역을 헤매다 좌절만 하고 돌아온다. 어느 날 '나'는 순복이에게 밀수선을 탈 것을 제안하고 둘은 바다로 나가는데, 순복이가 바닷속에 투신하여 자살한다. 그후 길자가 돌아오고, '나'는 순복이의 죽음에 자책감을 느낀다. 순복이의 아들 길남은 아버지가 이어도에 있다고 믿으며 '나'에게 바다로 나가자고 한다.

24 문학 서술상의 특징 정답 ④

정답 분석

④ 작품 속의 '나'가 자신이 어렸을 적 직접 경험한 이야기를 회상하는 방식으로 이야기를 전개하고 있으며, '나'가 느낀 좌절과 감동 등이 서술되고 있으므로 답은 ④이다.

오답 분석

① 1인칭 관찰자 시점의 특징이다.
② 3인칭 관찰자 시점의 특징이다.
③ 전지적 작가 시점의 특징이다.

이것도 알면 **합격!**

소설의 시점

시점	특징
1인칭 주인공 시점	주인공 '나'가 자신의 이야기를 하는 시점으로, 독자에게 신뢰감과 친근감을 주며 주인공의 내면세계를 드러내는 데에 효과적임
1인칭 관찰자 시점	'나'가 관찰자의 입장에서 주인공에 대해 이야기하는 시점으로, 인물의 초점은 '나'가 아닌 주인공에게 있는 것이 특징이며, '나'가 관찰한 외부 세계만을 다룰 수밖에 없다는 특징을 가짐
전지적 작가 시점	서술자가 인물의 심리나 행동을 분석하여 서술하는 시점으로, 서술자가 작품 속에 직접 개입하여 사건을 진행시키고 인물을 논평하는 것이 특징이며, 독자의 상상적 참여를 제한할 가능성이 있음
3인칭 관찰자 시점	작가가 외부 관찰자의 입장에서 객관적으로 서술하는 시점으로, 서술자의 태도가 객관적이므로 독자의 상상력이 개입할 부분이 많음

25 비문학 세부 내용 파악 정답 ④

정답 분석

④ 1문단 6~8번째 줄에서 백인 아이들의 75퍼센트가 기혼 부모와 함께 산다고 하였으며, 흑인 아이들은 단지 38퍼센트만이 기혼 부모와 함께 산다고 하였으므로 기혼 부모와 거주하지 않는 흑인 아이들의 비율은 62퍼센트이다. 따라서 기혼 부모와 거주하는 백인 아이들의 비율(75퍼센트)이 기혼 부모와 거주하지 않는 흑인 아이들의 비율(62퍼센트)보다 높음을 알 수 있다.

오답 분석

① 1문단에서 부모의 교육 수준(학력)과 인종에 따라 가족 구성 형태에도 차이가 있음을 설명하고 있다.
② 2문단 1~3번째 줄에서 확인할 수 있다.
  [관련 부분] 가장 설득력이 있는 가설은 기혼 가정의 안정적인 경제적 구조가 불평등을 야기한다는 것이다.
③ 1문단 2~5번째 줄에서 확인할 수 있다.
  [관련 부분] 학사 학위 이상의 어머니를 둔 아이들은 84퍼센트가 기혼 상태인 부모님과 함께 거주하는 반면, 고등학교 졸업 이하의 학력을 지닌 어머니를 둔 아이들은 58퍼센트만 기혼 상태인 부모님과 함께 거주하고 있었다.

제2과목 행정법

01 Ⅱ 행정행위의 효력 정답 ③

정답 분석

③ 공정력은 비록 행정행위에 하자가 있는 경우에도 그 하자가 중대하고 명백하여 당연무효인 경우를 제외하고는 권한 있는 기관에 의하여 취소될 때까지는 이를 유효한 것으로 보아 누구든지(상대방은 물론 제3의 국가기관 포함) 그 효력을 부인하지 못하는 힘을 의미한다. 따라서 처음부터 행정행위라 할 만한 실체조차 존재하지 않는 부존재와 행정행위의 하자가 중대하고 명백하여 무효인 경우에는 공정력이 인정되지 않는다.

선지 분석

① 공정력은 행정행위의 상대방인 국민에 대한 구속력인 것에 반해, 구성요건적 효력은 타 국가기관에 대한 구속력이다.
② 행정행위가 법정요건을 갖추어 행해진 경우에 발생하는 구속력은 그 내용에 따라 상대방·관계인 및 행정청을 구속하는 실체법적 효과가 발생하는 효력이다.
④ 불가쟁력과 불가변력은 상호 독립적이므로 불가쟁력이 발생한 행정행위라도 불가변력이 발생한 행정행위가 아닌 한 처분청은 직권으로 취소·변경할 수 있다.

이것도 알면 합격!

행정행위의 효력

- **구속력**
  행정행위가 법정요건(성립요건과 효력요건)을 갖추어 행해진 경우 그 내용에 따라 상대방·관계인 및 행정청을 구속하는 실체법적 효과가 발생하는 힘
- **공정력**
  비록 행정행위에 하자가 있는 경우라도 그 하자가 중대·명백하여 당연무효인 경우를 제외하고는 권한 있는 기관에 의하여 취소될 때까지는 일응 유효한 것으로 인정되는 효력
- **구성요건적 효력**
  유효한 행정행위가 존재하는 이상 처분청 이외의 국가기관은 그의 존재를 존중하며, 스스로의 판단의 기초로 삼아야 하는 효력
- **확정력**
  일단 행정행위가 행해진 후 제소기간의 경과 등 일정한 사유가 발생하면 상대방 등이 더 이상 효력을 다툴 수 없게 되고, 또한 일정한 행정행위에 대해서는 행정청 자신도 이를 취소·철회할 수 없게 되는 효력

불가쟁력 (형식적 확정력)	행정행위에 대하여 쟁송기간이 경과하거나, 쟁송수단을 모두 거친 경우에는 행정행위의 상대방 및 기타 이해관계인이 더 이상 행정행위의 효력을 다툴 수 없게 되는 효력
불가변력 (실질적 확정력)	일정한 행정행위의 경우 행정행위가 행해지면 성질상 행정청 자신도 직권으로 취소·변경할 수 없는 효력

02 Ⅶ 지방자치단체의 사무 정답 ③

정답 분석

지방자치단체의 사무 범위로 옳은 것은 4개(ㄱ, ㄴ, ㄷ, ㅂ)이다.

> **지방자치법 제13조【지방자치단체의 사무 범위】** ② 제1항에 따른 지방자치단체의 사무를 예시하면 다음 각 호와 같다. 다만, 법률에 이와 다른 규정이 있으면 그러하지 아니하다. (이하 각 목 생략)
> 1. 지방자치단체의 구역, 조직, 행정관리 등
> 2. 주민의 복지증진
> 3. 농림·수산·상공업 등 산업 진흥
> 4. 지역개발과 자연환경보전 및 생활환경시설의 설치·관리
> 5. 교육·체육·문화·예술의 진흥
> 6. 지역민방위 및 지방소방
> 7. 국제교류 및 협력
>   나. 외국 지방자치단체와의 교류·협력

선지 분석

ㄹ. 국가사무로서 지방자치단체가 처리할 수 없는 사무에 해당한다.

> **지방자치법 제15조【국가사무의 처리 제한】** 지방자치단체는 다음 각 호의 국가사무를 처리할 수 없다. 다만, 법률에 이와 다른 규정이 있는 경우에는 국가사무를 처리할 수 있다.
> 1. 외교, 국방, 사법(司法), 국세 등 국가의 존립에 필요한 사무

ㅁ. 국가사무로서 지방자치단체가 처리할 수 없는 사무에 해당한다.

> **지방자치법 제15조【국가사무의 처리 제한】** 지방자치단체는 다음 각 호의 국가사무를 처리할 수 없다. 다만, 법률에 이와 다른 규정이 있는 경우에는 국가사무를 처리할 수 있다.
> 2. 물가정책, 금융정책, 수출입정책 등 전국적으로 통일적 처리를 할 필요가 있는 사무

03 Ⅰ 공법관계와 사법관계 정답 ④

정답 분석

④ 사립중학교에 대한 중학교 의무교육의 위탁관계는 초·중등교육법 제12조 제3항·제4항 등 관련 법령에 의하여 정해지는 공법적 관계이다(대판 2015.1.29. 2012두7387).

선지 분석

① 국유재산의 관리청이 그 무단점유자에 대하여 하는 변상금부과처분은 순전히 사경제 주체로서 행하는 사법상의 법률행위라 할 수 없고 이는 관리청이 공권력을 가진 우월적 지위에서 행한 것으로서 행정소송의 대상이 되는 행정처분이라고 보아야 한다(대판 1988.2.23. 87누1046·1047).

② 지방자치단체가 구 지방재정법 시행령 제71조(현행 지방재정법 시행령 제83조)의 규정에 따라 기부채납 받은 공유재산을 무상으로 기부자에게 사용을 허용하는 행위는 사경제주체로서 상대방과 대등한 입장에서 하는 사법상 행위이지 행정청이 공권력의 주체로서 행하는 공법상 행위라고 할 수 없으므로, 기부자가 기부채납한 부동산을 일정기간 무상사용한 후에 한 사용허가기간 연장신청을 거부한 행정청의 행위도 단순한 사법상의 행위일 뿐 행정처분 기타 공법상 법률관계에 있어서의 행위는 아니다(대판 1994.1.25. 93누7365).

③ 조세채무가 금전채무라는 사실에서 사법상의 채무와 공통점을 갖지만, 조세채무는 법률의 규정에 의하여 정해지는 법정채무로서 당사자가 그 내용 등을 임의로 정할 수 없고, 조세채무관계는 공법상의 법률관계이고 그에 관한 쟁송은 원칙적으로 행정사건으로서 행정소송법의 적용을 받는다(대판 2007.12.14. 2005다11848).

이것도 알면 합격!

근무 관계의 법적 성질

사법관계	공법관계
• 한국조폐공사 직원의 근무 관계 • 서울지하철공사 직원의 근무 관계 • 청원주에 의해 고용된 청원경찰의 근무 관계 • 종합유선방송위원회 직원의 근무 관계	• 농지개량조합과 직원의 복무 관계 • 도시재개발조합의 조합원 지위확인 • 국가 및 지방자치단체에 근무하는 청원경찰의 근무 관계 • 서울특별시 시립무용단원의 위촉

04 Ⅶ 공무원의 권리와 의무 정답 ①

정답 분석

① 구 지방공무원법 제55조에서의 '품위'라 함은 주권자인 국민의 수임자로서의 직책을 맡아 수행해 나가기에 손색이 없는 인품을 말하는 것이므로 공무원이 모든 국민에게 보장된 기본권을 행사하는 행위를 하였다 할지라도 그 권리행사의 정도가 권리를 인정한 사회적 의의를 벗어날 정도로 지나쳐 주권자인 국민의 입장에서 보아 바람직하지 못한 행위라고 판단되는 경우라면 공무원의 그와 같은 행위는 그 품위를 손상하는 행위에 해당한다 할 것이다(대판 1987.12.8. 87누657·658).

선지 분석

② 군인은 부당한 대우를 받거나 현저히 불편 또는 불리한 상태에 있다고 판단될 경우 지휘계통에 따라 상담, 건의 또는 고충심사를 청구할 수 있다(군인복무규율 제25조 제1항). 그런데 이를 두고 군인에게 건의나 고충심사를 청구하여야 할 의무를 부과한 조항이라고 해석하는 것은 문언의 통상적인 의미를 벗어난다. 나아가 관련 법령의 문언과 체계에 비추어 보면, 건의 제도의 취지는 위법 또는 오류의 의심이 있는 명령을 받은 부하가 명령 이행 전에 상관에게 명령권자의 과오나 오류에 대하여 자신의 의견을 제시할 수 있도록 함으로써 명령의 적법성과 타당성을 확보하고자 하는 것일 뿐, 그것이 군인의 재판청구권 행사에 앞서 반드시 거쳐야 하는 군내 사전절차로서의 의미를 갖는다고 보기 어렵다(대판 2018.4.12. 2011두22808).

③ 임용결격자가 공무원으로 임용되어 사실상 근무하여 왔다 하더라도 적법한 공무원으로서의 신분을 취득하지 못한 자로서는 공무원연금법이나 근로자퇴직급여 보장법에서 정한 퇴직급여를 청구할 수 없다(대판 2017.5.11. 2012다200486).

④ 지방공무원도 임금을 목적으로 근로를 제공하는 근로기준법 제14조의 근로자라 할 것이므로 지방공무원법 등에 특별한 규정이 없는 경우에는 지방공무원에 대하여도 그 성질에 반하지 아니하는 한 근로기준법이 적용될 수 있다(대판 2005.4.15. 2004두14915).

05 Ⅲ 정보공개법 정답 ④

정답 분석

④ 공개 청구한 정보가 비공개 대상에 해당하는 부분과 공개 가능한 부분이 혼합되어 있는 경우로서 공개 청구의 취지에 어긋나지 아니하는 범위에서 두 부분을 분리할 수 있는 경우에는 비공개 대상에 해당하는 부분을 제외하고 공개하여야 한다(공공기관의 정보공개에 관한 법률 제14조).

선지 분석

① 공공기관의 정보공개에 관한 법률 제9조 제1항 제8호에 대한 옳은 내용이다.

> 제9조【비공개 대상 정보】① 공공기관이 보유·관리하는 정보는 공개 대상이 된다. 다만, 다음 각 호의 어느 하나에 해당하는 정보는 공개하지 아니할 수 있다.
> 8. 공개될 경우 부동산 투기, 매점매석 등으로 특정인에게 이익 또는 불이익을 줄 우려가 있다고 인정되는 정보

② 공공기관의 정보공개에 관한 법률 제4조 제2항에 대한 옳은 내용이다.

> 제4조【적용 범위】② 지방자치단체는 그 소관 사무에 관하여 법령의 범위에서 정보공개에 관한 조례를 정할 수 있다.

③ 공공기관의 정보공개에 관한 법률 시행령 제2조 제1호에 대한 옳은 내용이다. 유아교육법, 초·중등교육법, 고등교육법에 따른 각급 학교 또는 그 밖의 다른 법률에 따라 설치된 학교에는 초·중등학교, 대학·대학교가 있고, 국·공립학교와 사립학교를 불문한다. 따라서 사립 고등학교도 공공기관의 정보공개에 관한 법률에서 말하는 '공공기관'에 포함된다.

> 시행령 제2조【공공기관의 범위】공공기관의 정보공개에 관한 법률(이하 "법"이라 한다) 제2조 제3호 마목에서 "대통령령으로 정하는 기관"이란 다음 각 호의 기관 또는 단체를 말한다.
> 1. 유아교육법, 초·중등교육법, 고등교육법에 따른 각급 학교 또는 그 밖의 다른 법률에 따라 설치된 학교

06 II 행정기본법   정답 ②

정답 분석

옳은 것은 ㄱ, ㄴ, ㄹ이다.

ㄱ. 행정기본법 제14조 제1항에 대한 옳은 내용이다.

> 제14조 【법 적용의 기준】 ① 새로운 법령 등은 법령 등에 특별한 규정이 있는 경우를 제외하고는 그 법령 등의 효력 발생 전에 완성되거나 종결된 사실관계 또는 법률관계에 대해서는 적용되지 아니한다.

ㄴ. 행정기본법 제14조 제2항에 대한 옳은 내용이다.

> 제14조 【법 적용의 기준】 ② 당사자의 신청에 따른 처분은 법령 등에 특별한 규정이 있거나 처분 당시의 법령 등을 적용하기 곤란한 특별한 사정이 있는 경우를 제외하고는 처분 당시의 법령 등에 따른다.

ㄹ. 행정기본법 제14조 제3항 단서에 대한 옳은 내용이다.

> 행정기본법 제14조 【법 적용의 기준】 ③ … 다만, 법령 등을 위반한 행위 후 법령 등의 변경에 의하여 그 행위가 법령 등을 위반한 행위에 해당하지 아니하거나 제재처분 기준이 가벼워진 경우로서 해당 법령 등에 특별한 규정이 없는 경우에는 변경된 법령 등을 적용한다.

선지 분석

ㄷ. 위반한 행위 당시의 법령 등에 따른다.

> 행정기본법 제14조 【법 적용의 기준】 ③ 법령 등을 위반한 행위의 성립과 이에 대한 제재처분은 법령 등에 특별한 규정이 있는 경우를 제외하고는 법령 등을 위반한 행위 당시의 법령 등에 따른다. 다만, 법령 등을 위반한 행위 후 법령 등의 변경에 의하여 그 행위가 법령 등을 위반한 행위에 해당하지 아니하거나 제재처분 기준이 가벼워진 경우로서 해당 법령 등에 특별한 규정이 없는 경우에는 변경된 법령 등을 적용한다.

07 II 행정행위   정답 ①

정답 분석

① 유기장영업허가는 유기장영업권을 설정하는 설권행위가 아니고 일반적 금지를 해제하는 영업자유의 회복이라 할 것이다(대판 1985.2.8. 84누369).

선지 분석

② 신고에 하자가 있는 경우, 신고로서의 효력이 발생하지 아니한다.

> **관련 판례**
> 소정의 시설을 갖추지 못한 체육시설업의 신고는 부적법한 것으로 그 수리가 거부될 수밖에 없고 그러한 상태에서 신고체육시설업의 영업행위를 계속하는 것은 무신고 영업행위에 해당할 것이다(대판 1998.4.24. 97도3121).

③ 선행처분이 후행처분에 흡수되어 소멸하면 선행처분의 취소를 구할 수 없다.

> **관련 판례**
> 공정거래위원회가 부당한 공동행위를 행한 사업자로서 구 독점규제 및 공정거래에 관한 법률(2013.7.16. 법률 제11937호로 개정되기 전의 것) 제22조의2에서 정한 자진신고자나 조사협조자에 대하여 과징금 부과처분(이하 '선행처분'이라 한다)을 한 뒤, 독점규제 및 공정거래에 관한 법률 시행령 제35조 제3항에 따라 다시 자진신고자 등에 대한 사건을 분리하여 자진신고 등을 이유로 한 과징금 감면처분(이하 '후행처분'이라 한다)을 하였다면, 후행처분은 자진신고 감면까지 포함하여 처분 상대방이 실제로 납부하여야 할 최종적인 과징금액을 결정하는 종국적 처분이고, 선행처분은 이러한 종국적 처분을 예정하고 있는 일종의 잠정적 처분으로서 후행처분이 있을 경우 선행처분은 후행처분에 흡수되어 소멸한다. 따라서 위와 같은 경우에 선행처분의 취소를 구하는 소는 이미 효력을 잃은 처분의 취소를 구하는 것으로 부적법하다(대판 2015.2.12. 2013두987).

④ 영업정지나 영업장폐쇄명령 모두 대물적 처분으로 보아야 할 이치이고, 만일 어떠한 공중위생영업에 대하여 그 영업을 정지할 위법사유가 있다면, 관할 행정청은 그 영업이 양도·양수되었다 하더라도 그 업소의 양수인에 대하여 영업정지처분을 할 수 있다고 봄이 상당하다(대판 2001.6.29. 2001두1611).

08 II 재량행위   정답 ④

정답 분석

올바르게 연결되지 않은 것은 ㄴ, ㄹ이다.

ㄴ. 주택건설촉진법 제44조 및 동법 시행령 제42조 소정의 주택조합에 대한 설립인가처분이 재량행위라는 전제 아래 피고가 원고들에 대하여 한 이 사건 주택조합설립인가신청의 반려처분은 재량권의 범위 내에서 이루어진 적법한 것이라고 판단한 것은 옳고, 거기에 소론과 같은 법리오해나 심리미진 등의 위법이 있다고 할 수 없다(대판 1995.12.12. 94누12302).

ㄹ. 병역의무자가 보충역에 해당하는 이상 지방병무청장으로서는 관련 법령에 따라 병역의무자를 공익근무요원으로 소집하여야 하는 것이고, 이와 같이 보충역을 공익근무요원으로 소집함에 있어 지방병무청장에게 재량이 있다고 볼 여지는 없다(대판 2002.8.23. 2002두820).

선지 분석

ㄱ. 자동차운수사업법에 의한 개인택시운송사업면허는 특정인에게 특정한 권리나 이익을 부여하는 행정행위로서 법령에 특별한 규정이 없는 한 재량행위이다(대판 1997.9.26. 97누8878).

ㄷ. 방위사업법 제34조 제1항, 제48조 제1항·제3항, 같은 법 시행령 제39조 제1항, 제64조 제1항의 각 규정을 종합하면, 방산물자 지정 및 지정취소는 그 규정형식 등에 비추어 볼 때, 행정청에게 재량권이 부여되어 있는 재량행위에 속한다(대판 2010.9.9. 2010다39413).

이것도 알면 합격!

기속행위와 재량행위의 구분

구분	기속행위	재량행위
규정방식	'~하여야 한다'	'~할 수 있다'
법적 성질	• 강학상 허가 • 주로 침익적 행위 • 기본권 관련성	• 강학상 특허 • 주로 수익적 행위 • 공익 관련성
위반효과	위법	부당
행정소송	가능	일탈·남용시 가능
부관	불가능 (단, 규정이 있으면 가능)	가능
공권의 성립	발생	발생하지 않음 (단, 무하자재량청구권, 행정개입청구권은 가능)
요건충족시 효과부여	반드시 효과를 부여하여야 함	이익형량의 과정을 거쳐 효과를 부여함
불가변력	발생	발생하지 않음
입증책임 주체	행정청	원고
입증할 내용	처분의 적법성	재량의 일탈·남용

09 Ⅲ 정보공개법 정답 ③

정답 분석

공공기관의 정보공개에 관한 법률 제18조 【이의신청】 ① 청구인이 정보공개와 관련한 공공기관의 비공개 결정 또는 부분 공개 결정에 대하여 불복이 있거나 정보공개 청구 후 (20일)이 경과하도록 정보공개 결정이 없는 때에는 공공기관으로부터 정보공개 여부의 결정 통지를 받은 날 또는 정보공개 청구 후 (20일)이 경과한 날부터 (30일) 이내에 해당 공공기관에 문서로 이의신청을 할 수 있다.
③ 공공기관은 이의신청을 받은 날부터 (7일) 이내에 그 이의신청에 대하여 결정하고 그 결과를 청구인에게 지체 없이 문서로 통지하여야 한다. 다만, 부득이한 사유로 정하여진 기간 이내에 결정할 수 없을 때에는 그 기간이 끝나는 날의 다음 날부터 기산하여 7일의 범위에서 연장할 수 있으며, 연장 사유를 청구인에게 통지하여야 한다.

10 Ⅱ 행정규칙 정답 ②

정답 분석

② 수입선다변화품목의 지정 및 그 수입절차 등에 관한 1991.5.13.자 상공부 고시 제91-21호는 그 근거가 되는 대외무역법 시행령 제35조의 규정을 보충하는 기능을 가지면서 그와 결합하여 대외적인 구속력이 있는 법규명령으로서의 효력을 가지는 것으로서 그 시행절차에 관하여 대외무역관리규정은 아무런 규정을 두고 있지 않으나, 그 자체가 법령은 아니고 행정규칙에 지나지 않으므로 적당한 방법으로 이를 일반인 또는 관계인에게 표시 또는 통보함으로써 그 효력이 발생한다(대판 1993.11.23. 93도662).

선지 분석

① 공공기관의 운영에 관한 법률 제39조 제2항·제3항에 따라 입찰참가자격 제한기준을 정하고 있는 구 공기업·준정부기관 계약사무규칙 및 국가를 당사자로 하는 계약에 관한 법률 시행규칙 등은 비록 부령의 형식으로 되어 있으나 규정의 성질과 내용이 공기업·준정부기관(이하 '행정청'이라 한다)이 행하는 입찰참가자격 제한처분에 관한 행정청 내부의 재량준칙을 정한 것에 지나지 아니하여 대외적으로 국민이나 법원을 기속하는 효력이 없으므로, 입찰참가자격 제한처분이 적법한지 여부는 이러한 규칙에서 정한 기준에 적합한지 여부만에 따라 판단할 것이 아니라 공공기관의 운영에 관한 법률상 입찰참가자격 제한처분에 관한 규정과 그 취지에 적합한지 여부에 따라 판단하여야 한다(대판 2014.11.27. 2013두18964).
③ 경찰청예규로 정해진 채증규칙은 법률의 구체적인 위임 없이 제정된 경찰청 내부의 행정규칙에 불과하고, 청구인들은 구체적인 촬영행위에 의해 비로소 기본권을 제한받게 되므로, 이 사건 채증규칙이 직접 기본권을 침해한다고 볼 수 없다(헌재 2018.8.30. 2014헌마843).
④ 보건복지부 고시인 약제급여·비급여목록 및 급여상한금액표(보건복지부 고시 제2002-46호로 개정된 것)는 다른 집행행위의 매개 없이 그 자체로서 국민건강보험가입자, 국민건강보험공단, 요양기관 등의 법률관계를 직접 규율하는 성격을 가지므로 항고소송의 대상이 되는 행정처분에 해당한다(대판 2006.9.22. 2005두2506).

11 Ⅱ 행정계획 정답 ①

정답 분석

① 도시계획법의 각 규정을 종합하면, 도시기본계획은 도시의 기본적인 공간구조와 장기발전방향을 제시하는 종합계획으로서 그 계획에는 토지이용계획, 환경계획, 공원녹지계획 등 장래의 도시개발의 일반적인 방향이 제시되지만, 그 계획은 도시계획입안의 지침이 되는 것에 불과하여 일반 국민에 대한 직접적인 구속력은 없는 것이다(대판 2002.10.11. 2000두8226).

선지 분석

② 도시계획시설결정 이전에 받은 사업시행자에 관한 동의라도 당연무효로 볼 수는 없다.

관련 판례

도시·군계획시설(이하 '도시계획시설'이라 한다)사업 사업시행자 지정을 위한 동의를 받기 위하여 토지소유자에게 제공되어야 할 동의 대상 사업에 관한 정보는, 해당 도시계획시설의 종류·명칭·위치·규모 등이고, 이러한 정보는 일반적으로 도시계획시설결정 및 그 고시를 통해 제공되므로 토지소유자의 동의는 도시계획시설결정 이후에 받는 것이 원칙이라고 할 수 있다. … 도시계획시설결정 이전에 받은 동의라고 하더라도, 동의를 받을 당시 앞으로 설치될 도시계획시설의 종류·명칭·위치·규모 등에 관한 정보가 토지소유자에게 제공되었고, 이후의 도시계획시설결정 내용이 사전에 제공된 정보와 중요한 부분에서 동일성을 상실하였다고 볼 정도로 달라진 경우가 아닌 이상, 도시계획시설결정 이전에 받은 사업시행자 지정에 관한 동의라고 하여 무효라고 볼 수는 없다(대판 2018.7.24. 2016두48416).

③ 기반시설을 조성하는 행정계획 영역에서 행정주체는 광범위한 재량을 가지지만 도시·군계획시설결정을 하거나 실시계획인가처분을 할 때 행사하는 재량권에는 한계가 있으므로, 재량통제의 대상이 된다.

관련 판례

기반시설을 조성하는 행정계획 영역에서 행정주체가 가지는 광범위한 재량, 현대 도시생활의 복잡·다양성과 질적 수준 향상의 정도 등을 고려하면, 어떤 시설이 국토계획법령이 정하고 있는 기반시설에 형식적으로 해당할 뿐 아니라, 그 시설이 다수 일반 시민들이 행복한 삶을 추구하는 데 보탬이 되는 기반시설로서의 가치가 있고 그 시설에 대한 일반 시민의 자유로운 접근 및 이용이 보장되는 등 공공필요성의 요청이 충족되는 이상, 그 시설이 영리 목적으로 운영된다는 이유만으로 기반시설에 해당되지 않는다고 볼 것은 아니다. 다만, 행정주체가 기반시설을 조성하기 위하여 도시·군계획시설결정을 하거나 실시계획인가처분을 할 때 행사하는 재량권에는 한계가 있음이 분명하므로, 이는 재량통제의 대상이 된다(대판 2018.7.24. 2016두48416).

④ 행정기본법에는 행정계획에 대한 일반규정은 없다. 다만, 2022년 7월 12일에 시행되는 행정절차법(법률 제18748호, 2022.1.11. 일부개정)에 행정계획에 대한 일반규정의 내용이 신설되었다.

> 행정절차법 제40조의4 【행정계획】 행정청은 행정청이 수립하는 계획 중 국민의 권리·의무에 직접 영향을 미치는 계획을 수립하거나 변경·폐지할 때에는 관련된 여러 이익을 정당하게 형량하여야 한다.

12 Ⅰ 행정상 법률관계 정답 ③

정답 분석

③ 관리관계는 대등한 법률관계로서 공법적 규율을 받는 범위 내에서의 법적 분쟁은 행정소송 중 당사자소송의 대상이 된다.

선지 분석

① 공무수탁사인은 행정청이기도 하기 때문에 공무수탁사인은 행정주체이면서 동시에 행정청의 지위를 가진다.

② 국가를 당사자로 하는 계약에 관한 법률에 따라 국가가 당사자가 되는 이른바 공공계약은 사경제 주체로서 상대방과 대등한 위치에서 체결하는 사법상 계약으로서 본질적인 내용은 사인간의 계약과 다를 바가 없으므로, 그에 관한 법령에 특별한 정함이 있는 경우를 제외하고는 사적 자치와 계약자유의 원칙 등 사법의 원리가 그대로 적용된다(대판 2020.5.14. 2018다298409).

④ 협의의 사법관계란 행정주체가 사인과 동일한 지위에서 재산권의 주체로서 사법적 효력을 발생시키는 사경제적 활동으로, 공공성과는 무관한 활동을 말한다. 이 경우에 행정주체의 행위는 사법(私法)의 적용을 받으며, 그에 관한 분쟁은 민사소송의 대상이 된다. 예컨대, 국가 또는 지방자치단체가 사인과 물품매매계약·공사도급계약, 국·공유 일반재산(구 잡종재산)매각을 하는 등의 행위이다.

13 Ⅴ 토지보상법 정답 ①

정답 분석

① 공익사업으로 인하여 영업을 폐지하거나 휴업하는 자가 사업시행자로부터 구 공익사업법에 따라 영업손실에 대한 보상을 받기 위해서는 구 공익사업법 등에 규정된 재결절차를 거친 다음 그 재결에 대하여 불복이 있는 때에 비로소 구 공익사업법 제83조 내지 제85조에 따라 권리구제를 받을 수 있을 뿐, 이러한 재결절차를 거치지 않은 채 곧바로 사업시행자를 상대로 손실보상을 청구하는 것은 허용되지 않는다(대판 2011.9.29. 2009두10963).

선지 분석

② 공익사업을 위한 토지 등의 취득 및 보상에 관한 법률 제72조의 문언, 연혁 및 취지 등에 비추어 보면, 위 규정이 정한 수용청구권은 토지보상법 제74조 제1항이 정한 잔여지 수용청구권과 같이 손실보상의 일환으로 토지소유자에게 부여되는 권리로서 그 청구에 의하여 수용효과가 생기는 형성권의 성질을 지니므로, 토지소유자의 토지수용청구를 받아들이지 아니한 토지수용위원회의 재결에 대하여 토지소유자가 불복하여 제기하는 소송은 토지보상법 제85조 제2항에 규정되어 있는 '보상금의 증감에 관한 소송'에 해당하고, 피고는 토지수용위원회가 아니라 사업시행자로 하여야 한다(대판 2015.4.9. 2014두46669).

③ 특정한 공익사업의 사업시행자가 보상하여야 하는 손실은, 동일한 소유자에게 속하는 일단의 토지 중 일부를 사업시행자가 그 공익사업을 위하여 취득하거나 사용함으로 인하여 잔여지에 발생하는 것임을 전제로 한다. 따라서 이러한 잔여지에 대하여 현실적 이용 상황 변경 또는 사용가치 및 교환가치의 하락 등이 발생하였더라도, 그 손실이 토지의 일부가 공익사업에 취득되거나 사용됨으로 인하여 발생하는 것이 아니라면 특별한 사정이 없는 한 토지보상법 제73조 제1항 본문에 따른 잔여지 손실보상 대상에 해당한다고 볼 수 없다(대판 2017.7.11. 2017두40860).

④ 공공용지의 취득 및 손실보상에 관한 특례법에 의한 협의취득 또는 보상합의는 공공기관이 사경제주체로서 행하는 사법상 매매 내지 사법상 계약의 실질을 가지는 것으로서, 당사자간의 합의로 같은 법 소정의 손실보상의 요건을 완화하는 약정을 할 수 있고, 그와 같은 당사자간의 합의로 같은 법 소정의 손실보상의 기준에 의하지 아니한 매매대금을 정할 수 있다(대판 1999.3.23. 98다48866).

14 Ⅲ 개인정보 보호법   정답 ④

정답 분석
④ 개인정보처리자는 정보주체에게 다른 개인정보의 처리에 대한 동의와 별도로 동의를 받은 경우라 하더라도 주민등록번호는 법에서 정한 예외적 인정사유에 해당하지 않는 한 처리할 수 없다.

> 개인정보 보호법 제24조의2【주민등록번호 처리의 제한】① 제24조 제1항에도 불구하고 개인정보처리자는 다음 각 호의 어느 하나에 해당하는 경우를 제외하고는 주민등록번호를 처리할 수 없다.
> 1. 법률·대통령령·국회규칙·대법원규칙·헌법재판소규칙·중앙선거관리위원회규칙 및 감사원규칙에서 구체적으로 주민등록번호의 처리를 요구하거나 허용한 경우
> 2. 정보주체 또는 제3자의 급박한 생명, 신체, 재산의 이익을 위하여 명백히 필요하다고 인정되는 경우
> 3. 제1호 및 제2호에 준하여 주민등록번호 처리가 불가피한 경우로서 보호위원회가 고시로 정하는 경우

선지 분석
① 개인정보 보호법 제7조 제1항에 대한 옳은 내용이다.

> 제7조【개인정보 보호위원회】① 개인정보 보호에 관한 사무를 독립적으로 수행하기 위하여 국무총리 소속으로 개인정보 보호위원회(이하 "보호위원회"라 한다)를 둔다.

② 개인정보 보호법 제39조 제3항에 대한 옳은 내용이다.

> 제39조【손해배상책임】③ 개인정보처리자의 고의 또는 중대한 과실로 인하여 개인정보가 분실·도난·유출·위조·변조 또는 훼손된 경우로서 정보주체에게 손해가 발생한 때에는 법원은 그 손해액의 5배를 넘지 아니하는 범위에서 손해배상액을 정할 수 있다. 다만, 개인정보처리자가 고의 또는 중대한 과실이 없음을 증명한 경우에는 그러하지 아니하다.

③ 개인정보 보호법 제24조 제3항에 대한 옳은 내용이다.

> 제24조【고유식별정보의 처리 제한】③ 개인정보처리자가 제1항 각 호에 따라 고유식별정보를 처리하는 경우에는 그 고유식별정보가 분실·도난·유출·위조·변조 또는 훼손되지 아니하도록 대통령령으로 정하는 바에 따라 암호화 등 안전성 확보에 필요한 조치를 하여야 한다.

15 Ⅵ 행정심판법   정답 ②

정답 분석
② 심리기일의 변경은 당사자의 신청으로도 가능하다.

> 행정심판법 제38조【심리기일의 지정과 변경】① 심리기일은 위원회가 직권으로 지정한다.
> ② 심리기일의 변경은 직권으로 또는 당사자의 신청에 의하여 한다.

선지 분석
① 행정심판법 제37조에 대한 옳은 내용이다.

> 제37조【절차의 병합 또는 분리】위원회는 필요하면 관련되는 심판청구를 병합하여 심리하거나 병합된 관련 청구를 분리하여 심리할 수 있다.

③ 행정심판법 제40조 제1항에 대한 옳은 내용이다.

> 제40조【심리의 방식】① 행정심판의 심리는 구술심리나 서면심리로 한다. 다만, 당사자가 구술심리를 신청한 경우에는 서면심리만으로 결정할 수 있다고 인정되는 경우 외에는 구술심리를 하여야 한다.

④ 행정심판법 제42조 제1항에 대한 옳은 내용이다.

> 제42조【심판청구 등의 취하】① 청구인은 심판청구에 대하여 제7조 제6항 또는 제8조 제7항에 따른 의결이 있을 때까지 서면으로 심판청구를 취하할 수 있다.

16 Ⅶ 국유재산   정답 ④

정답 분석
④ 사용·수익허가 없이 행정재산을 유형적·고정적으로 특정한 목적을 위하여 사용·수익하거나 점유하는 경우 공유재산법 제81조 제1항에서 정한 변상금 부과대상인 '무단점유'에 해당하고, 반드시 그 사용이 독점적·배타적일 필요는 없으며, 점유 부분이 동시에 일반 공중의 이용에 제공되고 있다고 하여 점유가 아니라고 할 수는 없다(대판 2019.9.9. 2018두48298).

선지 분석
① 공유재산의 관리청이 행정재산의 사용·수익에 대한 허가는 순전히 사경제주체로서 행하는 사법상의 행위가 아니라 관리청이 공권력을 가진 우월적 지위에서 행하는 행정처분으로서 특정인에게 행정재산을 사용할 수 있는 권리를 설정하여 주는 강학상 특허에 해당한다(대판 1998.2.27. 97누1105).

② 행정재산의 사용·수익허가처분의 성질에 비추어 국민에게는 행정재산의 사용·수익허가를 신청할 법규상 또는 조리상의 권리가 있다고 할 것이므로 공유재산의 관리청이 행정재산의 사용·수익에 대한 허가 신청을 거부한 행위 역시 행정처분에 해당한다(대판 1998.2.27. 97누1105).

③ 국유재산법 제35조 제1항에 대한 옳은 내용이다.

> 제35조 【사용허가기간】 ① 행정재산의 사용허가기간은 5년 이내로 한다. 다만, 제34조 제1항 제1호의 경우에는 사용료의 총액이 기부를 받은 재산의 가액에 이르는 기간 이내로 한다.

17 Ⅱ 행정행위의 하자   정답 ①

정답 분석

① 행정처분이 발하여진 후에 헌법재판소가 그 행정처분의 근거가 된 법률을 위헌으로 결정하였다면 결과적으로 행정처분은 법률의 근거가 없이 행하여진 것과 마찬가지가 되어 하자가 있는 것이 된다고 할 것이나, 특별한 사정이 없는 한 그 행정처분의 취소소송의 전제가 될 수 있을 뿐 당연무효사유는 아니라고 봄이 상당하다(대판 2014.3.27. 2011두24057).

선지 분석

② 어느 행정처분에 대하여 그 행정처분의 근거가 된 법률이 위헌이라는 이유로 무효확인청구의 소가 제기된 경우에는 다른 특별한 사정이 없는 한 법원으로서는 그 법률이 위헌인지 여부에 대하여는 판단할 필요 없이 그 무효확인청구를 기각하여야 한다(대판 1994.10.28. 92누9463).

③ 행정처분을 한 처분청은 처분의 성립에 하자가 있는 경우 별도의 법적 근거가 없더라도 직권으로 이를 취소할 수 있다고 봄이 원칙이다(대판 2017.3.30. 2015두43971).

④ 징계처분이 중대하고 명백한 흠 때문에 당연무효의 것이라면 징계처분을 받은 자가 이를 용인하였다 하여 그 흠이 치유되는 것은 아니다(대판 1989.12.12. 88누8869).

이것도 알면 합격!

하자 있는 행정행위의 처리

무효 사유	• 문서에 의하지 아니한 경우 • 서명 또는 날인을 결여한 경우 • 필수적인 절차를 위반한 경우 • 적법한 권한이 없는 자의 행위인 경우
취소 사유	• 경미한 형식을 결여한 경우 • 내용이 단순위법인 경우 • 내용이 공익에 반하는 경우 • 권한을 초과하는 행위인 경우

18 Ⅰ 사인의 공법행위   정답 ④

정답 분석

④ 관할 관청에 신고업의 신고서가 제출되었다면 담당공무원이 법령에 규정되지 아니한 다른 사유를 들어 그 신고를 수리하지 아니하고 반려하였다고 하더라도, 그 신고서가 제출된 때에 신고가 있었다고 볼 것이다(대판 1999.12.24. 98다57419·57426).

선지 분석

① 수산제조업의 신고를 하고자 하는 자는 그 규칙에서 정한 양식에 따른 수산제조업 신고서에 주요 기기의 명칭·수량 및 능력에 관한 서류, 제조공정에 관한 서류를 첨부하여 시장·군수·구청장에게 제출하면 되고, 시장·군수·구청장에게 수산제조업 신고에 대한 실질적인 검토를 허용하고 있다고 볼 만한 규정을 두고 있지 아니하고 있으므로, 수산제조업의 신고를 하고자 하는 자가 그 신고서를 구비서류까지 첨부하여 제출한 경우 시장·군수·구청장으로서는 형식적 요건에 하자가 없는 한 수리하여야 할 것이다(대판 1999.12.24. 98다57419·57426).

② 행정절차법 제40조 제2항 제3호·제3항에 대한 옳은 내용이다.

> 제40조 【신고】 ② 제1항에 따른 신고가 다음 각 호의 요건을 갖춘 경우에는 신고서가 접수기관에 도달된 때에 신고 의무가 이행된 것으로 본다.
> 3. 그 밖에 법령 등에 규정된 형식상의 요건에 적합할 것
> ③ 행정청은 제2항 각 호의 요건을 갖추지 못한 신고서가 제출된 경우에는 지체 없이 상당한 기간을 정하여 신고인에게 보완을 요구하여야 한다.

③ 행정관청에 대한 신고는 일정한 법률사실 또는 법률관계에 관하여 관계 행정관청에 일방적인 통고를 하는 것을 뜻하는 것으로 법령에 별도의 규정이 있거나 다른 특별한 사정이 없는 한 행정관청에 대한 통고로써 그치는 것이고 그에 대한 행정관청의 반사적 결정을 기다릴 필요가 없는 것이다(대결 1993.7.6. 93마635 ; 대판 1999.12.24. 98다57419·57426).

19 Ⅵ 당사자소송   정답 ③

정답 분석

③ 당사자소송으로 제기해야 할 사건을 민사소송으로 잘못 제기한 경우, 수소법원이 행정소송에 대한 관할을 가지고 있지 않다면 당해 소송이 당사자소송으로서의 소송요건을 갖추지 못하였음이 명백하지 않는 한 당사자소송의 관할법원으로 이송하여야 한다(대판 1997.5.30. 95다28960).

선지 분석

① 행정소송법 제26조, 제44조 제1항에 대한 옳은 내용이다.

> 제26조 【직권심리】 법원은 필요하다고 인정하는 때에는 직권으로 증거조사를 할 수 있고, 당사자가 주장하지 아니하는 사실에 대하여도 판단할 수 있다.
>
> 제44조 【준용 규정】 ① 제14조 내지 제17조, 제22조, 제25조, 제26조, 제30조 제1항, 제32조 및 제33조의 규정은 당사자소송의 경우에 준용한다.

② 당사자소송에 대하여는 행정소송법 제23조 제2항의 집행정지에 관한 규정이 준용되지 아니하므로, 이를 본안으로 하는 가처분에 대하여는 행정소송법 제8조 제2항에 따라 민사집행법상 가처분에 관한 규정이 준용되어야 한다(대결 2015.8.21. 2015무26).

④ 행정소송법 제21조 제1항, 제42조에 대한 옳은 내용이다.

> 제21조 【소의 변경】 ① 법원은 취소소송을 당해 처분 등에 관계되는 사무가 귀속하는 국가 또는 공공단체에 대한 당사자소송 또는 취소소송 외의 항고소송으로 변경하는 것이 상당하다고 인정할 때에는 청구의 기초에 변경이 없는 한 사실심의 변론종결시까지 원고의 신청에 의하여 결정으로서 소의 변경을 허가할 수 있다.
>
> 제42조 【소의 변경】 제21조의 규정은 당사자소송을 항고소송으로 변경하는 경우에 준용한다.

20 Ⅴ 행정상 손실보상   정답 ③

정답 분석

③ 그 자체로 중대한 공익상의 필요가 있는 공익사업이 시행되어 토석채취허가를 연장받지 못하게 되었다고 하더라도 토석채취허가가 연장되지 않게 됨으로 인한 손실과 공익사업 사이에 상당인과관계가 있다고 할 수 없을 뿐 아니라, 특별한 사정이 없는 한 그러한 손실이 적법한 공권력의 행사로 가하여진 재산상의 특별한 희생으로서 손실보상의 대상이 된다고 볼 수도 없다(대판 2009.6.23. 2009두2672 ; 대판 1996.9.20. 96다24545).

선지 분석

① 지장물인 건물은 그 건물이 적법한 건축허가를 받아 건축된 것인지 여부에 관계없이 토지수용법상의 사업인정고시 이전에 건축된 건물이기만 하면 손실보상의 대상이 됨이 명백하다(대판 2000.3.10. 99두10896).

② 헌법이 규정한 정당한 보상이란 손실보상의 원인이 되는 재산권 침해가 기존의 법질서 안에서 개인의 재산권에 대한 개별적인 침해인 경우에는 그 손실보상은 원칙적으로 피수용재산의 객관적인 재산가치를 완전하게 보상하는 것이어야 한다는 완전보상을 뜻하는 것으로서, 보상금액뿐만 아니라 보상의 시기나 방법 등에 있어서도 어떠한 제한을 두어서는 아니 된다는 것을 의미한다(헌재 1997.11.27. 96헌바12).

④ 공공사업의 시행 결과 그 공공사업의 시행이 기업지 밖에 미치는 간접손실에 관하여 그 피해자와 사업시행자 사이에 협의가 이루어지지 아니하고 그 보상에 관한 명문의 근거 법령이 없는 경우라고 하더라도, 헌법 제23조 제3항은 "공공필요에 의한 재산권의 수용·사용 또는 제한 및 그에 대한 보상은 법률로써 하되, 정당한 보상을 지급하여야 한다."고 규정하고 있고, 이에 따라 국민의 재산권을 침해하는 행위 그 자체는 반드시 형식적 법률에 근거하여야 한다(대판 1999.10.8. 99다27231).

21 Ⅵ 원고적격   정답 ②

정답 분석

옳은 것은 ㄴ, ㄹ이다.

ㄴ. 원자력법 제12조 제2호의 취지는 원자로 등 건설사업이 방사성물질 및 그에 의하여 오염된 물질에 의한 인체·물체·공공의 재해를 발생시키지 아니하는 방법으로 시행되도록 함으로써 방사성물질 등에 의한 생명·건강상의 위해를 받지 아니할 이익을 일반적 공익으로서 보호하려는 데 그치는 것이 아니라 방사성물질에 의하여 보다 직접적이고 중대한 피해를 입으리라고 예상되는 지역 내의 주민들의 위와 같은 이익을 직접적·구체적 이익으로서도 보호하려는 데에 있다 할 것이므로, 위와 같은 지역 내의 주민들에게는 방사성물질 등에 의한 생명·신체의 안전침해를 이유로 부지사전승인처분의 취소를 구할 원고적격이 있다(대판 1998.9.4. 97누19588).

ㄹ. 행정처분의 직접 상대방이 아닌 제3자라도 당해 행정처분의 취소를 구할 법률상의 이익이 있는 경우에는 원고적격이 인정된다 할 것이나, 여기서 말하는 법률상의 이익은 당해 처분의 근거법률에 의하여 보호되는 직접적이고 구체적인 이익이 있는 경우를 말하고, 다만 간접적이거나 사실적·경제적 이해관계를 가지는 데 불과한 경우는 여기에 포함되지 아니한다(대판 1994.4.12. 93누24247).

선지 분석

ㄱ. 처분시가 아닌 사실심의 변론종결시를 기준으로 판단한다.

> **관련 판례**
> 처분의 취소나 효력 유무의 확인을 구할 법률상 이익의 유무는 그 처분의 성립시나 소제기시가 아니라 사실심의 변론종결시를 기준으로 판단하여야 한다(대판 1992.10.27. 91누9329).

ㄷ. 행정처분에 있어서 불이익처분의 상대방은 직접 개인적 이익의 침해를 받은 자로서 원고적격이 인정되지만 수익처분의 상대방은 그의 권리나 법률상 보호되는 이익이 침해되었다고 볼 수 없으므로 달리 특별한 사정이 없는 한 취소를 구할 이익이 없다(대판 1995.8.22. 94누8129).

22 Ⅵ 집행정지   정답 ②

정답 분석

② 거부처분에 대한 효력을 정지시키는 것은 그 효용성이 없으므로, 거부처분에 대한 취소소송에서의 집행정지는 허용되지 아니한다.

> **관련 판례**
> 신청에 대한 거부처분의 효력을 정지하더라도 거부처분이 없었던 것과 같은 상태, 즉 거부처분이 있기 전의 신청시의 상태로 되돌아가는 데에 불과하고 행정청에게 신청에 따른 처분을 하여야 할 의무가 생기는 것이 아니므로, 거부처분의 효력정지는 그 거부처분으로 인하여 신청인에게 생길 손해를 방지하는 데에 아무런 소용이 없어 그 효력정지를 구할 이익이 없다(대결 1992.2.13. 91두47).

선지 분석

① 집행정지의 결정에 대한 즉시항고에는 결정의 집행을 정지하는 효력이 없다.

> 행정소송법 제23조 【집행정지】 ⑤ 제2항의 규정에 의한 집행정지의 결정 또는 기각의 결정에 대하여는 즉시항고할 수 있다. 이 경우 집행정지의 결정에 대한 즉시항고에는 결정의 집행을 정지하는 효력이 없다.

③ 행정소송법 제23조 제3항에서 규정하고 있는 집행정지의 장애사유로서의 공공복리에 중대한 영향을 미칠 우려라 함은 일반적·추상적인 공익에 대한 침해의 가능성이 아니라 당해 처분의 집행과 관련된 구체적·개별적인 공익에 중대한 해를 입힐 개연성을 말하는 것으로서 이러한 집행정지의 소극적 요건에 대한 주장·소명책임은 행정청에게 있다(대결 2004.5.17. 2004무6).

④ 집행정지결정을 하려면 이에 대한 본안소송이 법원에 제기되어 계속 중임을 요건으로 하는 것이므로 집행정지결정을 한 후에라도 본안소송이 취하되어 소송이 계속하지 아니한 것으로 되면 집행정지결정은 당연히 그 효력이 소멸되는 것이고 별도의 취소조치를 필요로 하는 것이 아니다(대판 1975.11.11. 75누97).

이것도 알면 합격!

집행정지의 요건

적극적 요건	• 적법한 본안소송의 계속이 있을 것 • 정지대상인 처분 등이 존재할 것 • 회복되기 어려운 손해가 발생할 우려가 있을 것 • 긴급한 필요가 존재할 것
소극적 요건	• 공공복리에 중대한 영향을 미칠 우려가 없을 것 • 본안판단에서 이유 없음이 명백하지 않을 것

23 Ⅳ 행정조사 정답 ①

정답 분석

① 원칙적으로 같은 세목 및 과세기간에 대하여 거듭된 세무조사를 할 수 없다.

> **관련 판례**
> 세무조사는 국가의 과세권을 실현하기 위한 행정조사의 일종으로서 국세의 과세표준과 세액을 결정 또는 경정하기 위하여 질문을 하고 장부·서류 그 밖의 물건을 검사·조사하거나 그 제출을 명하는 일체의 행위를 말하며, 부과처분을 위한 과세관청의 질문조사권이 행하여지는 세무조사의 경우 납세자 또는 그 납세자와 거래가 있다고 인정되는 자 등(이하 '납세자 등'이라 한다)은 세무공무원의 과세자료 수집을 위한 질문에 대답하고 검사를 수인하여야 할 법적 의무를 부담한다. 한편 같은 세목 및 과세기간에 대한 거듭된 세무조사는 납세자의 영업의 자유나 법적 안정성 등을 심각하게 침해할 뿐만 아니라 세무조사권의 남용으로 이어질 우려가 있으므로 조세공평의 원칙에 현저히 반하는 예외적인 경우를 제외하고는 금지될 필요가 있다(대판 2017.3.16. 2014두8360).

선지 분석

② 행정조사기본법 제15조 제1항에 대한 옳은 내용이다.

> 제15조 【중복조사의 제한】 ① 제7조에 따라 정기조사 또는 수시조사를 실시한 행정기관의 장은 동일한 사안에 대하여 동일한 조사대상자를 재조사 하여서는 아니 된다. 다만, 당해 행정기관이 이미 조사를 받은 조사대상자에 대하여 위법행위가 의심되는 새로운 증거를 확보한 경우에는 그러하지 아니하다.

③ 행정조사기본법 제4조 제2항, 제19조 제1항에 대한 옳은 내용이다.

> 제4조 【행정조사의 기본원칙】 ② 행정기관은 조사목적에 적합하도록 조사대상자를 선정하여 행정조사를 실시하여야 한다.
> 제19조 【제3자에 대한 보충조사】 ① 행정기관의 장은 조사대상자에 대한 조사만으로는 당해 행정조사의 목적을 달성할 수 없거나 조사대상이 되는 행위에 대한 사실 여부 등을 입증하는 데 과도한 비용 등이 소요되는 경우로서 다음 각 호의 어느 하나에 해당하는 경우에는 제3자에 대하여 보충조사를 할 수 있다.
> 1. 다른 법률에서 제3자에 대한 조사를 허용하고 있는 경우
> 2. 제3자의 동의가 있는 경우

④ 마약류 불법거래 방지에 관한 특례법 제4조 제1항에 따른 조치의 일환으로 특정한 수출입물품을 개봉하여 검사하고 그 내용물의 점유를 취득한 행위는 위에서 본 수출입물품에 대한 적정한 통관 등을 목적으로 조사를 하는 경우와는 달리, 범죄수사인 압수 또는 수색에 해당하여 사전 또는 사후에 영장을 받아야 한다(대판 2017.7.18. 2014도8719).

24 Ⅳ 실효성 확보수단 정답 ②

정답 분석

② 자동차운수사업면허조건 등을 위반한 사업자에 대하여 행정청이 행정제재수단으로 사업정지를 명할 것인지, 과징금을 부과할 것인지, 과징금을 부과키로 한다면 그 금액은 얼마로 할 것인지에 관하여 재량권이 부여되었다 할 것이므로 과징금부과처분이 법이 정한 한도액을 초과하여 위법할 경우 법원으로서는 그 전부를 취소할 수밖에 없고, 그 한도액을 초과한 부분이나 법원이 적정하다고 인정되는 부분을 초과한 부분만을 취소할 수 없다(대판 1998.4.10. 98두2270).

선지 분석

① 다수설은 의무위반자에 대한 명단공표는 명예나 신용 등에 사실상 심각한 불이익을 초래하게 된다는 점에서 원칙적으로 법적 근거가 필요하다는 입장이다.

③ 행정법규 위반에 대한 제재조치는 행정목적의 달성을 위하여 행정법규 위반이라는 객관적 사실에 착안하여 가하는 제재이므로, 반드시 현실적인 행위자가 아니라도 법령상 책임자로 규정된 자에게 부과되고, 특별한 사정이 없는 한 위반자에게 고의나 과실이 없더라도 부과할 수 있다(대판 2017.5.11. 2014두8773).

④ 피고들이 아무런 권원 없이 이 사건 시설물을 설치함으로써 이 사건 토지를 불법점유하고 있는 이상, 특별한 사정이 없는 한, 국가로서는 소유권에 기한 방해배제청구권을 행사하여 시설물의 철거 및 토지의 인도를 구할 수 있으나, 이 사건 토지는 잡종재산인 국유재산으로서, 국유재산법 제52조는 "정당한 사유 없이 국유재산을 점유하거나 이에 시설물을 설치한 때에는 행정대집행법을 준용하여 철거 기타 필요한 조치를 할 수 있다."고 규정하고 있으므로, 관리권자인 보령시장은 행정대집행으로 시설물을 철거할 수 있고, 이러한 행정대집행의 절차가 인정되는 경우 따로 민사소송의 방법으로 피고에 대한 시설물의 철거를 구하는 것은 허용되지 않는다(대판 2009.6.11. 2009다1122).

이것도 알면 합격!

행정의 새로운 의무이행확보수단

금전적 제재	과징금, 부과금, 가산세, 가산금 등
비금전적 제재	공급거부, 공표, 명단공개, 관허사업의 제한, 행정행위의 철회·정지, 취업제한, 해외여행제한, 세무조사 등

25 Ⅶ 군사행정   정답 ②

정답 분석

② 국방부장관이 행한 직권면직의 인사발령은 임기만료로 당연퇴직한 군무원에 대한 이른바 관념의 통지에 불과할 뿐이므로 항고소송의 대상이 되지 않는다.

> **관련 판례**
> 군속인사법이 군무원인사법으로 전면 개정된 후에는 주한 미군 측 고용기간을 임기로 한 번역군무원에 임용된 것으로 간주되었는데 주한 미군측에서 위 군무원을 고용해제하자 그 통보를 받은 국방부장관이 위 군무원에 대하여 직권면직의 인사발령을 하였다면, 위 군무원은 군무원관계를 소멸시키기 위한 임면권자의 별도 행정처분을 요하지 아니하고 임기만료로 당연퇴직하였고, 위 직권면직의 인사발령은 그 문면상의 표현에도 불구하고 법률상 당연히 발생한 퇴직의 사유 및 시기를 공적으로 확인하여 알려주는 이른바 관념의 통지에 불과할 뿐 군무원의 신분을 상실시키는 새로운 형성적 행위가 아니므로 항고소송의 대상이 되는 행정처분이라고 할 수 없다(대판 1997.11.11. 97누1990).

선지 분석

① 국가의 안전보장과 국토방위의 의무를 수행하기 위하여 군인은 강인한 체력과 정신력을 바탕으로 한 전투력을 유지할 필요가 있고, 이를 위해 군 조직은 위계질서의 확립과 기강확보가 어느 조직보다 중요시된다. 이러한 군의 특수성을 고려할 때 부사관의 임용연령상한을 제한하는 심판대상조항은 그 입법목적이 정당하고, 부사관보다 상위계급인 소위의 임용연령상한도 27세로 정해져 있는 점, 연령과 체력의 보편적 상관관계 등을 고려할 때 수단의 적합성도 인정된다(헌재 2014.9.25. 2011헌마414).

③ 병무청장이 법무부장관에게 '가수 甲이 공연을 위하여 국외여행허가를 받고 출국한 후 미국 시민권을 취득함으로써 사실상 병역의무를 면탈하였으므로 재외동포 자격으로 재입국하고자 하는 경우 국내에서 취업, 가수활동 등 영리활동을 할 수 없도록 하고, 불가능할 경우 입국 자체를 금지해 달라'고 요청함에 따라 법무부장관이 甲의 입국을 금지하는 결정을 하고, 그 정보를 내부전산망인 '출입국관리정보시스템'에 입력하였으나, 甲에게는 통보하지 않은 사안에서, 행정청이 행정의사를 외부에 표시하여 행정청이 자유롭게 취소·철회할 수 없는 구속을 받기 전에는 '처분'이 성립하지 않으므로 법무부장관이 출입국관리법 제11조 제1항 제3호 또는 제4호, 출입국관리법 시행령 제14조 제1항, 제2항에 따라 위 입국금지결정을 했다고 해서 '처분'이 성립한다고 볼 수는 없고, 위 입국금지결정은 법무부장관의 의사가 공식적인 방법으로 외부에 표시된 것이 아니라 단지 그 정보를 내부전산망인 '출입국관리정보시스템'에 입력하여 관리한 것에 지나지 않으므로, 위 입국금지결정은 항고소송의 대상이 될 수 있는 '처분'에 해당하지 않는데도, 위 입국금지결정이 처분에 해당하여 공정력과 불가쟁력이 있다고 본 원심판단에 법리를 오해한 잘못이 있다(대판 2019.7.11. 2017두38874).

④ 재외동포에 대한 사증발급은 행정청의 재량행위에 속하는 것으로서 재외동포가 사증발급을 신청한 경우 출입국관리법 시행령 [별표 1의2]에서 정한 재외동포체류자격의 요건을 갖추었다고 해서 무조건 사증을 발급해야 하는 것은 아니다. 재외동포에게 출입국관리법 제11조 제1항 각 호에서 정한 입국금지사유 또는 재외동포법 제5조 제2항에서 정한 재외동포체류자격 부여 제외사유(예컨대 '대한민국 남자가 병역을 기피할 목적으로 외국국적을 취득하고 대한민국 국적을 상실하여 외국인이 된 경우')가 있어 그의 국내 체류를 허용하지 않음으로써 달성하고자 하는 공익이 그로 말미암아 발생하는 불이익보다 큰 경우에는 행정청이 재외동포체류자격의 사증을 발급하지 않을 재량을 가진다(대판 2019.7.11. 2017두38874).

제3과목 경영학

01 Ⅰ 경영학과 경영의사결정 정답 ③

정답 분석
경영의사결정은 의사결정성격에 따라 정형적 의사결정과 비정형적 의사결정으로 구분할 수 있고, 의사결정수준에 따라 전략적 의사결정, 관리적 의사결정, 운영적 의사결정으로 구분할 수 있다.

이것도 알면 합격!
의사결정상황은 의사결정단위가 1개인 확실한 상황, 위험한 상황, 불확실한 상황과 의사결정단위가 2개 이상인 상충상황으로 구분할 수 있으며, 상충상황은 한 의사결정단위의 의사결정이 다른 의사결정단위의 의사결정성과에 영향을 미치는 상황이다. 그리고 의사결정성격은 전략적 의사결정으로 갈수록 비정형적 성격을 나타내고, 운영적 의사결정으로 갈수록 정형적 성격을 나타낸다.

02 Ⅰ 기업집단화 정답 ①

정답 분석
자기주식을 취득하게 되면 대주주가 보유하는 주식수에는 변함이 없지만, 대주주의 지분을 상승시키는 효과를 얻을 수 있다.

이것도 알면 합격!
적대적 M&A의 대상이 되는 기업이 자기주식을 취득함으로써 적대적 M&A를 방어할 수 있다. 적대적 M&A를 시도하려는 기업으로 하여금 인수대상기업의 주식확보를 어렵게 하고 발행주식수도 감소되어 자연히 대주주의 지분을 상승시키는 효과를 얻을 수 있으며, 인수대상기업의 주식매수 수요가 증가됨으로써 주가를 상승시켜 매수비용을 증가시키기도 한다.

03 Ⅰ 조직화 정답 ③

선지 분석
① 수평적 분화는 '라인부문의 형성 → 전문스탭부문의 형성 → 관리스탭부문의 형성'의 순서로 진행된다.
② 수직적 분화의 수준이 높을수록 통제의 범위는 감소한다.
④ 위원회 조직은 특정 과업을 수행하는 것을 목적으로 하는 상설조직이고, 프로젝트팀 조직은 특정 과업을 수행하는 것을 목적으로 하는 일시조직이다.

이것도 알면 합격!

명령일원화의 원칙	한 사람의 하급자는 항상 한 사람의 직속상관으로부터 명령과 지시를 받아야 한다는 원칙이다.
감독범위의 원칙	능률적인 감독을 위해서는 한 사람 또는 하나의 상위직위가 통제하는 하급자 또는 하위직위의 수를 적정하게 제한해야 한다는 원칙이다.
계층단축화의 원칙	감독범위의 원칙과 반대되는 것으로 조직의 능률을 높이기 위해서는 조직의 계층을 가능한 한 줄여야 한다는 원칙이다.

04 Ⅰ 경영전략의 기초개념 / 전략수립 정답 ③

정답 분석
마일즈와 스노우(Miles & Snow)의 전략 유형에서 방어형(defenders)은 창의성과 유연성보다 생산효율성을 강조한다.

이것도 알면 합격!
마일즈와 스노우(Miles & Snow)는 전략 유형을 공격형(개척형), 방어형, 분석형, 반응형(낙오형)으로 구분하였다.

공격형 (prospectors)	신제품 및 신시장 기회를 적극적으로 찾아내고 이용하는 기업군으로 기술과 정보의 급속한 발전과 변화를 조기에 포착하고 기술혁신을 통하여 신제품을 개발한다. 따라서 이러한 유형은 고도의 전문지식을 필요로 하고 분권적 조직과 수평적 의사소통이 필수적이다. 이러한 전략은 창의성이 효율성보다 더 중요시되는 동태적이고 급변하는 환경에 적합한 전략이다.
방어형 (defenders)	위험을 추구하거나 새로운 기회를 탐색하기보다는 안정성을 중요시하거나 좁은 제품시장을 정해놓고 제품을 경쟁적인 가격으로 공급하는 기업군이다. 방어전략을 채택하는 기업들은 가장 효율적으로 제품을 생산 및 공급하며 이들에게 있어서는 기술적 효율이 성공의 관건이다. 이러한 유형은 환경분석을 소홀히 하고 새로운 사업기회에 소극적이기 때문에 시장환경의 변화에 신속하게 적응하지 못한다는 단점이 있다. 이러한 전략은 쇠퇴기에 있는 산업이나 안정적인 환경에 있는 조직에 적합한 전략이다.
분석형 (analyzers)	제한된 범위의 방어전략과 공격전략을 혼합하여 사용하는 기업군으로 변화하는 정보기술에 효과적으로 대응하는 동시에 전통적 사업에도 충실하고자 노력한다. 이들은 안정적인 제품시장에서는 합리적인 생산을 추구하며 최소의 비용으로 제품을 생산하거나 최고품질의 제품을 생산함과 동시에 새로운 기회에 부응하여 시장성 있는 신제품의 개발도 추진한다.
반응형 (reactors)	적극적으로 환경을 개척하는 것이 아니라 전략형성에 실패한 기업군을 말한다.

05   Ⅰ 경영혁신   정답 ②

선지 분석

① SECI모형에서 사회화는 한 사람의 암묵지가 다른 사람의 암묵지로 변환되는 과정이고, 한 사람의 암묵지가 다른 사람의 형식지로 변환되는 과정은 외부화이다.

③ 학습조직은 벤치마킹(benchmarking)이 확대된 개념이다.

④ 다운사이징(downsizing)은 조직의 효율, 생산성, 경쟁력을 높이기 위해서 비용구조나 업무흐름을 개선하는 일련의 조치들로 필요가 없는 인원이나 경비를 줄여 낭비적인 요소를 제거하는 것을 말한다. 이러한 기법은 조직의 체중을 감량하여 홀가분하게 하여 원활한 활동을 할 수 있도록 하는 것으로 감량경영기업이라고 할 수 있지만, 기업이 의도적으로 실시하는 것이기 때문에 조직이 쇠퇴하면서 규모가 작아지는 것과는 다르다.

이것도 알면 합격!

레드오션 (red ocean)	이미 잘 알려진 시장, 즉 기존의 모든 산업을 의미한다. 산업경계가 이미 정의되어 있고 이를 수용하고 있어서 게임의 경쟁법칙이 잘 알려졌기 때문에 레드오션에 있는 기업들은 기존 시장수요의 점유율을 높이기 위해 경쟁기업보다 우위에 서려고 노력한다.
블루오션 (blue ocean)	잘 알려지지 않은 시장, 즉 현재 존재하지 않아서 경쟁이 무의미한 모든 산업을 말한다. 시장수요는 경쟁에 의해서 얻어지는 것이 아니라 창조에 의해서 얻어지며, 높은 수익과 빠른 성장을 가능하게 하는 엄청난 기회가 존재한다. 또한, 게임의 법칙이 아직 정해지지 않았기 때문에 경쟁은 무의미하다. 이러한 블루오션에 존재하는 소비자를 블루슈머라고 한다. 즉 블루슈머(bluesumer)는 경쟁자가 없는 시장의 새로운 소비자를 뜻하는 말로 블루오션(blue ocean)과 소비자(consumer)를 합성한 용어이다.

06   Ⅱ 태도   정답 ②

정답 분석

하이더(Heider)는 특정인(P), 타인(O), 특정대상(X)이 상호 간에 가지는 태도관계를 요소들 간의 삼각관계로 설명하였다. 즉 각 관계(PO, OX, PX)를 각각 +와 -로 분류하고 그 곱이 +의 값을 가지면 균형상태로 구분하고 -의 값을 가지면 불균형상태로 구분한다. 그리고 불균형상태가 발생하는 경우에 개인은 균형상태를 회복하기 위해 기존의 태도를 변화시킨다는 것이다. 따라서 하이더(Heider)는 태도변화 원인을 태도변화자의 외부에서 설명하였다.

07   Ⅱ 동기부여   정답 ②

정답 분석

ERG이론은 욕구들 간의 진행뿐만 아니라 좌절-퇴행도 가능하다고 보았기 때문에 상위욕구가 만족되지 않으면 하위욕구가 강화된다고 보았고, 이로 인해 다수의 욕구가 동시에 충족될 수 있다고 보았다.

08   Ⅱ 집단행동   정답 ④

정답 분석

집단의 규모가 커질수록 그 집단의 가능한 의사소통관계의 수도 늘어난다. 따라서 집단 내에 존재하는 의사소통 네트워크의 범위는 그 집단의 규모에 비례한다.

09   Ⅱ 리더십   정답 ④

정답 분석

허시(Hersey)와 블랜차드(Blanchard)의 수명주기이론은 아지리스(Argyris)의 미성숙 – 성숙이론과 맥클리랜드(McClelland)의 성취동기이론에서 발전된 이론으로 궁극적으로 리더의 역할은 부하의 성숙도를 높이는 것이라고 설명하고 있다. 효과적인 리더십은 부하의 욕구를 얼마나 잘 충족시키느냐에 달려 있다는 전제하에 리더와 부하 간의 상호관계를 중시하였다. 또한, 부하의 성숙도를 상황변수로 하여 부하의 성숙도가 미성숙에서 성숙으로 발전됨에 따라 적합한 리더의 유형은 지시형, 설득형, 참여형, 위임형의 순서대로 변화한다.

선지 분석

① 상황이 리더에게 아주 유리하거나 불리할 때는 과업지향적인 리더십이 효과적이라고 주장하는 이론은 피들러(Fiedler)의 이론이다. 하우스(House)의 경로-목표이론에 의하면 구조적인 상황에서는 후원적 리더가 적합하고, 비구조적인 상황에서는 지시적 리더가 적합하다.

② 개인의 리더십 유형은 상황에 따라 변화한다고 주장한 이론은 하우스(House)의 경로-목표이론과 허시(Hersey)와 블랜차드(Blanchard)의 수명주기이론이다.

③ 허시(Hersey)와 블랜차드(Blanchard)의 참여형 리더십은 관리격자이론의 (1,9)형에 해당된다.

10   Ⅲ 확보관리   정답 ②

정답 분석

선발면접은 질문의 내용(질문내용의 공개여부)을 기준으로 구조적 면접과 비구조적 면접으로 분류할 수 있다.

[선지 분석]

① 선발의 원칙에는 효율성의 원칙, 형평성의 원칙, 적합성의 원칙 등이 있고, 승진의 원칙에는 공정성의 원칙, 적정성의 원칙, 합리성의 원칙 등이 있다.
③ 1종오류는 종합적 평가법을 적용함으로써 감소시키실 수 있고, 2종오류는 선발비율(=합격자수/지원자수)을 낮춤으로써 감소시킬 수 있다.
④ 신뢰성을 측정하는 방법에는 시험-재시험 방법, 대체형식에 의한 방법, 내적 일관성을 측정하는 방법, 평가자 간 신뢰성을 측정하는 방법 등이 있다.

[이것도 알면 합격!]

구조적 면접	직무명세서를 기초로 질문항목을 미리 준비하여 면접자가 피면접자에게 질문하는 것이다. 이 방법은 면접관 개인의 편견과 상동적 태도(stereotyping)를 어느 정도 배제할 수 있어 선발의 신뢰성과 타당성을 높일 수 있고, 돌발적이고 즉흥적인 질문으로 지원자 간 비교가능성을 저해하거나 법적인 문제를 발생시킬 가능성이 적다는 장점을 가진다. 그러나 구조화된 면접질문들은 대체로 보편적이고 상식적인 질문이 대부분이기 때문에 지원자들이 사전에 질문에 대비하여 면접에 임하게 되어 지원자의 본심을 파악하는 것이 어렵고, 질문항목의 개발이 직무분석을 전제로 하고 있다는 단점이 있다.
비구조적 면접	특정한 질문서목록 없이 면접자가 중요하다고 생각하는 내용을 질문하는 면접형태이다. 이 방법은 지원자에 따라 자연스러운 질문을 던지고 지원자는 자신에게만 해당하는 질문에 자연스럽게 답할 수 있고, 지원자마다 받게 되는 질문이 다를 수 있기 때문에 질문의 보안도 유지되고 사전에 질문에 대한 연습이 불가능하여 지원자의 본심을 잘 파악할 수 있다는 장점을 가진다. 그러나 질문에 일관성이 없고 모든 지원자에게 동일한 질문이 주어지지 않기 때문에 비교가능성이 저해되어 지원자의 면접점수를 상호비교하는 것이 어렵다는 단점이 있다. 또한, 면접관 자신의 편견이나 상동적 태도(stereotyping)와 면접상황 등이 면접과정에 영향을 줄 수 있다는 단점도 있다.

11 Ⅲ 인적자원의 개발   정답 ②

[정답 분석]

경영자의 개념적 능력을 배양하기 위한 대표적인 방법에는 인 바스켓 교육훈련, 비즈니스 게임, 사례연구 등이 있고, 역할연기법, 행동모형법, 상호교류분석법 등은 인간적 능력을 배양하기 위한 대표적인 방법이 된다. 또한, 기술적/전문적 능력을 배양하기 위한 방법에는 대역법과 청년중역회의법이 있다.

12 Ⅲ 인사평가 / 보상관리   정답 ①

[정답 분석]

본인을 포함한 상급자와 하급자, 동료와 외부의 이해관계자(고객, 공급업자 등)에 의해서 이루어지는 평가와 피드백을 총칭하는 것은 목표에 의한 관리(MBO)가 아니라 다면평가제도 또는 360도 성과피드백이다. 목표에 의한 관리(MBO)는 측정가능한 특정 성과목표를 상급자와 하급자가 함께 합의하여 설정하고, 그 목표를 달성할 책임부문을 명시하여 이의 진척사항을 정기적으로 점검한 후 이러한 진도에 따라 보상을 배분하는 경영시스템을 말한다.

13 Ⅳ 경쟁우선순위   정답 ④

[정답 분석]

개발속도(development speed)는 신제품이 얼마나 빨리 시장에 진입하는가를 측정하는 것이고, 개별화(customization)는 개별적인 고객의 독특한 욕구를 충족시키는 능력이라고 할 수 있는데, 이는 고객의 욕구를 충족시키기 위한 신제품 개발능력과도 관련이 있다.

14 Ⅳ 공정설계 / 배치설계   정답 ①

[정답 분석]

제품별 배치는 제품의 유형에 관계없이 제품이 만들어지는 생산순서에 따라서 기계 및 설비를 배열하는 배치형태이기 때문에 종업원의 작업이 전문화되고, 공정별 배치는 유사한 기능을 수행하는 기계나 장비 또는 부서들을 한 곳에 묶어 배치하는 형태이기 때문에 종업원의 감독이 전문화된다. 따라서 해당 설명은 옳은 설명이다.

[선지 분석]

② 범용설비는 초기투자비용이 저렴하지만, 전용설비는 초기투자비용이 크다.
③ 다수기계보유방식(OWMM)은 제품별 배치의 단점을 보완한 배치설계의 형태이다.
④ 개별작업 공정(job-shop process)과 라인 공정(line process) 중 수직적 통합의 정도는 라인공정이 더 크다.

15 Ⅳ 수요예측   정답 ③

[정답 분석]

과거 실적치에 의거하여 미래수요의 크기를 찾고 성장추세와 계절적 수요변화를 인식하는 통계적 방법은 시계열 분석법이며, 인과관계분석법은 판촉활동, 경제적 조건, 경영자 행동 등 독립변수들의 과거 자료들을 이용하여 수요를 예측하는 방법이다.

이것도 알면 합격!

인과관계분석법은 하나 또는 그 이상의 요인이 수요에 영향을 미친다고 가정하기 때문에 이 요인들을 이용하여 미래를 예측한다. 이러한 정량적 방법은 과거자료에 의존하여 예측이 이루어지기 때문에 예측기간이 길수록 정확성이 떨어진다. 인과관계분석법에 해당하는 방법으로는 선형회귀분석, 판별분석 등이 있다.

선형회귀분석	과거의 수요자료가 어떤 변수와 선형관계가 있다고 가정하여 경영자가 예측하고자 하는 변수인 종속변수와 과거의 수요자료에 그 영향이 반영되어 있는 독립변수와의 일차식으로 표현하여 수요를 예측하는 방법을 말한다.
판별분석	두 개 이상의 독립변수들이 범주화된 종속변수에 어떠한 영향을 미치는가를 알아보기 위한 분석방법을 말한다. 회귀분석은 독립변수와 종속변수가 모두 연속적인 변수인 데 반하여, 판별분석은 종속변수가 이산적·불연속적인 범주형 변수이다.

16 IV 일정계획 정답 ③

정답 분석

활동시간에 대한 기대치는 '(낙관적 시간+비관적 시간+4×최빈시간)/6'으로 계산한다. 따라서 활동 A의 활동시간에 대한 기대치는 7일이다.

17 V STP전략 정답 ②

정답 분석

다양한 제품속성과 각 속성의 수준의 상대적 매력도를 평가하여 최적의 속성조합을 도출해 내기 위한 방법은 컨조인트 분석(conjoint analysis)이다. 포지셔닝 맵(positioning map)은 소비자의 인식 속에 위치하고 있는 자사제품과 경쟁제품의 상대적 위치를 나타낸 지도를 말한다.

이것도 알면 합격!

컨조인트 분석	다양한 제품속성과 각 속성의 수준에 대한 상대적 매력도를 평가하여 최적의 속성조합을 도출해 내기 위한 방법을 말한다. 이 방법은 다차원척도법과 마찬가지로 제품에 대한 선호가 그 제품의 속성에 의해 묘사될 수 있다는 가정을 하고 있지만, 다차원척도법에서는 소비자로 하여금 제품을 총체적으로 비교하게 하는 반면, 컨조인트 분석에서는 마케팅 관리자가 직접 관리할 수 있는 구체적인 속성을 비교하게 된다.
포지셔닝 맵 (지각도)	시장에 출시된 여러 상표들에 대한 소비자의 생각(경쟁상표들에 대한 지각 및 경쟁관계)을 도표상에 표시한 것을 의미하고, 제품의 주요 속성들이 축이 되며 좌표 공간 내에 소비자의 지각된 특성을 표시한다.

18 V 제품 정답 ④

정답 분석

중형차 E에 대해서 추가 옵션을 제공하는 유형을 하나 더 추가하면 제품믹스의 깊이가 증가하게 된다.

이것도 알면 합격!

제품믹스의 폭	기업이 가지고 있는 전체 제품라인의 수를 의미하고, 너비(breadth)라고도 한다.
제품믹스의 길이	제품믹스 내에 있는 전체 제품의 수를 의미한다.
제품믹스의 깊이	특정 제품계열 내에 있는 한 제품이 파생해 낼 수 있는 추가품목의 수를 말한다.

19 V 가격 정답 ②

정답 분석

유인가격(loss-leader pricing)이란 잘 알려진 제품의 가격을 대폭 할인함으로써 고객들을 소매점으로 유인하려는 가격전략을 말한다. 즉 일단 저가품목에 의해 고객들이 유인된 후에는 할인품목의 단점과 고가품목의 장점을 강조함으로써 고가품목의 판매를 증대시키려는 전략이다. 일반적으로 이러한 가격전략은 일반적으로 소비자가 가격에 대한 정확한 지식을 가지고 있는 일상 생활용품에 대해서 유통업체에서 주로 사용한다. 이에 따라 제조업자는 자사제품이 손실유도품(loss leader)으로 전락하는 것을 방지하기 위해 재판매가격유지전략을 사용할 수 있다. 재판매가격유지전략(resale value maintenance pricing)이란 유통업체와의 계약을 통해 일정가격으로 거래되도록 하는 가격전략을 말한다. 즉 재판매가격유지전략은 자사의 제품이 유인가격결정(loss-leader)에 빠지는 것을 방지하고 브랜드 가치를 유지하기 위해 사용하는 전략으로 희망소비자가격과 같은 것이 여기에 해당한다. 즉 유인가격전략은 유통업체가 사용하고, 재판매가격유지전략은 제조업체가 사용한다.

20 V 촉진 정답 ③

선지 분석

① 핵심메시지는 처음에 제시하는 것과 마지막에 제시하는 것이 중간에 위치시키는 것에 비해 효과적이다.

② 이성적 소구에는 비교소구, 증언소구, 입증소구 등이 있다. 공포소구는 감성적 소구에 해당한다.

④ 광고호의(advertising goodwill)는 광고의 누적효과를 나타내기 위한 개념이다. 광고의 이월효과(carryover effect)는 특정시점의 광고투자 효과가 그 이후 시점에서도 발현되는 현상을 의미한다.

21 Ⅵ 자본예산   정답 ②

선지 분석

① 회수기간법은 회수기간 이전의 현금흐름만 고려한다.
③ 투자안의 수익성지수가 1보다 큰 경우에 해당 투자안을 채택한다.
④ 순현재가치법은 가치가산의 원칙이 성립하지만, 내부수익률법은 가치가산의 원칙이 성립하지 않는다.

22 Ⅵ 포트폴리오 이론과 자본자산가격결정모형   정답 ④

정답 분석

자본자산가격결정모형(CAPM)은 모든 투자자가 투자대상의 미래 수익률의 확률분포에 대하여 동질적으로 예측한다고 가정하고 있기 때문에 이질적인 예측을 하는 경우에 CAPM은 성립하지 않는다.

이것도 알면 합격!

자본자산가격결정모형(CAPM)의 가정은 다음과 같다.
- 투자자들은 모두 위험회피형이며, 기대효용 극대화를 추구한다.
- 기대수익 – 위험, 즉 평균–분산 기준을 고려하여 포트폴리오를 선택한다.
- 모든 투자자는 투자대상의 미래 수익률의 확률분포에 대하여 동질적으로 예측한다.
- 투자기간은 단일기간으로 본다.
- 무위험자산이 존재하고 동일한 무위험이자율이 적용된다. 즉, 무위험이자율로 무제한 차입 또는 대출이 가능하다.
- 자본과 정보의 흐름에 마찰이 없고, 제도적 장애요인도 없다. 즉, 완전자본시장을 가정하기 때문에 세금과 거래비용이 존재하지 않는다.

23 Ⅵ 회계학의 기초개념   정답 ②

정답 분석

회계상 거래는 기업의 경영활동에서 자산, 부채, 자본, 수익, 비용의 증감·변화를 일으키는 것을 의미하고, 화폐금액으로 신뢰성 있게 측정가능하여야 한다. 따라서 계약, 주문서 발송, 종업원 채용 등은 일상생활에서는 거래라고 하지만 자산, 부채, 자본의 증감변화가 일어나지 않으므로 회계에서는 거래로 보지 않는다. 즉, 계약, 주문, 채용, 담보제공 등은 일반적인 거래에는 해당하지만, 회계상 거래에는 해당하지 않으며, 화재, 도난, 파손 등은 일반적인 거래에는 해당하지 않지만, 회계상 거래에는 해당한다. 즉 ㄱ과 ㄹ은 회계상 거래에 해당하고, ㄴ과 ㄷ은 회계상 거래에 해당하지 않는다.

24 Ⅵ 재무제표   정답 ③

정답 분석

기초자본액은 기말자본에서 자본증가액을 차감한 값이다. 여기서 자본증가액은 '총수익–총비용+추가출자'로 계산할 수 있으며, 그 값은 450,000원이다. 따라서 기초자본액은 750,000원이 된다.

25 Ⅵ 다양한 회계처리   정답 ②

정답 분석

매출원가는 '기초상품+당기순매입액–기말상품'으로 구할 수 있기 때문에 기초상품은 '매출원가–당기순매입액+기말상품'으로 구한다. 여기서 당기순매입액은 '매입액–매입할인–매입환출 및 에누리+매입운임'으로 구한 111,100원이다. 따라서 기초상품은 10,900원이 된다.

제5회 실전모의고사

▶ 셀프 체크

권장 풀이 시간	75분(OMR 표기 시간 포함)
실제 풀이 시간	___시 ___분 ~ ___시 ___분
맞힌 답의 개수	___개 / 75개

▶ 정답

제1과목 국어

01	④	06	①	11	②	16	①	21	③
02	①	07	③	12	③	17	②	22	①
03	②	08	③	13	④	18	④	23	③
04	③	09	②	14	④	19	②	24	③
05	②	10	④	15	③	20	④	25	①

제2과목 행정법

01	③	06	①	11	①	16	③	21	④
02	②	07	④	12	②	17	①	22	④
03	②	08	④	13	④	18	①	23	②
04	②	09	④	14	③	19	①	24	④
05	①	10	④	15	③	20	②	25	②

제3과목 경영학

01	③	06	①	11	③	16	①	21	②
02	②	07	②	12	③	17	④	22	③
03	③	08	③	13	①	18	③	23	③
04	①	09	①	14	③	19	②	24	①
05	②	10	④	15	②	20	④	25	①

▶ 취약 단원 분석표

제1과목 국어

단원	맞힌 답의 개수
어법	/ 8
비문학	/ 8
문학	/ 4
어휘	/ 4
혼합	/ 1
TOTAL	/ 25

제2과목 행정법

단원	맞힌 답의 개수
Ⅰ 일반론	/ 2
Ⅱ 행정작용	/ 8
Ⅲ 행정과정	/ 3
Ⅳ 실효성 확보수단	/ 2
Ⅴ 손해전보	/ 2
Ⅵ 행정쟁송	/ 4
Ⅶ 행정법각론	/ 4
TOTAL	/ 25

제3과목 경영학

단원	맞힌 답의 개수
Ⅰ 경영학 입문	/ 4
Ⅱ 조직행동론	/ 4
Ⅲ 인적자원관리	/ 5
Ⅳ 생산운영관리	/ 4
Ⅴ 마케팅	/ 3
Ⅵ 재무관리 · 회계학 · 경영정보시스템	/ 5
TOTAL	/ 25

제1과목 국어

01 어법 한글 맞춤법 (띄어쓰기) 정답 ④

정답 분석

④ 띄어쓰기가 올바른 문장은 ④이다.
- 멋대로(○): 이때 '멋대로'는 명사 '멋'과 조사 '대로'가 결합하여 형성된 부사로, 사전에 한 단어로 등재되어 있다.
- 벌인∨듯싶었다(○): 이때 '듯싶다'는 '앞말이 뜻하는 사건이나 상태 등을 짐작하거나 추측함'을 나타내는 보조 형용사이므로 본용언 '벌인'과 띄어 쓴다.

오답 분석

① 먹고∨부터(×) → 먹고부터(○): '부터'는 조사이므로 앞말에 붙여 쓴다.
② • 두∨사람(○): 이때 '두'는 그 수량이 둘임을 나타내는 관형사이므로 명사 '사람'과 띄어 쓴다.
  • 식을대로(×) → 식을∨대로(○): 이때 '대로'는 용언의 관형사형 '식을' 뒤에서 '어떤 상태가 매우 심함'을 나타내는 의존 명사로 쓰였으므로 앞말과 띄어 쓴다.
③ • 집∨안(○): 이때 '안'은 명사이므로 '집'과 띄어 쓴다. 참고로, '가족을 구성원으로 하여 살림을 꾸려 나가는 공동체. 또는 가까운 일가'를 뜻하는 '집안'은 한 단어이므로 붙여 쓴다.
  • 청소할것이다(×) → 청소할∨것이다(○): '것'은 의존 명사이므로 용언의 관형사형 '청소할'과 띄어 쓴다.

02 어법 단어 (단어의 형성) 정답 ①

정답 분석

① '길짐승'은 용언 '기다'의 어간 '기-'에 관형사형 어미 '-ㄹ'이 결합한 용언의 관형사형 '길'과 명사 '짐승'이 결합된 통사적 합성어이다. 따라서 ⊙ '통사적 합성어'의 예에 해당하는 것은 ①이다.

오답 분석

② 날뛰다: 용언 '날다'의 어간 '날-'과 용언 '뛰다'가 연결 어미 없이 결합한 비통사적 합성어이다.
③ 먹거리: 용언 '먹다'의 어간 '먹-'과 명사 '거리'가 연결 어미 없이 결합한 비통사적 합성어이다.
④ 출랑개: 용언 '출랑거리다'의 어근 '출랑'과 명사 '개'가 연결 어미 없이 결합한 비통사적 합성어이다.

이것도 알면 합격!

통사적 합성어와 비통사적 합성어의 개념과 형성 방법

1. 통사적 합성어

개념	우리말의 일반적인 단어 배열법과 일치하는 합성어

형성 방법	• 명사 + 명사 예 논밭, 소나무
	• 주어 + 서술어(조사 생략 인정)
	  예 바람나다, 수많다
	• 목적어 + 서술어(조사 생략 인정)
	  예 본받다, 수놓다
	• 관형어 + 명사 예 새해, 작은집
	• 부사 + 용언 예 가로눕다, 잘생기다
	• 부사 + 부사 예 이리저리, 비틀비틀
	• 감탄사 + 감탄사 예 얼씨구절씨구
	• 용언의 어간 + 연결 어미 + 용언
	  예 들어가다, 알아보다

2. 비통사적 합성어

개념	우리말의 일반적인 단어 배열법과 일치하지 않는 합성어

형성 방법	• 어간 + 명사(관형사형 어미 생략) 예 접칼
	• 어간 + 용언(연결 어미 생략)
	  예 검붉다, 여닫다
	• 부사 + 명사 예 부슬비, 산들바람, 척척박사
	• 한자어 어순이 우리말과 다른 경우
	  예 독서(讀書), 등산(登山)

03 어휘 한자 성어 정답 ②

정답 분석

② 밑줄 친 부분은 부정적인 인물로부터 침묵, 관용, 친절을 배웠다고 말하고 있으므로, 이에 어울리는 한자 성어로 가장 적절한 것은 ② '反面教師(반면교사)'이다.
- 反面教師(반면교사): 사람이나 사물 등의 부정적인 면에서 얻는 깨달음이나 가르침을 주는 대상을 이르는 말

오답 분석

① 走馬加鞭(주마가편): 달리는 말에 채찍질한다는 뜻으로, 잘하는 사람을 더욱 장려함을 이르는 말
③ 隔靴搔癢(격화소양): 신을 신고 발바닥을 긁는다는 뜻으로, 성에 차지 않거나 철저하지 못한 안타까움을 이르는 말
④ 口尙乳臭(구상유취): 입에서 아직 젖내가 난다는 뜻으로, 말이나 행동이 유치함을 이르는 말

04 어휘 한자어 정답 ③

정답 분석

③ 포폄(褒貶: 기릴 포, 낮출 폄)은 '옳고 그름이나 선하고 악함을 판단하여 결정함'을 뜻한다. 참고로, '가치를 깎아내림'을 뜻하는 한자어로는 폄하(貶下: 낮출 폄, 아래 하) 등이 있다.

오답 분석

① 염의(廉義: 청렴할 염, 옳을 의): 염치와 의리를 아울러 이르는 말
② 혜택(惠澤: 은혜 혜, 못 택): 은혜와 덕택을 아울러 이르는 말
④ 할부(割賦: 벨 할, 부세 부): 돈을 여러 번에 나누어 냄

05 어법 한글 맞춤법 (띄어쓰기) 정답 ②

정답 분석

② 아는∨체하다가(○): '체하다'는 의존 명사 '체'와 '-하다'가 결합한 보조 동사이므로 용언의 관형사형 '아는'과 띄어 쓴다.

오답 분석

① • 한∨걸음(○): 관형사 '한'과 명사 '걸음'은 띄어 쓴다. 참고로, '쉬지 않고 내처 걷는 걸음이나 움직임'을 뜻하는 '한걸음'은 한 단어이므로 붙여 쓴다.
  • 못하리∨만큼(×) → 못하리만큼(○): '-리만큼'은 '-ㄹ 정도로'를 뜻하는 연결 어미이므로 용언의 어간 '못하-'와 붙여 쓴다.
③ 거리낌없이(×) → 거리낌∨없이(○): 명사 '거리낌'과 부사 '없이'는 별개의 단어이므로 서로 띄어 쓴다.
④ 밀어내버렸다(×) → 밀어내∨버렸다(○): '밀어내'는 '밀어내다(밀다 + 내다)'의 활용형으로, 합성 용언이다. 본용언이 합성어이며 3음절이므로 보조 용언과 띄어 쓴다. 참고로, 본용언이 합성어나 파생어라도 그 활용형이 2음절인 경우에는 본용언과 보조 용언을 붙여 쓸 수 있다.

06 비문학 관점과 태도 파악 정답 ①

정답 분석

① 2문단 2~4번째 줄에서 사이보그 기술의 발전을 통해 신체 일부 능력을 상실한 사람들이 신체 능력을 보완하거나 새로운 능력을 얻을 수 있다고 하였으므로 글쓴이의 견해와 부합하는 것은 ①이다.

오답 분석

② 2문단 1~2번째 줄에서 초인간은 아직 존재하지 않는다고 하였으므로 글쓴이의 견해에 부합하지 않는다.
③ 2문단 끝에서 5~6번째 줄에서 사이보그 기술을 통해 복원된 스펜스의 인공 눈이 두뇌와 시신경에 연결되어 있지 않다고 설명하고 있는데, 이를 통해 사이보그 기술을 통해 상실한 신체 기관을 보완할 수는 있으나 온전히 복원할 수 없음을 알 수 있다.
④ 제시문을 통해 알 수 없는 내용이다.

07 비문학+어휘 내용 추론, 한자어 정답 ③

정답 분석

③ ㉠의 앞에서 귀납이 정당한 추론이 되기 위해서는 다가올 미래가 우리가 경험했던 과거와 동일하다는 자연의 일양성이 가정되어야 하며, ㉠의 뒤에서 이러한 자연의 일양성은 경험을 통해 알 수 있는 것이라고 설명하고 있다. 따라서 ㉠에는 경험하지 않고 알 수 있다는 의미의 단어가 들어가야 하므로 '경험에 앞서서 인식의 주관적 형식이 인간에게 있다고 주장하는 것'을 뜻하는 '선험적(先驗的)'이 들어가는 것이 적절하다.

오답 분석

① 고식적(姑息的): 근본적인 대책을 세우지 아니하고 임시변통으로 하는 것
② 배타적(排他的): 남을 배척하는 것
④ 실증적(實證的): 사고(思考)에 의하여 논증하는 것이 아니고, 경험적 사실의 관찰과 실험에 따라 적극적으로 증명하는 것

08 비문학 글의 구조 파악 (문단 배열) 정답 ③

정답 분석

③ (라) - (가) - (다) - (나)의 순서가 가장 자연스럽다.

순서	중심 내용	순서 판단의 단서와 근거
(라)	귀납은 지식 확장적 특성을 지녀 근대 과학 발전의 방법적 토대가 되었으나, 귀납 자체의 논리적 한계에 부딪힘	접속어나 지시어로 시작하지 않으며, 제시문의 중심 내용인 '귀납'에 대해 언급함
(가)	흄이 지적한 귀납의 정당화 문제	부사 '먼저': (라)에서 언급한 귀납의 첫 번째 논리적 한계를 설명함
(다)	라이헨바흐가 제시한 귀납의 정당화 문제에 대한 현실적인 구제책	키워드 '귀납의 정당화 문제': (가)의 귀납의 정당화 문제에 대한 구체적인 구제책에 대해 설명함
(나)	귀납의 또 다른 논리적 한계인 미결정성의 문제	키워드 '또 다른 논리적 한계': 앞서 (가)와 (다)에서 언급한 한계(귀납의 정당화) 외에 다른 한계를 제시함

09 비문학 세부 내용 파악　　정답 ②

정답 분석

② (다)의 끝에서 5~8번째 줄을 통해 라이헨바흐는 자연이 일양적이지 않다면, 귀납 외에 어떠한 방법도 미래 예측에 계속해서 성공할 수 없으므로 귀납이 다른 방법보다 나은 추론이라고 확언함을 알 수 있다. 따라서 자연이 일양적이지 않다면 점성술이 귀납보다 적절한 추론 방법이 된다는 내용은 적절하지 않다.

[관련 부분] 자연이 일양적이지 않다면, 어떤 방법도 체계적으로 미래 예측에 계속해서 성공할 수 없다는 논리적 판단을 통해 귀납은 최소한 다른 방법보다 나쁘지 않은 추론이라고 확언한다.

오답 분석

① (다)의 1~3번째 줄을 통해 확인할 수 있는 내용이다.

[관련 부분] 귀납의 정당화 문제로부터 과학의 방법인 귀납을 옹호하기 위해 라이헨바흐는 ~ 현실적 구제책을 제시한다.

③ (라)의 1~2번째 줄을 통해 확인할 수 있는 내용이다.

[관련 부분] 귀납은 기존의 정보나 관찰 증거 등을 근거로 새로운 사실을 추가하는 지식 확장적 특성을 지닌다.

④ (가)의 1~4번째 줄을 통해 확인할 수 있는 내용이다.

[관련 부분] 흄은 ~ 귀납이 정당한 추론이 되려면 미래의 세계가 과거에 우리가 경험해 온 세계와 동일하다는 자연의 일양성, 곧 한결같음이 가정되어야 한다고 보았다.

10 문학 작품의 종합적 감상 (현대 시)　　정답 ④

정답 분석

④ 제시된 작품은 우포늪의 생명력을 강조하고 있을 뿐, 긍정적 공간과 부정적 공간의 대비는 나타나지 않으며, 문명에 대한 비판 의식도 드러나지 않으므로 ④는 적절하지 않다. 참고로 1행에 '시골장'이라는 공간이 제시되어 있으나, 이는 득음을 하지 못했던 소리꾼이 살아생전 공연을 했었던 장소임을 나타낼 뿐, 부정적인 공간은 아니다.

오답 분석

① 폭포 물줄기가 내리치는 모습, 슬픔을 달빛과 같다고 표현한 것, 수염이 흔들리는 모습, 산이 흔들린다고 표현한 것을 통해 시각적 이미지를 활용해 시상이 전개되고 있음을 알 수 있다.

② 1~7행에서 전생에 득음을 하지 못한 '소리꾼'이 '우포늪'에서 '왁새 울음'이 되었다고 표현하고 있는데, 이를 통해 화자가 '우포늪'의 '왁새'와 상상 속 인물인 '소리꾼'을 동일시하며 시상을 전개하고 있음을 알 수 있다. 또한 12~13행의 '소리꾼'이 평생을 찾아 헤맨 진정한 소리가 '적막한 늪(우포늪)'에 있었다는 표현과, 17~19행의 '소리꾼'의 완창이 꽃잔치를 무르익게 했다는 표현을 통해 '우포늪'의 생명력과 그 가치를 형상화하고 있음을 알 수 있다.

③ '소목 장재 토평마을', '동편제'와 같은 토속적인 어휘를 사용하여 전통적이고 향토적인 분위기를 조성했다.

이것도 알면 합격!

배한봉, 「우포늪 왁새」의 주제와 특징

1. 주제: 우포늪의 생명적 가치
2. 특징
   (1) 시각적 이미지를 바탕으로 시상을 전개함
   (2) 왁새의 울음소리를 소리꾼의 목소리에 빗대어 표현함
   (3) 소리꾼의 진정한 소리로 우포늪이 지닌 생명적 가치를 형상화함

11 비문학 주제 및 중심 내용 파악　　정답 ②

정답 분석

② 제시문의 1문단에서는 노년기에 여가 활동을 즐길 수 있는 시간적 여유가 있음을 설명하였다. 이어서 2문단에서는 삶의 질, 삶의 활력, 삶의 이유 등의 측면에서 노년층에게 여가 활동이 중요하다고 말하고 있다. 따라서 제시문의 주장으로 가장 적절한 것은 ②이다.

오답 분석

① 1문단 끝에서 1~3번째 줄을 통해 노년기에는 직업적 활동을 다른 연령층에 비해 덜 강요받음은 알 수 있으나, 노년층에게 직업적 활동을 강요해서는 안 된다는 내용은 제시문을 통해 확인할 수 없다.

[관련 부분] 실제로 노년층은 다른 연령층보다 직업적 역할 수행을 덜 강요받기 때문에

③ 제시문을 통해 노년기에 여가 활동을 즐기는 것이 긍정적임을 알 수 있으나, 자신의 것을 나누어야 한다는 내용은 제시문을 통해 확인할 수 없다.

④ 1문단 1~2번째 줄을 통해 그동안 노년기를 신체적, 정신적 쇠퇴기로 여겨왔음을 알 수 있다. 그러나 2문단 끝에서 3~4번째 줄에서 여가 활동을 통해 노년층이 삶의 활력을 얻고, 삶의 이유를 재발견할 수 있다고 주장할 뿐, '여가 활동'을 통해 신체적, 정신적 쇠퇴를 방지한다는 주장은 확인할 수 없다.

[관련 부분] 노년기는 흔히 신체적, 정신적으로 쇠퇴를 겪는 시기로 인식되곤 한다.

12 비문학 내용 추론　　정답 ③

정답 분석

③ 1문단 끝에서 2~4번째 줄에서 문화의 기준과 문화 내에서 수용되는 사고방식은 분리할 수 없는 한 덩어리임을 설명하고 있고, 2문단 끝에서 2~3번째 줄에서 문화마다 다른 기준에 따라 자신의 문화에 맞는 이론만을 수용하게 된다고 설명하고 있다. 이를 통해 문화적 차이가 큰 A 그룹과 B 그룹의 이론 중 어느 것이 더 합리적인지에 대한 판단은 그것을 판단하는 사람이 속한 문화에 따라서 달라질 것임을 추론할 수 있다. 따라서 답은 ③이다.

오답 분석

① 1문단 5~7번째 줄에서 서로 다른 문화권(그룹)에 속한 과학자들은 이론적 합의에 합리적으로 이르지 못한다는 것을 설명하고 있으나, 같은 그룹에 속한 과학자들이 이론적 합의에 합리적으로 이르지 못하는 경우에 대한 내용은 제시문에 언급되어 있지 않으므로 ①은 추론할 수 없다.

② 2문단 1~2번째 줄에서 각 그룹은 이론을 만들 때 자신들의 기준을 만족시키는 이론만을 만들 것이라고 하였으나, 문화적 다양성과 차이에 대한 내용과 각 이론의 절충에 대한 내용은 제시문에 언급되어 있지 않으므로 ②는 추론할 수 없다.

④ 1문단 2~4번째 줄에서 다른 문화의 사고방식을 수용하기 위해서는 논리적으로 위력적인 증거나 논증이 있어야 하나, 이와 같은 증거나 논증은 존재할 수 없다고 설명하고 있다. 따라서 사고방식의 효용 가치의 유무와 상관없이 다른 문화를 설득할 수 있는 증거나 논증은 제시할 수 없으므로 ④는 적절하지 않은 추론이다.

---

13 어휘 한자 성어 정답 ④

정답 분석

④ 제시문은 ○○군 농산물 협동조합이 온라인 판매 사업을 통해 부진한 실적을 극복하고 좋은 성과를 거두었다는 내용으로, 이러한 상황을 가장 적절하게 표현한 한자 성어는 ④ '刮目相對(괄목상대)'이다.

- 刮目相對(괄목상대): 눈을 비비고 상대편을 본다는 뜻으로, 남의 학식이나 재주가 놀랄 만큼 부쩍 늚을 이르는 말

오답 분석

① 自繩自縛(자승자박): 자기의 줄로 자기 몸을 옭아 묶는다는 뜻으로, 자기가 한 말과 행동에 자기 자신이 옭혀 곤란하게 됨을 비유적으로 이르는 말
② 守株待兔(수주대토): 한 가지 일에만 얽매여 발전을 모르는 어리석은 사람을 비유적으로 이르는 말
③ 漁夫之利(어부지리): 두 사람이 이해관계로 서로 싸우는 사이에 엉뚱한 사람이 애쓰지 않고 가로챈 이익을 이르는 말

---

14 문학 인물의 심리 및 태도 정답 ④

정답 분석

④ '강촌 영감'은 '칠복'에게 마을을 떠나는 버스를 타는 곳을 알려 주면서 버스 정류장으로 향하는 길에 앞서고 있을 뿐, '칠복'이 마을을 떠나는 것을 아쉬워하고 있지는 않으므로 적절하지 않다.

오답 분석

① 마을을 떠나는 '칠복'이 '마을 사람들'의 얼굴을 하나하나 새기며 눈물을 보이는 모습을 통해 마을에 미련을 갖고 있음을 알 수 있다.
② '봉구'는 '칠복'에게 고향에 다시 오지 말라며 그를 고향에서 쫓아내면서도 천 원짜리 두 장을 쥐어 주며 연민의 태도를 드러낸다. 이를 통해 '봉구'가 '칠복'에 대해 이중적인 태도를 보이고 있음을 알 수 있다.
③ '마을 사람들'은 마을을 떠나는 칠복을 보며 침울한 표정을 짓지만 '칠복'이 마을을 떠나는 것을 말리고 있지는 않으므로 적절하다.

이것도 알면 합격!

문순태, 「징 소리」의 주제와 특징

1. 주제: 산업화 과정에서 고향을 상실한 사람들의 소외된 삶과 한
2. 특징
   (1) '징 소리'라는 상징적인 소재를 통해 주제를 형상화함
   (2) 역순행적 구성을 바탕으로 사건을 전개함
   (3) 방언을 사용해 현장감을 높이고 향토적 분위기를 형성함

---

15 어법 표준어 사정 원칙 (표준어의 구분) 정답 ③

정답 분석

③ '끼어들기, 헷갈리다, 통틀어'는 모두 표준어이다. 참고로, '헷갈리다'와 동일한 의미의 '헛갈리다' 또한 표준어이며, '끼여들기', '통털어'는 비표준어이다.

오답 분석

① 널판지(×) → 널빤지(○): '판판하고 넓게 켠 나뭇조각'을 뜻하는 표준어는 '널빤지'이다.
② 애닯다(×) → 애달프다(○): '마음이 안타깝거나 쓰라리다'를 뜻하는 표준어는 '애달프다'이다.
④ · 단촐하다(×) → 단출하다(○): '일이나 차림차림이 간편하다'를 뜻하는 표준어는 '단출하다'이다.
  · 짓물다(×) → 짓무르다(○): '살갗이 헐어서 문드러지다'를 뜻하는 표준어는 '짓무르다'이다.

---

16 어법 문장 (높임 표현) 정답 ①

정답 분석

① ㄷ은 주격 조사의 높임말 '께서'를 사용하여 서술의 주체인 '어머니'를 높이고 있으나, ㄱ은 조사 '께'와 서술어 '드리다'를 사용하여 서술의 객체인 '할머니'를 높일 뿐, 서술의 주체를 높이고 있지는 않다. 따라서 높임법에 대한 설명으로 옳지 않은 것은 ①이다.

오답 분석

② · ㄱ: 객체 높임 어휘인 '드리다'를 사용하여 '할머니'를 높였다.
  · ㄹ: 객체 높임 어휘인 '찾아뵙다'를 사용하여 '아버지'를 높였다.
③ · ㄴ: 하십시오체 종결형 어미인 '-습니까'를 사용하여 듣는 이인 '사장님'을 높였다.
  · ㄹ: 해요체 종결형 어미인 '-어요'를 사용하여 듣는 이를 높였다.
④ · ㄷ: 서술어 '도셨다'에 주체 높임 선어말 어미 '-(으)시-'를 사용하여 문장의 주체인 '어머니'를 높였다.
  · ㄹ: 높여야 할 대상의 신체 부위(귀)를 서술하기 위해 '-(으)시-'를 사용하여 '아버지'를 높였다.

17 비문학 논지 전개 방식 정답 ②

정답 분석
② 4~5번째 줄에서 생존하기 위해 곤충이나 동물을 잡아먹는 동물화된 식물이 있음을 설명하고 있으나, 그 사례를 제시하고 있지는 않으므로 ②는 적절하지 않다.

오답 분석
① 1~3번째 줄에서 스스로 양분을 만들 수 있는 식물과 다른 생물을 먹어야만 양분을 얻을 수 있는 동물의 특징을 대조하고 있다.

[관련 부분] 식물은 다른 생물을 잡아먹지 않아도 스스로 양분을 만들 수 있지만, 동물은 다른 생물을 먹어야만 양분을 얻을 수 있다. 이는 식물과 동물을 구분하는 극명한 차이점이다.

③ 끝에서 4~5번째 줄에서 식물화된 동물이 있는지 질문한 뒤, '알몸 두더지'가 이에 해당한다고 답하는 문답법을 활용하고 있다.

[관련 부분] 그렇다면 반대로 식물화된 동물도 있지 않을까? 바로 '알몸 두더지'가 이에 해당한다.

④ 끝에서 1~4번째 줄에서 전문가인 토머스 파크 교수의 연구 결과를 바탕으로 체내 과당 대사를 통해 생존한다는 알몸 두더지의 특징을 제시하고 있다.

[관련 부분] 오랜 기간 특이종을 연구해 온 일리노이 대학의 토머스 파크 교수에 따르면 알몸 두더지는 산소가 부족해지면 식물처럼 체내 과당 대사를 통해 살아남는다고 한다.

18 비문학 글의 구조 파악 (문단 배열) 정답 ④

정답 분석
④ (다) - (라) - (나) - (마) - (가)의 순서가 가장 자연스럽다.

순서	중심 내용	순서 판단의 단서와 근거
(다)	금욕주의란 자신의 욕망, 욕구를 통제함으로써 도덕, 종교적 이상을 성취하고자 하는 철학 사조임	지시어나 접속어로 시작하지 않으며 제시문의 중심 화제인 '금욕주의'를 설명함
(라)	금욕주의자는 오직 이성만을 추구하며 욕구, 욕망, 감정을 배척하였음	접속어 '따라서': (다)에서 언급한 금욕주의의 정의를 바탕으로 금욕주의자의 특성을 설명함
(나)	금욕주의자는 감정과 욕구를 스스로 끊임없이 통제하고 근면하게 살아야 함	접속어 '가령': (라)에서 언급한 금욕주의자의 특성을 바탕으로 금욕주의자가 되기 위한 방식을 설명함
(마)	자신에 대한 엄격한 통제를 통해 금욕주의자가 되면 이상적 존재로 거듭날 수 있음	지시 표현 '이러한 끊임없는 자기 통제 속에서': (나)에서 언급한 금욕주의자가 되기 위한 방식(자기 통제)을 가리킴
(가)	오늘날 금욕주의는 자아를 고통에 빠뜨린다는 점에서 비판받음	접속어 '하지만': (마)에서 금욕주의를 긍정한 것과는 반대로 오늘날 금욕주의에 대한 비판을 제시함

19 문학 수사법 정답 ②

정답 분석
② 초장에서 대구법이 사용되었으나, 이는 충성스러운 신하가 조정에 가득하고 효자가 집집마다 가득한 현실에 대한 만족감을 드러낸 것일 뿐 화자의 충성심을 드러내는 것은 아니므로 답은 ②이다.

오답 분석
① 종장에서 부모님에 대한 화자의 그리움과 애상적 정서가 '외기러기'라는 객관적 상관물에 투영되어 나타난다.

③ 겉과 속의 색이 같은 '가마귀'와 겉은 하얗고 속은 검은 '백로'를 대조하여, 겉과 속이 다른 위선적인 인물인 '너(백로)'를 비판하고 있다.

④ '매미(미암)'과 '맵다(밉다)', '쓰르라미(쓰르라미)'와 '쓰다'의 발음이 유사한 점을 이용한 언어유희적 표현을 통해 세속의 혼란스러운 삶을 부정적으로 표현하고 있다. 이와 대비하여 화자는 초야에 묻혀 여유롭게 사는 삶에 대한 만족감을 드러내고 있다.

지문 풀이

(가) 산은 길고 길고 물은 멀고 멀고
부모님 그리워하는 뜻은 많기도 많다.
어디서 외기러기는 슬피 울며 가는구나.

(나) 충성스러운 신하는 조정에 가득하고 효자는 집집마다 있다.
우리 임금은 백성을 아기같이 아끼는데
밝은 하늘(천지신명)께서도 이 뜻을 알아 때맞춰 비 내리고 바람도 고르게 불게 하소서.

(다) 까마귀가 검다고 백로야 웃지 마라.
겉이 검다고 해서 속조차 검을 것 같으냐.
겉은 희고 속 검은 이는 너뿐인가 하노라.

(라) 매미가 맵다 울고 쓰르라미 쓰다고 우니
산나물이 맵다고 우는 것인가, 변변치 못한 술이 쓰다 우는 것인가?
우리는 시골의 궁벽한 곳에 묻혀 살고 있으니 맵고 쓴 줄을 모르겠노라.

20 어법 한글 맞춤법 (맞춤법에 맞는 표기) 정답 ④

정답 분석
④ '공염불', '당뇨', '은닉'은 모두 한글 맞춤법에 맞게 표기된 단어들이다.
- 공염불(空念佛)(○): 접두사처럼 쓰이는 한자가 붙어서 된 말은 뒷말의 첫소리가 'ㄴ'으로 나더라도 두음 법칙에 따라 적는다. '공염불'에서 '공(空)-'은 접두사이므로, 두음 법칙을 적용하여 '공염불'로 적는다.
- 당뇨(糖尿)(○), 은닉(隱匿)(○): 한자음 '뇨(尿)', '닉(匿)'이 단어의 첫머리 이외의 자리에 온 것이므로 두음 법칙을 따르지 않고 본음대로 적는다.

오답 분석

① • 멧나물(○): 순우리말로 된 합성어로(메 + 나물), [멘나물]로 발음된다. 발음 시 뒷말 첫소리 'ㄴ' 앞에서 'ㄴ' 소리가 덧나고 앞말이 모음으로 끝나므로, 사이시옷을 받쳐 적는다.
• 베갯잇(○): 순우리말로 된 합성어로(베개 + 잇), [베갠닏]으로 발음된다. 발음 시 뒷말 첫소리 모음 앞에서 'ㄴㄴ' 소리가 덧나고 앞말이 모음으로 끝나므로, 사이시옷을 받쳐 적는다.
• 윗어른(×) → 웃어른(○): '어른'은 '아래, 위'의 대립이 없으므로 '웃-'이 결합한 '웃어른'으로 적는다.

② • 거북치(×) → 거북지(○): '거북하지'에서 '하' 앞의 받침이 안울림소리 'ㄱ'이므로, 준말은 어간의 끝음절 '하'가 아주 준 형태인 '거북지'로 적어야 한다.
• 시원찮다(○): '시원하지 않다'에서 '-하지' 뒤에 '않-'이 결합하여 '-찮-'이 될 때에는 줄어든 대로 적으므로 '시원하지 않다'는 '시원찮다'로 적는다.
• 실망케: '실망하게'에서 '하' 앞의 받침이 울림소리 'ㅇ'일 때는 어간의 끝음절 '하'의 'ㅏ'가 줄고, 'ㅎ'은 다음 음절의 첫소리와 어울려 거센소리가 된다. 따라서 '실망하게'의 준말은 '실망케'로 적는다.

③ • 굵다랗다(○): [국:따라타]로 발음하며 겹받침 'ㄺ'의 끝소리가 드러나고 단어의 어원이 분명하므로, 어간의 형태를 밝혀 '굵다랗다'로 적는다.
• 굴찍하다(×) → 굵직하다(○): [국찌카다]로 발음하며 겹받침 'ㄺ'의 끝소리가 드러나고 단어의 어원이 분명하므로 '굵직하다'로 적는다. 참고로, 어간 뒤에 자음으로 시작된 접미사가 붙은 말 중 겹받침의 끝소리가 드러나지 않는 경우와, 어원이 분명하지 않거나 본뜻에서 멀어진 경우에만 소리 나는 대로 적는다.
• 널따랗다(○): [널따라타]로 발음하며 겹받침 'ㄼ'의 끝소리가 드러나지 않는 것은 소리 나는 대로 적으므로 '널따랗다'로 적는다.

🔖 이것도 알면 합격!

두음 법칙이 적용되는 경우

단어 첫머리에 오는 한자어	(1) 한자음 '녀, 뇨, 뉴, 니' → '여, 요, 유, 이' 예 여자(女子) (2) 한자음 '랴, 려, 례, 료, 류, 리' → '야, 여, 예, 요, 유, 이' 예 양심(良心) (3) 한자음 '라, 래, 로, 뢰, 루, 르' → '나, 내, 노, 뇌, 누, 느' 예 낙원(樂園)
단어 첫머리 이외의 한자어	(1) 접두사처럼 쓰이는 한자가 붙어서 된 말이나 합성어의 경우 예 공염불(空念佛), 신여성(新女性) (2) 모음이나 'ㄴ' 받침 뒤에 이어지는 '렬, 률'의 경우 예 나열(羅列), 백분율(百分率) (3) 고유어나 외래어 뒤에 결합한 한자어의 경우 예 먹이양(−量), 에너지양(−量) (4) 둘 이상의 단어로 이루어진 고유 명사를 붙여 쓰는 경우 예 한국여자대학, 서울여관 (5) 십진법에 따라 쓰는 수(數)의 경우 예 육천육백육십육(六千六百六十六)

---

21 문학 작품의 종합적 감상 (소설) 정답 ③

정답 분석
③ 제시된 작품의 1~3번째 줄을 통해 사향이 금봉차와 옥장도를 숙향의 그릇에 몰래 넣어서 숙향에게 누명을 씌운 것임을 알 수 있다. 따라서 부인의 추궁에 숙향이 결백을 주장하는 것은 사향의 음모를 모른 채 사실대로 진술한 것이므로 숙향이 이중적 면모를 지닌 인물이라는 ③의 설명은 적절하지 않다.

오답 분석
① 제시된 부분에서 서술자의 개입은 드러나지 않는다.
② 사향이 부인에게 숙향을 모함하는 부분과 부인이 숙향을 추궁하는 부분에서 인물 간의 대화를 중심으로 사건이 전개됨을 알 수 있다.
④ 부인의 마지막 말에서 사향의 모함으로 인해 부인은 숙향을 의심하고 있음을 알 수 있다. 이를 통해 앞으로 도둑으로 몰린 숙향의 고난이 시작될 것임을 짐작할 수 있다.

🔖 이것도 알면 합격!

작자 미상, '숙향전'의 이야기 구조
'숙향전'은 숙향의 삶을 중심으로 사건이 전개되면서 영웅의 일대기 구조에 따라 여성의 수난을 그리고 있는 것이 특징이다. 즉, 여성 주인공 숙향이 고귀한 혈통으로 태어나 어려서 고아가 되고, 구출자를 만나 위기를 극복하며 마침내 행복한 삶을 누리는 영웅 소설의 구조를 갖추고 있다. 일반적인 영웅 소설에서는 남자 주인공이 중심이 되어 학문이나 무예에서 최고의 실력을 보이며 승부해 나가지만, 이 작품에서는 여성인 숙향이 숱한 고난을 이겨 내고 자신의 사랑을 찾아 지켜 나가는 것이 중심 내용이다.

---

22 어휘 한자어 (한자어의 의미) 정답 ①

정답 분석
① '비교(比較: 견줄 비, 견줄 교)'는 '둘 이상의 사물을 견주어 서로 간의 유사점, 차이점, 일반 법칙 등을 고찰하는 일'을 뜻한다. 따라서 한자어의 뜻이 다르게 설명된 것은 ①이다. 참고로, '서로 달라서 대비가 됨'은 '대조'의 뜻이다.
• 대조(對照: 대할 대, 비칠 조): 1. 둘 이상인 대상의 내용을 맞대어 같고 다름을 검토함 2. 서로 달라서 대비가 됨

오답 분석
② 가책(呵責: 꾸짖을 가, 꾸짖을 책)
③ 강구(講究: 외울 강, 연구할 구)
④ 규범(規範: 법 규, 법 범)

23. 어법 의미 (다의어의 의미) — 정답 ③

정답 분석
③ 피아노를 치기 시작했다: 이때 '치다'는 '손이나 물건 등을 부딪쳐 소리나게 하다'를 뜻한다. 이와 유사한 의미로 쓰인 것은 ③ '손뼉을 쳤다'의 '치다'이다.

오답 분석
① 타자를 치는 소리: 이때 '치다'는 '일정한 장치를 손으로 눌러 글자를 찍거나 신호를 보내다'를 뜻한다.
② 상대의 하반신을 칠 수 없다: 이때 '치다'는 '손이나 손에 든 물건으로 세게 부딪게 하다'를 뜻한다.
④ 배드민턴을 친다: 이때 '치다'는 '손이나 손에 든 물건으로 물체를 부딪게 하는 놀이나 운동을 하다'를 뜻한다.

24. 비문학 화법의 원리 (공손성의 원리) — 정답 ③

정답 분석
③ 상대방의 피아노 치는 솜씨에 대한 칭찬을 극대화하고 있으므로 '찬동의 격률'이 사용되었다. '동의의 격률'은 자신과 상대방의 의견이 일치하지 않는 경우, 상대방의 말에 먼저 동의를 표현한 다음 자신의 의견을 제시하는 것이다.

오답 분석
① 상대방에게 부담을 주는 표현을 최소화하고 정중한 표현을 사용함으로써 창문을 열어 달라고 요청하고 있으므로 '요령의 격률'이 바르게 연결되었다.
② 화자의 관점에서 자신에게 부담을 주는 표현을 최대화함으로써 상대에게 다시 설명해 줄 것을 요청하고 있으므로 '관용의 격률'이 바르게 연결되었다.
④ 자신에 대한 칭찬은 최소화하고 자신을 내세우거나 자랑하지 않음으로써 프로젝트 성과에 대해 겸손한 태도를 드러내고 있으므로 '겸양의 격률'이 바르게 연결되었다.

이것도 알면 합격!

공손성의 원리

요령의 격률	• 상대방에게 부담이 되는 표현은 최소화하고 상대방의 이익을 최대함 • 듣기 좋고 도움이 되는 말과, 간접적이고 우회적인 표현법을 사용함
관용의 격률	자신에게 주는 혜택은 최소화하고, 자신에게 부담을 주는 표현은 최대화함
찬동의 격률	다른 사람에 대한 비방은 최소화하고, 칭찬은 최대화함
겸양의 격률	자신에 대한 칭찬은 최소화하고, 비방은 최대화함
동의의 격률	자신의 의견과 다른 사람의 의견 사이의 다른 점은 최소화하고, 일치점을 최대화함

25. 어법 국어의 로마자 표기 — 정답 ①

정답 분석
① 알약[알략] allyak(○): '알약'은 'ㄴ' 첨가로 인해 [알냑]이 되고, 첨가된 'ㄴ'이 '알'의 받침 'ㄹ'의 영향을 받아 [알략]으로 발음된다. 국어의 로마자 표기에서 [ㄹㄹ]은 'll'로 적으므로 'allyak'은 옳은 표기이다.

오답 분석
② 독도[독또] Dok-do(×) → Dokdo(○): '독도'는 자연 지물명으로, 이때 '도'는 행정 구역 단위가 아니며 자연 지물명은 붙임표(-) 없이 붙여 써야 하므로 'Dokdo'로 표기해야 한다.
③ 죽변[죽뼌] Jukbbyeon(×) → Jukbyeon(○): '죽변'은 안울림소리 'ㄱ'과 안울림소리 'ㅂ'이 만나 'ㅂ'이 된소리 [ㅃ]으로 바뀌므로 [죽뼌]으로 발음한다. 된소리되기는 국어의 로마자 표기에 반영하지 않으므로 'Jukbyeon'으로 표기해야 한다.
④ 의정부시[의정부시] Uijeungbu-si (×) → Uijeongbu-si (○): '의정부시'의 표준 발음은 [의정부시]이다. 로마자 표기법에서 모음 'ㅓ'는 'eo'로 표기하며, 행정 구역 단위인 '시'는 'si'로 적고 그 앞에는 붙임표(-)를 넣으므로 'Uijeongbu-si'로 표기해야 한다. 참고로 로마자 표기에서 모음 'ㅢ'는 'ㅣ'로 소리 나더라도 'ui'로 적는다.

제2과목　행정법

01　Ⅱ 위헌결정　　정답 ③

정답 분석
③ 헌법재판소의 위헌결정은 행정청이 개인에 대하여 신뢰의 대상이 되는 공적인 견해를 표명한 것이라고 할 수 없으므로 그 결정에 관련한 개인의 행위에 대하여는 신뢰보호의 원칙이 적용되지 아니한다(대판 2003.6.27. 2002두6965).

선지 분석
① 위헌인 법률에 근거한 행정처분이 당연무효인지의 여부는 위헌결정의 소급효와는 별개의 문제로서, 위헌결정의 소급효가 인정된다고 하여 위헌인 법률에 근거한 행정처분이 당연무효가 된다고는 할 수 없고, 오히려 이미 취소소송의 제기기간을 경과하여 확정력이 발생한 행정처분에는 위헌결정의 소급효가 미치지 않는다고 보아야 한다(대판 1994.10.28. 92누9463).
② 법률의 위헌결정은 법원과 그 밖의 국가기관 및 지방자치단체를 기속한다.

> 헌법재판소법 제47조【위헌결정의 효력】① 법률의 위헌결정은 법원과 그 밖의 국가기관 및 지방자치단체를 기속(羈束)한다.
> ② 위헌으로 결정된 법률 또는 법률의 조항은 그 결정이 있는 날부터 효력을 상실한다.
> ③ 제2항에도 불구하고 형벌에 관한 법률 또는 법률의 조항은 소급하여 그 효력을 상실한다. 다만, 해당 법률 또는 법률의 조항에 대하여 종전에 합헌으로 결정한 사건이 있는 경우에는 그 결정이 있는 날의 다음 날로 소급하여 효력을 상실한다.
> ④ 제3항의 경우에 위헌으로 결정된 법률 또는 법률의 조항에 근거한 유죄의 확정판결에 대하여는 재심을 청구할 수 있다.
> ⑤ 제4항의 재심에 대하여는 형사소송법을 준용한다.

④ 위헌결정 이후에 조세채권의 집행을 위한 새로운 체납처분에 착수하거나 이를 속행하는 것은 더 이상 허용되지 않고, 나아가 이러한 위헌결정의 효력에 위배하여 이루어진 체납처분은 그 사유만으로 하자가 중대하고 객관적으로 명백하여 당연무효라고 보아야 한다(대판 2012.2.16. 2010두10907 전합).

02　Ⅱ 행정지도　　정답 ②

정답 분석
옳지 않은 것은 ㄷ, ㄹ이다.
ㄷ. 행정지도는 서면(문서)뿐만 아니라 말로써도 가능하다.

> 행정절차법 제49조【행정지도의 방식】① 행정지도를 하는 자는 그 상대방에게 그 행정지도의 취지 및 내용과 신분을 밝혀야 한다.
> ② 행정지도가 말로 이루어지는 경우에 상대방이 제1항의 사항을 적은 서면의 교부를 요구하면 그 행정지도를 하는 자는 직무 수행에 특별한 지장이 없으면 이를 교부하여야 한다.

ㄹ. 행정지도가 강제성을 띠지 않은 비권력적 작용으로서 행정지도의 한계를 일탈하지 아니하였다면, 그로 인하여 상대방에게 어떤 손해가 발생하였다 하더라도 행정기관은 그에 대한 손해배상책임이 없다(대판 2008.9.25. 2006다18228).

선지 분석
ㄱ. 행정지도는 국민에 대한 법적 구속력이 발생하지 않으므로 법률적 근거가 없어도 가능하다는 법적근거불요설이 판례와 다수설의 입장이다.
ㄴ. 행정절차법 제48조 제1항에 대한 옳은 내용이다.

> 제48조【행정지도의 원칙】① 행정지도는 그 목적 달성에 필요한 최소한도에 그쳐야 하며, 행정지도의 상대방의 의사에 반하여 부당하게 강요하여서는 아니 된다.

03　Ⅱ 인·허가의제　　정답 ③

정답 분석
③ 건축법에서 인·허가의제 제도를 둔 취지는, 인·허가의제 사항과 관련하여 건축허가 또는 건축신고의 관할 행정청으로 그 창구를 단일화하고 절차를 간소화하며 비용과 시간을 절감함으로써 국민의 권익을 보호하려는 것이지, 인·허가의제 사항 관련 법률에 따른 각각의 인·허가 요건에 관한 일체의 심사를 배제하려는 것으로 보기는 어렵다(대판 2011.1.20. 2010두14954 전합).

선지 분석
① 인·허가의제 효과를 수반하는 건축신고는 일반적인 건축신고와는 달리, 특별한 사정이 없는 한 행정청이 그 실체적 요건에 관한 심사를 한 후 수리하여야 하는 이른바 '수리를 요하는 신고'로 보는 것이 옳다(대판 2011.1.20. 2010두14954 전합).
② 행정기본법이 제정되면서 인·허가의제에 대한 일반적 규정이 마련되었다고 볼 수 있다. 단, 인·허가의제와 관련된 조항들의 시행일은 2023년 3월 24일로 명시되어 있으므로, 2022년 기준으로는 아직 적용되지 않고 있음을 주의하여야 한다.
④ 구 중소기업창업 지원법(이하 '중소기업창업법'이라 한다) 제35조 제1항, 제33조 제4항, 구 중소기업창업 지원법 시행령 제24조 제1항, 중소기업청장이 고시한 '창업사업계획의 승인에 관한 통합업무처리지침'(이하 '업무처리지침'이라 한다)의 내용, 체계 및 취지 등에 비추어 보면 다음과 같은 이유로 구 중소기업창업법에 따른 사업계획승인의 경우 의제된 인·허가만 취소 내지 철회함으로써 사업계획에 대한 승인의 효력은 유지하면서 해당 의제된 인·허가의 효력만을 소멸시킬 수 있다(대판 2018.7.12. 2017두48734).

이것도 알면 합격!

건축법상 건축신고 및 건축허가

구분		성질	거부의 처분성
건축신고	일반	자기완결적 신고	○
	인·허가의제 효과 수반	행위요건적 신고 (수리를 요하는 신고)	○
건축허가		• 원칙: 기속행위 • 예외: 재량행위	○

04   Ⅶ 군무원   정답 ②

정답 분석

② 대한민국 국적과 외국 국적을 함께 가지고 있는 사람은 군무원 임용 결격사유에 해당한다.

> **군무원인사법 제10조 【결격사유】** 다음 각 호의 어느 하나에 해당하는 사람은 군무원에 임용될 수 없다.
> 1. 대한민국의 국적을 가지지 아니한 사람
> 2. 대한민국 국적과 외국 국적을 함께 가지고 있는 사람
> 3. 국가공무원법 제33조 각 호의 어느 하나에 해당하는 사람

선지 분석

① 군인사법 및 군무원인사법은 국가공무원법에 대한 특례를 정하고 있으므로 국가공무원법의 특별법에 해당한다. 군인사법은 군인에게 적용되고, 군무원인사법은 군무원에게 적용된다.

> **군인사법 제1조 【목적】** 이 법은 군인의 책임 및 직무의 중요성과 신분 및 근무조건의 특수성을 고려하여 그 임용, 복무, 교육훈련, 사기 및 신분보장 등에 관하여 국가공무원법에 대한 특례를 규정함을 목적으로 한다.
>
> **군무원인사법 제1조 【목적】** 이 법은 군무원(軍務員)의 책임·직무·신분 및 근무조건의 특수성을 고려하여 그 자격·임용·복무·보수 및 신분보장 등에 관하여 국가공무원법에 대한 특례를 규정함을 목적으로 한다.

③ 군무원인사법 제31조에 대한 옳은 내용이다.

> **제31조 【정년】** 군무원의 정년은 60세로 한다. 다만, 전시·사변 등의 국가비상시에는 예외로 한다.

④ 군무원인사법 제39조 제1항에 대한 옳은 내용이다.

> **제39조 【징계의 종류와 효력】** ① 징계는 파면, 해임, 강등, 정직, 감봉 및 견책으로 구분한다. 다만, 제45조 제1항에 따른 임기제일반군무원의 경우에는 강등은 제외한다.

05   Ⅱ 행정행위의 하자 승계   정답 ①

정답 분석

① 후행처분인 대집행영장발부통보처분 자체에는 아무런 하자가 없다고 하더라도, 후행처분인 대집행영장발부통보처분의 취소를 청구하는 소송에서 청구원인으로 선행처분인 계고처분이 위법한 것이기 때문에 그 계고처분을 전제로 행하여진 대집행영장발부통보처분도 위법한 것이라는 주장을 할 수 있다(대판 1996.2.9. 95누12507).

선지 분석

② 선행처분과 후행처분이 서로 독립하여 별개의 법률효과를 목적으로 하는 때에도 선행처분이 당연무효이면 선행처분의 하자를 이유로 후행처분의 효력을 다툴 수 있다(대판 2017.7.11. 2016두35120).

③ 표준지공시지가결정이 위법한 경우에는 그 자체를 행정소송의 대상이 되는 행정처분으로 보아 그 위법 여부를 다툴 수 있음은 물론, 수용보상금의 증액을 구하는 소송에서도 선행처분으로서 그 수용대상 토지가격 산정의 기초가 된 비교표준지공시지가결정의 위법을 독립한 사유로 주장할 수 있다(대판 2008.8.21. 2007두13845).

④ 도시·군계획시설결정과 실시계획인가는 도시·군계획시설사업을 위하여 이루어지는 단계적 행정절차에서 별도의 요건과 절차에 따라 별개의 법률효과를 발생시키는 독립적인 행정처분이다. 그러므로 선행처분인 도시·군계획시설결정에 하자가 있더라도 그것이 당연무효가 아닌 한 원칙적으로 후행처분인 실시계획인가에 승계되지 않는다(대판 2017.7.18. 2016두49938).

🖊️ 이것도 알면 합격!

행정행위의 하자 승계 여부

하자 승계 인정	하자 승계 부정
• 무효인 조례와 지방세 부과처분	• 과세처분과 체납처분
• 계고, 통지, 실행, 비용징수 간	• 건물철거명령과 대집행계고처분
• 귀속재산의 임대처분과 매각처분	• 직위해제처분과 면직처분
• 친일반민족행위자결정과 독립유공자 예우에 관한 법률의 적용배제결정	• 보충역편입처분과 공익근무요원 소집처분
• 표준공시지가결정과 수용재결(보상금산정)	• 표준공시지가결정과 개별공시지가결정
• 개별공시지가결정과 과세처분	• 도시관리계획결정과 수용재결처분
	• 사업인정과 수용재결처분

06   Ⅵ 소의 이익   정답 ①

정답 분석

① 행정처분을 다툴 협의의 소의 이익은 개별·구체적 사정을 고려하여 판단하여야 한다(대판 2020.12.24. 2020두30450).

선지 분석

② 행정소송법 제12조에 대한 옳은 내용이다.

> **행정소송법 제12조 【원고적격】** 취소소송은 처분등의 취소를 구할 법률상 이익이 있는 자가 제기할 수 있다. 처분등의 효과가 기간의 경과, 처분등의 집행 그 밖의 사유로 인하여 소멸된 뒤에도 그 처분등의 취소로 인하여 회복되는 법률상 이익이 있는 자의 경우에는 또한 같다.

③ 무효확인소송의 보충성은 별도로 요구되지 않으므로, 행정소송법 제35조에 규정된 '무효확인을 구할 법률상 이익'을 판단할 때에는 행정처분의 무효를 전제로 한 이행소송 등과 같은 직접적인 구제수단이 있는지 여부를 따질 필요가 없다고 본다.

> 🔨 **관련 판례**
>
> 행정소송법 제4조에서는 무효확인소송을 항고소송의 일종으로 규정하고 있고, 행정소송법 제38조 제1항에서는 처분 등을 취소하는 확정판결의 기속력 및 행정청의 재처분 의무에 관한 행정소송법 제30조를 무효확인소송에도 준용하고 있으므로 무효확인판결 자체만으로도 실효성을 확보할 수 있다. 그리고 무효확인소송의 보충성을 규정하고 있는 외국의 일부 입법례와는 달리 우리나라 행정소송법에는 명문의 규정이 없어 이로 인한 명시적 제한이 존재하지 않는다. 이와 같은 사정을 비롯하여 행정에 대한 사법통제, 권익구제의 확대와 같은 행정소송의 기능 등을 종합하여 보면, 행정처분의 근거 법률에 의하여 보호되는 직접적이고 구체적인 이익이 있는 경우에는 행정소송법 제35조에 규정된 '무효확인을 구할 법률상 이익'이 있다고 보아야 하고, 이와 별도로 무효확인소송의 보충성이 요구되는 것은 아니므로 행정처분의 무효를 전제로 한 이행소송 등과 같은 직접적인 구제수단이 있는지 여부를 따질 필요가 없다고 해석함이 상당하다(대판 2008.3.20. 2007두6342 전합).

④ 국민의 정보공개청구권은 법률상 보호되는 구체적인 권리이므로, 공공기관에 대하여 정보의 공개를 청구하였다가 공개거부처분을 받은 청구인은 행정소송을 통하여 그 공개거부처분의 취소를 구할 법률상의 이익이 있다(대판 2010.12.23. 2008두13101).

07 Ⅴ 국가배상법 제2조 정답 ④

정답 분석

④ 소방법 제63조의 규정에 의하여 시, 읍, 면이 소방서장의 소방업무를 보조하게 하기 위하여 설치한 의용소방대를 국가기관이라고 할 수 없음은 물론 또 그것이 이를 설치한 시, 읍, 면에 예속된 기관이라고도 할 수 없다(대판 1978.7.11. 78다584).

선지 분석

① 지방자치단체가 '교통할아버지 봉사활동 계획'을 수립한 후 관할 동장으로 하여금 '교통할아버지'를 선정하게 하여 어린이 보호, 교통안내, 거리질서 확립 등의 공무를 위탁하여 집행하게 하던 중 '교통할아버지'로 선정된 노인이 위탁받은 업무 범위를 넘어 교차로 중앙에서 교통정리를 하다가 교통사고를 발생시킨 경우, 지방자치단체가 국가배상법 제2조 소정의 배상책임을 부담한다(대판 2001.1.5. 98다39060).
② 향토예비군도 그 동원기간 중에는 국가배상법 제2조 소정의 공무원 중에 포함된다고 보는 것이 상당하다(대판 1970.5.26. 70다471).
③ 서울시 산하 구청소속의 청소차량 운전원이 지방잡급직원규정에 의하여 단순노무제공만을 행하는 기능직 잡급직원이라면 이는 지방공무원법 제2조 제2항 제7호 소정의 단순한 노무에 종사하는 별정직 공무원에 해당한다(대판 1980.9.24. 80다1051).

08 Ⅱ 행정계획 정답 ③

정답 분석

③ 행정주체가 구체적인 행정계획을 입안·결정할 때에 가지는 비교적 광범위한 형성의 자유는 무제한적인 것이 아니라 행정계획에 관련되는 자들의 이익을 공익과 사익 사이에서는 물론이고 공익 상호간과 사익 상호간에도 정당하게 비교교량하여야 한다는 제한이 있는 것이다(대판 2012.1.12. 2010두5806).

선지 분석

① 선행처분인 도시·군계획시설결정의 하자는 원칙적으로 후행처분인 실시계획인가에 승계되지 않으나, 선행처분의 하자가 당연무효의 수준인 경우에는 그 하자가 후행처분에도 승계된다.

> 🔨 **관련 판례**
>
> 선행처분인 도시·군계획시설결정에 하자가 있더라도 그것이 당연무효가 아닌 한 원칙적으로 후행처분인 실시계획인가에 승계되지 않는다(대판 2017.7.18. 2016두49938).

② 행정계획이 헌법소원의 대상이 되는 공권력의 행사에 해당하는지 여부는 해당 계획의 구체적 성격을 고려하여 개별적으로 판단하여야 한다. 국민의 권리와 의무를 발생시키거나 변경하는 행정계획은 공권력의 행사로 볼 수 있지만, 직접 구속력을 갖지 않고 사실상의 준비행위나 사전안내 또는 행정기관 내부 지침에 지나지 않는 행정계획은 원칙적으로 헌법소원의 대상이 되는 공권력의 행사라 할 수 없다(헌재 2016.10.27. 2013헌마576).
④ 행정주체가 행정계획을 입안·결정하면서 이익형량을 전혀 행하지 않거나 이익형량의 고려 대상에 마땅히 포함시켜야 할 사항을 빠뜨린 경우 또는 이익형량을 하였으나 정당성과 객관성이 결여된 경우에는 행정계획결정은 형량에 하자가 있어 위법하게 된다(대판 2012.1.12. 2010두5806).

09 Ⅶ 공무원 징계 정답 ④

정답 분석

④ 국가공무원으로 임용되기 전의 행위일지라도 공무원 임용 후의 공무원의 체면 또는 위신을 손상하게 된 경우에는 징계사유로 삼을 수 있다고 본다.

> 🔨 **관련 판례**
>
> 국가공무원으로 임용되기 전의 행위는 국가공무원법 제78조 제2항·제3항의 경우 외에는 원칙적으로 재직 중의 징계사유로 삼을 수 없다 할 것이나, 비록 임용 전의 행위라 하더라도 이로 인하여 임용 후의 공무원의 체면 또는 위신을 손상하게 된 경우에는 위 제1항 제3호의 징계사유로 삼을 수 있다고 보아야 할 것인바, 원고가 장학사 또는 공립학교 교사로 임용해 달라는 등의 인사청탁과 함께 금 1,000만원을 제3자를 통하여 서울시 교육감에게 전달함으로써 뇌물을 공여하였고, 그 후 공립학교 교사로 임용되어 재직 중 검찰에 의하여 위 뇌물공여죄로 수사를 받다가

기소되기에 이르렀으며 그와 같은 사실이 언론기관을 통하여 널리 알려졌다면, 비록 위와 같은 뇌물을 공여한 행위는 공립학교 교사로 임용되기 전이었더라도 그 때문에 임용 후의 공립학교 교사로서의 체면과 위신이 크게 손상되었다고 하지 않을 수 없으므로 이를 징계사유로 삼은 것은 정당하다(대판 1990.5.22. 89누7368).

선지 분석
① 계약직공무원에 대한 현행 법령의 규정에 비추어 볼 때, 계약직공무원 채용계약해지의 의사표시는 일반공무원에 대한 징계처분과는 달라서 항고소송의 대상이 되는 처분 등의 성격을 가진 것으로 인정되지 아니하고, 일정한 사유가 있을 때에 국가 또는 지방자치단체가 채용계약 관계의 한쪽 당사자로서 대등한 지위에서 행하는 의사표시로 취급되는 것으로 이해되므로, 이를 징계해고 등에서와 같이 그 징계사유에 한하여 효력 유무를 판단하여야 하거나, 행정처분과 같이 행정절차법에 의하여 근거와 이유를 제시하여야 하는 것은 아니다(대판 2002.11.26. 2002두5948).
② 국방일보의 발행책임자인 국방홍보원장으로 채용된 자가 부하직원에 대한 지휘·감독을 소홀히 함으로써 북한의 혁명가극인 '피바다'에 관한 기사가 국방일보에 게재되어 사회적 물의를 야기한 경우, 그 채용계약의 기초가 되는 신뢰관계가 파괴되어 채용계약을 그대로 유지하기 어려운 정도에 이르렀다고 볼 것이다(대판 2002.11.26. 2002두5948).
③ 지방공무원법상 징계의 종류를 명시적으로 규정하고 있으며, 그 내용은 국가공무원법과 동일하다.

> **국가공무원법 제79조【징계의 종류】** 징계는 파면·해임·강등·정직·감봉·견책(譴責)으로 구분한다.
> **지방공무원법 제70조【징계의 종류】** 징계는 파면·해임·강등·정직·감봉 및 견책으로 구분한다.

10 Ⅳ 이행강제금   정답 ④

정답 분석
④ 농지법상 이행강제금 부과처분을 하면서 행정소송을 할 수 있다고 잘못 안내하였더라도 행정법원의 항고소송 재판관할이 생기지는 않는다.

> **관련 판례**
> 농지법상 이행강제금 부과처분에 불복하는 경우에는 비송사건절차법에 따른 재판절차가 적용되어야 하고, 행정소송법상 항고소송의 대상은 될 수 없다. 농지법 제62조 제6항·제7항이 위와 같이 이행강제금 부과처분에 대한 불복절차를 분명하게 규정하고 있으므로, 이와 다른 불복절차를 허용할 수는 없다. 설령 관할청이 이행강제금 부과처분을 하면서 재결청에 행정심판을 청구하거나 관할 행정법원에 행정소송을 할 수 있다고 잘못 안내하거나 관할 행정심판위원회가 각하재결이 아닌 기각재결을 하면서 관할 법원에 행정소송을 할 수 있다고 잘못 안내하였다고 하더라도, 그러한 잘못된 안내로 행정법원의 항고소송 재판관할이 생긴다고 볼 수도 없다(대판 2019.4.11. 2018두42955).

선지 분석
① 이행강제금은 행정법상의 부작위의무 또는 비대체적 작위의무를 이행하지 않은 경우에 '일정한 기한까지 의무를 이행하지 않을 때에는 일정한 금전적 부담을 과할 뜻'을 미리 '계고'함으로써 의무자에게 심리적 압박을 주어 장래를 향하여 의무의 이행을 확보하려는 간접적인 행정상 강제집행 수단이다(대판 2015.6.24. 2011두2170).
② 전통적으로 행정대집행은 대체적 작위의무에 대한 강제집행수단으로, 이행강제금은 부작위의무나 비대체적 작위의무에 대한 강제집행 수단으로 이해되어 왔으나, 이는 이행강제금제도의 본질에서 오는 제약은 아니며, 이행강제금은 대체적 작위의무의 위반에 대하여도 부과될 수 있다(헌재 2004.2.26. 2001헌바80).
③ 무허가 건축행위에 대한 형사처벌시에 위법건축물에 대한 시정명령의 위반행위까지 함께 평가된다고 할 수 없어 시정명령 위반행위를 무허가 건축행위의 불가벌적 사후행위라고 할 수도 없다. 따라서 건축법 제108조, 제110조에 의한 형사처벌의 대상이 되는 행위와 이 사건 법률조항에 따라 이행강제금이 부과되는 행위는 기초적 사실관계가 동일한 행위가 아니라 할 것이므로 이런 점에서도 이 사건 법률조항은 헌법 제13조 제1항의 이중처벌금지의 원칙에 위반되지 아니한다(헌재 2011.10.25. 2009헌바140).

11 Ⅱ 행정행위의 부관   정답 ①

정답 분석
① 일반적으로 기속행위나 기속적 재량행위에는 부관을 붙일 수 없고, 가사 부관을 붙였다 하더라도 이는 무효의 것이다(대판 1988.4.27. 87누1106).

선지 분석
② 행정행위의 부관 중에서도 행정행위에 부수하여 그 행정행위의 상대방에게 일정한 의무를 부과하는 행정청의 의사표시인 부담은 독립하여 행정쟁송의 대상이 될 수 있다.

> **관련 판례**
> 행정행위의 부관은 부담인 경우를 제외하고는 독립하여 행정소송의 대상이 될 수 없다(대판 2001.6.15. 99두509).

③ 행정청이 수익적 행정처분을 하면서 부가한 부담의 위법 여부는 처분 당시 법령을 기준으로 판단하여야 하고, 부담이 처분 당시 법령을 기준으로 적법하다면 처분 후 부담의 전제가 된 주된 행정처분의 근거법령이 개정됨으로써 행정청이 더 이상 부관을 붙일 수 없게 되었다 하더라도 곧바로 위법하게 되거나 그 효력이 소멸하게 되는 것은 아니다(대판 2009.2.12. 2005다65500).
④ 해제조건은 조건이 성취되면 행정행위의 효력이 당연히 소멸하게 되지만, 부담부 행정행위는 부담을 불이행하더라도 철회사유가 될 뿐이므로 별도로 철회를 하지 않는 한 당연히 행정행위의 효력이 소멸하는 것은 아니다.

12 Ⅱ 행정기본법 정답 ②

정답 분석

ㄱ. 평등의 원칙에 대한 설명이다.

> **행정기본법 제9조【평등의 원칙】** 행정청은 합리적 이유 없이 국민을 차별하여서는 아니 된다.

ㄴ. 부당결부금지의 원칙에 대한 설명이다.

> **행정기본법 제13조【부당결부금지의 원칙】** 행정청은 행정작용을 할 때 상대방에게 해당 행정작용과 실질적인 관련이 없는 의무를 부과해서는 아니 된다.

ㄷ. 비례의 원칙에 대한 설명이다.

> **행정기본법 제10조【비례의 원칙】** 행정작용은 다음 각 호의 원칙에 따라야 한다.
> 1. 행정목적을 달성하는 데 유효하고 적절할 것
> 2. 행정목적을 달성하는 데 필요한 최소한도에 그칠 것
> 3. 행정작용으로 인한 국민의 이익 침해가 그 행정작용이 의도하는 공익보다 크지 아니할 것

13 Ⅲ 행정절차법 정답 ④

정답 분석

④ 행정청이 행하는 구체적 사실에 관한 법 집행으로서의 공권력의 행사 또는 그 거부와 그 밖에 이에 준하는 행정작용은 처분에 대한 정의이다.

> **행정절차법 제2조【정의】** 이 법에서 사용하는 용어의 뜻은 다음과 같다.
> 2. "처분"이란 행정청이 행하는 구체적 사실에 관한 법 집행으로서의 공권력의 행사 또는 그 거부와 그 밖에 이에 준하는 행정작용을 말한다.
> 3. "행정지도"란 행정기관이 그 소관 사무의 범위에서 일정한 행정목적을 실현하기 위하여 특정인에게 일정한 행위를 하거나 하지 아니하도록 지도, 권고, 조언 등을 하는 행정작용을 말한다.

선지 분석

① 행정절차법 제2조 제1호에 대한 옳은 내용이다.

> **제2조【정의】** 이 법에서 사용하는 용어의 뜻은 다음과 같다.
> 1. "행정청"이란 다음 각 목의 자를 말한다.
>   가. 행정에 관한 의사를 결정하여 표시하는 국가 또는 지방자치단체의 기관
>   나. 그 밖에 법령 또는 자치법규(이하 "법령 등"이라 한다)에 따라 행정권한을 가지고 있거나 위임 또는 위탁받은 공공단체 또는 그 기관이나 사인(私人)

② 행정절차법 제2조 제9호에 대한 옳은 내용이다.

> **제2조【정의】** 이 법에서 사용하는 용어의 뜻은 다음과 같다.
> 9. "정보통신망"이란 전기통신설비를 활용하거나 전기통신설비와 컴퓨터 및 컴퓨터 이용기술을 활용하여 정보를 수집·가공·저장·검색·송신 또는 수신하는 정보통신체제를 말한다.

③ 행정절차법 제2조 제6호에 대한 옳은 내용이다.

> **제2조【정의】** 이 법에서 사용하는 용어의 뜻은 다음과 같다.
> 6. "공청회"란 행정청이 공개적인 토론을 통하여 어떠한 행정작용에 대하여 당사자 등, 전문지식과 경험을 가진 사람, 그 밖의 일반인으로부터 의견을 널리 수렴하는 절차를 말한다.

14 Ⅳ 행정의 실효성 확보수단 정답 ③

정답 분석

③ 위법한 행정대집행이 완료되면 그 처분의 무효확인 또는 취소를 구할 소의 이익은 없다 하더라도, 미리 그 행정처분의 취소판결이 있어야만 그 행정처분의 위법임을 이유로 한 손해배상청구를 할 수 있는 것은 아니다(대판 1972.4.28. 72다337).

선지 분석

① 제1차로 창고건물의 철거 및 하천부지에 대한 원상복구명령을 하였음에도 이에 불응하므로 대집행계고를 하면서 다시 자진철거 및 토사를 반출하여 하천부지를 원상복구할 것을 명한 경우, 행정대집행법상의 철거 및 원상복구의무는 제1차 철거 및 원상복구명령에 의하여 이미 발생하였다 할 것이어서, 대집행계고서에 기재된 자진철거 및 원상복구명령은 새로운 의무를 부과하는 것이라고 볼 수 없으며, 단지 종전의 철거 및 원상복구를 독촉하는 통지에 불과하므로 취소소송의 대상이 되는 독립한 행정처분이라고 할 수 없다(대판 2004.6.10. 2002두12618).

② 종로구청장이 한 단수처분은 항고소송의 대상이 되는 행정처분에 해당한다(대판 1979.12.28. 79누218).

④ 독점규제 및 공정거래에 관한 법률에서 시정명령 제도를 둔 취지에 비추어 시정명령의 내용은 가까운 장래에 반복될 우려가 있는 동일한 유형의 행위의 반복금지까지 명할 수 있는 것으로 해석함이 상당하다(대판 2010.11.25. 2008두23177).

15 Ⅴ 토지보상법 정답 ③

정답 분석

③ 공익사업을 위한 토지 등의 취득 및 보상에 관한 법률 시행령 제40조 제3항 제3호가 이주대책의 대상자에서 세입자를 제외하고 있는 것이 세입자의 재산권을 침해하는 것이라 볼 수 없다(헌재 2003.2.23. 2004헌마19).

선지 분석

① 공익사업을 위한 토지 등의 취득 및 보상에 관한 법률 제81조 제1항 제1호에 대한 옳은 내용이다.

> 제81조 【보상업무 등의 위탁】 ① 사업시행자는 보상 또는 이주대책에 관한 업무를 다음 각 호의 기관에 위탁할 수 있다.
> 1. 지방자치단체

② 공익사업을 위한 토지 등의 취득 및 보상에 관한 법률 제78조 제6항에 대한 옳은 내용이다.

> 제78조 【이주대책의 수립 등】 ⑥ 주거용 건물의 거주자에 대하여는 주거 이전에 필요한 비용과 가재도구 등 동산의 운반에 필요한 비용을 산정하여 보상하여야 한다.

④ 구 공익사업을 위한 토지 등의 취득 및 보상에 관한 법률의 각 조문을 종합하여 보면, 세입자의 주거이전비 보상청구권은 그 요건을 충족하는 경우에 당연히 발생하는 것이므로, 주거이전비 보상청구소송은 행정소송법 제3조 제2호에 규정된 당사자소송에 의하여야 한다(대판 2008.5.29. 2007다8129).

16 Ⅶ 행정권한의 위임   정답 ③

정답 분석

③ 법령이 아닌 법률이 위임을 허용하고 있는 경우에 한하여 인정된다.

> 관련 판례
> 행정권한의 위임은 행정관청이 법률에 따라 특정한 권한을 다른 행정관청에 이전하여 수임관청의 권한으로 행사하도록 하는 것이어서 권한의 법적인 귀속을 변경하는 것이므로 법률이 위임을 허용하고 있는 경우에 한하여 인정된다 할 것이다(대판 1995.11.28. 94누6475).

선지 분석

① 구 지방자치법 제15조, 제9조에 의하면, 지방자치단체가 자치조례를 제정할 수 있는 사항은 지방자치단체의 고유사무인 자치사무와 개별 법령에 의하여 지방자치단체에 위임된 단체위임사무에 한하는 것이고, 국가사무가 지방자치단체의 장에게 위임된 기관위임사무는 원칙적으로 자치조례의 제정범위에 속하지 않는다 할 것이고, 다만 기관위임사무에 있어서도 그에 관한 개별법령에서 일정한 사항을 조례로 정하도록 위임하고 있는 경우에는 위임받은 사항에 관하여 개별법령의 취지에 부합하는 범위 내에서 이른바 위임조례를 정할 수 있다(대판 2000.5.30. 99추85).

② 행정기관이 하부기관에 대하여 소관권한을 내부위임 하였을 경우에는 수임기관은 위임기관의 명의로서 처분하여야 한다(대판 1969.1.21. 68누193).

④ 행정권한의 위임 및 위탁에 관한 규정 제7조에 대한 옳은 내용이다.

> 제7조 【사전승인 등의 제한】 수임 및 수탁사무의 처리에 관하여 위임 및 위탁기관은 수임 및 수탁기관에 대하여 사전승인을 받거나 협의를 할 것을 요구할 수 없다.

17 Ⅵ 항고소송의 대상   정답 ①

정답 분석

① 진실·화해를 위한 과거사정리 기본법 제26조에 따른 진실·화해를 위한 과거사정리위원회의 진실규명결정이 항고소송의 대상이 되는 행정처분라고 보는 것이 타당하다(대판 2013.1.16. 2010두22856).

선지 분석

② 소득의 귀속자가 소득세 부과처분에 대한 취소소송 등을 통하여 소득처분에 따른 원천납세의무의 존부나 범위를 충분히 다툴 수 있는 점 등에 비추어 보면, 구 소득세법 시행령 제192조 제1항 단서에 따른 소득의 귀속자에 대한 소득금액변동통지는 원천납세의무자인 소득의 귀속자에 대한 법률상 지위에 직접적인 변동을 가져오는 것이 아니므로 항고소송의 대상이 되는 행정처분에 해당하지 않는다(대판 2015.1.29. 2013두4118).

③ 병역법상 신체등위판정은 행정청이라고 볼 수 없는 군의관이 하도록 되어 있으며, 그 자체만으로 바로 병역법상의 권리의무가 정하여지는 것이 아니라 그에 따라 지방병무청장이 병역처분을 함으로써 비로소 병역의무의 종류가 정하여지는 것이므로 항고소송의 대상이 되는 행정처분이라 보기 어렵다(대판 1993.8.27. 93누3356).

④ 상급행정기관의 하급행정기관에 대한 승인·동의·지시 등은 행정처분에 해당하지 않는다.

> 관련 판례
> 지방자치단체장이 개발제한구역 안에서의 혐오시설 설치허가에 앞서 건설부훈령인 "개발제한구역관리규정"에 의하여 사전승인 신청을 함에 따라 건설교통부장관이 한 승인행위가 항고소송의 대상이 되는 행정처분에 해당하지 않는다(대판 1997.9.26. 97누8540).

18 Ⅱ 행정입법   정답 ①

정답 분석

옳은 것은 ㄱ, ㄷ, ㄹ이고, 옳지 않은 것은 ㄴ이다.

ㄱ. [○] 행정절차법 제42조 제2항에 대한 옳은 내용이다.

> 제42조 【예고방법】 ② 행정청은 대통령령을 입법예고하는 경우 국회 소관 상임위원회에 이를 제출하여야 한다.

ㄴ. [×] 근거법률이 위헌결정으로 효력을 상실하면 법규명령도 원칙적으로 효력을 상실한다(대판 2001.6.12. 2000다18547).

ㄷ. [○] 행정규칙은 법규명령과 같은 엄격한 제정 및 개정절차를 요하지 아니하므로, 재산권 등과 같은 기본권을 제한하는 작용을 하는 법률이 입법위임을 할 때에는 "대통령령", "총리령", "부령" 등 법규명령에 위임함이 바람직하고, 금융감독위원회의 고시와 같은 형식으로 입법위임을 할 때에는 적어도 행정규제기본법 제4조 제2항 단서에서 정한 바와 같이 법령이 전문적·기술적 사항이나 경미한 사항으로서 업무의 성질상 위임이 불가피한 사항에 한정된다 할 것이고, 그러한 사항이라 하더라도 포괄위임금지의 원칙상 법률의 위임은 반드시 구체적·개별적으로 한정된 사항에 대하여 행하여져야 한다(헌재 2004.10.28. 99헌바91).

ㄹ. [O] 법률이 공법적 단체 등의 정관에 자치법적 사항을 위임한 경우에는 헌법 제75조가 정하는 포괄적인 위임입법의 금지는 원칙적으로 적용되지 않는다고 봄이 상당하고, 그렇다 하더라도 그 사항이 국민의 권리·의무에 관련되는 것일 경우에는 적어도 국민의 권리·의무에 관한 기본적이고 본질적인 사항은 국회가 정하여야 한다(대판 2007.10.12. 2006두14476).

19 Ⅲ 정보공개법 정답 ①

정답 분석

① 비공개 결정을 통지받은 청구인은 통지를 받은 날 또는 정보공개 청구 후 20일이 경과한 날부터 30일 이내에 해당 공공기관에 문서로 이의신청을 할 수 있다.

> 공공기관의 정보공개에 관한 법률 제18조【이의신청】① 청구인이 정보공개와 관련한 공공기관의 비공개 결정 또는 부분공개 결정에 대하여 불복이 있거나 정보공개 청구 후 20일이 경과하도록 정보공개 결정이 없는 때에는 공공기관으로부터 정보공개 여부의 결정 통지를 받은 날 또는 정보공개 청구 후 20일이 경과한 날부터 30일 이내에 해당 공공기관에 문서로 이의신청을 할 수 있다.

선지 분석

② 공공기관의 정보공개에 관한 법률 시행령 제3조에 대한 옳은 내용이다.

> 시행령 제3조【외국인의 정보공개 청구】법 제5조 제2항에 따라 정보공개를 청구할 수 있는 외국인은 다음 각 호의 어느 하나에 해당하는 자로 한다.
> 1. 국내에 일정한 주소를 두고 거주하거나 학술·연구를 위하여 일시적으로 체류하는 사람
> 2. 국내에 사무소를 두고 있는 법인 또는 단체

③ 공공기관의 정보공개에 관한 법률 제8조의2에 대한 옳은 내용이다.

> 제8조의2【공개대상 정보의 원문공개】공공기관 중 중앙행정기관 및 대통령령으로 정하는 기관은 전자적 형태로 보유·관리하는 정보 중 공개대상으로 분류된 정보를 국민의 정보공개 청구가 없더라도 정보통신망을 활용한 정보공개시스템 등을 통하여 공개하여야 한다.

④ 공공기관의 정보공개에 관한 법률 제13조 제1항에 대한 옳은 내용이다.

> 제13조【정보공개 여부 결정의 통지】① 공공기관은 제11조에 따라 정보의 공개를 결정한 경우에는 공개의 일시 및 장소 등을 분명히 밝혀 청구인에게 통지하여야 한다.

20 Ⅶ 병역법 정답 ②

정답 분석

② 징집에 대한 설명이다.

> 병역법 제2조【정의 등】① 이 법에서 사용되는 용어의 뜻은 다음과 같다.
> 1. "징집"이란 국가가 병역의무자에게 현역에 복무할 의무를 부과하는 것을 말한다.

선지 분석

① 병역법 제2조 제1항 제3호에 대한 옳은 내용이다.

> 제2조【정의 등】① 이 법에서 사용되는 용어의 뜻은 다음과 같다.
> 3. "입영"이란 병역의무자가 징집·소집 또는 지원에 의하여 군부대에 들어가는 것을 말한다.

③ 병역법 제2조 제1항 제7호에 대한 옳은 내용이다.

> 제2조【정의 등】① 이 법에서 사용되는 용어의 뜻은 다음과 같다.
> 7. "전환복무"란 현역병으로 복무 중인 사람이 의무경찰대원 또는 의무소방원의 임무에 복무하도록 군인으로서의 신분을 다른 신분으로 전환하는 것을 말한다.

④ 병역법 제2조 제1항 제8호에 대한 옳은 내용이다.

> 제2조【정의 등】① 이 법에서 사용되는 용어의 뜻은 다음과 같다.
> 8. "상근예비역"이란 징집에 의하여 현역병으로 입영한 사람이 일정기간을 현역병으로 복무하고 예비역에 편입된 후 지역방위와 이와 관련된 업무를 지원하기 위하여 소집되어 복무하는 사람을 말한다.

21 Ⅵ 행정소송 정답 ④

정답 분석

④ 여기서 기본적 사실관계의 동일성 유무는 처분사유를 법률적으로 평가하기 이전의 구체적인 사실에 착안하여 그 기초인 사회적 사실관계가 기본적인 점에서 동일한지 여부에 따라 결정되며 이와 같이 기본적 사실관계와 동일성이 인정되지 않는 별개의 사실을 들어 처분사유로 주장하는 것이 허용되지 않는다(대판 2003.12.11. 2001두8827).

선지 분석

① 행정소송법 제30조 제1항에 대한 옳은 내용이다.

> 제30조【취소판결 등의 기속력】① 처분 등을 취소하는 확정판결은 그 사건에 관하여 당사자인 행정청과 그 밖의 관계행정청을 기속한다.

② 행정소송법 제23조에 의한 집행정지결정의 효력은 결정주문에서 정한 시기까지 존속하며 그 시기의 도래와 동시에 효력이 당연히 소멸하는 것이다(대판 1999.2.23. 98두14471).
③ 법원은 당사자가 신청하지 아니한 사항에 대하여는 판결할 수 없는 것이고, 행정소송법 제26조에서 직권심리주의를 채용하고 있으나 이는 행정소송에 있어서 원고의 청구범위를 초월하여 그 이상의 청구를 인용할 수 있다는 의미가 아니라 원고의 청구범위를 유지하면서 그 범위 내에서 필요에 따라 주장 외의 사실에 관하여도 판단할 수 있다는 뜻이다(대판 1987.11.10. 86누491).

22 Ⅰ 행정법의 일반원칙 정답 ④

정답 분석

④ 예산은 일종의 법규범이고 법률과 마찬가지로 국회의 의결을 거쳐 제정되지만 법률과 달리 국가기관만을 구속할 뿐 일반국민을 구속하지 않는다(헌재 2006.4.25. 2006헌마409).

선지 분석

① 행정기본법 제8조에 대한 옳은 내용이다.

> 제8조 【법치행정의 원칙】 행정작용은 법률에 위반되어서는 아니 되며, 국민의 권리를 제한하거나 의무를 부과하는 경우와 그 밖에 국민생활에 중요한 영향을 미치는 경우에는 법률에 근거하여야 한다.

② 법률우위의 원칙이란 국가의 행정은 합헌적 절차에 따라 제정된 법률에 위반되어서는 안 된다는 것을 의미하고, 행정의 전 영역에 적용되는 원칙이다. 따라서 공법형식의 국가작용뿐만 아니라 사법형식으로 이루어지는 국가작용에도 적용된다.
③ 법률유보에서의 '법률'은 국회에서 제정한 형식적 의미의 법률을 의미하므로, 불문법으로서의 관습법 등은 이에 포함되지 않는다.

23 Ⅰ 사인의 공법행위 정답 ②

정답 분석

② 장기요양기관의 폐업신고와 노인의료복지시설의 폐지신고는, 행정청이 관계 법령이 규정한 요건에 맞는지를 심사한 후 수리하는 이른바 '수리를 필요로 하는 신고'에 해당한다. 그러나 행정청이 그 신고를 수리하였다고 하더라도, 신고서 위조 등의 사유가 있어 신고행위 자체가 효력이 없다면, 그 수리행위는 유효한 대상이 없는 것으로서, 수리행위 자체에 중대·명백한 하자가 있는지를 따질 것도 없이 당연히 무효이다(대판 2018.6.12. 2018두33593).

선지 분석

① 정신과의원을 개설하려는 자가 법령에 규정되어 있는 요건을 갖추어 개설신고를 한 때에, 행정청은 원칙적으로 이를 수리하여 신고필증을 교부하여야 하고, 법령에서 정한 요건 이외의 사유를 들어 의원급 의료기관 개설신고의 수리를 거부할 수는 없다(대판 2018.10.25. 2018두44302).
③ 노인복지시설을 건축한다는 이유로 건축부지 취득에 관한 조세를 감면받고 일반 공동주택에 비하여 완화된 부대시설 설치기준을 적용받아 건축허가를 받은 자로서는 당연히 그 노인복지시설에 관한 설치신고 당시에도 당해 시설이 노인복지시설로 운영될 수 있도록 조치하여야 할 의무가 있고, 따라서 같은 법 제33조 제2항에 의한 유료노인복지주택의 설치신고를 받은 행정관청으로서는 그 유료노인복지주택의 시설 및 운영기준이 위 법령에 부합하는지와 아울러 위 유료노인복지주택이 적법한 입소대상자에게 분양되었는지와 설치신고 당시 부적격자들이 입소하고 있지는 않은지 여부까지 심사하여 그 신고의 수리 여부를 결정할 수 있다(대판 2007.1.11. 2006두14537).
④ 인·허가의제 효과를 수반하는 건축신고는 일반적인 건축신고와는 달리, 특별한 사정이 없는 한 행정청이 그 실체적 요건에 관한 심사를 한 후 수리하여야 하는 이른바 '수리를 요하는 신고'로 보는 것이 옳다(대판 2011.1.20. 2010두14954 전합).

24 Ⅵ 행정심판법 정답 ④

정답 분석

④ 행정심판위원회는 당사자의 신청에 의한 경우 또는 직권으로 임시처분을 결정할 수 있다.

> 행정심판법 제31조 【임시처분】 ① 위원회는 처분 또는 부작위가 위법·부당하다고 상당히 의심되는 경우로서 처분 또는 부작위 때문에 당사자가 받을 우려가 있는 중대한 불이익이나 당사자에게 생길 급박한 위험을 막기 위하여 임시지위를 정하여야 할 필요가 있는 경우에는 직권으로 또는 당사자의 신청에 의하여 임시처분을 결정할 수 있다.

선지 분석

① 행정심판법 제27조 제1항, 제3항에 대한 옳은 내용이다.

> 제27조 【심판청구의 기간】 ① 행정심판은 처분이 있음을 알게 된 날부터 90일 이내에 청구하여야 한다.
> ③ 행정심판은 처분이 있었던 날부터 180일이 지나면 청구하지 못한다. 다만, 정당한 사유가 있는 경우에는 그러하지 아니하다.

② 행정심판법 제20조 제1항에 대한 옳은 내용이다.

> 제20조 【심판참가】 ① 행정심판의 결과에 이해관계가 있는 제3자나 행정청은 해당 심판청구에 대한 제7조 제6항 또는 제8조 제7항에 따른 위원회나 소위원회의 의결이 있기 전까지 그 사건에 대하여 심판참가를 할 수 있다.

③ 행정심판법 제16조 제1항에 대한 옳은 내용이다.

> 제16조 【청구인의 지위 승계】 ① 청구인이 사망한 경우에는 상속인이나 그 밖에 법령에 따라 심판청구의 대상에 관계되는 권리나 이익을 승계한 자가 청구인의 지위를 승계한다.

25 Ⅲ 행정절차법 정답 ②

정답 분석

옳은 것은 ㄱ, ㄷ이다.

ㄱ. 행정절차법의 적용이 제외되는 외국인의 출입국에 관한 사항이란 해당 행정작용의 성질상 행정절차를 거치기 곤란하거나 거칠 필요가 없다고 인정되는 사항이나 행정절차에 준하는 절차를 거친 사항으로서 행정절차법 시행령으로 정하는 사항만을 가리킨다. 외국인의 출입국에 관한 사항이라고 하여 행정절차를 거칠 필요가 당연히 부정되는 것은 아니다(대판 2019.7.11. 2017두38874).

ㄷ. 행정청이 구 식품위생법 규정에 의하여 영업자 지위승계신고를 수리하는 처분은 종전의 영업자의 권익을 제한하는 처분이라 할 것이고 따라서 종전의 영업자는 그 처분에 대하여 직접 그 상대가 되는 자에 해당한다고 봄이 상당하므로, 행정청으로서는 위 신고를 수리하는 처분을 함에 있어서 행정절차법 규정 소정의 당사자에 해당하는 종전의 영업자에 대하여 위 규정 소정의 행정절차를 실시하고 처분을 하여야 한다(대판 2003.2.14. 2001두7015).

선지 분석

ㄴ. 신청에 따른 처분이 이루어지지 아니한 경우에는 아직 당사자에게 권익이 부과되지 아니하였으므로 특별한 사정이 없는 한 신청에 대한 거부처분이라고 하더라도 직접 당사자의 권익을 제한하는 것은 아니어서 신청에 대한 거부처분을 여기에서 말하는 당사자의 권익을 제한하는 처분에 해당한다고 할 수 없는 것이어서 처분의 사전통지 대상이 된다고 할 수 없다(대판 2003.11.28. 2003두674).

ㄹ. 행정처분의 상대방이 통지된 청문일시에 불출석하였다는 이유만으로 행정청이 관계 법령상 그 실시가 요구되는 청문을 실시하지 아니한 채 침해적 행정처분을 할 수는 없을 것이므로, 행정처분의 상대방에 대한 청문통지서가 반송되었다거나, 행정처분의 상대방이 청문일시에 불출석하였다는 이유로 청문을 실시하지 아니하고 한 침해적 행정처분은 위법하다(대판 2001.4.13. 2000두3337).

제3과목 경영학

01 Ⅰ 경영학과 경영의사결정   정답 ③

정답 분석

불확실한 상황하의 의사결정은, 의사결정자에게 특정 의사결정의 결과는 알려져 있으나 그 결과가 발생할 확률이 알려져 있지 않은 상태에서 수행되는 의사결정을 말한다.

02 Ⅰ 경영학의 발전과정   정답 ②

선지 분석

ㄱ. 포드 시스템은 범위의 경제(economy of scope)가 아니라 규모의 경제(economy of scale)를 통해 생산원가를 낮추어 가격을 낮추게 된다.

ㄹ. 인간관계학파는 고전적 접근법을 비판하기 위한 목적으로 형성된 학파이다. 그리고 인간관계학파의 형성에 기여한 호손연구는 고전적 접근법을 옹호하기 위한 목적으로 설계된 연구이다.

03 Ⅰ 전략분석 / 전략수립   정답 ③

선지 분석

① 가치사슬분석에서 직접적으로 이윤을 창출하는 활동을 본원적 활동이라고 한다.
② 원가우위전략을 추구하는 기업은 구조화된 조직과 책임을 강조하며, 업무의 효율성을 중시한다.
④ 원자재 또는 부품을 독점하거나 특수한 기술을 지니고 있는 공급업체와 거래를 하여야 하는 상황이라면 공급업체의 교섭력이 높아지기 때문에 산업의 수익률은 낮아진다.

04 Ⅰ 경영혁신   정답 ①

선지 분석

② 블루오션 전략은 경쟁이 무의미하고, 차별화와 저비용을 동시에 추구하도록 전략이다.
③ 균형성과표는 재무적 관점에 치중되어 있던 전통적인 성과관리체계를 극복하기 위하여 기업의 전략적 목표를 일련의 성과측정지표로 전환할 수 있는 종합적인 틀로써 재무적 관점, 고객관점, 내부프로세스관점, 학습과 성장관점 등 4개의 범주로 구분하여 성과를 측정하는 것을 말하며, 카플란(Kaplan)이 제시한 개념이다.
④ 지식(knowledge)은 정보(information)를 체계화하여 장래사용에 대해 보편성을 갖도록 한 것이다.

05 Ⅱ 지각   정답 ②

정답 분석

자신이 모든 행동의 원인을 통제할 수 있다고 착각하는 지각오류는 통제의 환상이다. 자존적 편견은 평가자가 자신의 자존심을 지키기 위해 자신이 실패했을 때는 자신의 외부적 요인에서 원인을 찾고, 자신의 성공에 대해서는 내부적 요인에서 원인을 찾으려는 경향이다.

06 Ⅱ 가치관과 감정 / 태도   정답 ①

정답 분석

정서적 몰입은 조직에 대한 정서적 애착을 의미한다. 조직에 대해서 가지는 도덕적 또는 윤리적 의무감으로 조직에 남고자 하는 것은 규범적 몰입이다.

이것도 알면 합격!

조직몰입은 자신이 일하는 조직과 조직의 목표를 동일시하고 그 조직에서 지속적으로 소속되기를 원하는 것을 의미한다. 즉 개인이 특정 조직에 애착을 가짐으로써 그 조직에 남아 조직을 위해서 노력하면서 조직의 가치와 목표를 적극적으로 수용하게 되는 심리상태를 의미한다. 마이어와 알렌(Meyer & Allen)에 따르면 이러한 조직몰입은 정서적 몰입, 지속적 몰입, 규범적 몰입으로 이루어져 있다.

정서적 몰입	조직에 대한 정서적 애착을 의미한다. 핵심요인은 조직을 자신의 확장이라고 생각하는 조직동일시이다. 조직몰입이 높으면 조직에 대해서 긍정적 감정을 가지게 되며 다른 사람들이 자신이 속한 조직을 비판적으로 대하면 자신과 조직을 동일시하여 다른 사람들에 대하여 부정적인 감정을 갖게 된다.
지속적 몰입	조직에 잔류하고자 하는 의도를 의미한다. 이직에 대한 대안이 없으면 몰입은 증가하게 된다. 즉 조직에 절대적으로 만족하지 않지만 현재 자신의 처지에서 다른 조직으로 옮길 자신이 없다면 현재의 조직에 대한 몰입이 증가한다. 따라서 지속적 몰입은 다분히 거래적이며 경제적인 관점에서의 몰입이라고 할 수 있다.
규범적 몰입	조직에 대해서 가지는 도덕적 또는 윤리적 의무감으로 조직에 남고자 하는 것을 의미한다.

07 Ⅱ 집단행동   정답 ④

정답 분석

링겔만 효과(Ringelmann effect)는 집단에 속한 사람들이 함께 일하는 상황에서 혼자 일할 때보다 노력을 덜 들여 개인의 수행이 떨어지는 경향을 뜻한다.

이것도 알면 합격!

사회적 태만(social loafing) 또는 링겔만효과(Ringelmann effect)는 줄다리기 등과 같은 신체적 노력에서뿐만 아니라, 어떤 사항에 대한 평가 혹은 의견 개진 등과 같은 인지적 노력을 요하는 과제에서도 발생한다. 이러한 사회적 태만은 개인의 수행 정도를 평가할 수 없어 개개인의 수행이 집단에 묻힌다고 생각될 때 결과에 대한 책임이 전체 구성원에게 분산되어 사람들이 열심히 노력하지 않아 발생하는 현상이다. 또한 사회적 태만은 과제 수행에 참여한 개개인의 기여도를 평가할 수 없을 때, 집단의 다른 구성원들이 능력이 충분함에도 불구하고 노력을 하지 않을 때, 집단 과제가 중요하지 않다고 지각되었을 경우에도 나타나기 쉽다. 또한, 집단이 목표를 달성할 것이라는 기대가 낮을수록 그리고 그 목표의 달성이 개인에게 중요하지 않을수록 사회적 태만이 나타나기 쉽다.

08 Ⅱ 리더십   정답 ③

선지 분석

① 권력(power)은 쌍방성, 상대성, 가변성 등의 속성을 가진다.
② 준거적 권력은 태도변화 중 동일화(identification)와 관계가 있고, 전문적 권력은 태도변화 중 내면화(internalization)와 관계가 있다.
④ 허시(Hersey)와 블랜차드(Blanchard)의 수명주기이론에 의하면, 부하의 성숙도가 높아짐에 따라 적합한 리더십의 유형은 지시형, 설득형, 참여형, 위임형의 순서대로 변화한다.

09 Ⅱ 직무관리 / 확보관리   정답 ①

정답 분석

인적자원의 수요예측을 상향식 방법으로 수행하게 되면 수요가 과대예측될 가능성이 높다.

10 Ⅱ 교육훈련과 경력개발   정답 ④

정답 분석

경력개발의 최종점을 경력의 닻(anchor)이라고 주장한 사람은 샤인(Schein)이다. 샤인(Schein)에 의하면 개인에 따라 경력목표는 다르게 나타나며, 경력개발의 최종점을 경력의 닻(career anchor)이라고 하였다. 샤인은 이러한 경력의 닻으로 전문역량 닻(전문지식 중심), 관리역량 닻(관리능력 중심), 안전·안정 닻(안정 중심), 기업가적 창의성 닻(창의성 중심), 자율성·독립성 닻(자율과 독립 중심), 봉사 닻(봉사 중심), 도전 닻(호기심, 다양성, 도전 중심), 라이프스타일 닻(균형, 조화 중심) 등을 제시하였다. 따라서 인적자원들은 이러한 경력의 닻 중에서 하나를 선택하여 경력목표를 설정하게 된다.

11 Ⅲ 전환배치와 승진   정답 ③

정답 분석

조직변화 승진은 승진대상자에 비해 승진대상직위가 부족한 경우에 조직변화를 통해 승진대상직위를 늘림으로써 인적자원들에게 (직급)승진의 기회를 확대하는 방법이다.

12 Ⅲ 보상관리   정답 ③

정답 분석

기업의 성숙도가 높다는 것은 해당 기업이 직면한 위험의 크기가 작다는 것을 의미한다. 그리고 기업이 종업원에게 지급하는 보상수준에는 위험에 대한 대가가 포함되기 때문에 위험이 클수록 보상수준은 높아지게 된다. 따라서 성숙도가 높은 기업의 보상수준이 성숙도가 낮은 기업보다 더 낮다.

13 Ⅲ 인적자원의 유지   정답 ①

정답 분석

제안제도, 분임조, 공동의사결정제도는 의사결정 참여의 방법이고, 이윤분배제도는 이익참여의 방법이며, 종업원지주제도는 자본참여의 방법이라고 할 수 있다.

이것도 알면 합격!

국제품질표준(ISO)

제안제도	업무개선이나 비용절감 등 조직의 효율성 제고를 위해 조직구성원들의 아이디어를 체계적으로 수집하고 이를 활용하는 공식적인 절차를 의미한다. 따라서 제안제도는 조직구성원들에게 참여의 기회를 제공할 뿐만 아니라 선택된 아이디어 또는 제안에 대해 적절한 보상을 지불한다는 점에서 동기부여의 역할도 한다.
분임조	작업집단을 소규모 인원으로 구성하여 집단 구성원들이 그들의 업무를 개선하고 성과를 높이는 데 직접 참여할 수 있도록 하는 제도를 의미한다. 대표적인 예로는 품질분임조(quality circle)가 있다.
공동의사결정제도	노동자나 노동조합이 의결권을 가지고 이사회에 참여하여 경영진과 공동으로 의사결정을 하는 것이다.
이윤분배제도	조직구성원들이 달성한 이익의 일부를 조직구성원들에게 분배함으로써 조직구성원들이 조직의 경제적 이득에 참여하고 동기유발을 할 수 있도록 하는 제도를 의미한다.
종업원지주제도	종업원이 자사에서 발행하는 주식을 보유하게 하는 제도를 의미한다. 기업은 종업원지주제도를 위해 저가격, 배당우선, 공로주, 의결권 제한, 양도제한 등의 특별한 조건 및 방법을 이용한다.

14 | Ⅳ 공정설계 / 배치설계 | 정답 ③

정답 분석

라인밸런싱은 각 작업장에서 생산주기시간(cycle time)에 거의 가까운 시간이 소요되도록 과업을 할당함으로써 유휴시간(idle time) 또는 작업공전(starving)을 최소화하여 작업자와 설비의 이용도를 높이고자 하는 것을 목적으로 한다. 작업공전은 작업을 하면서 선행 과정에서 작업 물량이 원활하게 공급되지 못하고 작업 단계마다 저장 공간이 없는 경우에 작업량이 없어서 작업을 진행할 수 없는 상태를 의미한다.

15 | Ⅳ 재고관리 | 정답 ②

정답 분석

기업의 입장에서 재고를 감축하고자 하는 요인과 재고를 비축하고자 하는 요인 모두 존재한다. 그리고 재고를 감축하고자 하는 요인에는 이자 또는 기회비용, 보관비용, 처리비용, 세금, 보험료, 훼손비용 등이 있고, 재고를 비축하고자 하는 요인에는 고객의 주문에 신속한 대응가능, 주문비용, 작업준비비용, 수송비용, 구입비용 등이 있다.

16 | Ⅳ 품질경영 | 정답 ①

정답 분석

규격범위는 관리상한선에서 관리하한선을 빼 준 값이고, 시그마 수준은 규격중심에서 규격한계까지의 거리가 표준편차의 몇 배인지를 나타낸다. 따라서 규격범위가 48이면 규격중심에서 규격한계까지의 거리가 24가 되기 때문에 시그마 수준은 24를 8로 나눈 3이 된다.

17 | Ⅳ 적시생산시스템과 공급사슬관리 | 정답 ④

정답 분석

공급사슬운영참고(supply chain operations reference, SCOR) 모형은 공급사슬통합과 그 구성요소들의 성과를 측정하기 위한 모형으로 공급사슬관리의 진단, 벤치마킹, 프로세스 개선을 위한 도구로 사용되는 모형이다. 즉 SCC(supply chain council)에 의해 정립된 공급사슬 프로세스의 모든 범위와 단계를 포괄하는 참조 모형으로 최상의 실행(best practices), 수행 데이터 비교, 최적의 지원 IT를 적용하기 위한 표준이다. 이는 실제로는 각각의 기업들이 서로 다른 업무 프로세스나 업적/측정 지표를 갖고 있더라도 전체의 효율을 위해 SCM 공용 프로세스를 구현하는 것을 목적으로 한다. 공급사슬운영참고 모형은 공급사슬운영을 계획, 조달, 생산, 배송, 반품/회수의 다섯 가지 범주로 분리하였다.

18 | Ⅴ 마케팅과 마케팅개념 | 정답 ③

정답 분석

산업재의 경우는 간접구매보다는 직접구매를 하는 것이 일반적이다.

19 | Ⅴ 마케팅조사 | 정답 ②

선지 분석

ㄱ. 문헌조사, 전문가 의견조사, 심층면접법, 표적집단면접법 등은 탐색조사(exploration research)의 방법에 해당한다.

ㄹ. 표본추출은 '모집단의 결정 → 표본추출 프레임의 결정 → 표본추출 방법의 결정 → 표본추출'의 절차로 이루어진다.

이것도 알면 합격!

마케팅조사의 첫 단계는 기업에서 겪고 있는 다양한 문제들의 원인이 무엇인지 규명하고 마케팅조사문제에 대한 정확한 방향을 설정하는 것이다. 이를 위한 구체적인 방법으로는 탐색조사, 기술조사, 인과조사 등이 있다.

탐색조사	마케팅조사의 기초단계에서 조사에 대한 아이디어나 전체를 조망하는 통찰력을 얻고자 할 때 사용된다. 특히, 문제에 대한 명확한 개념이 부족할 때 유용하며, 확실한 개념을 확정하거나 조사의 우선순위를 선정하는 데 많은 도움을 준다. 탐색조사를 위해 대표적으로 사용되는 방법으로는 기존의 잡지, 학회지, 통계자료 등을 이용하는 문헌조사, 조사문제와 관련하여 전문적 지식과 경험을 가지고 있을 것으로 판단되는 사람들의 의견을 청취하는 전문가 의견조사, 당면한 마케팅상황과 유사한 사례들을 찾아 이를 분석하는 사례조사 등이 있다.
기술조사	마케팅 관련 특정 상황의 발생빈도를 있는 그대로 조사하여 관련 변수들 사이의 상호관계 정도를 파악하고, 마케팅 관련 상황의 미래 예측을 위해 사용된다. 기술조사에는 일정한 시간간격을 두고 조사대상을 반복적으로 측정하는 종단조사와 일정시점의 연구대상 모집단에서 추출된 표본으로부터 자료를 얻어 분석하는 횡단조사 등이 있다.
인과조사	마케팅 변수들 간의 인과관계를 통하여 마케팅 현상에 관한 설명 및 예측을 하기 위해 사용된다. 인과조사에는 대칭적 관계, 비대칭적 관계, 자극 – 반응관계, 특성 – 성향관계, 특성 – 행동관계 등이 포함된다.

20 Ⅴ 고객관계관리와 고객경험관리   정답 ④

정답 분석

빅 데이터는 양(volume), 속도(velocity), 다양성(variety)의 세 가지 특징을 가지고 있다. 이 외에 최근에는 정확성(veracity), 가변성(variability), 시각화(visualization), 가치(value) 등이 빅 데이터의 새로운 특징으로 제시되고 있다.

21 Ⅵ 자본의 조달   정답 ②

정답 분석

기업이 타인자본을 조달하게 되면 가중평균자본비용을 낮출 수 있으며, 이를 통해 기업의 가치를 증가시킬 수 있다.

22 Ⅵ 자본예산   정답 ③

정답 분석

이자비용의 법인세절감효과는 현금유입으로 처리하지 않지만, 감가상각비의 법인세절감효과는 현금유입으로 처리한다.

이것도 알면 합격!

금융(자본)비용	이자비용과 배당금은 실제 현금유출이 발생하는 항목이다. 그러나 자본예산에서는 이자비용과 배당금을 현금유출에 반영하지 않는다. 명백한 현금유출이지만 투자안의 현재가치를 평가할 때 분모에 할인율을 고려하여 평가하므로 현금흐름에 반영할 경우 이중으로 반영하는 결과가 되기 때문에 현금유출로 처리하면 안된다. 또한, 이자비용은 손익계산서상 비용으로 처리되어 법인세를 절감하는 효과가 있는데 이자비용의 법인세절감효과 또한 할인율에 반영되므로 현금유입으로 처리하지 않도록 한다.
감가상각비	감가상각비는 현금유출이 발생하지 않는 비용으로 현금유출로 처리하지 않는다. 자본예산에서는 취득시점에 전액 현금유출로 처리한다. 다만, 감가상각비는 손익계산서상 비용에 해당하여 법인세를 절감시키므로 법인세 절감효과가 발생하는데, 이자비용과는 다르게 현금유입으로 반영한다.

23 Ⅵ 자본예산   정답 ③

정답 분석

- 1년 후 현금유입액의 현재가치 = 300원 × 1.2 = 360원
- 1년 후 현금유입액 = 360원 × 1.1 = 396원
- 내부수익률 = 96원 ÷ 300원 = 32%

이것도 알면 합격!

수익성 지수	투자로부터 발생하는 현금흐름의 현재가치(=현금유입액의 현재가치)를 투하자본(=현금유출액의 현재가치)으로 나눈 값을 의미한다.
내부수익률	현금유입액의 현재가치와 현금유출액의 현재가치를 일치하게 해 주는 수익률이다. 즉, 순현재가치가 0이 되게 하는 수익률을 의미한다.

24 Ⅵ 포트폴리오 이론과 자본자산가격결정모형   정답 ①

정답 분석

베타계수(β)는 비체계적 위험이 아니라 체계적 위험의 민감도를 나타내는 척도이다. 즉 베타계수는 시장포트폴리오의 위험, 즉 시장전체의 위험을 1로 보았을 때 개별주식이 가지는 체계적 위험의 크기 또는 시장수익률의 변동에 대한 개별주식 수익률의 민감도를 의미하고, 베타계수가 1보다 크면 공격적 자산이고 베타계수가 1보다 작으면 방어적 자산이다. 또한, 베타계수는 음의 값을 가질 수 있다. 음의 값을 가진다는 것은 베타계수가 상승할수록 수익률이 하락하는 경우를 의미하는데 대표적인 경우가 보험자산의 경우이다. 그리고 시장포트폴리오의 베타계수는 1이다.

25 Ⅵ 다양한 회계처리   정답 ①

정답 분석

자산의 취득원가는 매입원가뿐만 아니라 자산의 취득과 관련하여 발생한 모든 원가를 포함한다. 따라서 구입시 발생한 운송비용은 기계장치의 취득원가에 포함된다. 즉 기계장치의 구입(운송비용 포함)은 자산의 증가(20,200,000원), 대금을 1개월 후 지급하기로 한 것은 부채의 증가(20,000,000원), 운송비용을 현금으로 지급한 것은 자산의 감소(200,000원)이다.